D. WILHELM BOUSSET

RELIGIONSGESCHICHTLICHE
STUDIEN

SUPPLEMENTS TO

NOVUM TESTAMENTUM

VOLUME L

LEIDEN
E. J. BRILL
1979

D. WILHELM BOUSSET

RELIGIONSGESCHICHTLICHE STUDIEN

Aufsätze zur Religionsgeschichte des Hellenistischen Zeitalters

HERAUSGEGEBEN VON

ANTHONIE F. VERHEULE

LEIDEN
E. J. BRILL
1979

ISBN 90 04 05845 1

PRINTED IN BELGIUM

Dr Willem Cornelis van Unnik, Professor für das Neue Testament zu Utrecht, starb, 67 Jahre alt, am 17. März 1978. Er inspirierte meine Bousset-Studien und nahm die Initiative zur Herausgabe dieser Sammlung.

Seinem Gedächtnis sei sie in Dankbarkeit gewidmet.

AFV.

Prof. Dr. W. C. van Unnik gewidmet

INHALTSVERZEICHNIS

EINLEITUNG

1. *Bousset als Theologe*

Den ersten Aufsatz dieser Sammlung kann man als Boussets theologisches Testament betrachten. Gegenüber seinen Studenten gibt er sich in einer der letzten Kollegstunden des Sommersemesters 1919 Rechenschaft von den Motiven seiner theologischen Arbeit.

Anleitung dazu war die ungewisse und gefährliche politische Lage; die Zukunft war unsicher; Fortsetzung des universitären Unterrichts keineswegs selbstverständlich, vielleicht würden die nächsten Tage wieder Krieg bringen. Seit November 1918 war Deutschland im Griff revolutionärer Bewegungen, Teile des ehemaligen Kaiserreiches waren von fremden Truppen besetzt und die Friedensverhandlungen führten eben zu einer neuen Krise. Am 17. Juni 1919 hatten die Alliierten ein Ultimatum gestellt. Sie forderten die Annahme des demütigenden Versailler Vertrages binnen fünf Tagen. Sollte die Deutsche Regierung die Unterzeichnung ablehnen, so bedeutete das ,,die Aufkündigung des Waffenstillstandes und die Mächte werden die Maßnahmen ergreifen, die sie für notwendig halten, um ihre Bedingungen aufzuerlegen". Am nächsten Tag wurde bekannt, daß die Deutsche Friedensdelegation der Regierung einstimmig Ablehnung des Vertrages empfahl. Dieser Bericht erreichte trotz seines vertraulichen Charakters die Öffentlichkeit und erweckte große Erregung. Die ,,Deutsche Demokratische Partei" (der auch Bousset angehörte, s.u.), die mit Sozialdemokraten und Zentrum die Regierung bildete, lehnte den Vertrag ebenfalls ab, das Kabinett trat zurück (20. Juni) und am 22. Juni trat eine neue Regierung aus Sozialdemokraten und Zentrum auf, die bereit war ,,Versailles" zu ratifizieren[1].

Es war also eine Stunde der Krise als Bousset am 20. Juni 1919 im theologischen Seminar zu Giessen seine Vorlesung hielt. Sie machte offenbar großen Eindruck, denn sie wurde sofort ,,als Manuskript" von der Universitätsdruckerei gedruckt.

Wilhelm Bousset (1865-1920) war damals Ordinarius-Professor für das neue Testament an der kleinen theologischen Fakultät der hessi-

---

[1] Quelle: *Frankfurter Zeitung* 17.22. Juni 1919. Unterzeichnung des Vertrages am 28. Juni 1919.

schen Universität Giessen. Diese Professur war der Höhepunkt seiner
nicht gerade glänzenden akademischen Karriere, die 1890 in Göttingen
begann. Auf Grund seiner Lizentiatsarbeit ,,Die Evangeliencitate
Justins des Märtyrers" und einer Probevorlesung über die Exegese
des Galaterbriefes wurden ihm am 29. November 1890 die ,,venia
legendi" erteilt. Erst nach fünf Jahren Arbeit als Privatdozent wurde
er 1896 in Göttingen Extra-Ordinarius, was er bis 1916 blieb. Dann
wurde er, übrigens nicht ohne Schwierigkeiten, zum Ordinarius in
Giessen berufen. Ursache, daß er immer wieder bei Ernennungen über-
gangen wurde, war sicher nicht seine wissenschaftliche Leistungsfähig-
keit, die selbst von seinen Gegnern anerkannt wurde, sondern seine
theologische und politische Stellungnahme, die als ,,radikal" galt.

Politisch gehörte er, wie u.a. auch Th. Heuss, zur Naumann-Gruppe,
die, nachdem eine eigene Parteibildung mißlungen war, sich der links-
liberalen "Freisinnigen Vereinigung" anschloß und in der Nachkriegszeit in der "Deutsche Demokratische Partei" aufging. Es war vor allem
die soziale Not, die ihm zu seiner politischen Arbeit trieb, ,,radikal"
war er jedoch nur in soweit als er eine positive Einstellung der Sozial-
demokratie gegenüber hatte. Dies hat man ihm in Preußen sehr übel
genommen.

Theologisch war er der Führer der ,,Religionsgeschichtlichen Schule"
auf neutestamentlichem Gebiet. Aus der ,,Ritschlschule" hervorgegangen entwickelte die ,,Schule" sich in entschiedenem Gegensatz zu
den Anschauungen Ritschls. Die ,,Religionsgeschichtler", wie H. Gunkel, W. Wrede, H. Gressmann und W. Heitmüller wollten altes und
neues Testament im Zusammenhang mit ihrer religionsgeschichtlichen
Umwelt studieren, d.h. mit babylonischen Mythen, apokalyptischen
Pseudepigraphen und hellenistischen Mysterientexten. Dabei lag der
Nachdruck nicht auf der Erforschung von damaligen Lehrmeinungen
oder philosophischen Systemen, sondern auf dem Verstehen des religiösen Gehaltes, da ,,nicht die Lehre Kern und Stern der Religion
ist, sondern die Frömmigkeit, deren Ausdruck erst die Lehre ist"[2].
Der Einfluß der ,,Schule" auf die theologische Forschung ist ungeheuer gewesen : Gattungsgeschichtliche, formgeschichtliche und tradi-
tionsgeschichtliche Methoden wurzeln in ihren Untersuchungen. Die
Resultate ihrer Forschungen zerstörten manchmal geläufige Vorstellungen, wie z.B. die bezüglich das Verhältnis von Paulus zu Jesus

---

[2] H. Gunkel, *Reden und Aufsätze*, Göttingen 1913, 25.

und die über Jesu Messiasbewußtsein (W. Wrede, *Paulus*, 1904; W. Wrede, *Das Messiasgeheimnis in den Evangelien*, 1901[3]). Die „Religionsgeschichtler" galten daher als „Radikale". Die von ihnen herausgegebene Reihe „Religionsgeschichtliche Volksbücher" wurde 1905 sogar als eine „schwere Gefährdung der Kirche" durch die Hannoversche Landessynode verurteilt[4].

In einigen knappen Sätzen skizziert Bousset die Entwicklung der „Religionsgeschichtlichen Schule" über Ritschls Stellungnahme hinaus. Ritschl betonte den Zusammenhang zwischen altem und neuem Testament und wollte das alte Testament zur Auslegung des neuen Testaments heranziehen. Ziel seiner exegetischen Arbeit war die Auffindung derjenigen Ideen, über die in der ganzen heiligen Schrift Übereinstimmung herrsche und die deshalb als Quellen für die Systematik nutzbar sein könnten[5]. Einer derartigen Methode biblischer Theologie ist von den „Religionsgeschichtlern" für immer ein Ende gemacht. Die Bedeutung der Apokalyptik des Spätjudentums (H. Gunkel, *Die Wirkungen des heiligen Geistes*, 1888) der Eschatologie (J. Weiss, *Über die Predigt Jesu vom Reiche Gottes*, 1892) und der verschiedenen Strömungen innerhalb des neuen Testaments (W. Wrede, *Paulus*, 1904) wurde entdeckt. Bald folgte ein zweiter Schritt : Nicht nur das Judentum der Pseudepigraphen sondern auch die große Welt des hellenistischen Synkretismus gehört zur Umwelt des werdenden Christentums und kam deshalb ins Blickfeld der „Religionsgeschichtler", neues Interesse wurde der Gnosis, dem Philo und der Zauberliteratur gewidmet. Die Forschungen gipfelten in Boussets *Hauptprobleme der Gnosis* (1907) und sein *Kyrios Christos* (1913)[6].

In seiner Vorlesung über *Religion und Theologie* betont Bousset, daß sein Interesse für die außerchristlichen religiösen Erscheinungen kein nur historisches sondern vor allem ein theologisches war. Die Theologie ist ihm „wissenschaftliche Bearbeitung der Erscheinung Religion", eine Definition mit der er sich in eine Tradition hineinstellt, die schon mit J. S. Semler anfängt und dahin führt, daß die wissenschaftliche Theologie zur bloßen Religionswissenschaft wird, einer

---

[3] W. Wrede bedauert die zerstörerische Wirkung seiner Arbeit : *Messiasgeheimnis*, VI.

[4] Vgl. mein *Wilhelm Bousset, Leden und Werk*, Amsterdam 1973, 35.

[5] A. Ritschl, *Rechtfertigung und Versöhnung*, Bd II, 1900, 23.

[6] Höhepunkt der ersten Periode in der Entwicklung der „Religionsgeschichtlichen Schule" war ebenfalls ein Werk Boussets : *Die Religion des Judentums im neutestamentlichen Zeitalter*, Berlin 1903.

historischen Disziplin also ohne normativen Wert für Glauben und
Ethik. Diese letzte Konsequenz zieht C. A. Bernoulli aus der Entwicklung der historisch-kritischen Wissenschaft im neunzehnten Jahrhundert : „In diesen drei Worten ‚Religion ist Geschichte' sehe ich die
bedeutendste Errungenschaft der Theologie. Um sie zu würdigen,
bedarf es freilich der vollständigen Trennung von Religion und Theologie" [7]. Damit wäre die Theologie als zusammenhängende Wissenschaft aufgelöst, sie zerfällt in einen wissenschaftlichen Teil und ein
praktisches Bruchstück, das nur soweit es als Objekt der Forschung
erscheint mit der eigentlichen wissenschaftlichen Theologie in Verbindung steht. Eine derartige Verstümmelung der Theologie aber hat
Bousset nicht gemeint. Religion und Theologie bilden eine innere Einheit, da die Religion ein rationales Element enthält und eine wissenschaftliche Bearbeitung fordert [8].

Theologie ist eine religiöse Aufgabe, sie verhilft der Religion zu
ihrer ethischen und kulturellen Kraft. Bousset befindet sich hier in
der Nähe von R. Otto und seinen Neu-Friesianismus. Die Religion
entzündet an der Erfahrung des Numinosen, ist also in erster Linie
irrationales Gefühl, sie wird aber zur ethischen Macht indem das
Rationale in den höheren Religionen das religiöse Gefühl begrifflich
klärt, von der Ahnung des Ewigen zum Glauben vordringt : „Wir
halten es (...) für ein Kennzeichen des Höhengrades und der Überlegenheit einer Religion, daß sie „Begriffe" habe und Erkenntnisse
(nämlich Glaubenserkentnisse) vom Übersinnlichen in Begriffen (...) [9].

In diesem Sinne soll das Wort über die Aufgabe der Theologie „daß
sie die Sprache findet, in der das Evangelium eben diesem Geschlecht
verständlich verkündigt werden kann" verstanden werden. Theologie
ist ihrem Wesen nach Hermeneutik, die historischen Untersuchungen
und Vergleichungen dienen letztlich dazu, der Religion des Evangeliums
eine begriffliche Sprache zu geben, damit sie auch von modernen
Menschen ihrem ewigen Gehalt und ethischen Implikationen nach
verstanden werden kann.

---

[7] C. A. Bernoulli, *Die Wissenschaftliche und die kirchliche Methode in der Theologie*,
Tübingen 1897, VII. C. A. Bernouilli (1868-?) war damals Privatdozent der Kirchengeschichte in Basel. Später, 1926, Professor d. Religionsgeschichte ebenda. *RGG* [2] I,
924f. Er war Schüler von F. Overbeck und B. Duhm. Hier beruft er sich auf B. Duhm,
der, nach ihm, „die Auffassung der Religion als eine Geschichte zwischen Gott und
Menschen" vertrat. *O.a.c.*, VII.

[8] Weitere Lit. zur Frage : *RGG* [3] VI, 767ff.

[9] R. Otto, *Das Heilige*, 17.-22. Aufl., Gotha 1929, 1.

Eindrucksvoll ist Boussets Verteidigung der historischen Arbeit innerhalb des theologischen Studiums. Diese gehört ja zum Wesen der christlichen Theologie, da das Christentum in der Geschichte verwurzelt ist. Nur wer die Vergangenheit versteht, kann die Kräfte des Christentums für die moderne Welt erkennen. Die geschichtliche Erforschung des Urchristentums und seiner religiösen Umwelt war für Bousset also eine theologische Aufgabe. Er wollte Theologe, nicht Historiker sein[10].

Boussets Theologie hatte, wie aus dem oben Gesagten hervorgeht, ein liberales Gepräge, den Supranaturalismus der alten Orthodoxie lehnt er ab, eine besondere Inspirationslehre und die Exklusivität des Christentums als einzig wahre Offenbarungsreligion weist er ebenfalls ab. M. Machovec hat in seinem Buch über Marxismus und Dialektische Theologie die liberale Theologie charakterisiert als „typisch intellektuelle Angelegenheit der Professoren", eine für Gesellschaft und Kirche also unwichtige Erscheinung, nur für den kleinen Kreis der Eingeweihten interessant[11]. Dieses Urteil trifft jedenfalls nicht Bousset. Er hat sich viel Mühe gegeben, die Bedeutung seiner Theologie für die gesellschaftlichen Probleme und den Aufbau der Kirche klar zu machen. Die Entfremdung der Arbeitermassen von Kirche und Religion, die Gefahren einer nur materialistischen Lebenshaltung und die soziale Not waren für ihn wirkliche Fragen, die ihn zur aktiven politischen Arbeit und zur populären Vortragstätigkeit trieben. Die schon erwähnte, von ihm inspirierte Reihe „Religionsgeschichtliche Volksbücher", die namentlich auf die Volksschullehrer zielte, denen der Religionsunterricht anvertraut war, hatte großen Erfolg[12]. Trotzdem muß man Machovec soweit Recht geben, daß Boussets „Persönlichkeitsreligion"[13] und seine Betonung der individuellen Ethik[14] nicht

---

[10] Gegen J. C. H. Lebram, *Nederl. Theol. Tijdschrift*, Jhrg. 28, 169, der meint, Bousset wollte keine Theologie im engeren Sinn betreiben (Besprechung meines *Wilhelm Bousset*, 1973).

[11] M. Machovec, der tschechische Atheist und Marxist, der in seinem Buch *Marxismus und Dialektische Theologie*, Zürich 1965, einen Dialog mit der Theologie von Barth, Bonhoeffer und Hromádka versucht, urteilt scharf über den liberalen Theologen, der s.E. seine Theologie einerseits der Wissenschaft anpasst, andererseits sein Christentum so korrigiert, daß es dem Rektor und dem Kultusminister angenehm ist (S. 55, dort auch oben zitierte Stelle). Auch im allgemeinen ist dieses Urteil historisch falsch. Es ist eine Verkennung der wesentlichen Absichten der liberalen Theologie.

[12] Vgl. für Boussets Motive : *Protokolle der Hannoverschen Landessynode*, 1905, 1906, 454ff.

[13] Vgl. W. Bousset, *Jesus*, 4. Aufl. 1922, RV, 1, 2/3, 74f.

[14] Vgl. W. Bousset, *Unser Gottesglaube*, 1908, RV, V, 6, 43ff.

eben geeignet waren um einen gesellschaftlichen Umsturz herbeizuführen oder den politischen Blick zu schärfen[15].

Boussets wissenschaftliche Arbeit findet ihren Mittelpunkt in der
Frage nach der Entstehung der alten Kirche. Das Problem, wie aus
der Wirkung der Predigt und Persönlichkeit Jesu die alte Kirche mit
ihrem Kult und Dogmen gewachsen ist, fesselte die Theologen seit
dem Erwachen des modernen historischen Bewußtseins. F. C. Baur,
A. Ritschl, A. Harnack, A. Schweitzer u.a. versuchten eine Lösung.
Boussets Antwort kann man dahin zusammenfassen, daß aus dem
Kultus das Gebilde der Bischofskirche gewachsen ist. Die Urgemeinde
hat „das Bild des Wanderpredigers (d.h. Jesus, AFV) auf dem Gold-
grund des Wunderbaren" gezeichnet[16], die hellenistische Gemeinde
hat ihn zum „Kyrios", dem in Kultus gegenwärtigen Herrn gemacht,
orientalische religiöse Gedanken strömten in den Kultus ein und so
kam es schließlich zur Vergottung Jesu. Die Religionsgeschichte des
frühen Christentums ist ein Prozeß allmählicher Orientalisierung. Diese
These findet man in Boussets Hauptwerk „Kyrios Christos" (1913)
ausgearbeitet, aber seine ganze Lebensarbeit war der Herausarbeitung
dieser Lösung und der Unterbauung seiner These gewidmet. Auch
die in dieser Sammlung zusammengebrachten Aufsätze bilden in ihrer
Ausrichtung auf dieses Thema eine innere, wenn auch nicht immer
klar hervortretende, Einheit. Untersuchungen auf dem Gebiet des
Spätjudentums, der Gnosis und des hellenistischen Synkretismus dien-
ten Bousset schließlich zur Aufhellung der christlichen Ursprünge.

Die hermeneutische Frage wird bei alledem nur gestreift, wie auch
seine formgeschichtlichen Forschungen in den Anfängen stecken geblieben sind[17]. Hier hat R. Bultmann, der von Bousset entscheidend
beeinflußt worden ist, klarere Resultate erreicht.

2. *Gnosis und Gnostiker*

Boussets Gnosisforschungen haben eine neue Epoche des Gnostizis-
musstudiums geprägt[18]. Erstens wurde der Gnostizismus als religions-

---

[15] Vgl. unten sein Urteil über die Münchener Räterepublik und die Anmerkung S. 35.

[16] W. Bousset, *Kyrios Christos*, 1913, 91.

[17] Ansätze in *Kyrios* und in dem postum herausgegebenen *Apophthegmata Patrum*.

[18] K. Rudolph, (Hrsg.), *Gnosis und Gnostizismus*, Darmstadt 1975, hat aus lizenz-
rechtlichen Gründen keinen Beitrag von Bousset aufnehmen können. Rudolph sieht
Boussets Beitrag als den 3. Einschnitt (nach Baur und Harnack) in der Gnosisforschung,
der sie aus der Enge der Kirchengeschichtsschreibung endgültig „in die freie Luft der
Religionsgeschichte" stellte (XIV).

geschichtliche Erscheinung gewürdigt und so aus dem Bereich der Kirchen- und Dogmengeschichte herausgehoben. Zweitens haben Boussets Studien einen maßgebenden Einfluß ausgeübt auf die Herausarbeitung der Mythe vom erlösten Erlöser (R. Bultmann) und des iranischen Erlösungsmysteriums (R. Reitzenstein). Seine Thesen stehen daher noch immer zur Debatte und die zweite Auflage seines „Hauptprobleme der Gnosis" (Darmstadt 1973, 1. Auflage 1907) war denn auch sehr notwendig. Mit dem hiesigen Neudruck seiner Artikel aus Pauly-Wissowas *Real-Encyclopaedie der classischen Altertumswissenschaft*[19] ist nun auch die spätere Zusammenfassung seiner Anschauungen leichter zugänglich geworden. Da ich anderswo versucht habe Boussets Stellung innerhalb der Forschungsgeschichte des Gnostizismus zu skizzieren[20] kann ein geschichtlicher Überblick unterbleiben. Hier sei nur gestreift, was zum Verständnis der jetzt neu veröffentlichten Artikel dienlich sein kann.

Auffällig ist, daß Bousset, wie in *Hauptprobleme*, große Vorsicht walten läßt hinsichtlich der Herleitung gnostischer Gedanken aus anderen Religionen oder Philosophien. Für ihn ist der Gnostizismus eine synkretistische Religion, die nur ein oberflächliches Bündnis mit dem Christentum eingegangen ist. Ihre Heimat ist in Syrien zu suchen und babylonische (u.a. Planetengötter), syrischen (Muttergöttin) und persische u.a. Himmelsgott) Elemente haben sich in der neuen Religion mit Gedanken aus der griechischen Populärphilosophie und dem Judentum vermischt, das Christentum hat zu diesem Amalgam ebenfalls seinen Beitrag geliefert. Vielleicht hat auch die aegyptische Religion Einfluß ausgeübt namentlich auf die Sekte der Ophiten.

Trotzdem spricht Bousset dem Gnostizismus nicht jeder Originalität ab. Zwar schätzt er den Gnostizismus nicht sehr hoch ein: „Die Gnosis ist (...) keine nach vorwärts dringende, geistesgewaltige Erscheinung, eher ein Zurückbleiben, eine Reaktion des antiken Synkretismus gegen die aufstrebende Universalreligion" (d.h. gegen das Christentum)[21], aber etwas Eigenes hat die gnostische Religion doch geschaffen: den entschiedenen schroffen Dualismus, für den es kein religionsgeschichtliches Analogon gibt. Die Eigenart dieses Dualismus wird auch in den Vorschlägen des Messina-Kongresses 1966 zur Gnosis-

---

[19] Bd VII, Sp. 1503ff., Stuttgart 1912.
[20] In meinem *W. Bousset*, 131ff., 159ff. und *Nederl. Theol. Tijdschrift* Jhrg. 28, 283ff. (Rezension der Neu-Auflage von Boussets *Hauptprobleme*).
[21] W. Bousset, *Hauptprobleme*, 2. Aufl. 1973, 7.

forschung anerkannt. In diesen Vorschlägen werden drei Aspekte des Dualismus unterschieden : der antikosmische, gnostische Dualismus, der zarathustrische und der metaphysische, platonische Dualismus[22]. Bousset hat eine ähnliche Unterscheidung gemacht, er versucht außerdem eine Herleitung des gnostischen dualistischen Denkens aus einer Mischung der beiden anderen. Gerade so sei die Gnosis ein charakteristisches Produkt der Begegnung morgenländischer (Zarathustra) und abendländischer (Plato) Kultur. Mit alledem ist er aber weit davon entfernt, den ganzen Gnostizismus auf Iran zurückzuführen. Selbst die Erlösungslehre der Gnosis stammt nach ihm nur teilweise aus Iran. In Sachen der Herleitung des Urmenschen aus Iran ist er auffallend vorsichtig. Er erwähnt die persische Spekulation über den Urmenschen nur als Parallele nicht als Quelle der gnostischen Vorstellungen über den „Anthropos", wie z.B. in *Hauptprobleme*[23].

Hinsichtlich der gnostischen Erlösungslaubens läßt sich aber eine wichtige Entwicklung über seine früheren Anschauungen in „*Hauptprobleme*" hinaus beobachten. In *Hauptprobleme* erwähnt er zwei Typen der Erlösung im Gnostizismus : Der Erlöser entstammt der himmlischen Welt und steigt ab in die Welt der Dämonen um sie zu besiegen; und : die Erlösung durch die Vereinigung des himmlischen Bräutigams mit der gefallenen Sophia. Die Gestalt des Urmenschen wird von Bousset dann noch nicht als Erlöser anerkannt[24]. Dieser ist ihm damals nur anthropologische Größe und kosmogonische Potenz[25]. Jetzt aber ist der Urmensch auch Erlöser, der nach seinem Fall den Weg in die oberen himmlischen Welten wieder gefunden hat und so zum wirksamen Symbol für das Geschick der Gnostiker geworden ist. Er beruft sich vor allem auf den „Poimandres", der aber von einer Wiederaufsteigung des Urmenschen nichts weiß. Hier wird der Mensch erlöst durch die Einsicht in seine himmlische Herkunft : „ἐὰν οὖν μάθῃς αὐτὸν ἐκ ζωῆς καὶ φωτὸς ὄντα καὶ ὅτι ἐκ τούτων τυγχάνεις, εἰς ζωὴν πάλιν χωρήσεις". CH. I,21 (Poimandres). Auch wenn man meint, „αὐτὸν" beziehe sich auf den Anthropos, so ist dieser hier noch nicht als Erlöser, sondern nur als anthropologisches Urbild zu ver-

---

[22] Vorschläge des Messina-Kongresses nach der Wiedergabe von C. Colpe in : W. Eltester, (Hrsg.), *Christentum und Gnosis*, Berlin 1969, 129ff., 132.

[23] W. Bousset, *Hauptproblem*, 215ff.

[24] W. Bousset, *Hauptprobleme*, 238ff.

[25] W. Bousset, *Hauptprobleme*, 160ff.

stehen. Die Kritik Colpes[26] ist daher berechtigt. Bousset befindet sich auf dem Weg, der zur Spekulation über den Erlösten Erlöser führt, eine Spekulation deren geschichtliche Unhaltbarkeit von Colpe bei aller Anerkennung für die religionsgeschichtliche Forschung aufgezeigt wird.

R. Reitzenstein hat sich von Bousset zu seiner Rekonstruktion eines iranischen Erlösungsmysteriums inspirieren lassen. Sein Aufsehen erregendes Werk *Das iranische Erlösungsmysterium* (1921) will „zu dem Lebenswerk W. Boussets einen bescheidenen philologischen Nachtrag bieten"[27], hat aber infolge einer großen Begeisterung für die neuentdeckten Turfanfragmente Boussets Thesen einseitig interpretiert. Die Kritik einiger Iranisten, die Reitzensteins Buch auslöste, trifft aber teilweise auch Bousset. Namentlich die Herleitung der Urmenschgestalt aus Iran, die Abstammung des „Anthropos" von dem awestischen Gayo Maretan[28] wäre unhaltbar. Nach O. G. von Wesendonk sind die Quellen für die Gestalt zu jung : „Man kann nur sagen, daß im 1. oder 2. Jahrhundert unserer Zeitrechnung die heute überkommenen Erwähnungen Gayo Maretans wahrscheinlich vorhanden waren"[29]. Zweitens fehlt auch in der späteren Überlieferung „der Zug, daß Gayo Maretan als himmlisches Wesen in die Materie verstrickt wird und dadurch den Gang der sichtbaren Welt auslöst[30]. Boussets Zurückhaltung hinsichtlich der iranischen Abstammung der Urmenschgestalt in den hiesigen Artikeln deutet m.E. darauf hin, daß er sich damals auf dem Gebiet weniger sicher fühlte als in der Zeit von *Hauptprobleme*. Auch in *Kyrios Christos* (1913) erwähnt er nämlich Iran nicht bei der Behandlung der Urmenschfrage, dort heißt es sogar über die Erlösungslehre des Poimandres : „Das ist noch halbwegs reiner Platonismus und doch schon gnostische Erlösungstheorie"[31].

---

[26] C. Colpe, *Die Religionsgeschichtliche Schule, Darstellung und Kritik ihres Bildes vom gnostischen Erlösermythus*, Göttingen 1961, 33, Anm. 1.

[27] R. Reitzenstein, *Das Iranische Erlösungsmysterium*, Bonn 1921, VIII.

[28] W. Bousset, *Hauptprobleme*, 202ff.

[29] O. G. von Wesendonk, *Urmensch und Seele in der iranischen Überlieferung*, Hannover 1924, 187. Die späte Fixierung der Tradition macht es schwierig über die Zeit der Sassaniden zurückzugehen. Jede Ableitung aus Iran von Ideen aus der Zeit vor dem 2. nachchr. Jahrh. ist daher selbstverständlich äußerst ungewiß.

[30] O. G. von Wesendonk, *Urmensch*, 187. I. Scheftelowitz, *Die Entstehung der Manichäischen Religion und des Erlösungsmysteriums*, Giessen 1922, kritisiert namentlich Reitzensteins Idee einer altiranischen Vorstellung des Gottmenschen, woraus sich der christliche Menschensohn entwickelt hätte (R. Reitzenstein, *Erlösungsmysterium*, 116). Er sieht in Gayomard eine parallele Gestalt zum jüdischen Adam : 59ff.

[31] W. Bousset, *Kyrios*, 248.

Eine interessante Frage, die zwar in der Debatte um den iranischen Ursprung bestimmter gnostischen Lehren keine große Rolle gespielt hat, trotzdem als religionsgeschichtliches Problem nicht unwichtig ist, soll hier noch erwähnt werden : Woher stammt sie Verwandlung der Planetengötter in dämonische Mächte? Bousset erklärt sie aus dem Sieg Irans über Babylon : Die babylonischen Götter werden degradiert. Er beruft sich auf mandäische Quellen : "Deutlich merkt man noch den mandäischen Quellen den Ingrimm des Kampfes an, der hier gespielt hat. Mit fast fanatischer Wut werden die alten Göttergestalten entwürdigt und in die Tiefe hinabgestoßen"[32]. Wesendonk meint aber, die Auffassung sei nicht ganz klar, weil die Planeten zum Teil ahurische Namen tragen, sie gelten aber dem späteren Mandaismus als dämonische Wesen, vermutlich nicht wegen ihrer göttlichen Verehrung in Babylon, sondern weil sie die Regelmäßigkeit des Kosmos zu stören scheinen[33]. I. Scheftelowitz kehrt die Verhältnisse gerade um : Die Auffasung der Planeten als Dämonen im Parsismus stamme aus dem Mandäismus[34].

Obgleich Bousset keine Einseitigkeit in Fragen der Herkunft des Gnostizismus vorgeworfen werden kann, ist er doch der erste große Vertreter der sog. religionsgeschichtlichen Richtung der Gnosisforschung, d.h. der Richtung, die die Ursprünge des Gnostizismus hauptsächlich im orientalischen Synkretismus sucht. Dies brachte ihn in Konflikt mit A. Harnack, der sein *Hauptprobleme* scharf ablehnte, weil es der Vulgärgnosis zuviel Aufmerksamkeit widmete und den Gnostizismus nicht als kirchengeschichtlichen Faktor würdigte. Das einzige religionsgeschichtliche Problem des Gnostizismus sei, wie dieser sich zur kirchlichen Lehre, zur Christologie und zur Ethik verhalte. Nur die christliche Gnosis sei daher wichtig, die orientalische Gnosis sei nur das unwichtige Endprodukt der vorderasiatischen Religionen[35]. Nach Harnacks Auffassung handelt es sich im Gnostizismus um eine akute Hellenisierung des Christentums, die Gnostiker waren Systematiker, Philosophen und Theologen[36]. In seinen Artikeln der Enzy-

---

[32] W. Bousset, *Hauptprobleme*, 27ff., 38.

[33] O. G. von Wesendonk, *Urmensch*, 45 — dort auch andere Lit. über die Frage — und 139. So auch R. C. Zaehner, *Zurvan, a Zorastrian Dilemma*, Oxford 1955, 123 : Because of their apparently irregular course. Ausführlicher : 158ff.

[34] I. Scheftelowitz, *Die Entstehung der manichäischen Religion*, 8f.

[35] A. Harnack, *ThLZ*, 1908, Sp. 10ff., jetzt in : K. Rudolph, (Hrsg.), *Gnosis und Gnostizismus*, 231ff. A. Harnack, *Lehrbuch der Dogmengeschichte* I, 4. Aufl., Tübingen 1909, 249.

[36] A. Harnack, *Lehrbuch der Dogmengeschichte*, Bd I, 249ff.

klopädie von Pauly-Wissowa führt Bousset eine stille Polemik mit Harnack. Dessen These einer gnostischen Religionsphilosophie lehnt er entschieden ab (Sp. 1530, S. 77). Jetzt ist er aber, anders als in *Hauptprobleme*, worin er die Kirchen- und Dogmengeschichte absichtlich außer acht läßt[37], bereit die Bedeutung des Gnostizismus für die Entwicklung der Großkirche in Erwägung zu ziehen. Die Resultate sind nicht gerade eindrucksvoll, eher kann man nach Bousset sagen, ist es das Christentum gewesen, das dem Gnostizismus zu geschichtlicher Bedeutung verholfen hat (Sp. 1527, S. 73).

Neben der von Harnack ausgehenden Strömung der Forschung und der religionsgeschichtlichen Richtung gibt es eine neuere Richtung, welche die Herkunft des Gnostizismus aus dem heterodoxen Judentum verficht[38]. Bousset hat sich, wie aus dem oben Gesagten schon klar sein wird, einer Herleitung der Gnosis aus *einer* Religion widersetzt. Er erkennt zwar sehr frühe alttestamentliche Einflüsse an, aber der Ursprung des Gnostizismus sei dort nicht zu finden (Sp. 1537, S. 84f.)[39].

3. *Hermes Trismegistos*

Boussets Interesse für die Hermetica wurde durch Reitzensteins *Poimandres* erregt. Im Jahre 1905 widmete er diesem 1904 erschienen Buch in den *Göttinger Gelehrten Anzeigen* ein ausführliches Referat[40]. Reitzenstein suchte damals den Ursprung der hermetischen religiösen Gedanken in Aegypten[41] und nicht in der griechischen Philosophie. Er nimmt daneben noch andere Einflüsse an, so babylonische und griechische[42] aber Hauptquelle ist doch die aegyptische Religion. Hinsichtlich des Mythus vom Urmenschen ist sein Urteil schwankend:

---

[37] W. Bousset, *Hauptprobleme*, 6ff.

[38] Vor allem G. Quispel u.a. in *Kyriakon, Festschr. f. J. Quasten*, Vol. I, Münster, 271ff., „The Origins of the Gnostic Demiurge"; „The Birth of the Child", *Eranos* 1971, 285ff. „Gnosis und hellenistische Mysterienreligionen", *Theologie und Religionswissenschaft*, 1973, 318ff. Übrigens scheint G. Quispel im letztgenannten Aufsatz wieder in die Bahnen von F. C. Baur einzulenken: 330.

[39] Vgl. mein *W. Bousset*, 163f.: Bousset hat schon 1901 über das Problem einer jüdischen Herkunft der Gnosis gedacht (Himmelsreise der Seele, *ARW*, 1901, Separatausgabe Darmstadt 1960, 22. Auch *ThR*, 1911, 74f.: „Die Gnosis versteht man nicht, wenn man sie auf das Entweder-Oder von jüdisch oder christlich hin untersucht und sich hartnäckig auf den einen Gedanken einer vorchristlichen jüdischen Gnosis versteift". Gegen M. Friedländer, *Synagoge und Kirche in ihren Anfängen*, Berlin 1908.

[40] *GGA* 1905, 692ff.

[41] Vgl. vor allem R. Reitzenstein, *Poimandres*, Leipzig 1904, 59ff.

[42] R. Reitzenstein, *Poimandres*, 69f.

Stammt dieser aus Babylon oder aus Aegypten[43]? Bousset ist begeistert
über Reitzensteins Arbeit und setzt dessen Studien in den *Göttinger
Gelehrten Anzeigen* gewissermaßen fort, besonders über die Herkunft
der Anthropos-Mythe. Hier liegt auch Boussets wichtigste Kritik an
Reitzenstein: Nicht Aegypten sondern Iran sei die Heimat dieser
Vorstellungen.

Reitzensteins Arbeit erweckte das Interesse für das Corpus Hermeticum, das bisher zwar nicht unbekannt, jedenfalls doch nicht als
wichtig angesehen wurde. Da K. Prümm in seinem *Religionsgeschichtlichen Handbuch* einen vorzüglichen Überblick der Forschungsgeschichte bis ungefähr 1935 gibt[44] kann dieser hier unterbleiben. Bousset
bereitete in der Zeit, als er sich mit seinem Hauptwerk *Kyrios Christos*
(erschienen 1913) befaßte, eine umfangreiche Veröffentlichung über das
„Corpus" vor, in der er nicht die Hermetica als ganzes, sondern nur
eine Schicht des „Corpus", die pessimistische, gnostische Schicht behandeln wollte. Dann erschien Frühjahr 1914 J. Krolls *Die Lehren
des Hermes Trismegistos*, welchem Buch Bousset die große Kritik
widmete, die hier wieder neu-aufgelegt wird[45]. Darin hat er die
wichtigsten Resultate seiner eigenen Forschungen verarbeitet, und dadurch hat er die Besprechung zu einer selbständingen Abhandlung
über die Hermetica auswachsen lassen.

Bousset wußte schon vor dem Erscheinen von dieser Arbeit, da der
junge Philologe das Werk mit ihm besprochen hatte, und er Kroll zu
„mancherlei Zusätzen und Änderungen veranlaßt" hatte[46]. Krolls
Werk läßt sich noch heute als eine genaue und verdienstvolle Studie
und wichtige Materialsammlung lesen. Er versucht aus dem Corpus
ein System von „Lehren" herauszuschälen, eine Lehre von Gott, vom
Menschen, eine Ethik und eine Erlösungslehre, die er aus der griechischen Philosophie herleitet. Große Bedeutung mißt er Poseidonius
bei, den er als „Vermittler zwischen Ost und West" charakterisiert,
daneben haben auch Philo, Neupythagorismus und Orphik Einfluß
ausgeübt. Er findet Verwandtschaft mit den Oracula Chaldaica. Einfluß des Christentums hat er nicht gefunden und die Datierung der
Schriften setzt er relativ früh an: „Möglich sind sie wenigstens seit

---

[43] R. Reitzenstein, *Poimandres*, 68f., 109.
[44] K. Prümm, *Religionsgeschichtliches Handbuch für den Raum der altchristlichen
Umwelt*, 2. Aufl., Rom 1954, 544ff. Soweit ich sehe, nahezu vollständig. L. Ménard,
Hermès Trismégiste, (traduction et introduction sur l'origine du Corpus) 2. Aufl., Paris
1867, fehlt. Spätere Literatur wurde auch in der zweiten Auflage nicht berücksichtigt.
[45] *GGA*, 1914, 697ff.

Philos Zeit"[47]. Aus dem in Anmerkung[46] zitierten Brief von Prof. J. Kroll geht hervor, daß er sich bewußt war, es gebe noch andere Hintergründe. Bei diesen anderen Hintergründen setzt Boussets hier veröffentlichte Kritik ein. J. Kroll hat der Kritik im Wesentlichen beigestimmt. In seinem großen Werk *Gott und Hölle*[48] betont er, er sei sich dessen bewußt, daß das Problem der Hermetik in seiner Gesamtheit mit seinem Buch noch nicht gelöst wäre. Er wollte nur „das dogmatische Gerippe" zergliedern : „Daß das gewisse Schwierigkeiten in der Bewältigung des Stoffes mit sich bringen mußte, hatte ich selbst gesehen, aber nicht vermeiden können. Das ist dann auch von Bousset ( ) betont worden, der außerdem mit Recht darauf hinwies und auch im einzeln ausführte, daß für wichtige und entscheidende Gebiete, die der hermetischen Frömmigkeit nämlich, noch eine andere Betrachtung Platz greifen müßte. Bei einer Neubearbeitung hätte ich die Untersuchung auch in der von Bousset gewiesenen Richtung erweitern mögen". Zur Zeit war eine derartige Neubearbeitung Kroll unmöglich und so erschien 1928 ein ungeänderter Neudruck seines Buches. Das Werk *Gott und Hölle* zeigt übrigens wie stark Kroll von den Fragestellungen der Religionsgeschichtler angeregt wurde und von der „Religionsgeschichtliche Schule" beeinflußt worden ist.

Boussets Zweiteilung der Traktate in Stücke mit einem optimistischen und andere mit einem pessimistischen Charakter, die er in seiner Kritik

---

[46] Josef Kroll wurde am 8. 11. 1889 in Arnsberg Westf. geboren als Sohn eines Couvertfabrikanten. Er studierte Altphilologie in Münster, Freiburg, Berlin, Göttingen und Rom. Promotion 1913 in Münster. Durch Heeresdienst an Habilitation gehindert wurde er trotzdem Oktober 1914 wissenschaftlicher Assistent in Breslau und 1918 o. Prof. in Braunsberg, O. Preußen, seit 1922 bis zu seiner Emeritierung 1956 in Köln. Besonderes Forschungsgebiet : Griechische Literatur und Religion (Quelle : Brief vom Universitätsarchiv Köln, 18. 10. 1976) Zitat : J. Kroll, *Die Lehren des Hermes Trismegistos*, Münster i.W. 1914, Vorwort XII. Prof. Kroll berichtet mir, daß er nur wenige Male mit Bousset gesprochen hatte. Zu längeren und tiefergehenden Erörterungen ist es niemals gekommen. (Briefe von Prof. Kroll 18. 11. 1976 und 12. 1. 1977). Wichtige Zusätze sind es daher nicht gewesen, da Kroll und Bousset nicht in wissenschaftlich relevantem Verkehr gestanden haben. Krolls Ziel war, das zu fassen, was sich als griechischen Philosophie erweisen ließ. „Daß hinter diesen ‚Lehren' noch etwas anderes stecke, war mir wohl bewußt, aber ich war nicht imstande, es zu greifen und habe mich deswegen rein auf die griechische Philosophie beschränkt. Bousset, der über 20 Jahre älter war, hat natürlich sehr viel weiter gesehen, und seinen Hinweisen ist dann die weitere Forschung gefolgt. Ich selbst habe mich zu den Hermetica nicht mehr geäußert". (Brief von Prof. J. Kroll dd. 19. 11. 1976). S. auch oben.

[47] J. Kroll, *Die Lehren*, 389.

[48] J. Kroll, *Gott und Hölle, Der Mythus vom Descensuskampfe*, Stud. d. Bibliothek Warburg, Berlin 1932, 183f., Anm. 1.

auf Kroll darlegt, ist zwar von der späteren Forschung allgemein anerkannt, seine Herleitung der „pessimistischen" Schicht aus der orientalischen Mysterienfrömmigkeit hat sich aber nicht durchgesetzt. M. P. Nilsson, der in seinem Buch *Geschichte der Griechischen Religion* Boussets Aufsatz „ein außerordentlich wichtiger Beitrag zum Verständnis der Hermetik und ihrer Entwicklung" nennt[49], hat seine Thesen ziemlich gründlich geprüft, kommt aber zu der Schlußfolgerung: „Bei näherem Zusehen gleiten uns die angeblichen Beweise für die orientalische Herkunft der hermetischen Sätze aus den Händen. Nur eines steht fest, der jüdische Einfluß"[50]. Die dualistische Richtung der Hermetik stamme möglicherweise aus dem hellenisierten Judentum (Philo). Grundlage für den Dualismus habe aber Platon geschaffen, der ja die Erscheinungswelt als minderwertig hingestellt hätte[51].

Den gleichen Standpunkt verteidigt A. J. Festugière in seinem vierbändigen Werk über die Hermetik, das zweifellos den Höhepunkt der bisherigen Hermetik-Forschung bildet[52]. Festugière teilt die herme-

---

[49] M. P. Nilsson, *Geschichte der Griechischen Religion*, 2. Aufl., Bd II, München 1950, 558.

[50] M. P. Nilsson, *Griech. Religion*, II, 582.

[51] M. P. Nilsson, *Griech. Religion*, II, 577.

[52] A. J. Festugière, *La Révélation d'Hermès Trismégiste*, Bd I: *L'Astrologie et les Sciences Occultes*, 2. Aufl., Paris 1950, 1. Aufl., 1942. Bd II: *Le Dieu Cosmique*, 1949. Bd III: *Les Doctrines de l'Âme*, 1953. Bd IV: *Le Dieu inconnu et la Gnose*, 2. Aufl., 1954. André Jean Festugière, Dominikaner, geb. 15. 3. 1898, 1942-1968 Direktor der „École des Hautes Études" (Section des Sciences Religieuses: Religions Hellénistiques et Fin du Paganisme) veröffentlichte 1967 noch ein Werk über die Hermetik: *Hermétisme et Mystique Païenne*. Aufsätze zum Hermetismus von ihm sind: „Une source hermétique de Porphyre", *REG* XLIX, 1936, 586-595; „Hermetica", *HTR*, XXXI, 1939, 1-20; „Les dieux ousiarques de l'Asclepius'", *Perch. Sc. Rel.*, XXVIII, 1938, 175-192; „La création des âmes dans la Korè Kosmou", *Pisciculi Fr. Jos. Dölger dargeboten*, Münster 1939, 102-116; „La Doctrine des ‚Viri Novi' sur l'origine et le sort des âmes d'après Arnobe II,11-66", *Mémorial Lagrange*, 1940, 97-132; „Stobaei Hermetica XXIII-XXV, Notes et Interprétations", *REG*, LIII, 1940, 59-80; „Le Symbole du Phénix et le Mysticisme Hermétique", *Mon. Piot*, XXXVIII, 1941, 147-151; „Le Style de la ‚Korè Kosmou'", *Vivre et Penser*, II, 1942, 15-57; Un opuscule hermétique sur la pivoine, *Vivre et Penser*, II, 1942, 246-262; „Hermétisme et Gnose païenne", *Histoire Gén. d. Religions, (Quillet)*, III, 1945, 61-65; „L'Hermétisme", *Bull. de la Soc. Royale de Lund*, 1948, 1-58; „La Pyramide hermétique", *Mus. Helvet.*, VI, 1949, 211-215; „L'Arétalogie isiaque de la ‚Korè Kosmou'", *Mélanges Ch. Picard*, I, 1949, 376-381; „Cadre de la mystique hellénistique", *Mélanges M. Goguel*, Neuchâtel 1950, 74-85; „Corp. Herm. 13,12", *Class. Philology*, XLVIII, 1953, 237-238. Er gab zusammen mit A. D. Nock, der den Text besorgte, das Corpus heraus mit Übersetzung und Einleitung: *Corpus Hermeticum*, 4 Tle, 1946-1954, 3. Aufl., Paris 1972. Außer über die Hermetik noch viele andere Veröffentlichungen so z.B. über das orientalische Mönchtum: *Les Moines d'Orient*, 7 Bde 1961-1968. (Quelle: Brief von H. D. Saffrey, Couvent St. Jacques Paris dd. 14. 1. 1977.)

tische Literatur in zwei Teile. Erstens sind da die Zeugnisse der
volkstümlichen Hermetik, die wir in astrologischen, alchemistischen
und magischen Texten der ersten Jahrhunderte finden. Diese Hermetik
zeigt orientalische Einflüsse, die Weisheit der außergriechischen, orientalischen Propheten galt als tiefer und besser als die griechische. Nach
Festugière handele es sich hier um eine Mode-erscheinung, denn ihrem
Wesen nach sei die Hermetik griechisch : „En vérité l'hermétisme est
l'une des formes qu'a prises la piété hellénistique quand, fatiguée du
rationalisme, elle s'est abandonnée à la révélation"[53]. Mehr als ein
Ornament, ein oberflächlicher Firnis ist das Orientalische und Aegyptische nicht[54]. Mehr noch gilt dies für den zweiten Zweig der Hermetik,
die philosophisch-theologische Literatur, die in dem Corpus Hermeticum gesammelt wurde. Wie Bousset findet Festugière darin zwei
Strömungen, eine optimistische und eine pessimistisch-dualistische.
Beide haben aber, meint Festugière, — darin mit Nilsson einig, — ihre
Quelle in Platon : „La source commune de ces deux courants est Platon,
qui peut bien être dit le père de la philosophie religieuse hellénistique"[55]. Dies bedeutet, daß die Hermetik von Festugière als eine
Religionsphilosophie gefaßt und dargestellt wird, das eigentliche religiöse Moment wird daher vernachlässigt wie G. van Moorsel in seiner
Dissertation „The Mysteries of Hermes Trismegistus" zu Recht bemerkt[56].

Darüber, daß es sich in der Hermetik um eine Art „Gnosis" handelt,
sind Nilsson und Festugière mit Bousset einverstanden, aber m.E.
gilt das Einverständnis nur den Wortgebrauch[57].

Bousset hat sich noch einmal über die Hermetik geäußert : In einer
kleinen Monographie über die bei Stobaeus erhaltene Schrift „Korè
Kosmou", der Aufsatz erschien postum in Pauly Wissowas Realenzy-
klopädie[58]. Im vorliegenden Beitrag fordert er (S. 154f.) eine genaue

---

[53] A. J. Festugière, *La Révélation*, Bd I, 2. Aufl., 85.

[54] A. J. Festugière, *La Révélation*, Bd I, 85f.

[55] A. J. Festugière, *La Révélation*, Bd II, XII.

[56] G. van Moorsel, *The Mysteries of Hermes Trismegistus*, Utrecht 1953, These I :
„De Geschriften van A. J. Festugière gaan zozeer op in een analyse van de onderdelen
van het Hermetisme, dat aan het eigenlijke religieuze element daarin ernstig tekort
gedaan wordt". G. van Moorsel, geb. 1917, Pfarrer u.a. in Groningen, Niederlande,
promovierte 1953 in Utrecht mit dieser Dissertation über die Verinnerlichung in der
Hermetik.

[57] M. P. Nilsson, *Griech. Religion*, II, 586; A. J. Festugière, *La Révélation*, Bd IV, IX.

[58] *PW* Bd XI, Sp. 1386ff. Der Titel fehlt in Boussets Bibliographie, die ich in
meinem *Wilhelm Bousset*, 397ff. veröffentlichte. Erscheinungsjahr : 1922.

Quellenanalyse der „Korè Kosmou", die er dann auch selber versucht
hat. Als Grundschrift findet er eine Kosmogonie, die bereits eine
Kompilation ist „aus einer ziemlich rein erhaltenen altägyptischen
Kosmogonie, einem orientalischen Mythos vom Fall der Geister und
einem späteren Isis-Osiris-Mythos". Diese Grundlage sei von einem
Redaktor erweitert in Anlehnung an Platons Timaios, und so sei eine
Verbindung zwischen dem Fall der Geister und der platonischen
Einkerkerung der Seelen entstanden. Die Grundschrift enthält nach
Bousset: Exc. Stob. XXIII, cap. 2-4, 14-17, 49-52[59].

Wie schon oben bemerkt, hat Bousset im hier dargebotenen Artikel
das Material, das ihm schon vorlag großenteils verarbeitet. Viel hat
er aber wegen Raummangels außer acht gelassen (vgl. S. 101). Das
Manuskript, das Bousset zur Grundlage seiner Besprechung diente und
das „die gnostische Schicht" der Hermetik behandelt, befindet sich
heute in der Bibliothek der Göttinger Georg August-Universität[60]. Es
umfaßt 183 zweiseitig beschriebene Blätter und entstand vermutlich um
1912. Die Numerierung der Blätter ist manchmal unregelmäßig,
Manche Themen werden zweimal unterschiedlich und an verschiedenen
Stellen behandelt. Der Plan des Buches ist zwar erkennbar, aber die
Ausführung noch unfertig und hier und da noch in den Anfängen
stecken geblieben. Bousset gliedert seine Studie in vier Teile: Die
Quellen, Der Dualismus, Demiurg und Anthropos und schließlich ein
Kapitel unter dem Titel „Psychologie, Daemonologie, Ethik, Sakrament". In Anhängen werden dann noch „Die Lehre vom minder-
wertigen Pneuma" und „Der neue Leib im System des Paulus" behandelt[61].

Teile dieses Manuskriptes werden hier als Anmerkungen zu Boussets
Aufsatz veröffentlicht. Ausgewählt sind: a. Exkurse, die zeigen wie
weit Bousset seine Untersuchungen ausdehnte. Sie tragen Material
und Thesen zur hellenistischen Religionsgeschichte zusammen. b. Anmerkungen und Erweiterungen, die den schon veröffentlichten Text
erläutern oder näher begründen. c. Wichtige Abweichungen vom schon
1914 gedruckten Text. Größere Teile, die zwar interessantes Material
enthalten aber sich nicht in den Zusammenhang einreihen ließen und
außerdem keine grundsätzlichen neuen Gesichtspunkte bieten, sind

---

[59] Edition Festugière-Nock, *Corpus Hermeticum*, Bd IV, Paris 1972, 1ff. Über Boussets
Thesen: A.a.O., Bd III-CLXXIff.
[60] Verzeichnis der Bibliothek: Handschrift-Abteilung 4° Theol. 326. Mappe 3.
[61] Vgl. auch mein *W. Bousset*, 264ff.

nicht aufgenommen. Der Stoff der Anmerkungen enthält mengen-
mäßig ca. 18 Proz. der Handschrift, d.h. von 366 Seiten : 65.

Eine Auswahl hat notwendigerweise etwas subjektives, weil jedoch
eine vollständige Veröffentlichung neben dem schon bekannten Aufsatz nutzlos ist, blieb keine andere Möglichkeit. Ich meine, das hier
Gebotene bereichere jedenfalls Boussets Beitrag zur Hermetikforschung
um einige wertvolle Einzelheiten.

Die Zahlen *in margine* bezeichnen die Nummern der Blätter im
Manuskript, z.B. : 181R ist Blatt 181 Rückseite, 182 ist Blatt 182
Vorderseite.

4. *Der Gott Aion*

Als Bousset seine Studie über „Aion" verfaßte (ca. 1919) lag ihm
schon eine gründliche Arbeit von R. Reitzenstein über denselben Gegenstand vor. In seinem *Poimandres* behandelt Reitzenstein den Aion,
der als Demiurgos oder als zweiter Gott bei Messala, im elften Traktat
des Corpus Hermeticum und in den Zauberpapyri erscheint[62]. Der
Ursprung der Gottesvorstellung sucht er in Aegypten : „Das aegyptische ist ungemein früh zu der Vorstellung einer unendlichen oder
doch ungeheuer großen Zeitausdehnung durchgedrungen und hat sie
in einem Götterpaar personifiziert"[63]. Die aegyptische Herkunft erklärt auch wie man dazu kommen konnte Systeme von Aionen anzunehmen, wie das in den gnostischen Kreisen geschah.

Damit sind neben der Frage nach dem Charakter der Gottheit auch
die zwei wichtigsten Probleme der Aion-Forschung angedeutet : Woher
stammt der Gott und wie verhält sich der Aion zu den vielen Aionen
gnostischer Systeme? In seinem Buch über das Corpus Hermeticum
(s.o.) kommt J. Kroll hier zu anderen Schlußfolgerungen. Gegenüber
Reitzenstein, der dies ja verkannte, poniert er die persische Herkunft
aus der Theologie der „ewigen Zeit". Der Glaube knüpfte an an
Platons Aiongedanken und eroberte so den Westen[64]. Er vermutet,

---

[62] R. Reitzenstein, *Poimandres*, 274ff.

[63] R. Reitzenstein, *Poimandres*, 276.

[64] Das Verhältnis zwischen iranischen Zeitvorstellungen und Platons Timaios behandelt C. Colpe in 4. Teil von H. W. Haussigs *Handbuch der Mythologie, Altiranische
und Zoroastrische Mythologie*, s.v. „Aion", 247. Er meint iranische Einflüsse auf Platon
zu finden; Timaios 36b-38d unterscheidet zwischen Aion, ruhende Ewigkeit und Chronos,
Zeit die man messen kann (κατ' ἀριθμὸν Tim. 37d), die gleiche Unterscheidung, die
die iranische Zurvan-Theologie macht, vgl. R. C. Zaehner, *Zurvan*, 231ff und passim.
S. auch unten.

die Mithrasreligion sei für den Gedanken die Brücke zwischen dem Osten und dem Westen gewesen[65]. Wie es von diesen Aion zur christlich-gnostischen Aionenlehre gekommen ist, ist für Kroll unwichtig, er nimmt an, der Begriff des Aion sei „soweit verblaßt, daß lange Reihen von Aionen konstruiert werden". An Krolls Stellungnahme bemerkt man, daß Boussets Betonung der iranischen Religion als Quelle für den hellenistischen Synkretismus Widerhall fand[66].

Von philologischer Seite faßte C. Lackeit die Aion-Frage an. Er zeichnete die Geschichte des Wortes von der ältesten Bedeutung „Leben", „Lebenskraft" über „Zeitalter", „Weltperiode" zum philosophischen Begriff „Ewigkeit" bei Platon und entdeckt schon früh Personifikationen (bei Euripides und Pindar) des Aion[67].

Lackeits Buch, dessen Ergebnisse von H. Sasse in seinem Artikel „Aion" im *Theologischen Wörterbuch zum Neuen Testament* bestätigt werden[68], bildet die sprachliche Grundlage für O. Weinreichs Aufsatz „Aion in Eleusis" im *Archiv für Religionswissenschaft* XIX[69]. Weinreichs Studie will K. Holls Abhandlung über den Ursprung des Epiphanienfestes ergänzen[70], und zwar durch den Nachweis eines Aionkultes in Eleusis.

Boussets Beitrag versucht eine vollständige Charakteristik des hellenistischen Aion. Dabei sind ihm der synkretistische Zusammenhang mit anderen Göttern und die Herleitung der Gottesvorstellung aus Philosophie und Religion wichtig. Die Frage nach der Verbindung zwischen Aion und den gnostischen Aionen wird nur angedeutet, nicht gelöst. Bousset stützt seine Darstellung hauptsächlich auf Belege aus den Zauberpapyri. Er brachte zum ersten Mal eine nahezu vollständige Sammlung des einschlägigen Materials aus den griechischen magischen Papyri zusammen.

---

[65] J. Kroll, *Die Lehren*, 67ff.

[66] Vg. W. Bousset, *R. Reitzenstein, Poimandres, GGA*, 1905, 692ff.

[67] C. Lackeit, *Zeit und Ewigkeit in Sprache und Religion der Griechen*, erster Teil : *Sprache*. Diss. Königsberg 1916. Conrad David Eberhard Lackeit wurde 1893 zu Klein-Baum O. Preussen geboren und studierte 1912-1916 in Königsberg klassische Philologie, Germanistik und Philosophie u.a. bei R. Wünsch. Weitere Angaben fehlen mir.

[68] *ThWBNT*, I, 197ff. H. Sasse gibt die Literatur über Aion bis 1933.

[69] *ARW*, 1916-1919, 174ff. O. Weinreich war damals der Herausgeber des *Archivs*, klassischer Philologe mit großen Interesse für hellenistische Religionsgeschichte. Vf. u.a. *Neue Urkunden zur Serapis-Religion*, 1919. Über ihn : *RGG²* V, 1799.

[70] *Sitzungsber. d. Berl. Akademie*, 1917, 402ff. Bousset zitiert Holls Abhandlung als „Holl" mit Seitenzahl d. Sitzungsber. ohne nähere Andeutung.

Die Papyri waren damals noch schwer zu benutzen, weil eine gute Textausgabe und einheitliche Einteilung noch fehlten. Er mußte zufrieden sein mit den Ausgaben von u.a. G. Parthey, A. Dieterich und C. Wessely, die einzelne Papyri oder Fragmente enthalten. Die Bedeutung dieser Papyri, die meist aus den 3. und 4. Jhrhndten n. Chr. datieren und ihre Herkunft in Aegypten haben, war eben entdeckt worden und erst 1928 erschien der erste Teil der großartigen Ausgabe „Papyri Graecae Magicae", das Lebenswerk von K. Preisendanz[71].

Ungefähr dasselbe Material wie Bousset benutzt A. J. Festugière im IV. Band von *La Révélation d'Hermès Trismégiste* zur Frage nach dem Wesen des Aion im Corpus Hermeticum. Daß er dabei die Belege im Corpus Hermeticum besonders berücksichtigt, versteht sich. Für ihn ist Aion im Corpus Hermeticum „une hypostase divine, un second Dieu intermédiaire entre Dieu et le monde"[72]. Dann durchmustert er auch das von R. Reitzenstein (s. unten), O. Weinreich u.a. herbeigebrachte Material und schließlich die Zauberpapyri. Er erwähnt hier einige Stellen, die Bousset nicht einbezogen hat, vielleicht hat er sie übersehen oder nicht gekannt. Es handelt sich um P I, 163ff., P. IV, 2314ff. und P VII, 580ff.

In P I, 42ff. wird die Beschwörung eines Beistandes, eines helfenden Dämons beschrieben. Dabei soll ein Stein in den eine löwenköpfige Figur geschnitten ist und rings darum einen Ouroboros (d.h. eine Schlange, die sich in den Schwanz beißt) gebraucht werden (P I, 140ff.). Wenn, nach der Beschwörung der Gott erscheint, soll man ihn folgendermaßen anrufen : δεῦρό μοι, βασιλεῦ, ⟨καλῶ σε⟩ θεὸν θεῶν, ἰσχυρόν, ἀπέραντον ἀμίαντον, ἀδιήγητον, Αἰῶνα κατεστηριγμένον ... (P I, 163ff.). Nach Festugière ist die löwenköpfige Figur eine Darstellung des Gottes[73]. P IV, 2241ff. enthält eine „Abwehrende Inschrift an Selènè", darin heißt es (P IV, 2315): ... Αἰὼν κραδαίνει, ...

In P VII, 580ff. schließlich, handelt es sich um ein Ouroboros-Amulett. Zum Amulett gehören die Namen „Kmephis", „Chphyris",

---

[71] Über die Geschichte der Herausgabe und für die Namen der Mitarbeiter s. : *PGM*, herausgegeb. v. K. Preisendanz, Bd I, 2. Aufl., Stuttgart 1973, Vorrede. Karl Preisendanz, geb. 1883, Altphilologe, war seit 1935 Direktor der Univ. Bibliothek zu Heidelberg, dazu Hon. Prof. f. Paläographie und Papyruskunde seit 1937. Nach seinem Tode 26. April 1968 wurde seine Arbeit an den Papyri von A. Henrichs fortgesetzt. *RGG*³, Reg. 190. *PGM* 2. Aufl. Bd I, XIII.

[72] A. J. Festugière, *La Révélation*, Bd IV, 152ff., 175.

[73] A. J. Festugière, *La Révélation*, IV, 197.

„Iao", „*Aion*" u.a.[74] Die Darstellung bestätigt abermals die Verbindung zwischen „Aion" und „Ouroboros" (s.u.).

Daß Festugière, wie Bousset, Aion als eine personifizierte kosmische Macht darstellt, wundert nicht, da sich diese Schlußfolgerung ganz klar aus dem Material ergibt. Merkwürdig ist, daß Festugière den Zusammenhang mit Helios betont und meint „d'autres assimilations sont plus rares (sauf Iao)"[75], während Bousset ganz andere Beziehungen darlegt und gerade die Verbindung mit Helios vernachlässigt. Ich meine, Bousset sei zu Unrecht den Zusammenhängen mit Helios nicht nachgegangen, andererseits habe aber Festugière den Umkreis um Aion zu eng gezogen[76].

Was die Herkunft der Gottheit anbelangt, ist Bousset zurückhaltend. Er findet persische Zurvanspekulationen (S. unten) aber auch parallele Erscheinungen in Phönizien und Syrien. Ein wirksamer Faktor in allen Spekulationen sei vermutlich die babylonische Astronomie gewesen. Dieser Gedanke lag Bousset nahe. Auch in der zweiten Auflage seiner *Religion des Judentums* (1906) weist er hin auf die babylonische Astronomie als Urquelle für den Glauben an zwei Aeonen in der jüdischen Apokalyptik[77].

Es soll hier auch dem Verhältnis zu Reitzensteins *Das iranische Erlösungsmysterium* nachgegangen werden. R. Reitzenstein gibt in einer „Beigabe" zu seinem aufsehenerregenden Werk eine ausführliche Analyse der Aionfrage[78]. Anders als in seinem „Poimandres" (s.o.) leitet er jetzt die Aion-Theologie aus Iran her[79]. Sie hat sich von Alexandrien aus in die hellenistische Welt verbreitet und ist auch in das Christentum eingedrungen. Er vermutet, die ursprüngliche Heimat der Aionvorstellungen sei in Indien zu suchen, schließt aber : Noch ist der Weg der Vorstellung von Indien über Persien, die Umgestaltung in Babylonien (...) und das weitere Vordringen nach Westen weniger gesichert

---

[74] Irrtümlicherweise erwähnt Festugière, „Aion" wäre innerhalb der Figur geschrieben. Dort sind andere Zauberworte und Zeichen gezeichnet. Vgl. Preisendanz, *PGM* II, Tafel I und A. J. Festugière, *La Révélation* IV, 191.

[75] A. J. Festugière, *La Révélation*, IV, 198.

[76] Vgl. auch E. Heitsch, „Drei Helioshymnen", *Hermes* 88, 1960, der hinter Helios, Aion u.a. „einen gewissen monotheistischen Kraftglauben" vermutet, 157.

[77] W. Bousset, *Religion des Judentums* 2. Aufl., Berlin 1906, 572. Man beobachte auch H. Gressmanns Abschwächung in der 3. Aufl. : „*wahrscheinlich* aus der babylonisch-*iranischen* Religion" (*kursiv* ist von G. beigefügt) 3. Aufl., 1966, 502.

[78] R. Reitzenstein, *Erlösungsmysterium*, 150-250.

[79] R. Reitzenstein, *Erlösungsmysterium*, 204.

als ihre Neuverbreitung von Alexandria"[80]. Reitzenstein benutzt viel Material, das Bousset außer acht gelassen hat, namentlich manichäische und mandäische Quellen, außerdem kommt er auch zu von Bousset abweichenden Schlußfolgerungen, was auch damit zusammenhängt, daß Bousset mehr als Reitzenstein die Zauberpapyri ausnutzt. Obgleich Reitzensteins Studie eindrucksvoll und tiefgehend die Probleme erörtert und fesselnde Lösungen vorträgt, bekommt man den Eindruck, man werde ins Uferlose geführt. Dies hat seine Ursache in Reitzensteins ziemlich uneingeschränktem Ausgangspunkt : Er will den Vorstellungen eines „Ewigkeitsgottes" nachgehen, während Bousset sich auf „Aion" beschränkt, was zu klareren Abgrenzungen führt.

Spuren, daß Bousset und Reitzenstein über ihre Aion-Studien miteinander gesprochen haben, habe ich nicht gefunden. Täglicher Verkehr war zwischen beiden Freunden damals unmöglich, Bousset war in Giessen, Reitzenstein in Göttingen, die Verbindungen waren in der Kriegs- und Nachkriegszeit gewiß nicht bequem. Reitzenstein hat seine Arbeit Bousset gewidmet. Er will „zu dem Lebenswerk W. Boussets einen bescheidenen philologischen Nachtrag bieten"[81], der Gedanke liegt daher nahe, er hätte wenigstens über seine Resultate, die ja schon August 1920 druckfertig waren, also konzipiert wurden als Bousset noch lebte[82], mit Bousset gesprochen. Boussets Manuskript über „Aion" läßt aber eher das Gegenteil vermuten[83].

Die Probleme um „Aion" sind noch nicht gelöst. Das ergibt sich auch aus C. Colpes Bemerkungen zur Frage in *Die Religionsgeschichtliche Schule*. In einem Anhang zu diesem Buch erörtert er die Problemgeschichte und schließt, daß namentlich die Verbindung zwischen „Aion" und den gnostischen Aionen noch Schwierigkeiten bietet[84]. Es ist ihm aber klar, daß die persische Zurvan-Theologie auf den Westen eingewirkt hat und er stimmt Boussets These zu, die eine

---

[80] R. Reitzenstein, *Erlösungsmysterium*, 249.

[81] R. Reitzenstein, *Erlösungsmysterium*, Vorwort VIII.

[82] Bousset starb 8. 3. 1920.

[83] R. Reitzenstein, 1861-1931, wurde 1889 a.o. Prof. f. klass. Philol. in Rostock, 1892 Ordinarius in Giessen, 1893 in Straßburg, 1911 in Freiburg i. Br., seit 1914 in Göttingen, dort war Bousset damals a.o. Prof., ihre Freundschaft datiert vom Jahre 1904 als Bousset Reitzensteins *Poimandres* kennenlernte. Nur knapp 2 Jahre hat die Zusammenarbeit in Göttingen gedauert, dann ging Bousset nach Giessen. *RGG*² IV, 1851 und mein *Wilhelm Bousset*, 341f.

[84] C. Colpe, *Die religionsgeschichtliche Schule*, 209-216. Dort auch Literatur-Überblick.

Beziehung herstellt zwischen dem System der Pseudoklementinen und Zurvanismus[85].

In *Altiranische und Zoroastrische Mythologie*[86] ist Colpe zum Aion-Thema zurückgekehrt. Er befaßt sich dort ausführlicher mit der Frage nach den Beziehungen zwischen Aion und iranischen Zurvan-Vorstellungen. Wie schon oben bemerkt vermutet er, Platon (Timaios 36b-38d) habe den iranischen Zurvan-Begriff gekannt. Die Vorstellung war überhaupt weit verbreitet, sieben Zeugnisse dafür kann er erwähnen. Es handele sich aber nicht um Zurvan-Frömmigkeit, sondern um Wissenschaft und Philosophie : „Es handelt sich ausnahmslos entweder um philosophische Interpretation oder um gelehrte Kenntnis zurvanitischer Gedanken, nicht aber um ein iranisches Substrat der hellenistischen Aion-Theologie oder Religiösität, auch nicht soweit diese in die Gnosis übergegangen ist"[87].

Für Boussets Studie ist interessant, daß Colpe wie R.C. Zaehner, anders als F. Cumont, die löwenköpfige Gestalt der Mithrasmysterien als Ahriman und nicht als Aion deutet[88]. Bousset hat sich mit Vorsicht an die Seite von F. Cumont gestellt. Er bringt den mithräischen Daemon mit dem Löwenkopf und der Schlange als Attribut in Verbindung mit Macrobius' Schilderung des Zeitgottes als Ouroboros (s.u.). Besteht die Verbindung zu Recht? Bousset meint, der Ouroboros

---

[85] C. Colpe, *Die religionsgeschichtliche Schule*, 211, 216 Anm. 2. W. Bousset, *Hauptprobleme*, 136ff. : Christus und der Teufel als Diener Gottes in den Ps. Klem.

[86] Altiranische und zoroastrische Mythologie, in Verbindung mit anderen verf. v. C. Colpe in Bd 4 von H. M. Haussig, (Hrsg.), *Wörterbuch der Mythologie*, Stuttgart, im Erscheinen. (Bd 1 : Götter und Mythen im Vorderen Orient, 1965; Bd 2 : Götter und Mythen im Alten Europa, 1973). Prof. Colpe war so freundlich mir nicht nur seinen Artikel „Aion", (Lieferung 12, 246ff.) sondern auch einige noch nicht veröffentlichte Artikel zur Kenntnisnahme zu senden : Dr. Christoph Elsas, *Zurvan*; Prof. Dr. Bernfried Schlerath, *Zurvan*.

[87] C. Colpe, „Aion", in : Haussig, *Wörterbuch d. Myth.*, Bd 4, 249.

[88] C. Colpe, „Aion", in : Haussig, *Wörterbuch d. Myth.*, Bd 4, 249. Auch H. v. Gall im selben Wörterbuch, Bd 4, 250 : „Die eigentliche klassische Ikonographie (kennt) ein ganz anderes Bild des Aion", sie zeigt Aion „als bärtigen, also älteren bekleideten Mann". F. Cumont, *Textes et Monuments rel. aux Mystères de Mithra*, Bd I, Bruxelles 1896, 76ff. bezeichnet den Dämon als Aion. Wie groß seine Autorität war bezeugt R. C. Zaehner, *Zurvan*, viii : „My unbounded admiration for Cumont has led me to accept identification (scil. of the Mithraic lion-headed deity) with Zurvan-Kronos without question". Zaehner übernimmt den Standpunkt von J. Duchesne-Guillemin, *Ormazd et Ahriman*, 128 aber erst nachdem sein Werk über Zurvan vollendet war, 65 folgt er noch Cumont. Auch M. J. Vermaseren, *Corpus Inscriptionum et Monumentorum Religionis Mithriacae*, 2 Bde, Den Haag 1956, 1960, nennt den Dämon einfach „Aion", s. Register s.v. „Aion".

sei ein Zervan-Symbol[89]. In *Hauptprobleme* verbindet er eine vorder-
asiatische löwengestaltige Gottheit, Baal-Kronos mit Zurvan[90], wie
er dies auch im vorliegenden Aufsatz tut. Weil er auf Grund einer
Notiz des Damascius (ca. 500 n. Chr.) über Eudemos von Rhodos
(Ende des 4. Jhndts v. Chr.) überzeugt ist vom hohen Alter des
Zurvanismus[91] kann er eine ziemlich klare Entwicklung von der
Zurvan-Religiösität aus Iran über die Mithrasmysterien nach Westen
zeichnen. Die Sinnbilder Löwe und Schlange zeigen ihm den Weg.
C. Elsas[92] bestätigt im großen und ganzen Boussets Darlegung was
den Zusammenhang Zurvan-Kronos-Saturn anbelangt. Er sieht in dem
mithräischen Dämon einen ,,Ahriman-Aspekt von Zurvan". Auch in
den Zauberpapyri finden wir Aion und den löwenköpfigen Dämon
beisammen z.B. P I, 140ff.[93]. Zweifelsohne sind die Beziehungen die
Bousset im dritten Paragraphen seiner Studie darlegt, im späteren
Hellenismus bezeugt. Selbst wenn man die mithräischen Bilder ausschließt, weil sie Ahriman darstellen, bleiben noch genügend Belege
übrig für die von Bousset und C. Elsas behaupteten Zusammenhänge.

Damit ist aber m.E. die Frage nach dem Charakter des Aion noch
nicht gelöst. Als Baal-Kronos-Saturn ist Aion nicht der Gott der
unendlichen Zeit wie Zurvan, sondern nur einer der Planetengötter,
auch die Verbindung mit den älteren Aion-Spekulationen bei Platon
ist unklar.

Wenn aber Bousset Recht hat mit seiner Behauptung, der Ouroboros
sei Zurvan-Sinnbild, läßt sich die Frage noch anders lösen. Man kann
m.E. nicht — wie Bousset es tut — einfach den Ouroboros mit der

---

[89] W. Bousset, *Hauptprobleme*, 353 : ,,Zervan ..., deren Sinnbild etwa die sich im
Kreise windende, den Schwanz im Maule haltende Schlange ist ..." Bousset zieht hier
Verbindungslinien zwischen den gnostischen (ophitischen) Jaldabaoth, Saturn, Baal-
Kronos und Zurvan. Belege für den Ouroboros als Zervan-Sinnbild aus der persischen
Literatur gibt Bousset nicht. H. Jonas, *The Gnostic Religion*, Boston 1958, 2. Aufl.,
1963, Ch. II,2 (Niederländische Übersetzung : *Het Gnosticisme*, Aulaboek 429, Utrecht
1969, 133f.) meint Tiamat (also Babylonien) sei der Ursprung des Ouroboros. Er weist
u.a. auf Origines, *Contra Celsum*, VI,25,35. B. H. Stricker, *De Grote Zeeslang*, Ex Or.
Lux, Meded. en Verh. 10, Leiden 1953, gibt altägyptische Zeugnisse (u.a. Grab des
Tut-anch-amons, um 1350 v. Chr.) Hier nicht immer zwei Farben.

[90] W. Bousset, *Hauptprobleme*, 353.

[91] W. Bousset, *Hauptprobleme*, 44ff. Die Stelle, die auch von C. Colpe, ,,Aion", in :
Haussig, *Wörterbuch d. Myth.*, Bd 4, 247 erwähnt wird, ist Damascius, *De Principiis*,
125. Nach Eudemos kennen die Magier die eine geistige Welt als Chronos oder Topos
und davon unterschieden den guten Gott und den bösen Dämon.

[92] C. Elsas, ,,Zurvan", in : Haussig, *Wörterbuch d. Myth.*, Bd 4.

[93] P. IV,2112 : Löwenköpfiger Daemon ohne Aion. Ist der Dämon αἰλουροπρόσωπος
von P III,81ff. mit ihm identisch, oder soll man hier an eine ägyptische Gestalt denken?

Schlange als göttliches oder dämonisches Symbol gleichsetzen. Er ist ein eigenständiges Ewigkeitssymbol, für welches zwei Merkmale wesentlich sind : Die Schlange oder Drache beißt sich in den Schwanz und die Figur ist zweifarbig, d.h. schwarz-weiß oder in späteren alchimistischen Manuskripten rot-grün[94]. Nun ist jedenfalls der Ouroboros ein Aion-Sinnbild (P I, 140ff., P VII, 580ff., Macrobius, *Saturn.* I,9, s.u. Boussets Aufsatz) und weist auf Aion als Gott der ewigen zyklischen Zeit und sogar Schöpfer (P IV, 1168ff., es ist allerdings nicht ganz sicher ob es sich hier um Aion handelt), der durch die spätere Verbindung mit den Planetengöttern degradiert worden ist. Dies ist selbstverständlich nur eine noch unbewiesene Hypothese. Leider fehlt mir jetzt die Möglichkeit zur Beweisführung. Falls diese Hypothese sich erweisen ließe, wäre erklärt, wie Identifikationen mit Helios und u.a. Jaldabaoth gefunden werden : Die eine Identifikation paßt zu der „höheren" Gestalt der Gottheit, die andere zu ihrer „degradierten".

Boussets Manuskript befindet sich, wie das seiner Hermetikstudien in Göttingen[95]. Es umfaßt 35 zweiseitig beschriebene Blätter, die durchlaufend numeriert sind (nur Vorderseite)[96]. Bousset hat daran vermutlich noch 1919 gearbeitet, wie Bleistiftnotizen über O. Weinreichs oben zitierten Aufsatz wahrscheinlich machen. Die Zitate sind soweit möglich mit Hilfe der neueren Textausgaben korrigiert[97]. Für die Papyrustexte ist die Ausgabe von K. Preisendanz benutzt worden und die Notierung ist mit dieser Ausgabe in Übereinstimmung gebracht worden.

5. *Eine jüdische Gebetssammlung*

Bousset hat sich zeitlebens sehr für das Judentum und seine Religion interessiert, namentlich für die Periode zwischen 175 v. Chr. und 135

---

[94] Vgl. E. Norden, *Agnostos Theos*, Berlin 1913, 249f. Der Ouroboros ist ein alchimistisches Symbol. Cod. Marcianus S. XI, Berthelot, Ruelle, *Collections des Alchimistes Grecs*, Introduction 132 : Ouroboros mit den Worten innerhalb des magischen Kreises : ἕν τὸ πᾶν. In diesen pantheistischen Zusammenhang gehört auch P IV, 2838 ἐκ σέο γὰρ πάντ' ἐστὶ καὶ εἰς σ' αἰώνιε, πάντα τελευτᾷ (εὐχὴ πρὸς Σελήνην P IV, 2785ff.). Wir sind hier m.E. jedenfalls in der Nähe der Aion-Theologie. Ein rot-grüner Ouroboros : Ms von Synesius, Bibliothèque Nat. Paris, Ms. grec 2327, f. 279, Faksimile in : S. Klossowski de Rola, *Alchemie*, Bussum 1974, Holl. Übers. einer populärwissenschaftlichen englischen Schrift *Alchemics*, 33, Bild 1. Die altägyptischen Bilder sind nicht immer zweifarbig. S. B. H. Stricker, *De Grote Zeeslang*.

[95] U. B. Göttingen, Handschriftabt. 4° Theol. 326, Mappe 3.

[96] Faksimile S. 1 des Manuskriptes : mein *Wilhelm Bousset*, Titelblatt.

[97] Vieles verdanke ich Dr. G. Mussies, Altphilologen der Theol. Fakultät in Utrecht.

n. Chr., d.h. die Periode zwischen der makkabäischen Erhebung und der letzten katastrophalen Niederlage unter Hadrian. Über die Religionsgeschichte dieser Epoche verfaßte er ein Buch, das bis heute den Rang eines Standardwerkes behalten hat[98]. Anders als z.B. G.F. Moore, der in seinem späteren Werk *Judaism in the First Centuries of the Christian Era* Boussets Thesen bekämpft, betont er die Bedeutung der Apokryphen und Pseudepigraphen[99].

Bousset studiert das Judentum im Zusammenhang mit seiner religionsgeschichtlichen Umwelt, untersucht die Bedeutung der jüdischen Frömmigkeit für das werdende Christentum und zeigt, daß das Judentum trotz seines Anspruches auf Exklusivität allerhand Anschauungen aus den Philosophien und Religionen der Umwelt aufnahm und verarbeitete. Er meint diese synkretistischen Tendenzen am klarsten in den apokalyptischen Schriften, den Apokryphen und selbstverständlich in den Schriftstellern der Diaspora, zu finden. Obgleich er keine scharfe Grenzlinie zwischen Diaspora und dem Judentum im Heimatlande ziehen will, und das Judentum als geistige Einheit betrachtet, ist ihm das alexandrinische Judentum eine höchst wichtige Erscheinung. Dort findet er ein hellenistisches Judentum, das seine Wortführer leider nur in wenigen literarischen Erscheinungen, wie Aristobul und Ps. Aristeas aber vor allem in Philo, findet[100]. Das Charakteristische in Philos Frömmigkeit ist ihm „ihr exstatisch mysteriöser Charakter"[101], für Bousset ein entscheidendes Merkmal der hellenistischen Frömmigkeit, die uralte religiöse Anschauungen aus dem Orient und Aegypten mit hellenischer Popularphilosophie verband, und in deren Mittelpunkt die Idee der Vergottung stand.

Da die Quellen für dieses Judentum nicht eben reichlich fliessen, hat er mittels stilkritischen Untersuchungen versucht weitere Kenntnisse zu erschließen. In seinem Buch *Jüdisch-Christlicher Schulbetrieb in Alexandrien und Rom* (1915) führt er aus, daß Philo für seine Schriften aus einer ausgedehnten Überlieferung schöpft, die sich noch teilweise rekonstruieren läßt. Weil die von Philo benutzen Quellen

---

[98] W. Bousset, *Religion des Judentums*, 2. neubearbeitete Aufl. 1906, 3. Aufl. von H. Gressmann bearbeitet. Bousset-Gressmann, *Die Religion des Judentums im späthellenistischen Zeitalter*, 1926, 4. Aufl. mit Vorwort von E. Lohse, 1966.

[99] 5. Aufl. Cambridge 1946, vgl. auch G. F. Moore, „Christian Writers on Judaism", *HThR*, 1921, 197ff. Für die Debatte über Boussets Buch s. mein, *W. Bousset*, 91ff., die Frage handelt über die Bedeutung der rabbinischen Schriften.

[100] W. Bousset, *Religion des Judentums*, 2. Aufl., 497ff.

[101] U.a. W. Bousset, *ThR*, 1911, 69.

nach Bousset eine von Philos eigenen Anschauungen erheblich abweichende Haltung zeigen, ist das Bild des alexandrinischen Judentums durch die Auffindung dieser Quellen wesentlich bereichert.

Die Quellenscheidung Boussets hat sich übrigens nicht durchgesetzt.
Sein Buch fand nur wenig Beachtung und die Resultate wurden u.a.
von W. Völker in seinem Philo-Buch abgewiesen [102].

In derselben Zeit als er sein Buch über die Schulüberlieferungen bei
Philo und Clemens verfaßte, beschäftigte er sich mit den Apostolischen
Konstitutionen, worin er im achten Buch eine jüdische Gebetssammlung entdeckte. Die Rekonstruktion dieser Gebete, die hier zum zweiten
Male veröffentlicht wird, ist unwiderleglich und, soviel ich weiß, seitdem
allgemein anerkannt. Der Aufsatz erweckte aber wenig Interesse und
wurde bald vergessen. In H. Gressmanns Bearbeitung von Boussets
Religion des Judentums, wird die *Gebetssammlung* sogar nicht einmal
erwähnt. Ursache dafür ist vielleicht, daß Bousset das Material nicht
religionsgeschichtlich ausnutzt und in den Zusammenhang mit dem
hellenistischen Judentum hineinstellt. Es bleibt hier bei einzelnen Hinweisen.

Hier hat E. R. Goodenough Boussets Arbeit wieder aufgegriffen. Er
entdeckte den Aufsatz mehr oder weniger zufälligerweise, war aber
begeistert, weil er in ihm eine Bestätigung seiner These einer helleni-
stisch-jüdischen Mysterienreligion sah [103]. Er zeigt die deutliche Verwandtschaft der Gebete mit der philonischen Theologie : „The God of
these prayers is thus the God of Philo and the Mystery" [104]. Auch die
Anthropologie, die eine Zweiteilung des Menschen lehrt, nach welcher
der Mensch aus einer unsterblichen Seele und einem „σῶμα σκεδαστόν"
besteht, sei nach Goodenough philonisch [105].

Eine Schwierigkeit bietet hier m.E. die Auferstehungshoffnung, die
nach Boussets *Religion des Judentums* gerade in hellenisch bestimmten
Judentum stark zurücktritt : „In der Eschatologie Philos (...) ist jeder
Gedanke an eine Auferstehung der Toten ausgeschlossen" [106]. In den

---

[102] W. Völker, *Fortschritt und Vollendung bei Philo von Alexandrien*, Leipzig 1938,
TU 49. Merkwürdig ist, daß E. R. Goodenough, *By Light, Light*, 1935, 2. Aufl. 1969
Boussets *Schulbetrieb* nicht erwähnt.

[103] E. R. Goodenough, *By Light, Light*, 1969, 306ff. A. D. Nock machte Goodenough
auf die „Gebetssammlung" aufmerksam, 306, Anm. 2. Vgl. auch Boussets Abhandlung über die Anthropologie des Philo, unten S. 181ff.

[104] E. R. Goodenough, *By Light*, 340.

[105] E. R. Goodenough, *By Light*, 349, vgl. Boussets Aufsatz unten [454, Z. 2ff.] 249,
Apost. Constit. VIII,12.

[106] W. Bousset, *Religion des Judentums*, 2. Aufl. 313, auch Bousset-Gressmann, 4.
Aufl. 273.

Gebeten tritt dieser Gedanke jedoch an wichtiger Stelle hervor[107]. Bousset findet die Auferstehungshoffnung in Vita Adae und beweist damit, daß der Gedanke im hellenistischen Judentum vorkommt; die Frage, wie sich diese Hoffnung zum von Goodenough rekonstruierten Mysterium verhält ist aber damit noch nicht gelöst. Goodenough trägt in einer Anmerkung Material zur Lösung heran, kann aber keine definitive Antwort geben[108].

Goodenough meint in den Gebeten eine zeitliche Reihenfolge zu entdecken. Es gibt frühere, die weniger hellenisiert sind als die späteren. So sei *Apost. Const.* VII,34,1-8 älter als VIII,12,6-27, was u.a. aus der Benutzung der griechisch-philosophischen Formel „τὸ μὴ ὄν" hervorgehe[109].

Für Bousset waren die „Gebete" vor allem wichtig als Zeugnisse eines nach-christlichen hellenistischen Judentums. Auch nach 70 und 135 n. Chr. gab es also ein weltoffenes Judentum, das sogar eine griechische Liturgie hatte. Diese Entdeckung hätte ihn zur Änderung seines absprechenden Urteils über das Judentum nach 70 veranlassen können[110], Belege dafür, daß er die bezüglichen Stellen seines Buches über die jüdische Religion umschreiben wollte, fehlen aber.

Schluß

Das Studium von Boussets Arbeit wirkt herausfordernd und anregend, weil er immer zum Kern der Sache vorstößt und seine Thesen Aussicht auf größere religionsgeschichtliche Zusammenhänge bieten, auch wenn er sich mit oft winzigen Details befaßt. Folgende Aufsätze waren bisher über Sammelwerke oder Zeitschriften zerstreut, teilweise auch noch unveröffentlicht. Ihre Zusammenstellung wird hoffentlich ihre innere Verbindung zeigen und dadurch ihre Wirkung steigern. Hie und da habe ich mittels Anmerkungen auf Hintergründe oder Beziehungen mit späterer Literatur aufmerksam gemacht. Die Anmerkungen beanspruchen keine Vollständigkeit.

---

[107] Apost. Const. VII, 34, VIII, 12, Bousset, *Jüdische Gebetssammlung*, 454, Z. 32ff. (S. 250).

[108] Bousset, *Jüdische Gebetssamml.*, 462, E. R. Goodenough, *By Light*, 349 und Anm. 235.

[109] E. R. Goodenough, *By Light*, 346ff., W. Bousset, *Gebetssammlung*, u.a. 454, Z. 2.

[110] W. Bousset, *Religion des Judentums*, 2. Aufl. 97ff.: Das Judentum isolierte sich und auch das vom altersher freier gerichtete Diaspora-Judentum beugte sich dem palästinischen Rabbinat und so „bildete sich das Judentum (...) zu dem alles hassenden und von allen gehassten Volke heraus als das es Tacitus bereits schildert". Auch Bousset-Gressmann, 4. Aufl. 84ff.

RELIGION UND THEOLOGIE

Vorlesung, gehalten am 20. Juni 1919, von D. W. Bousset
(Als Manuskript gedruckt)

Meine Herren und Damen! Ich bin in der letzten Stunde zum Schluß
eines Abschnittes meiner Vorlesung gelangt. Es widerstrebt mir, heute,
angesichts des Ernstes unserer Lage — wissen wir doch noch nicht,
ob wir in der nächsten Woche hier miteinander versammelt sein
werden — einen neuen Abschnitt zu beginnen. Ich möchte in dieser
feierlichen Stunde ein ernstes Wort an Sie richten, / mögen Sie es
als eine Art Abschiedswort betrachten. Meine Herren und Damen!
Es ist in großer öffentlicher Versammlung das Wort von seiten eines
Teilnehmers gefallen, es sei wie ein Schrei der Qual aus der Seele einer
Reihe von Studierenden zu ihm gedrungen über die theologische
Arbeit, die ihnen an unserer Universität zugemutet werde. Dazu darf
und kann ich nicht schweigen.

Lassen Sie mich mit Ihnen diesen Dingen auf den Grund gehen.
Es handelt sich hier, wenn ich recht sehe, letztlich um ein schweres
und großes Grundproblem, um die Frage : Religion und Theologie.
Das Problem, — ich möchte das zu Ihrer Beruhigung sagen — ist
nicht / neu, es ist uralt und hat von jeher die stärksten Geister und die
besten Köpfe beschäftigt. Es ist kein modernes Problem, das etwa
erst die Kriegszeit und die Kriegsnot erzeugt hätten, sie haben es nur
wieder besonders lebendig zum Bewußtsein gebracht. Es handelt sich
auch nicht um spezielle Mißstände der gegenwärtigen Theologie, gegen
die sich die zornige Anklage zu richten scheint. Wenn das behauptet
wird, so darf diese stolz ihr Haupt erheben, und wenn denn einmal
gerühmt sein muß, so darf sie von sich rühmen : es hat manche
Zeiten verknöcherter und erstarrter Theologie gegeben, aber es gab
nicht viele Zeiten, in denen innerhalb der Theologie so ehrlich und
/ ernsthaft, mit solchem Mannesmut und solcher Wahrheitsliebe, mit
Einsatz aller Kräfte und so großzügig gearbeitet und gerungen ist,
wie in diesen letzten Dezennien. Mit tiefer Dankbarkeit blicke ich
selbst auf meine theologischen Lehrer und meine Lehrzeit zurück.
Unterlassungen, Zustände, die der Verbesserung bedürftig sind, werden
bei einem so komplizierten Lehrbetrieb immer vorhanden sein; wir
haben bewiesen, daß wir die ersten sein möchten, die hier Reformwün-

schen zugänglich sind. Aber auf das Ganze gesehen, bleibt jenes Urteil bestehen, und wenn Sie sich recht verstehen wollen, so / handelt es 10 sich hier um jenes tiefe und ernste Problem : Religion und Theologie.

Ich schicke dem, was ich Ihnen hierüber sagen möchte, ein Wort meines Freundes Troeltsch voraus, das die Lage gut beleuchtet. Es lautete etwa: Die Theologie ist für die Religion ebenso schwer zu ertragen, wie zu entbehren.

Die Theologie ist für die Religion schwer zu ertragen! Gerade wenn man beide ganz ernst und tief faßt. — Denn was ist Theologie? Doch nichts anders als der Versuch der wissenschaftlichen Bearbeitung der Erscheinung „Religion" mit allen / Mitteln, welche 20 der Wissenschaft zur Verfügung stehen, mit den Mitteln der Philologie, der Geschichte, des systematisch-philosophischen Denkens. Und es gibt keine verschiedenen Mittel hüben und drüben, es gibt nur eine und dieselbe Wissenschaft mit demselben Verfahren und denselben Gesetzen. Die Behauptung einer spezifisch theologischen Wissenschaft, einer theologischen Philologie oder Historie oder Erkenntnistheorie beruht auf grober Selbsttäuschung. Diese Theologie, ich betone das nachdrücklich, um dem vorzubeugen, daß man zu hohe Erwartungen auf sie setzt und dann enttäuscht zornige Anklage erhebt, schafft niemals Religion, niemals in der ganzen / Welt. Theologie kommt immer 30 erst hinterher. Erst kommen die Religionsstifter und dann die Propheten und Apostel und dann erst in weitem, weitem Abstande die Theologen. Eine gewisse Personalunion zwischen Prophet (Reformator) und Theologe ist möglich, aber sie bleibt äußerst selten. Man kann hier etwa Namen wie Paulus, Augustin, Luther, Schleiermacher nennen. Aber hinter zweien dieser Namen kann man sofort ein Fragezeichen setzen, und ob und inwieweit der Doctor der Theologie von Wittenberg den 3 / Reformator Luther in seinem Wirken gestört und gehemmt, ist ein geschichtliches Problem.

Theologie ist in erster Linie und bleibt nichts anderes als die wissenschaftliche, erkenntnisgemäße Erfassung der Religion. — Und damit ist das Problem gegeben, damit ist sie „schwer ertragbar für die Religion". Theologie — erkenntnisgemäße Erfassung der Religion! Ist das nicht Widerspruch in sich und Quadratur des Zirkels? Ist Religion nicht das Irrationale im Menschenleben? Das Urirrationale, tiefstes Geheimnis der menschlichen Seele, das über sie / kommt, wie 10 etwas Fremdes, ganz Ungeheures, Gewaltiges in Erschauern und Bangen, in Entzücken und Grausen, in ehrfürchtigem Staunen, im Aufruhr tiefster Gefühle. Ist nicht Religion das Gefühl für „das

Heilige", so wie mein Freund Otto es in seiner Schrift so lebendig
und mit so reichem Material zur Darstellung gebracht hat! Ist da
nicht alle Theologie, dies Begreifenwollen des Unbegreiflichen ein
unmögliches Begehren, ein schädliches Beginnen? Sie stört ja die
Ursprünglichkeit und Kraft, die Kindlichkeit und Schlichtheit des
religiösen Erlebens. Sie scheint das Geheimnis mit profanen Händen
20 anzugreifen, sie streift den Blütenstaub von der köst/lichen Blume ab,
sie scheint dem törichten Knaben gleich, der die Blume Blatt um Blatt
entblättert, um hinter das Geheimnis des Lebens zu kommen, und
der schließlich vor dem Nichts steht. So hat sich zu allen Zeiten der
Widerspruch der Frömmigkeit gegen die Theologie erhoben. Simplices
quique, ne dixerim imprudentes et idiotae ... expavescunt ad
οἰκονομίαν, so schildert uns Tertullian die Stimmung der einfachen
Laien gegenüber der kirchlichen Trinitätstheologie; die wilden Kämpfe
in der morgenländischen Kirche seit Athanasius und dem Nicaenum
drehten sich letztlich um den Gegensatz Frömmigkeit und Theologie
30 und endeten / mit der Vernichtung der Theologie, soweit sie diesen
Namen verdient. Und so ist es in der Kirche weitergegangen bis zu
dem Widerspruch der Schwärmer gegen den Theologen Luther, das
sanftlebende Fleisch in Wittenberg, und bis zur modernen Gemein-
schaftsbewegung oder wenigstens einem Teil derselben. Wie oft stand
gerade glühende Frömmigkeit im Kampf gegen die Theologie! Und
diese Spannung erleben Sie, meine jungen Freunde, zum Teil jetzt.
Sie sind aus der Not des Krieges mit glühender Sehnsucht und heißem
4 Heimweh der / Seele zurückgekehrt. Sie sind gespannt auf das unerhört
Neue, das Wunderbare. Und ist die äußere Welt Ihnen zusammen-
gebrochen, so wollen Sie den Halt im Innern, eine Gottesstimme, die
zu Ihnen redet, ein Letztes, Festes, Ganzes, auf dem Sie fußen können.

Und da, in dieser Stimmung, erschrecken Sie vor der Theologie,
sie scheint Ihnen wie eine harte kalte Macht, die Sie verletzt und
stört. Sie stehen vor der historischen Theologie! Sie suchen im Neuen
Testament die unmittelbare Erbauung, das unmittelbare Schauen, Sie
10 wollen die Bibel lesen in ungestörter Betrachtung. Und / da scheint
Ihnen die historische Theologie — es macht hier kaum einen Unterschied, ob sie konservativer oder radikaler ist — in erster Linie den
Abstand der Zeiten aufzuweisen. Sie zeigt Ihnen so viel Fremdartiges,
Ungewohntes. Und auch wenn sie großzügig auf das Ganze dringt
und die Erscheinung der urchristlichen Religion in ihrer weltüber-
windenden Macht und Herrlichkeit vor die Seele stellt, so erscheint

dieses Große Ihnen in fremdartigem Licht und spricht noch nicht
unmittelbar zu Ihrer Seele. Ihr Auge kann sich an das neue Licht
noch nicht gewöhnen. Überall drängt sich Ihnen das Gefühl der
Distance, des Fremd-Seins auf. Sie vermissen die Un/mittelbarkeit. — 20
Und Sie fühlen sich gequält von der Menge des Stoffes, von der
Fülle der Gesichte, die über sie rauscht, und haben die Befürchtung,
daß Sie dessen niemals Herr werden können. Ihre Sehnsucht fühlt
sich bedrückt und Ihre Frömmigkeit belastet. Die Theologie scheint
Ihnen den einfachen und schlichten Weg des Glaubens zu verbauen.

Und wenn Sie sich der Systematik zuwenden, so kehren dort dieselben
Nöte wieder. Der augenblickliche Zustand der Systematik ist — es
wird sich nicht leugnen lassen — etwas in Verwirrung geraten. Sie hat
schwer zu ringen mit der Fülle der Probleme, die eine / kühn vor- 30
wärts stürmende Geschichtsforschung ihr in den Weg gelegt. Die Tage
der Systematiker großen und beherrschenden Stils gehören der Vergangenheit an. Und wiederum verwickelt und verstrickt die Systematik
Sie in eine Fülle von Problemen und philosophischen Grundfragen, die
mit philosophischen Mitteln gelöst sein wollen. Und diese Grundfragen
menschlichen Daseins — sie sind erkenntnisgemäß so schwer lösbar,
5   und das Gehirn reibt sich wund / an ihnen und die Seele droht matt zu
werden. Verbaut die Theologie uns nicht den einfachen und könig-
lichen Weg?
Und schließlich und letztlich, wir leben nun einmal im demokratischen
Zeitalter und fühlen uns alle von der demokratischen Welle erfaßt.
Die Theologie aber ist wie alle Wissenschaft aristokratisch, eine aristo-
kratische Kunst, nur für die Wenigen, nur für die Führer. Wie leicht
mag sich auch von hier die verführerische Stimme erheben: Fort mit
der Theologie, die künstliche Unterschiede macht und Dämme auf-
wirft zwischen Einfachen und Fortgeschritte/nen, zwischen Wissenden 10
und Laien. Die wahre Religion ist eine revolutionäre Macht, die alle
diese Dämme hinwegspült!
Daher: die Theologie ist unerträglich für die Religion. Täuschen
Sie sich darüber nicht: die Stimmung, die jetzt so stark unter Ihnen
aufzukommen scheint, um deren Recht oder Unrecht wir kämpfen,
wendet sich gegen jede Theologie, nicht gegen diese oder jene Theologie.
Klarer und klarer wird sich der Ruf erheben: fort mit der Theologie.
Ich hoffe Ihnen gezeigt zu haben, daß ich Verständnis für Ihre
Nöte und Kämpfe habe und für das zu Grunde liegende Problem:
/ Die Theologie ist schwer zu ertragen für die Religion. 20

So darf ich nun mit derselben Energie den zweiten Satz danebenstellen :
Die Theologie ist unentbehrlich für die Religion.
   Die Geschichte redet hier nur allzu deutlich. Es ist eine nicht
wegzuleugnende Tatsache, daß gerade die höchststehenden Religionen
wieder und wieder Theologie erzeugt haben. Auf der Stufe der primi-
tiven Religion gab es nichts derartiges. Die heulenden Derwische, die im
Zaubertanz sich windenden Schamanen, die Fetischpriester und ihres-
30 gleichen waren freilich frei von Theologie und / allen von dorther
kommenden Beklemmungen und Hemmnissen. Auch die Stammes- und
Nationalreligionen kennen im großen und ganzen nichts, was man
Theologie nennen könnte. In ihnen bleibt die Religion eine dumpfe, an
Sitte und Brauch, an Kult und Herkommen gebundene Macht. Aber
sobald die Menschheit die höchste Stufe der prophetischen, zum
Universalismus strebenden Religionen erreicht, erhebt auch die Ratio
in der Religion ihr Haupt. Buddhismus und Konfucianismus, Christen-
6 tum und Islam, dieser letztere / gerade in den Jahrhunderten, wo er
fast als ebenbürtige rivalisierende Macht das erstere zu überflügeln
schien, haben Theologie erzeugt. Und wie machtvoll und in immer
steigendem Maße hat diese sich gerade im Christentum entfaltet. Es
ist gestern auch das der jetzigen Theologie zum Vorwurf gemacht, daß
sie dem verhängnisvollen Irrtum verfallen sei, als enthalte die Dogmengeschichte die Quintessenz der inneren geistigen Entwickelung des
Christentums, die theologische Wissenschaft sei infolgedessen an dessen
wichtigsten Lebensgebieten vorübergegangen. Wir wollen hier nicht
10 untersuchen, / wie weit dieser Vorwurf berechtigt ist. Nur darauf
möge hingewiesen werden, daß der Einwand gar nicht erhoben wäre,
wenn nicht eben gerade die angegriffene wissenschaftliche Theologie
ihn ihrerseits selbst erhoben und mit der Korrektur an sich selbst
bereits begonnen hätte! Nur das soll hier hervorgehoben werden, daß
wenn jener „Irrtum" aufkommen konnte, diese Tatsache von neuem
die Mächtigkeit der Theologie in der Entwickelung der christlichen
Kirche beleuchtet.
   Und schauen wir nun in den Gang der inneren Geschichte der
christlichen Religion hinein, so sehen wir bald die vielen Warnungs-
20 /tafeln, die in ihr sich gegen die Verächter der Theologie erheben.
Wir erinnern uns an die große Geistesbewegung in der Urzeit des
Christentums, die christliche Gnosis. Das ist doch das Charakteristische
an ihr, daß sie sich aller Fesseln und Hemmnisse einer besinnlichen,
rationalen Betrachtung am konsequentesten entledigte*. Ihr großes

---

* AFV : Vgl. hier A. Harnacks Meinung : „Sie (d.h. die Gnostiker) sind kurzweg

Schlagwort war gegenwärtige neue Offenbarung, ihr Gegner der an die Vergangenheit gebundene Glaube und jede auf diesem Fundament sich erhebende rationale Betrachtung. Sie wollte die Religion im Rausch-Zustand unmittelbaren Erlebens genießen, in der Verzückung und Entrückung in die himmlischen Geheimnisse, in Kultus / und geheimnisvoller Weihe. Sie wollte nur Gegenwart und Zukunft 30 und erhob den revolutionären Schlachtruf gegen die Vergangenheit: Fort mit dem alten Testament und dem alttestamentlichen Schöpfergott, fort mit der irdischen, greifbaren Gestalt Jesu von Nazareth, fort mit aller kirchlichen Tradition, mit allem, was den freien Geistesmenschen fesselt und hemmt. Sie suchte das unerhört Neue, einen neuen Gott und einen neuen Glauben. Was ist das Resultat gewesen?

7 Die Geschichte hat ihr richtendes Wort ge/sprochen. Wäre die Gnosis allein gewesen, das Christentum wäre rettungslos in der antiken Welt versunken. Wir können es kaum noch begreifen, wie es möglich war, daß neben so manchem Feinen und Wertvollen eine solche Flut von Unrat, von primitiver Barbarei sich in den reinen Strom der christlichen Religion ergießen konnte. Und die Geschichte muß urteilen, daß das Christentum gerettet ist von den kirchlichen Theologen des zweiten Jahrhunderts. Es war ein Christentum, das uns oft recht nüchtern und trocken anmutet, es waren zumeist Gestalten von kleinem Schnitt, von nicht / gar hohem Schwung; es scheint fast, als wenn 10 die stärkere Glut des religiösen Empfindens bei den Gnostikern war. Aber er ist doch so, jene Apologeten, der erste kirchliche Theologe Irenaeus, der kühne und wilde und doch wieder advokatisch-rabulistische Semit Tertullian, sie haben das Christentum gerettet aus der Verschlingung der Antike. — Und was ist aus dem morgenländischen Christentum geworden, als es diesem nach langen bitteren Kämpfen gelungen war, die Theologie im Namen der Frömmigkeit vom Thron zu stoßen und über diese das Bann-Urteil auszusprechen? Die Kirche versank in Bilderdienst, und antikes Mysterienwesen, und es blieb eine ver/ödete und erstarrte Religion, über die das Gottesgericht durch 20 den Hammer des Islam niederging. — Und endlich, was wäre aus der

---

die Theologen des ersten Jahrhunderts gewesen. Sie haben zuerst das Christentum in ein System von Lehren (Dogmen) verwandelt; sie haben zuerst die Tradition und die christlichen Urkunden wissenschaftlich bearbeitet ...". A. Harnack, *Lehrbuch der Dogmengeschichte*, Bd I, 4. Aufl., Tübingen 1909, 250f. Die erste Auflage ist nur dem Wortlaut nach anders. Harnacks Stellungnahme ist seit 1886 nicht grundsätzlich geändert. (Nachdruck der ersten Auflage 1886 jetzt in: K. Rudolph, (Hrsg.), *Gnosis und Gnostizismus*, Darmstadt 1975, 142ff., 147).

Reformation geworden, wenn die Schwärmer gegen den Theologen, den Doktor von Wittenberg, den Kampf gewonnen hätten!

Es scheint allerdings, als wäre man neuerdings weniger geneigt, auf diese einfachen Lehren der Geschichte zu hören. Es scheint, als wenn das Zeitalter einer neuen christlichen Gnosis heraufzieht und als wenn gerade spezifisch christliche Kreise für diese Gefahr nicht das Auge und den genügenden Scharfblick besitzen und mit ihr zu spielen be-
30 ginnen. Man möchte den Rausch der Unmittelbarkeit, / man sucht nach dem unerhört neuen Erlebnis. Man stimmt in den so verlockenden revolutionären Ruf ein : Fort mit aller historischen Belastung. Mitten in den Münchener Tagen habe ich aus dem Munde junger Freunde den Stoß-Seufzer gehört, Gott sei Dank, daß wir von der Herrschaft der Geschichte befreit werden. Und doch haben gerade die Münchener Tage gezeigt, wohin eine Gesellschaft gerät, die sich von aller Vergangenheit entwurzelt und glaubt ganz von vorn anfangen
8 zu können — zur Herrschaft der Canaille / und Bohême*. — Man

---

* AFV : „Münchener Tage usw." : Bousset spielt auf die Ereignisse in München zwischen 7. April - 7. Mai 1919 an. In der Nacht von 6. zum 7. April 1919 wurde in München eine „Sovjet"- oder Räterepublik ausgerufen : „Die Baierische Räterepublik folgt dem Beispiel der russischen und ungarischen Völker. Sie nimmt sofort die brüderliche Verbindung zu diesen Völkern auf. Dagegen lehnt sie jedes Zusammenarbeiten mit der verächtlichen Regierung Ebert c.s. (d.h. mit der zentralen Regierung in Berlin) ab...". Die sozialistische Regierung von J. Hoffmann wich nach Bamberg aus.
In dem Rat der Volksbeauftragten waren die Unabhängigen Sozialisten, die Anarchisten und der Bayrische Bauernbund vertreten. Die *Frankfurter Zeitung* urteilt über die neue Republik : „Sie war noch ein Literaten-Experiment, ein haltloses, von Fanatisten, Wirrköpfen und Abenteuern geschaffenes Gebilde" (7. Mai, Abendblatt). Führer waren u.a. die Schriftsteller G. Landauer (geb. 1871, Mai 1919 von Regierungstruppen erschossen), ein Anarchist, der Pazifist E. Mühsam (1878-1934) und E. Toller (1893-1929) der der USPD angehörte. Die „Garnison München" führte 12/13 April einen Ordnungsputsch aus zugunsten der Regierung Hoffmann. Jetzt aber ergriffen die Kommunisten unter Führung von E. Léviné (1883-1920) und M. Levien (1885- vermutlich 1936) die Macht. Die zweite (kommunistische) Räterepublik wurde geboren. Hoffmanns Truppen eroberten 30 April-3 Mai München und machten der revolutionären Regierung ein Ende. Viele hunderte Anhänger der Räterepublik wurden standgerichtlich erschossen. Die Kommunisten hatten 30. April zehn Geiseln getötet. Das Blutbad des Freikorps war gewiß auch eine Racheübung für diese Morde. Boussets Urteil über die Münchener Tage lehnt an das der *Frankfurter Zeitung* (liberal) an. Diese Zeitung schrieb : „Die Massen schienen wie von einem Rausch befallen und jeder Widerspruch, jede Kritik wurde als Verrat verschrien" (7. Mai, Abendblatt). Die Führer werden als gewissenlose Agitatoren geschildert.
Es ist m.E. zweifelhaft ob Boussets Urteil richtig ist. Auch die *Frankfurter Zeitung* muß zugestehen, daß die Räterepublik das Leben ihrer Gegner bis 30 April nicht bedrohte : „Die unheimliche Wirkung der Republik ,bestand in der furchtbaren Korruption und Zerrüttung aller öffentlichen Verhältnisse, in der Aufhebung der Sicherheit des Eigentums (...) in der Bedrohung der persönlichen Freiheit eines jeden, der

möchte zurück über alles, was moderne Kultur gestaltet und gebaut
hat, zurück hinter Renaissance und Reformation. Man nimmt auch
in christlichen Kreisen das Schlagwort vom gotischen Menschen auf.
— Man beginnt mit erotischen Geheimnissen zu spielen, zieht diese
an das religiöse Leben heran, spricht vom androgynen Menschen, —
genau wie einst die Gnosis. Man verbindet Bergpredigt-Christentum
und moderne, politische kommunistische Programmforderungen und
meint Christus als den ersten Kommunisten der modernen Zeit nahe-
bringen zu können. — / Meine lieben Freunde, ich sehe vielleicht zu 10
schwarz, es mag sich da um Entgleisungen handeln, die von einer
reinen und geistig starken Bewegung wieder ausgeschieden werden
können. Aber ich warne bei Zeiten vor einer Gefahr. Es könnte einmal
so kommen, daß das Schifflein der neuen Bewegung wie ein steuerloses
Wrack auf den Wogen der modernen Zeit dahertreibt, und daß mit
dem Namen des Christus sich Einfälle und Phantasien verbinden
könnten, über deren Unvereinbarkeit die nachfolgende Geschichte
dasselbe Urteil spräche, wie bei der urchristlichen Gnosis.

Und in diesen Zusammenhang stelle ich nun von neuem den / Satz 20
von der Unentbehrlichkeit der Theologie und ihrer rationalen, auf
Selbstbesinnung und Selbstzucht drängenden Macht. Denn es steht
nun doch so: die Religion ist keine schlechthin irrationale Macht
und was wir im Anfang von ihr sagten, trifft doch nur die eine Seite
der Sache. In aller Religion ist immer ein zweifaches enthalten: Das
Göttliche, die Gottheit tritt dem Menschen entgegen als das Fremde,
die fast unheimliche, ihm schlechthin überlegene Macht, vor der seine
Seele bebt in Angst und Furcht, und doch wiederum als die segnende
Macht, zu der er sich im innersten Grunde seines Wesens heimlich,
mächtig hingezogen fühlt. — Wäre die / Religion nur jenes Irrationale, 30
so wäre sie etwas schlechthin Unheimliches, Vernichtendes, Tötendes.
Und als eine solche Macht hat sie sich sehr oft in der Tat in Furchtbarkeit und Grausen entladen. Sie hat sehr oft zu allem Bestand menschlichen Wesens und menschlicher Kultur ihr revolutionäres Nein gesprochen. Gott sei Dank, daß sie das getan! Aber sie ist anderseits auch
eine milde segnende Macht geworden. Und nun zeigt sich die große
Erscheinung in der Religionsgeschichte, daß in der Religion im Laufe

---

den Kommunisten verdächtig war" (5. Mai, Morgenblatt). Der wirkliche Terror kam
mit den Regierungstruppen, sie haben das Blutbad angerichtet.
    Literatur: *Frankfurter Zeitung*, April/Mai 1919; H. Neubauer, *München und Moskau
1918/1919*, München 1958; A. Mitchell, *Revolution in Bavaria 1918/1919*, Princeton
N.J., 1965.

9 ihrer Entwicke/lung, die zunächst beim scheinbar ganz Irrationalen begann, das rationale Element sich immer sieghafter entwickelt hat. Nicht, daß dieses jenes verdrängt hätte — wehe der Religion, wenn ihr diese eine Wurzel je verdorrte — aber doch so, daß es daneben aufkam und sich in immer stärkeren Spannungen, von denen die Religion lebt, behauptete. So ist die Religion eine segnende Macht geworden und hat sich mit allen rationalen Mächten menschlichen Geisteslebens, mit Recht und Staat und Volksleben, mit Kunst, Moral und Streben nach letzter Erkenntnis innig verbunden. Und je höher

10 die / Religionen steigen, desto stärker ist dieser Prozeß vor sich gegangen. Erscheint Jesus nicht auch eben deshalb größer als die größten der Propheten, weil in ihm das ruhige rationale Element stärker war als in jenen? Die gewaltigsten Propheten haben den allmächtigen Gott verkündet als den Furchtbaren, Übermächtigen, Himmelhoch-Erhabenen, Rätselhaften, dessen Gericht sich in verheerendem Wetter entlädt. Da leuchtet in Jesu Evangelium nach allem Sturm und Graus, der keineswegs bei ihm ganz verhallt ist, die Sonne der neuen Botschaft auf: Gott ist nahe, Gott ist gegenwärtig, greifbar und

20 begreifbar als unser lieber Vater. Man darf doch selbst seinen / größten Apostel Paulus nicht einseitig nach seinen harten Paradoxen im ersten Korintherbrief verstehen. Man darf nicht vergessen, daß derselbe Apostel es im Römerbrief dem Menschengeschlecht als Schuld anrechnet, daß es Gott nicht auf dem Wege der vernünftigen Erkenntnis gefunden hat. Und derselbe Paulus, der im Anfang des großen Abschnittes Röm. 9-11 sich kaum darin Genüge tun kann, die Unbegreifbarkeit und Furchtbarkeit Gottes mit allen ihren Schrecken zu verkünden, ringt sich am Schluß zu dem in aller Unbegreiflichkeit doch begreiflichen Gott hindurch. O reiche Tiefe der Weisheit und Erkenntnis Gottes!

30 Und weil nun eben Religion eine rationale Seite hat und diese Seite im Lauf der Geschichte immer stärker entwickelt, deshalb hat Theologie in ihr den notwendigen und unentbehrlichen Platz, und es ist kein Zufall, wenn die Geschichte zeigt, wie die höher strebenden Religionen Theologie erzeugen.

Aber — was kann Theologie nun schaffen und was ist eigentlich ihre Arbeit? Kann sie etwa die Religion erzeugen? Ich sage wiederum:

10 Nein und dreimal Nein. Religion muß immer schon / vorhanden sein, ehe die Theologenarbeit beginnt. Es stünde schlimm um die Religion, wenn es anders wäre. Frömmigkeit ist unabhängig von der Theologie und hat tiefere Wurzeln als sie. Theologie kann nur der Gärtner am

Baum der Religion sein. Der Gärtner gibt der Pflanze nicht Leben
und Wachstum, er darf sie nicht einmal willkürlich verpflanzen aus
dem Boden, in dem sie wächst. Er kann nur äußere Hemmnisse des
Wachstums beseitigen, äußere Bedingungen schaffen, geile Triebe ab-
schneiden, gute zur Entfaltung bringen. Das Leben der Pflanze bleibt
geheimnisvoll / am lichten Tag. — Theologie ist dem Techniker gleich, 10
der den Lauf des Stromes reguliert. Der wilde Strom der Religion
droht oft sich fessellos über seine Ufer zu ergießen, Geröll und
Hindernisse stellen sich seinem Wege entgegen, er strömt verderblich
über weites Land und verliert dabei seine Kraft und Tiefe. Theologie
vermag den Lauf des Stromes etwas zu regulieren, ihm das Bett zu
graben, in dem er fließen kann, frei und stark. Aber sie schafft den
Strom nicht, sie ist gebunden an das in ihm schon vorhandene Maß
von Stärke und Kraft. — Theologie trägt dazu bei, die gemeinsame
Sprache zu schaffen, in der man sich über die Religion verständigt.
/ Wer es kann, soll freilich seine eigne Sprache reden, und auf denen, 20
die so reden können, beruht Kraft und Reichtum der Religion. Aber
wenn jeder nur seine eigne Sprache reden will, so gibt es babylonische Verwirrung und Zungenrede. Das ist die Aufgabe der Theologie eines jeden Zeitalters, daß sie die Sprache findet, in der das
Evangelium eben diesem Geschlecht verständlich verkündigt werden
kann, daß sie alte, unverständlich gewordene Formeln und Hiero-
glyphen, die einmal ihren Sinn hatten und ihn nun nicht mehr haben,
beseitigt. Gewiß, diese auf Verständlichkeit eingestellte Sprache mag
oft dürftig erscheinen gegenüber letzten Geheimnissen / der Religion, 30
bei denen all unser Reden ein Lallen und Stammeln bleibt. Aber auf
einer solchen allgemeingültigen Sprache beruht letzten Endes die soziale,
gemeinschaftbildende Kraft der Religion. — Und damit wären wir
zum Wichtigsten gelangt : Theologie hat das Ziel, die Frömmigkeit
in Beziehung zu setzen zum allgemeinen menschlichen Leben, sie hat
in jedem Zeitalter und an jedem Ort die Aufgabe, die Religion mit
dem volklichen Leben dieser bestimmten Generation zu verbinden.
11 Wo sie verworfen und / bei Seite gesetzt wird, da entsteht eigentlich
jedesmal und mit Notwendigkeit das Gebilde der „Sekte". Und das ist
das Charakteristische an jeder Sekte, daß in ihr die Beziehungen zum
großen menschlichen Gemeinschaftsleben verloren gehen. Die Sekte
zieht sich auf sich selbst zurück, läßt die Welt ihren eigenen Lauf
nehmen und freut sich im Genuß ihres vertieften Eigenlebens, oder sie
setzt sich mit vernichtender revolutionärer Kraft dem Gang der Welt
entgegen. Derartige Sektenbildungen werden immer wieder notwendig

10 und selbst heilsam sein. Sie sind oft ein warnendes An/zeichen dafür, daß die Religion der weiteren Kreise bei ihrem Streben nach Verbreiterung und Allgemeingültigkeit einen Teil ihrer Eigenart und Kraft verloren hat und manches tiefere Gemüt nicht mehr vefriedigt. Und wiederum kann von der Sekte reiche Befruchtung auf die weitere Gemeinschaft ausgehen, und sich so ein gedeihlicher Kreislauf der Wechselwirkung gestalten. Ich erinnere nur daran, wie aus der Gemeinschaft der Herrenhuter Schleiermacher und Fries hervorgingen. Aber wehe, wenn der Drang zur Sekte in der Religion sich übermächtig gestaltet! Das bedeutet nichts anderes als Chaos, Auflösung
20 und Barbarei. Und vor allem : wehe unserm / armen und gebeugten deutschen Volk, wenn jetzt die stärksten religiösen Kräfte den Weg der Sekte, das heißt in die Vereinsamung, abseits vom Volksleben gingen. Zu diesem Kräfteverbrauch ist jetzt nich die Zeit! — Und so findet denn die Theologie darin ihre große und königliche Aufgabe, daß sie die Verbindung zwischen der Religion und der Gemeinschaft des Volkslebens und darüber hinaus dem menschlichen Geistesleben herstellt.

Doch man wird jetzt einwenden : es ist schon gut, wir wollen den Wert der Theologie nicht verkennen, wir sagten ja nur : fort mit dem
30 Ballast der Theologie, fort mit dem Ballast namentlich der / historischen Theologie. Der wirkt auf uns kräftelähmend, sinnverwirrend. — Wir wollen uns auch hier um Einzelheiten und einzelne Reformen, deren Notwendigkeit wir ja zugeben, nicht streiten; es gilt auch hier, den Blick auf das Große, Ganze zu richten. Und da muß doch vorerst eine Binsenwahrheit noch einmal betont werden. Wir wollen alle christliche Religion, christliche Theologie, nicht eine allgemeine Religion und Allerwelts-Theologie. Christliche Religion aber wurzelt in der
12 Vergangenheit und ist gebunden / an die Geschichte. Christliche Religion hat ihr Fundament in den Urkunden des alten und des neuen Testaments, und christliche Theologie kann es mit diesen Fundamenten gar nicht ernst und genau genug nehmen. Ich sage das namentlich den jungen Freunden unter Ihnen, die geneigt sind — oft bis zur Einseitigkeit — das christozentrische ihres Glaubens zu betonen und welche die paulinische Formulierung des Christentums als εἶναι ἐν χριστῷ auf ihre Fahne geschrieben haben, und die doch zugleich mit dem Ruf kommen : Fort mit der Geschichte. Der Christus, den Sie
10 verehrend suchen, / bleibt doch gebunden an den historischen Jesus von Nazareth. Sie werden mich verweisen auf den gegenwärtigen Christus und die Erfahrungen ihrer Seele von ihm. Doch ich antworte

mit Luther, der von dem Christus nur wissen wollte, 'vestitus verbo
suo', daß die Erfahrungen von dem gegenwärtigen Christus stets in
Gefahr stehen, Phantasmata zu werden, so lange man sie nicht ständig
prüft an der geschichtlichen Erscheinung Jesu von Nazareth und der
geschichtlichen Wirkung, die von ihm ausging. — Hier müssen Sie
wählen; die beiden Formeln : „alles ἐν χριστῷ" — und „nach Möglichkeit fort mit der Geschichte" — lassen sich nicht vereinigen. / Will 20
man wirklich los von der Vergangenheit und der Geschichte, dann
habe man auch den Mut und die Konsequenz ganz aufzuräumen und
zu sprechen : Wir wollen etwas ganz Neues auf eigenen Wegen, neue
unerhörte Offenbarungen, ein neues Lied und einen neuen Weg.

So lange das nicht der Fall ist, hat die historische Theologie ihr
Wort, ihr Werk und ihren Wert. Und die Historie ist unerbittlich wie
alle Wissenschaft. Sie kennt zunächst nur ihre Gesetze. Sie spricht :
mache Dir keine Flausen vor und gib Dich mit Phrasen nicht ab.
Sie kennt keine Grenzen, als die, welche in der Sache / begründet 30
sind. Sie fordert starke und unermüdliche Arbeit. Sie beginnt — lassen
Sie mich hier speziell von meiner Wissenschaft reden — mit dem
kleinsten und einfachsten. An ihrer Schwelle steht die genaue Prüfung
des Textes der heiligen Schriften. Nehmen Sie sich hier ein leuchtendes
Beispiel, an dem Württemberger Theologen und Pietisten Bengel, dessen
Frömmigkeit wohl unbezweifelt feststeht. Er wurde gerade durch seine
Bibelgläubigkeit zu der mühsamen Arbeit der Textherstellung der
13   Schrift gedrängt und der / Vater der deutschen textkritischen Wissenschaft. Ihm erschien diese Kleinarbeit nicht als eine Entweihung der
Religion. — Und dann folgt die vielgeschmähte Literar- und Quellenkritik. Ich glaube, daß ich mich getrosten Mutes freisprechen darf
von einer Überschätzung dieses Zweiges unserer Tätigkeit, und daß
ich Sie mit Quellenkritik nur in bescheidenem Maße belaste. Und
doch müssen Sie hier der Gerechtigkeit die Ehre geben. Was nützt
es, mit erbaulicher Schnellfertigkeit über Texte hinwegzugleiten, die
man schließlich nicht versteht. Haben Sie es nicht selbst erfahren, wie
/ Sie den Pentateuch und seine schönen Erzählungen erst verstanden, 10
als Sie diese lasen im Licht der modernen Kritik, wie die synoptische
Kritik und die treue Arbeit, die hier geleistet ist, Ihnen der Wegweiser
wurde in den Problemen der Überlieferung des Lebens Jesu? Mit
alledem stehen wir erst in den Anfängen. Nun erst beginnt die eigentlich zusammenfassende geschichtliche Arbeit größeren Stils. Und
da lassen Sie mich Ihnen in Kürze noch die Situation mit ihrer
eigentümlichen Schwierigkeit schildern, in der gerade wir neutestament-

liche Theologen uns befinden. Unsere Wissenschaft hat, wie wohl
20 selten eine Wissenschaft, in den letzten Jahrzehnten / eine ungeheure
Bereicherung und Erweiterung erfahren. Es sind jetzt drei bis vier
Jahrzehnte verflossen, da hörten wir bei unserm Lehrer Ritschl den
Satz aussprechen, die Dignität der neutestamentlichen Schriften gegenüber den nachfolgenden bestände darin, daß sie in unmittelbarem
Zusammenhange mit den Schriften des alten Testaments stünden und
nur von dorther begreifbar und verständlich seien. Wie hat sich unsere
Wissenschaft seitdem verändert! Mit zwei Riesenschritten ist sie über
den damaligen Stand der Dinge hinweggegangen. Zuerst wurde es
uns klar, daß jener Satz Ritschls insofern falsch sei, als zwischen dem
30 alten und dem neuen / Testament noch ein großes unerforschtes Land
lag, das Spätjudentum. Und wie wir uns an dessen Erforschung
machten, wurde es uns deutlich, daß die wichtigsten Grundbegriffe
der Predigt Jesu, Reich Gottes, Menschensohn erst aus dieser späteren
Zeit und ihrer Literatur ihr Licht empfingen, daß man das Werden
des Urchristentums in der großen Welt gar nicht verstehen könne,
ohne eine Kenntnis des Diaspora-Judentums, seines Gottesdienstes
und seiner Liturgie. Und kaum hatte sich das Auge an die neuen
14 Erkennt/nisse, die hier aufgingen, gewöhnt, war unsere Wissenschaft
genötigt, einen zweiten großen Schritt zu tun. Wir erkannten, daß
wir Paulus und Johannes in vielem Wesentlichen nicht verstehen
konnten ohne eine genaue Kenntnis der hellenistischen Religionswelt,
der Welt, in der das Christentum eben durch Paulus vor allem seine
neue Heimat sich eroberte. Eine Fülle von neuen Erkenntnissen er-
goß sich über uns, aber freilich wurde nun auch unser Forschungsgebiet ungeheuer erweitert. Die Zeiten, in denen ein Wellhausen von
10 den Neutestamentlern spöttisch als vom 'homines / unius libri' reden
konnte, sind lange, lange vorüber. Und da stehen wir nun allerdings
in einer schwierigen Lage. So freudig wir den Reichtum, die Dankbarkeit und die Größe unserer neuen Forscheraufgaben empfinden,
so schwierig gestaltet sich unsere Lehraufgabe. Und Sie dürfen überzeugt sein, oft habe ich mir die Gewissensfrage vorgelegt, ob es nicht
besser und geratener sei, Sie an allen diesen neuen Aufgaben vorbei-
zuführen und Ihnen zunächst die Last dieser ganzen Arbeit zu ersparen.
Nach gewissenhafter Erwägung habe ich stets diese Frage verneinen
müssen. Denn es handelt sich hier nicht mehr um Erkenntnisse, die
20 nur von Theologen erwogen wer/den und bei Theologen zunächst
bewahrt bleiben könnten. Sie sind bereits Allgemeingut der Wissenschaft geworden. Philologen, unter ihnen die ersten und besten Namen

der Philologie, sind uns in der Arbeit zum Teil voraufgegangen, und immer stürmischer und vorwärtsdringender gestaltet sich diese Arbeit der Philologen und Profanhistoriker auf unserm Gebiet. Da dürfen wir nicht mehr schweigen. Als vor einigen Jahren Arthur Drews und andere mit ihrem vermeintlichen Fündlein, daß Jesus von Nazareth nie existiert habe, auftrat, da konnten wir in Ruhe der Entwickelung der Dinge zusehen: 'Nubila est, transibit'*. Denn hier redete die vorweg / von der Wissenschaft gerichtete Ignoranz und ein turbulentes 30 Laientum. Und die Entwickelung hat dieser Zuversicht Recht gegeben. Die Bewegung ist verschwunden. — Aber hier in unserm Falle handelt es sich um ganz etwas anderes, um eine wirkliche Vorwärtsbewegung der Wissenschaft, um ehrliche und ernstliche Arbeit, einer Arbeit, aus der einmal sehr radikale Folgerungen gezogen werden könnten, nicht gezogen werden müssen. Und da haben wir die Pflicht
15 zu reden und Sie in die wesentlichen hier vorliegende Pro/bleme der Arbeit einzuführen. Oder soll uns einst von drüben der Vorwurf gemacht werden: während wir arbeiteten und um neue Erkenntnisse rangen, haben die Theologen geschlafen und sich erbaulicher Oberflächlichkeit hingegeben!? Oder sollen wir uns später von unsern Hörern und Schülern schelten lassen, warum habt ihr uns von dem, was sich dort anbahnte, nichts gesagt und uns waffenlos gelassen, warum habt ihr nicht geredet, als es Zeit war?!

Und so legt sich in der Tat die Theologie mit ihrer ungeheuren, vielverzweigten Arbeit als eine Last auf Ihre Seele, not/wendig, doch 10 schwer zu ertragen. Sie stellt sich scheinbar hemmend zwischen Sie und Ihr Ziel. Sie sind gestimmt, dies Ziel im Sturm erreichen zu wollen, zum Ganzen auf einmal vordringen zu wollen, in neuen Zungen, in neuer Sprache zu reden. Nehmen Sie doch die Theologie hin nicht bloß als Last und Hemmnis, sondern als freundliche Ratgeberin und Führerin. Lassen Sie sich von ihr warnen: Was Sie jetzt im Sturm ergreifen möchten, das könnte sich später als Rausch und Überschwang herausstellen, mit dem Sie niemand überzeugen und niemandem nützen als sich selbst und höchstens einem Kreise von gleichgestimmten Eingeweihten. Es gilt noch / immer, daß vor das Ziel die Gottheit den 20 Schweiß und die Arbeit gestellt hat.

---

* AFV: Arthur Drews, (1865-1935) war Anhänger von E. v. Hartmanns „Philosophie des Unbewußten". Er will das Christentum aus einer vorderasiatischen Mythe erklären. A. Drews, *Die Christusmythe*, Jena 1909. Literatur über die Diskussion: A. Schweitzer, *Geschichte der Leben Jesu-Forschung*, Tübingen 1951, 498ff.

Wie wenden vielleicht noch einmal ein : Weshalb soll der Weg zum Höchsten nicht einfach und schlicht und leicht sein, warum sollen wir nicht werden wie die Kinder und reinen Herzens Gott schauen? Ich antworte : es handelt sich hier ja nicht um das Höchste : die Einfachheit, Schlichtheit und Festigkeit des religiösen Lebens. Der Weg dahin führt nicht über die Theologie, er steht jedem offen ohne Wissenschaft und Weisheit. Über ihn waltet die göttliche Gnade.

30 Es handelt sich um etwas ganz anderes, um Ihre spezielle / Aufgabe, die Sie als Theologen haben, die Sprache zu finden, in der Sie die Religion des Evangeliums dem deutschen Volke der Gegenwart verkünden können, so daß Sie verstanden werden.

Und der Weg des Theologen ist allerdings kein einfacher und müheloser, sondern ein dorniger, oft leidvoller. Nicht um Erbauung, nicht um Pflege des religiösen Lebens in erster Linie handelt es sich hier, sondern um Können, Wissen und Erkennen in Arbeit und Schweiß.

16 Und beides, Religion und Wissen um die Religion, steht in / unvermeidlicher Spannung. Es handelt sich um Pol und Gegenpol, zwischen denen der Funke knackt und sprüht und der gleichmäßige Strom erst allmählich erzeugt wird. — Es ist eine Arbeit voller Mühe und Dornen. Doch müssen Sie als Theologen diesen Schweren Weg wandeln, müssen das in Treue und Hingebung an Ihren Führerberuf. 'Noblesse oblige'. Ich bitte Sie noch einmal zum Schluß, schütteln Sie die Theologie in erregter Stimmung nicht ab. Wandeln Sie nicht den Weg zur Sekte. Ich beschwöre Sie bei dem Geschick unseres Volkes. Unser

10 liebes deutsches Volk kann / ja den furchtbaren Weg, der ihm bestimmt ist, nicht wandeln, ohne daß es sich wiederum wie in alten Zeiten und anders als in den letzten Tagen verankert in der Religion. Dazu bedarf es der Führer. Jetzt wäre es ein Frevel an der Seele des deutschen Volkes, wenn die besten religiösen Kräfte sich der verborgenen Heimlichkeit und der individuellen Willkür der Sekte zuwendeten. Wenn Sie aber Führer des Volkes werden und auf das Ganze gehen wollen, so werden Sie die Schmerzen und Spannungen tragen müssen, welche die Theologie auflegt. Und wenn Sie es versuchen, so werden es selige Schmerzen sein und heilsame Spannungen.

20 Die mit Tränen / säen, werden mit Jauchzen ernten. Der allmächtige Gott segne Ihr theologisches Studium.

GNOSIS, GNOSTIKER*

Gnosis

Inhaltsübersicht: 1. Name, Zeit, Heimat der Bewegung. — 2. Gnostische Literatur. — 3. Literatur der Gegner. — 4. Der vorchristliche Grundcharakter der Bewegung. —
5. Der Dualismus. — 6. Die Gestalt der Sieben; die Astrologie in der G. — 7. Der
unbekannte / Gott. — 8. Der Glaube an die Mutter. — 9. Die übrige Welt der 10
Aeonen. — 10. Erlösergestalten. — 11. Die anthropologische und soteriologische Grundanschauung. — 12. Die Mysterien-Praxis. — 13. Die Askese. — 14. Verhältnis zum
Judentum. — 15. Verhältnis zum Christentum. Der Anziehungspunkt für beide Religionen: die Soteriologie. — 16-17. Einfluß des Christentums auf die G. — 18-19. Einfluß der G. auf die Entwicklung des Christentums. — 20. Literatur.

1. Mit dem Namen G. pflegt man jetzt diejenige synkretistische 20
Religionsbewegung zu bezeichnen, die sich (spätestens) mit der Wende
des 1. und 2. Jhdts. an das Christentum herandrängte und mit diesem
mannigfache Kompromisse und Mischbildungen einging. Ursprünglich
scheint diese Bezeichnung übrigens nur einer bestimmten Richtung
innerhalb der G. gehört zu haben (Iren. I 11, 1; vgl. 31, 3. Epiphanius
Haer. 25, 2. 26, 1. 3. 37, 1. 40, 1. Hippolyt. Refut. V 11; s. Art.
/ Gnostiker. Iren. I 25, 6: Selbstbezeichnung der Karpokratianer). 30
Aber schon bei Irenaeus (noch nicht bei Iustin) wird der Terminus als
Bezeichnung für die ganze Bewegung gebraucht (vgl. bereits I Tim. 6,
20).

Wenn Simon Magus, der in der Überlieferung allgemein als Ar-
chihäretiker gilt, wirklich ein Zeitgenosse der Apostel war, wie es die
Apostelgesch. 8, 9ff. will, so kommen wir schon mit den erkennbaren
Anfängen der G. ziemlich weit / hinauf. Die wirklichen Wurzeln der 40
gnostischen Bewegung reichen freilich sicher noch weiter zurück. Ihre
Blütezeit fällt etwa in das zweite Drittel des 2. Jhdts., dem Zeitalter des
Auftretens der großen gnostischen Schulhäupter namentlich in Rom
(über die Zeit des Basilides, Karpokrates-Marcellina, Valentin, Cerdon,
Marcion s. Harnack Chronol. d. altchristl. Literatur I 289-311).
Noch zu des Neuplatonikers Plotin und seiner Schüler Zeiten ist die G.
eine / geistige Macht. Schriften wie die Pistis Sophia und die von C. 50
Schmidt edierten koptisch gnostischen Schriften — wohl aus der

---

* Aus: A. Pauly, G. Wissowa, *Real-Encyclopädie der klassischen Altertumswissenschaft*, Neue Bearbeitung, Hrsgeg. von W. Kroll, Bd VII/2, Stuttgart 1912, Sp. 1503ff.

zweiten Hälfte des 3. Jhdts. — zeigen uns endlich die Bewegung in völliger Entartung und Verwilderung.

Die Heimat der gnostischen Bewegung ist der Osten gewesen. Dositheus, Simon, Menander sind Samaritaner, Satornil lehrte in Antiochia; Marcion stammte aus Sinope im Pontus; aus Apamea in Syrien

60 brachte Alkibiades das Elxai/buch nach Rom; der älteste Zweig der Gnostiker im engerem Sinn ist wahrscheinlich in Syrien zu Hause (s. Art. Gnostiker). Das Ostjordanland wie das babylonische Tiefland waren die Heimat der in viele Gruppen zersplitterten gnostischen Taufbewegung (die späteren Essener, Ebioniten, Elkesaiten, Sampsaeer, Mandaeer, Ssabier usw.). Die Quellen des pseudoclementinischen

1504 Schriftenkreises stammen sicher aus Syrien. Nach Osten / weisen auch die mit der G. eng verwandten religiösen Bewegungen des Mandaeismus und des Manichaeismus. Zu nennen sind hier endlich die vom Christentum unberührten Oracula Chaldaica, die in ihrer Eigenart der G. verschwistert sind. Von Syrien scheint dann die Bewegung zunächst nach Ägypten übergesprungen zu sein. Karpokrates soll Alexandriner gewesen sein (Clemens Stromat III 2, 5); Basilides tritt in Alexandria

10 auf; doch / ist die Notiz, daß er *praedicator apud Persas fuit* (Acta Archelai c. 67) angesichts der vollständig dualistischen Haltung seines Systems nicht so schlechthin zu verwerfen. Valentin lehrte ebenfalls zunächst in Ägypten (Epiphan. Haer. 31, 2); Epiphanius hebt einen ägyptischen Zweig der Gnostiker (Haer. 26, 3 = Stratoniker, Phibioniten) hervor, den er aus Autopsie kannte (Haer. 26, 17). Die Vorlage von Iren. I 29 (Barbelognostiker) ist in koptischer Sprache gefunden.

20 / In Ägypten hat die gnostische Literatur am längsten weitergewuchert (koptisch-gnostische Schriften). Hier blühte auf rein heidnischem Boden die verwandte hermetische Literatur (vgl. Corpus Hermet. Kap. 14, die Auseinandersetzung mit der G.).

Zuletzt schlugen die Wellen nach Rom hinüber : Valentin kam aus Ägypten, Cerdon aus Syrien, Marcion aus Sinope, Alkibiades mit dem

30 Elxaibuch aus Apamea nach Rom. Die Sekte / der Karpokratianer verpflanzte Marcellina dorthin, die pseudoclementinische Literatur erhielt ihre letzte Ausgestaltung in Rom. In diesem Stadium erst wurden die ältesten christlichen Ketzerbestreiter (Iustin, Hegesipp, Irenaeus) auf die Bewegung aufmerksam. So muß uns also vieles aus dem früheren Stadium der gnostischen Bewegung verloren gegangen sein.

2. Die Literatur der G. ist uns zum allergrößten Teil verloren

40 gegangen. (Nachrichten / über die gnostische Literatur gesammelt bei Harnack Altchristl. Literat.-Gesch. I 143ff.; Chronologie d. altchristl.

Lit. I 533ff.). An unbearbeiteten gnostischen Werken von einigem
Wert sind uns eine Reihe koptisch-gnostischer Schriften erhalten : Die
Pistis Sophia, die von ihrem Herausgeber (nicht mit Recht) sog. beiden
Jeubücher, ein zweites anonymes koptisch gnostisches Werk (sämtlich
übersetzt von C. Schmidt Griech. christl. Schriftsteller d. ersten drei
Jahr/hunderte : koptisch gnost. Schriften I. Bd.; Ausgaben : Pistis 50
Sophia, Petermann Schwartze 1851; die übrigen Schriften C.
Schmidt Texte u. Unters. Bd. VIII). Hinzukommen die noch unedier-
ten (koptischen) Schriften Ev. Mariae, Apocryphum Johannis (Auszug
bei Iren. I 29), Sophia Jesu Christi (Schmidt S.-Ber. Akad. Berl. 1896,
839ff.; Philotesia, Kleinert gewidmet 1907, 317-336). Außerdem bieten
die ketzerbestreitenden Kirchenväter vielfach lange wörtlich überlieferte / Fragmente oder getreue Auszüge aus den Schriften der 60
Gnostiker (s. oben über Irenaeus I 29). Eines der allerwichtigsten
Stücke dieser Art ist der Brief des Ptolemaeus an die Flora (Epiphan.
Haer. 23, 3ff. Harnack S.-Ber. Akad. Berl. 1902, 507-545). Hinzukommen Fragmente aus den Schriften des Basilides und Valentin
namentlich aus Clemens und Origines (vgl. auch das ungemein wertvolle Fragment aus Basilides Ἐξηγητικῶν ιγ΄ Acta Archelai c. 67, ed.
Beeson, jetzt erst vollständig bekannt geworden), gesammelt (doch
nicht vollständig) bei Hilgenfeld Ketzergesch. 207ff. 293ff. Hierher
gehören ferner die Excerpta ex Theodoto (Valentinianer) des Clemens,
die Fragmente aus dem Kommentar des Herakleon bei Origenes
(Hilgenfeld 472ff.). Zu nennen sind ferner die durch Origines (Celsus)
erhaltenen liturgischen Stücke der Sekte der / Ophianer; auch die 10
durch Iren. I 13. 21 überlieferten liturgischen Fragmente der Markosier. Umfangreiche Quellenstücke enthält Hippolyts Refutatio (Hymnen der Naassener und ein Buch mit Spekulationen über den Urmenschen mit interessanter religionsgeschichtlicher Vergangenheit : Reitzenstein Poimandres 82ff., Hymnen der Peraten und längere Fragmente, Auszug aus der Paraphrasis Seth, aus dem Baruchbuch des
Gnostikers Iustin, Fragmente aus der Megale / Apophasis der Simo- 20
nianer, dem Elxaibuch). Eine valentianische Originalquelle überliefert
Epiphan. Haer. 31, 5. Einige Hymnen des Bardesanes hat Ephraem
erhalten (das Buch der Gesetze der Länder aus der Schule des Bardesanes enthält wenig Gnostisches; vgl. Merx Bardesanes 1863.
Hilgenfeld Bardesanes 1864). Viel Gnostisches ist in den apokryphen
Apostelgeschichten erhalten (vgl. Liechtenhan Offenbarung im Gnosticismus 46-49), namentlich in den Acta Thomae / (in Betracht kommen 30
vor allem die liturgischen Stücke, Perle des Bardesanes [?]). Heran-

zuziehen sind endlich auch die allerdings gründlich katholisierten pseudoclementinischen Homilien und Rekognitionen, als Zeugen eines von der G. berührten Judenchristentums. — Bei der Dürftigkeit der erhaltenen Fragmente wird man, um sich ein Bild gnostischer Denkart und Sprache zu machen, auch die mandäische Literatur heranziehen
40| müssen, die allerdings in komplizierter / schichtenweiser Überarbeitung erhalten ist, aber dafür noch das Bild einer heidnischen G. ohne nennenswerten christlichen Einschlag bietet (die ausgedehnte Literatur ist leider noch immer nicht durch Übersetzungen zugänglich gemacht; vgl. W. Brandt Mandäische Religion und Mandäische Schriften). Auch die manichäische Religion ist zum Vergleich heranzuziehen. Da wir hier bisher in derselben Lage waren, wesentlich auf Beweise
50 der Kirchenväter angewiesen zu sein, so ist durch / die jüngsten Entdeckungen der umfangreichen Originalfragmente in Turfan (M ü l l e r Handschriftl. Reste aus Turfan. Abh. Akad. Berl. 1904) eine wesentliche Förderung unserer Kenntnis der gesamten gnostischen Bewegung zu erwarten. Der G. verwandte Erscheinungen liegen endlich in der hermetischen Literatur (Corpus Hermeticum ed. Parthey 1854. M é n a r d Hermès Trismegiste[2] 1867. R e i t z e n s t e i n Poimandres) und in den
60 Oracula Chaldaica (K r o l l Breslauer / philolog. Abhand. VII) vor.
3. Im großen und ganzen bleiben wir für eine zusammenfassende Erkenntnis der Gnostiker auf die Berichte der Kirchenväter angewiesen. Verloren gegangen ist Iustins Syntagma gegen die Ketzereien (Apologie I 26), das älteste Werk seiner Art; ebenso die (um 180 entstandenen) Hypomnemata des Hegesipp, die Ausführungen über Häresien enthiel-
1506 ten. Das älteste erhaltene / Werk ist das des Irenaeus (ἐλέγχου καὶ ἀνατροπῆς τῆς φευδωνύμου γνώσεως βιβλία πέντε um 180 n. Chr.). Vor allem kommt hier das erste Buch mit seiner zusammenhängenden Darstellung der Häresien in Betracht. Irenaeus eröffnet das Werk mit einer ausführlichen Darstellung der valentinianischen Schulen des Ptolemaeus (1-10) und des Markus (13-21). In dem darauf folgenden
10 Abschnitt (I 22-28) hat er das Werk seines Vor/gängers Iustin überarbeitet, es läßt sich leider nicht mehr erkennen, in welchem Umfang. Über I 29 ist bereits gehandelt. Gerne wüßten wir, wenn Irenaeus die offenbar unter sich zusammenhängenden Abschn. 11-12 und 30-32 (vgl. 11, 1 mit 31, 3) ihrer Grundlage nach verdankt. Denn in dieser Quelle waren Valentin und seine ersten Schüler im Zusammenhang mit den ‚Gnostikern' dargestellt. (Stammt die Darstellung von Iustin?
20| Kannte Iustin die ‚Gnostiker'?) Nach Photius / (Bibl. cod. 121) hat

Hippolyt ein Syntagma gegen 32 Haeresien von Dositheus bis Noetus
(also Anfang des 3. Jhdts.) geschrieben. Dieses Werk ist uns in den
Bearbeitungen in Epiphanius Painarion (nach 374). Philastrius von
Brescia adv. haereses und Ps.-Tertullianus liber adv. omnes haereses erhalten und zum großen Teil rekonstruierbar. Ein zweites Werk Hippolyts liegt wahrscheinlich in dem unter Origines Namen (Philosophumena) erhaltenen κατὰ πασῶν αἱρέσεων ἔλεγχος vor. / Wenn wir 30
von der Einleitung des Werkes absehen, so hat Hippolyt hier eine neue
und wahrscheinlich einheitliche Quelle mit dem ihm bisher zur Verfügung stehenden Stoff verarbeitet. Dieser Quelle gehören sicher an:
Buch V (Naassener, Peraten, Sethianer, Iustin); VI 7-18 (Simons
μεγάλη ἀπόφασις); VII 14-27 (Basilides); VIII 2. 8-11 (Doketen);
VIII 3. 12-15 (Monoimos); vielleicht auch IX 4. 13-17 (Elkesaiten).
Neuerdings (s. u. d. Liter. zu § 3) hat man gemeint, / daß Hippolyt 40
mit diesen ‚Quellenstücken' der Mystifikation eines Fälschers zum
Opfer gefallen sei. Die Vermutung wird sich kaum halten lassen, man
müßte denn diesem Fälscher gnostischer Systeme eine unerhörte Phantasie zumuten. Das Richtige an der Vermutung wird sein, daß Hippolyt ein einheitliches Werk vorlag und daß dieses Werk letztlich
von einem gnostischen Literaten stammte, der die Literatur verwandter
gnostischer Sekten sammelte und die einzelnen / Stücke nach einer 50
bestimmten Richtung hin retouchiert hat (vgl. namentlich die fast
überall in den Systemen durchgeführte Dreiteilung des Weltalls), so
daß dadurch zum Teil die vielfachen Berührungen der Systeme unter-
einander entstanden. Ob Hippolyt das gnostische Werk unmittelbar
oder in einer antihäretischen Überarbeitung las, muß dahingestellt
bleiben. Was wir Clemens und Origenes in unserer Kenntnis der G.
verdanken, ist bereits zur Sprache ge/bracht. Von Tertullians Schriften 60
sind zu nennen de praescriptione haereticorum, vor allem die fünf
Bücher adversus Marcionem; adversus Hermogenem (adversus Valen-
tinianos ganz und gar von Irenaeus abhängig). Auch der Dialog des
Adamantius (Anfang des 4. Jhdts., ed. Bakhuyzen Kirchenväter-
kommission) ist zu erwähnen. Epiphanius (Painarion) hat das Werk
1507 Hippolyts ausgeschrieben, daneben aus eigener Kenntnis der / zeit-
genössischen G. manches Wertvolle beigebracht. Bei den späteren
(Theodoret usw.) ist wenig Selbständiges mehr zu holen. Aber zu
nennen sind noch das Werk des Armeniers Eznik von Kolb, Wider
die Sekten' (übers. von J. M. Schmid, Wien 1900); Theodor bar
Kuni, Scholienbuch B. XI Text u. Übers. bei H. Pognon Inscriptions Mandaïtes 1898-1899, 159ff., Schahrastâni, Religionsparteien und

10 Philosophenschulen / (übersetzt von Haarbrücker 1850). Vgl. R. A. Lipsius Die Quellen der ältesten Ketzergesch. 1875. Harnack Zur Quellenkritik der Gesch. des Gnosticismus und Gesch. d. altchr. Literat. I 171ff. II 1, 533ff. Hilgenfeld Ketzergesch. 1-83. J. Kunze De historiae Gnostic. fontibus 1894; zu Hippolyts Refutatio G. Salmon The cross references in the philosophumena, Hermathena XI 1885 389ff. H. Stähelin Die gnostischen Quellen Hippolyts, Texte u. Unters. VI 3, 1890.

20 / 4. Die G. ist, wenn man auf das Ganze sieht, nicht auf dem genuinen Boden des Christentums gewachsen. Sie ist älter als dieses und als bereits fertige Erscheinung an das Christentum herangetreten. Die Gestalten, die, soweit es für uns erkennbar, an ihrem Anfang stehen, Dositheus, Simon Magus, Menander hatten mit der christlichen Religion nichts zu tun. Die Ophiten des Celsus-Origenes standen in ausgesprochenem Gegensatz zu dem Christentum (Origenes VI 28, 30 vgl. / 26. 33). Noch die ‚Archontiker' (Epiphanius Haer. 40, 2) verwarfen die christlichen Sakramente. Reitzenstein hat nachgewiesen, daß den Ausführungen Hippolyts über die Naassener eine ursprünglich heidnisch-gnostische Quelle zu Grunde lag. Erscheinungen wie die hermetische Literatur (vgl. namentlich den Poimandres mit seiner Spekulation über den Urmenschen) und die Oracula Chaldaica beweisen, daß die gnostischen Spekulationen und Frömmigkeit weit über das 40 Gebiet / der spezifisch christlichen Sekten hinaus verbreitet waren. Der Mandäismus ist viele Jahrhunderte hindurch eine rein heidnische G. geblieben. Die manichäische Religion ist nur hier und da von einem leichten christlichen Firnis bedeckt. Die großen Schulen der Gnostiker, welche die Kirchenväter wesentlich bekämpfen, stellen meist (von Marcion etwa abgesehen) mühsame Kompromisse der gnostischen Religion mit der christlichen dar. Diese Auffassung der G. läßt sich 50 dadurch am / leichtesten als richtig erweisen, daß der Versuch gemacht wird, die gnostische Religion in ihren Grundzügen zu begreifen, ohne auf das Christentum zu rekurrieren. Dann erst können die gegenseitigen Beziehungen zwischen G. und Christentum dargelegt werden.

5. Charakteristisch für die Weltanschauung der G. und von grundlegender Bedeutung ist ihr Dualismus. Dieser beherrscht als Grundanschauung fast sämtliche gnostische Systeme, auch da, / wo er in den 60 gräzisierenden Berichten der Kirchenväter nicht mehr deutlich heraustritt. In erster Linie (auch für die Beurteilung der Überlieferung der Kirchenväter) ist hier das erste Fragment aus dem 13. Buch der Ἐξηγητικά des Basilides bedeutsam, das in den Acta Archelai er-

halten ist (ed. Beeson c. 67 p. 96ff.). Nach diesem Fragment war
Basilides entschiedener Dualist, setzte an den Anfang zwei sich schroff
1508 gegenüber/stehende Prinzipien (Licht und Finsternis), ließ diese Welt
durch einen Angriff der Finsternis gegen das Licht entstehen, bei dem
Teile des Lichts von der Finsternis verschlungen wurden, und faßte
demgemäß das Endziel als die Entmischung des widerrechtlich Ver-
mischten (vgl. Hippolyt. Ref. VII 27 p. 378, 16): *Unde nec perfectum
bonum est in hoc mundo, et quod est, valde est exiguum.* Die Fragmente
seiner Lehre, / die Clemens Alexandrinus erhalten hat, bestätigen auf 10
das deutlichste den Dualismus des Basilides. Die beiden Systeme,
welche Irenaeus und Hippolyt überliefert haben, sind sekundäre
Bildungen, welche klar den Prozeß der allmählichen Umbildung vom
Dualismus zum Monismus zeigen. Das wenige, was wir von Bardesanes
und seiner Schule wissen, berechtigt uns, auch diesen als Vertreter
eines schroffen, spezifisch orientalischen Dualismus aufzufassen (,,er
lehrte einen Leib ohne / Auferstehung von dem Bösen", Ephraem 20
Hymn. 53 p. 533F, spricht von dem Teufel als ,,Hefe des Prinzips der
Finsternis", ebd. p. 504C, verfaßte eine Schrift ,,Das Licht und die
Finsternis" nach dem Bericht En-Nedims, Flügel Mani 162). Es kann
auch gar nicht verkannt werden, daß Marcions Lehre und Anschauungen, so eigentümlich und original sie sind und so sehr sie eine
besondere Betrachtung verdienen, doch durchaus auf dem Untergrund
einer sehr ernsthaft-dua/listischen Weltanschauung ruhen. Wenn Ptole- 30
maeus in seinem Brief an die Flora (Epiph. 33, 7) seine Meinung dahin
zusammenfaßt, daß das Gesetz weder von dem vollkommenen Gott
noch vom Teufel sei, so denkt er bei der letzteren Alternative kaum
an jemand anders als an Marcion. Die spekulativ dualistische Grundlage der marcionitischen Anschauung tritt besonders deutlich in dessen
Schule, gerade auch da, wo diese drei Prinzipien annimmt und den 40
alttestament/lichen Gott in die Mitte zwischen Gut und Böse stellt,
hervor (vgl. Bousset Hauptprobleme 109ff. 131ff.). Andererseits finden
wir den ausgeprägten Dualismus nicht nur bei namhaften gnostischen
Schulhäuptern, sondern auch bei den namenlosen. mehr volkstümlichen
Systemen, wie sie in den gnostischen Sekten verbreitet waren. So hat
uns Hippolyt (Ps.-Tertullian c. 5, Philastrius c. 33, Epiphanius Haer.
25, 5) eine Kosmogonie der ,,Nicolaiten" (Gnostiker) von ausgeprägt
dualisti/schem Charakter überliefert.   50
   Auch ist es nicht richtig, wenn man, wie das oft geschieht, den
(monistischen) Emanationsgedanken als charakteristisch für die G.
hinstellt, d.h. den Versuch, aus der höchsten Welt der Güte und des

Lichtes die ihr gegenüberstehende Welt der Schlechtigkeit und Finsternis durch die Annahme einer in unendlicher Stufenfolge sich fort-
setzenden Abschwächung abzuleiten. Dieser Versuch, der in voller
60 Konsequenz und Reinheit / unter den für uns in Betracht kommenden
Religionssystemenen nur im Neuplatonismus durchgeführt ist, liegt
hier nur in einigen wenigen an der Peripherie liegenden Erscheinungen,
nämlich in den beiden von den Kirchenvätern überlieferten (unechten)
Systemen des „Basilides" vor. Im allgemeinen kommt die G. auch
da, wo sie lange Äonenreihen produziert, nicht ohne die Annahme
1509 eines „Falles" des letzten und untersten / der Aeonen aus, welcher die
materielle niedere Welt, in die jener Aeon hinabsinkt, bereits voraussetzt; ich erinnere an die Sophia (Prunikos, Spiritus sanctus usw.)
der Barbelognostiker (Iren. I 29) und „Gnostiker" (Iren. I 30), an
die Helena des simonianischen Systems, an die Pistis Sophia in dem
gleichnamigen koptisch-gnostischen Werk, endlich auch an die Gestalt
10 des in die Materie versinkenden Urmenschen bei den Naassenern / des
Hippolyt und dem (heidnischen) Poimandres (s.u.). Am weitesten
abgeschwächt erscheint dieser Gedanke vom Fall in den Systemen des
Valentin und seiner Schüler. Denn einmal vollzieht sich hier der Fall
der Sophia (Achamoth) innerhalb des Pleroma, d.h. die Sophia stürzt
nicht in die Materie hinab, sondern sucht in Liebenssehnsucht sich
mit dem höchsten Aeon zu vereinigen. Und ferner wird der Versuch
20 gemacht, die Materie aus den „Leidenschaften" der / gefallenen Sophia
abzuleiten, ein Versuch, der in seiner phantastischen mythologisieren-
den Art stark an spätägyptische Spekulationen (Dieterich Abraxas
25f.) erinnert. Aber auch in diesen Systemen scheint trotz aller Tendenz
zum Monismus die ursprünglich dualistische Grundlage noch sehr deutlich hindurch. Auch da, wo die Weltschöpfung wie in den meisten
Systemen auf die sieben (s.o.) weltschöpferischen Archonten zurück-
30 geführt wird, gelten diese zwar meistens nicht / als völlig satanisch,
aber doch auch nicht als einfache Emanationen des höchsten Seins oder
als rein mittlerische Mächte, sie stehen vielmehr mit ihrem schöpferischen Tun immer in einem gewissen Gegensatz gegen die höheren
Aeonen; die Gnostiker schauen nicht etwa mit derjenigen Verehrung
auf sie, wie sie die griechischen Gebildeten zum Teil gegenüber den
niederen Manifestationen der Gottheit, den Heroen und Dämonen
40 empfanden; sie halten sie zum mindesten für / halbböse Wesen, denen
gegenüber sie sich hoch erhaben dünken.
  Daß endlich die der G. eng verwandten und mit ihr geschichtlich
zusammenhängenden Religionen des Mandaeismus und des Manichaeis-

mus ausgesprochen dualistischen Charakter zeigen, bedarf keiner Beweise und ist allgemein anerkannt. Auch die charakteristischen und
ältesten Stücke der sog. hermetischen Literatur sind von ausgesprochen
dualistischer Haltung (vgl. z.B. den / Anfang des „Poimandres", 50
Reitzenstein Poimandres 68ff.). In diesem Dualismus hat die gnostische Religion wirklich ihre Besonderheit. Der gesamten griechischen
und römischen Volksreligion ist er selbstverständlich fremd geblieben.
Und so sehr auch die spätere Entwicklung der Religion der griechisch-
römisch Gebildeten, die mit Platon anhebt, dann etwa mit Poseidonios
von Apamea neu einsetzt, um sich schließlich im Neuplatonismus zu
vollenden, zu einer resignierten / pessimistischen, ja asketischen An- 60
schauung neigte, zu einem eigentlichen entschlossenen Dualismus ist
es hier doch nicht gekommen. Ausnahmen sind hier und da vorhanden;
so kann man hier die Kreise der sog. Neupythagoreer nennen; bei
Plutarch und Numenius von Apamea zeigt sich ein stark dualistischer
Einschlag (zugleich auch jedesmal in interessanter Weise starke Spuren
1510 spezifisch orientalischen Einflusses, vgl. Plutarch / de Iside et Osiride).
Aber es ist mit Recht darauf hingewiesen (Schmidt Plotins Stellung
z. Gnostiz. u. kirchl. Christent., Texte u. Unters. N. F. V 4 S. 76ff. 89),
daß noch von Plotin und seinen Kreisen gerade an diesem Punkt der
Widerspruch gegen die von ihnen bekämpften Gnostiker empfunden
wurde. So sehr ihre Freude an dieser Welt und ihrer Herrlichkeit
gedämpft und resigniert erscheint, so sehr empfanden sie / doch den 10
stärksten Widerwillen gegen die völlige Verwerfung und Satanisierung
der sinnlichen Welt, wie sie hier geübt wurde. Scharfen Widerspruch
erhebt Plotin gegen den Hochmut der Gnostiker, die meinen, sie seien
allein gut und θεοῦ παῖδες, während er und seine Anhänger bemüht
seien, das Gute und Göttliche in allen den unendlichen Abstufungen zu
schauen und zu bewundern. Οὐ γὰρ τὸ συστεῖλαι εἰς ἕν, ἀλλὰ τὸ
δεῖξαι πολὺ τὸ θεῖον, ὅσον ἔδειξεν αὐτός, τοῦτ' / ἔστι δύναμιν θεοῦ 20
εἰδότων (Ennead. II 9, 9. 207E. Zeller Philos. d. Griechen⁴ III 2,
676). Auch wenn wir die orientalischen Religionen heranziehen, so
finden wir hier kein absolutes Analogon für den schroffen Dualismus
der G. Selbst die persische Religion, an die in der Tat das eben
besprochene Fragment des Basilides, Systeme wie die des Mandäismus
und Manichäismus auf Schritt und Tritt erinnern, bietet dieses Analogon nicht. Den gnostischen Dualismus, demzufolge / diese körper- 30
liche, sinnliche Welt entweder als satanisch oder doch als Erzeugnis
tief unter der höchsten Gottheit stehender halbböser, „dämonischer"
Mächte gilt, teilt auch die genuine persische Religion nicht. Für sie ist

diese körperliche Welt zu Hälfte wenigstens die Schöpfung Ahuras und diese Sinnlichkeit das Kampfgebiet des bösen und des guten Geistes. Es scheint, als wenn die Grundanschauung der G. erst in-
40 folge einer Vermischung der genuin persischen / Annahme zweier feindlicher, wider einander streitender Gottheiten (Prinzipien) und der griechischen Anschauung von der Überlegenheit der geistigen idealen gegenüber der sinnlichen materiellen Welt zustande gekommen ist. Erst durch das Zusammenfluten zweier pessimistischer Weltanschauungen entstand der gesteigerte, absolut trostlose Dualismus und Pessimismus der G.

6. Diese Weltanschauung der G. erhält ihre konkrete Ausbildung
50 und bestimmte Färbung / durch die Annahme von sieben in der Hierarchie der Geisterwelt zu unterst stehenden Geistern, die gewöhnlich (jedoch nicht immer) zugleich als die weltschöpferischen Potenzen gedacht werden. An ihrer Spitze steht ein Wesen, das meistens den Namen Jaldabaoth trägt und schon vielfach mit dem alttestamentlichen Schöpfergott identifiziert erscheint (daher erklärt sich auch die hier und da begegnende Veränderung des Namens Jaldabaoth in
60 Sabaoth : Epiph. Haer. 25, 2. 26, 10, / vgl. den Sabaoth Adamas im System der Pistis Sophia, Register in der Übersetzung von Schmidt s.v. Wo die andern Geister Namen tragen — oft werden sie nur einfach als Engel charakterisiert (vgl. die Engelnamen Origines c. Celsum VI 30), einmal sind sie bereits zu abstrakten, hypostasenartigen Wesenheiten geworden (Iren. I 29, 4) — finden sich unter diesen Namen meist
1511 eine Reihe alttestamentlicher Gottesbezeichnungen / (Adonai, Elohim, Jao, El-Schaddai). Daß wir hier in der Tat eine Grundlehre der G. haben, die fast in allen Systemen wiederkehrt, braucht nach den Darlegungen von Anz (Ursprung des Gnosticismus, Texte u. Unters. XV 4; vgl. Bousset Hauptprobleme 9ff.) nicht mehr bewiesen zu werden. Selbst da, wo (wie z.B. in den valentinianischen Systemen) die Sieben bereits verschwunden sind und Jaldabaoth zum „Demiurg"
10 gräzisiert ist, / finden wir in dessen Charakterisierung als der Hebdomas und der Achamoth als der Ogdoas (Iren. I 5, 2f.) die letzte Spur der alten Lehre. Es kann auch daran gar kein Zweifel mehr sein, daß die sieben Geister ursprünglich die sieben Planetengötter waren. Das ist teilweise den Gnostikern selbst noch bekannt gewesen (Iren. I 30, 9 *sanctam autem hebdomadam septem stellas, quas dicunt planetas esse volunt*). Und in dem „löwenköpfigen" Jaldabaoth, dessen Name
20 freilich / nicht mehr zu erklären ist, dürfen wir mit Sicherheit die mit einer Kronos-Moloch-Gestalt verschmolzene Planetengottheit des Sa-

turn erkennen (Origenes c. Celsum VI 31 φασὶ δὲ τῷ λεοντοειδεῖ ἄρχοντι συμπαθεῖν ἄστρον τὸν Φαίνοντα; vgl. Hauptprobleme 351ff.). Die Gestalten der sieben Planetengötter aber entstammen der babylonischen Religion, die in späterer Zeit mehr und mehr sich in der Verehrung der sieben planetarischen Gestirne konzentriert haben muß / (vgl. Diodor. II 30f.; die spätere Religion der mesopotamischen 30 Ssabier, deren Quellen Chwolsohn [Ssabier Bd. 1-2] gesammelt hat, Bousset Hauptprobleme 21ff.). Das Siegel auf diese Vermutungen ist endlich die Tatsache, daß in den Spekulationen der Mandäer die Sieben noch jetzt mit ihren babylonischen Planetennamen begegnen (Hauptprobleme 28f.). — Ein Novum, das der Erklärung bedarf, ist dabei freilich hinzugekommen, nämlich die Degradation der babylonischen Götter zu dämo/nischen Gestalten oder zum mindesten halbbösen 40 mittelschlächtigen Wesen. Man wird annehmen dürfen, daß diese Degradation dadurch zustande gekommen ist, daß über die spätere babylonische Religion eine mächtigere Religion gekommen ist, die ihre Götter auf die Stufe dämonischer Wesen herabdrückte. Das ist aber aller Wahrscheinlichkeit nach, da, weder die jüdische Religion, gegen die die G. von Anfang an sich antagonistisch verhielt, noch die christliche Religion selbst, die jene / gnostischen Lehren bereits vor- 50 fand, in Betracht kommen können, die persische Religion gewesen, zumal sich nachweisen läßt, daß die persische Religion mit dem Zeitalter Alexanders des Großen im babylonischen Tiefland die Rolle der herrschenden Religion hatte (F. Cumont Textes et monuments rel. aux mystères de Mithra I p. 8-10. 14. 223ff. 233. Bousset Rel. d. Judentums[2] 548f.). Bestätigt wird diese Vermutung auch durch den Umstand, daß in den späteren persi/schen Religionsschriften des Sassa- 60 nidenzeitalters (den Pehlewischriften) die Planeten ebenfalls als böse Geister galten, als Dämonen, die bei dem Ansturm Ahrimans gegen die Himmelswelt gefangen genommen und an den Himmel versetzt wurden (Bundehesh 3, 25. 5, 1 u.ö.: Hauptprobleme 41f.). Diese schroffere Auffassung der Planeten als rein dämonischer Gestalten, die 1512 noch deutlicher den ursprünglichen Antagonismus / zweier aufeinander prallender Religionen widerspiegelt, findet sich übrigens noch in schärfster Ausprägung im mandäischen System und in den Mythen von den gefangenen Archonten, denen wir in der Lehre des Manichäismus und in der Pistis Sophia c. 139ff. (Schmidt S. 236ff.; vgl. auch die späteren jüdischen Spekulationen über die gefangenen Engel im äthiopischen und slawischen Henochbuch, endlich die Anspielung Kol. / 2, 10 15. Hauptprobleme 46ff.) begegnen. Rein dämonische Gestalten sind

auch die Engel im simonianischen System, welche die Helena in Gefangenschaft halten (Iren. I 23, 2). In der christlichen G. ist diese Anschauung bereits etwas erweicht; die „Sieben" gelten nicht schlechthin
als böse Dämonen, sondern nur als halbböse Wesen, denen die Schöpfung dieser allerdings vorwiegend bösen, körperlichen Welt anvertraut
20 ist und unter denen sich in der Regel noch die / rein höllischen
Mächte befinden. Und allmählich steigt der oberste der Sieben (Jaldabaoth) wieder fast zum Rang des platonischen Demiurgen auf.

7. Über den Sieben steht in den alten und einfachen Systemen die
Gestalt des einen, unbekannten und ungenannten Gottes. Nach dem
Vorhergehenden sollte man vermuten, daß wir als das Prototyp dieser
Gestalt etwa den höchsten persischen Himmelsgott Ahura anzunehmen
30 hätten. Aber allerdings weist kaum eine Spur / in der Figur des
höchsten Gottes der G. noch mit Deutlichkeit auf den persischen
Lichtgott. Es läßt sich auch nicht verkennen, daß dem gnostischen
Urwesen überhaupt keine konkrete, national bestimmte Gottesgestalt
zugrunde gelegen haben wird. Was hier vorliegt ist bereits halbphilosophische Geheimlehre. So werden wir als Parallele und zur Erklärung
etwa die abstrakte persische Vorstellung von Zervan akerena (der
40 unendlichen Zeit) als dem gemeinsamen Ursprung / Ahura-Mazdas
und Angra-Marnyus heranziehen dürfen, zumal diese persische Spekulation alt ist und bereits dem Schüler des Aristoteles Eudemus
bekannt war (Damascius ed. Kopp p. 384). Und in der Tat läßt
sich nachweisen, daß der manichäische πατὴρ τοῦ μεγέθους kein
anderer war als Zervan (Hauptprobleme 236). Andererseits wird sich
nicht leugnen lassen, daß jene gnostische Vorstellung vom höchsten
Wesen mehrfache Wurzeln gehabt haben mag. Es ist neuerdings dar
50 /auf hingewiesen, daß namentlich innerhalb des vielfach zerrissenen
und zerklüfteten Religionswesens Syriens die Idee eines höchsten Himmelsgottes entstehen konnte, der, mit keinem der bestimmten Kultgötter identisch, allen den einzelnen in den verschiedenen Kultzentren
nebeneinander stehenden Göttern als der Höchste, Unbekannte, gegenübertrat (F. Cumont Iupiter summus exsuperantissimus, Arch. f.
60 Religionsgesch. IX 1906, 323-336; Religions orientales 153ff.). / Es
mag also alles zusammengewirkt haben: die Gestalt des höchsten
Himmelsgottes Ahura Mazda und die persischen Spekulationen von
Zervan, syrischer Synkretismus, griechische philosophische Gedanken,
um jene gnostische Grundidee zu schaffen. Interessant, aber allerdings
durch keine weiteren Parallelen kontrollierbar ist in diesem Zusammenhang das Zeugnis des Lactantius Placidus ad Statii Theb. 516 (p. 228

1513 Jahnke) : *Infiniti* (?) *autem / philosophorum magorum Persae (Persiae?) etiam confirmant revera esse praeter hos deos cognitos, qui coluntur in templis, alium principem et maxime dominum, ceterorum numinum ordinatorem, de cuius genere sint soli Sol et Luna, ceteri vero, qui circumferi* (περιφερεῖς, Hs. *circumferri) a sphaera nominantur, eius clarescunt spiritu.* Bemerkenswert ist es auch, daß bereits Statius an der von Lactantius kommentierten / Stelle von dieser mysteriösen 10 höchsten Gottheit redet : *et triplicis mundi summum, quem scire nefastum.*

8. Eine wesentlich konkretere Gestalt ist die der neben dem unbekannten Vater stehenden Μήτηρ. Sie tritt uns in den verschiedensten Gestalten und Verkleidungen entgegen. Sie steht als höchste Himmelsgöttin Barbelos (vielleicht verstümmelt aus Παρθένος, s. Art. Gnostiker § 2) unmittelbar neben dem unbekannten und unge/nennten 20 Gott. Sie ist aber andrerseits die Mutter der Sieben, nimmt an ihrer Degradation teil und wird zu einem mittlerischen, halb bösen, halb guten Wesen; sie ist im mandäischen System als Namrus (später Ruhâ d'Qudšâ) (man vergleiche die Namrael, Nebrod im manichäischen System) geradezu eine Oberteufelin geworden. Als Helena in der simonianischen Lehre ist sie die von den weltschöpferischen Engeln gefangen gehaltene Ennoia des höchsten Gottes. In ihrer Verbindung / mit den Sieben erscheint sie vielfach als die aus dem Pleroma gefallene 30 Göttin, die durch ihren Fall die Weltentwicklung herbeiführt, als Prunikos (Erklärung des Namens Epiphanius Haer. 25, 4), Sophia Achamoth, Spiritus Sanctus, Pistis Sophia (diese letzteren Namen charakterisieren den allmählich in die G. eindringenden jüdisch-alttestamentlichen Einschlag, ebenso wie die oben erwähnten alttestamentlichen Archontennamen) als ein aus der Lichtwelt gefallener Aeon, der aber / auch wieder die Erlösung und die Rückkehr zur oberen Welt 40 darstellt. In den Systemen, in denen die Μήτηρ als die gefallene Göttin erscheint, verdoppelt sich dann gewöhnlich die Gestalt und tritt neben und über den gefallenen Aeon die höhere himmlische Gestalt der nicht gefallenen Muttergöttin. Und in den komplizierten Systemen kommt schließlich eine Verdreifachung und Vervielfachung dieser Figur vor (Iren. I 29). Verwandte Gestalten sind endlich die Lichtjung/frau 50 (s. Register der Übers. von C. Schmidt s.v.) in der Pistis Sophia, die Lichtjungfrau und der dritte Gesandte im manichäischen System. Einen wie festen und hervorragenden Platz diese Gestalt der Μήτηρ in den gnostischen Systemen einnimmt, tritt am klarsten aus dem, was wir über ihren Kultus wissen, heraus. In fast allen sakramentalen Hand-

lungen der Gnostiker, in die uns die Überlieferung noch einen genaueren Einblick gestattet, spielt die Figur der Muttergöttin / eine hervorragende Rolle. Die sakramentalen Gebete in der Pistis Sophia (c. 142) und den sogenannten (koptisch-gnostischen) Jeubüchern (II 45-47) sind zumeist und in erster Linie an die Lichtjungfrau gerichtet. In den Sakramentsgebeten der Markosier (vgl. Iren. I 13, 6. 21, 5) wird vor allem die Μήτηρ angerufen. Die im Aramäischen überlieferte Tauf- formel dieser Sekte begann „im Namen der Achamoth" (Hoffmann

1514 /Ztschr. f. neut. Wissensch. IV 298). Die beim Aufstieg der Seele von den Anhängern der „Ophiten" zu sprechenden Formeln lauten „πάρες με παρθένου πνεύματι κεκαθαρμένον" „πάρες με τῆς σῆς μητρὸς φέροντά σοι σύμβολον" (Origenes c. Celsum VI 31). In den gnostischen Sakramentsgebeten der Acta Thomae wird überall die Gestalt der Mutter gefeiert (c. 50. 27. 39. 133). Im sechsten Kapitel dieser Acta
10 hat sich ein ganzer Hymnus / auf die jungfräuliche Himmelskönigin erhalten. Im Dienste der Muttergöttin stehen endlich die unzüchtigen Kulthandlungen bei einer Reihe gnostischer Sekten, von denen uns Epiphanius (Haer. 21, 4. 25, 2. 26, 4f.; vgl. Iren. I 31, 1f.) zu be- richten weiß.

Schon der Überblick macht es uns ganz deutlich, daß das Prototyp für die Gestalt der gnostischen Μήτηρ die große vorderasiatische
20 Muttergöttin ist (ich erinnere an die Atargatis von Hie/rapolis [Dea Syria], die verschiedenen Astarten, die syrische Aphrodite, auch an die babylonische Ištar und die persische Anaitis), die hier in ver- schiedener lokaler Ausprägung überall erscheint und vor allem der syrisch-phönizischen Religion ihr Gepräge gegeben hat. Schon daß die gnostische Μήτηρ vielfach als Mutter der sieben Planetengötter erscheint, läßt darauf schließen, daß sie die Himmelskönigin darstellt.
30 Und wenn die vorderasiatische Göttin bald als die wilde / Göttin der wollüstigen Liebe und des üppigen Naturlebens erscheint, bald als die reine Himmelskönigin, als die jungfräuliche Göttin, so ist auch der gnostische Aeon bald die hohe ernste Jungfrau (Παρθενικὸν Πνεῦμα = Παρθένος Barbelos), bald die unreine und gefallene Μήτηρ (Προύνι- κος), in deren Dienst die obszönen sakramentalen Handlungen gestellt werden. An einer gnostischen Figur läßt sich noch am deutlichsten die
40 Aufnahme und Verarbeitung einer konkreten Götter/gestalt in der Spekulation der G. nachweisen: an der Helena der simonianischen Sekte. Schon der Name der Helena deutet darauf, daß hier ursprüng- lich die Gestalt einer Mondgöttin vorliegt (vgl. Roscher Lexikon d. Mythol. s.v. I 2, 1971). Der Mythus vom Verschwinden, dem Geraubt-

werden der Mondgöttin entspricht der Erzählung von dem Herabsinken der Helena und ihrer Gefangenhaltung durch die Dämonen.
Die pseudoclementinischen Rekognitionen kennen noch diesen / ur- 50
sprünglichen Charakter der Helena und nennen sie einfach Luna (II
9. 12). Der laszive Charakter der Helena im simonianischen System
deutet auf die Verbindung der Helena-Selene mit einer syrischen Aphrodite. Wenn Simon die Helena in einem Bordell in Tyrus findet, so
erinnert das an die Sage, daß die Göttin Isis (ebenfalls vielfach mit
der syrischen Aphrodite amalgamiert, Hauptprobleme 81f.) sich zehn
Jahre in Tyrus der Prostitution hingegeben habe, Epiphan. Ἀγ/κυρωτός 60
c. 104. Ja es wird uns sogar überliefert, daß die Simonianer Statuen des
Simon-Zeus und der Helena-Athena (?) gehabt hätten. Deutlicher
kann der konkrete Polytheismus nicht heraustreten. Die Gleichung
Helena-Selene berechtigt aber weiter zu der Annahme, daß überhaupt
die Gestalt der in die Materie versinkenden Prunikos (Sophia Achamoth) usw. die verschwindende Mondgöttin als Prototyp hatte (vgl.
1515 Eustathius / zu Homer IV 121 p. 1488, 21 ὡς ἐκ τοῦ κατὰ Σελήνην
κόσμου πεσοῦοαν καὶ αὖθις δὲ ἄνω ἁρπαγῆναι αὐτὴν (sc. die Helena)
ἐμυθεύσαντο, ἐπειδὰν δι᾽ ἐκείνης καὶ Διὸς βουλαὶ ἠνύσθησαν). Zu
bemerken ist endlich noch, daß zu der hervorragenden Stellung der
Μήτηρ in den gnostischen Systemen eine Parallele vorliegt in der
Rolle, welche die Hekate in den sog. Oracula Chaldaica und in der
späteren Ausgestaltung der / orphischen Mysterien einnimmt (Kroll 10
De oraculis chaldaicis 27f.).

    9. Zu diesen Gestalten des unbekannten Vaters und der Mutter
tritt dann in den verschiedenen gnostischen Systemen die reiche Figuren-
welt des gnostischen „Pleroma" allmählich hinzu. Hier lassen sich
kaum noch gemeinsame Grundlinien ziehen. Doch kehrt hier eine
bemerkenswerte Gestalt in einer ganzen Reihe von Systemen wieder
und kann deshalb zum wurzelhaften Be/stand der Spekulation der 20
G. gerechnet werden. Das ist die Figur des Anthropos. So standen
im System der Barbelo-G. ursprünglich an der Spitze der unbekannte
Vater, die Barbelo und der Anthropos. Erst in der Überlieferung ist
an die Stelle des Anthropos der Christos getreten (Beweis: der Name
des unbekannten Vaters Πρωτάνθρωπος; vgl. auch das nachmalige
Wiederkehren der Trias Autogenes, Aletheia, Adamas (Anthropos)
im weiteren Verlauf des verwickelten / Systems, Iren. I 29, 3). Das- 30
selbe gilt vom System der „Gnostiker", Iren. I 30. Der Kern der
valentinianischen Ogdoas ist die Trias: Πατήρ, Ἀλήθεια, Ἄνθρωπος
(Bythos und Sige sind wohl vorgeschoben, Logos und Zoe vielleicht

unter johanneischem Einfluß in das System hineingeraten; Hauptprobleme 163). Dieselbe Trias „Vater, Mutter, Urmensch" steht an
der Spitze der manichäischen Theogonie. Die Gestalt dieses „Ur-
40 menschen" ist allerdings in den uns überlie/ferten gnostischen Traditionen durch die verwandte Gestalt der in die Materie versinkenden
Prunikos-Sophia verdrängt und vollständig schemenhaft geworden, fast
nur der Name hat sich gehalten. Eine Ausnahme macht nur die uns
in Hippolyts Philosophumena überlieferte, aus heidnischer G. stammende Lehre der „Naassener". Nur aus ihr können wir entnehmen,
welch eine Rolle diese Figur vielfach in der gnostischen Phantasie
50 gespielt hat. Dafür begegnet uns diese in / reinerer und deutlicherer
Ausprägung noch auf dem Boden der rein heidnischen G., im Poimandres des hermetischen Corpus und in der wirren und phantastischen
Literatur, die mit dem Namen Bithys, Zosimus, Iamblichos um-
schrieben werden kann (Reitzenstein Poimandres 102ff.), nicht zum
wenigsten auch im manichäischen System. (Auf die besondere Ausgestaltung dieser Spekulation im pseudoclementinischen Schriftenkreis
60 und in späteren jüdischen Spekulationen mag nur im / Vorübergehen
hingewiesen werden, Hauptprobleme 171ff. 194ff.; über Herkunft und
ursprüngliche Bedeutung der Lehre vom Urmenschen : Hauptprobleme
215ff.

So tritt, bald mit geringerer, bald größerer Deutlichkeit an die
Spitze der gnostischen Systeme eine Trias : Vater, Mutter und Sohn.
Auch hier zeigen sich die Spuren ursprünglichen konkreten Polytheis-
1516 mus in der Welt der gnostischen / Spekulationen (vgl. hier Usener
Rh. Mus. N. F. 58). Sowohl in Ägypten wie in Babylon liebte man es,
die Götter in Triaden (von Vater, Mutter, Sohn) anzuordnen. Näher
noch lagen die Parallelen auf syrischem Religionsgebiet (eine Dreiheit
von Göttern in Hierapolis-Mabug [Lucian] de dea Syria 33, wahrscheinlich auch in Heliopolis-Baalbek und in Edessa, Cumont Textes et
10 Monuments I 207, 3). Auch eine Trias spä/terer persischer Spekulation
läßt sich nachweisen (Ormuzd, Spendarmad, Gayomard = Urmensch,
Hauptprobleme 336). Aus der gnostischen Trias wurde dann leicht,
indem auch der Sohn eine weibliche Syzygos erhielt, eine Tetras. Und
nun konnte das Spiel endlos weiter gehen bis zu den ausgebildeten
Systemen der Barbelo-G., der Valentinianer, der Pistis Sophia usw.
(die einzelnen Systeme s.v.). In einigen, aber wenigen Systemen wurde
20 dabei die Anordnung der langen / Aeonenreihe in Syzygien ein beliebtes
Mittel, Ordnung in die bunte Welt zu bringen. Man mag sich dabei
daran erinnern, daß die bekannte babylonische Kosmogonie bereits

mit derartigen Syzygien begann. Auch in ägyptischen Spekulationen werden die Götter paarweise und nach dem Geschlecht geordnet (ähnlich aber doch anders die Ordnung im Sanchuniathon das Philon von Byblos). Andere gnostische Systeme bevorzugen andere Ordnungen. Gemeinsame Grundlinien lassen / sich hier kaum mehr ziehen. 30

Die Vorstellung, daß man in der Welt und unter der Herrschaft der Sieben lebe, verband sich ferner mit der Gedankenwelt des astrologischen Fatalismus. Der Gedanke an das unabwendbare Schicksal, die Εἱμαρμένη, als deren Repräsentanten die Sieben gelten konnten, legte sich mit furchtbarem Druck auf das Bewußtsein (vgl. etwa hierzu Excerpta ex Theodoto 69ff., Hippolyts Ausführungen über die Peraten, Pistis Sophia c. 111 / 131-133 usw.). So entstand die leidenschaftliche 40 Sehnsucht, frei zu werden von der Herrschaft der Sieben, von der Welt der Heimarmene (vgl. Reitzenstein Poimandres 68ff.).

10. Infolge ihres Dualismus ist die gnostische Weltanschauung in ganz besonderem Maße auf den Erlösungsgedanken angelegt. Demgemäß nehmen Erlösungsmythen, Erlösergestalten ganz und gar das Zentrum in der gnostischen Spekulation ein. Eine solche Erlösergestalt ist vor / allem die des Urmenschen. Welche Bewandnis es auch mit 50 dem Ursprung und der Herkunft dieser in der Religionsgeschichte so ungeheuer weit verbreiteten Figur haben mag, ihr Sinn und ihre Bedeutung in der gnostischen Spekulation ist klar. Aus der Lehre der Naassener wie aus dem Poimandresmythus im Corpus Hermeticum und aus dem Urmenschenmythus des Manichäismus geht das ganz deutlich hervor. Der Urmensch ist ein himmlischer Aeon, der in der Ur/zeit in die Materie hinabsank, hinabgelockt wurde bezw. durch 60 feindliche Mächte besiegt und festgehalten wurde. Mit seinem Fall oder seiner Besiegung begann die Schöpfung, die widernatürliche Vermischung disparater Welten. Aber vom Urmenschen heißt es dann auch, daß er den Weg in die oberen himmlischen Welten gefunden hat oder befreit ist. So wird die Geschichte des Urmenschen zu einem
1517 wirksamen Symbol für das / Geschick aller der zur höheren Welt Berufenen, die jetzt hier unten in Finsternis und Verderben schmachten. Nebenbei sei bemerkt, daß der Mythus vom Urmenschen auch in die Attismysterien übergegangen ist. Die Liebe des Attis zur Nymphe wird auf das Versinken des Urmenschen in die Materie, seine durch die Göttin gewirkte Verschneidung auf dessen Befreiung aus der Sinnenwelt gedeutet (Reitzenstein 82f. Haupt/probleme 184ff.). 10

Eine Parallelfigur ist die der in die Materie versinkenden Sophia. Nur haben wir es hier nicht mit der einen Gestalt der versinkenden Göttin

zu tun, sondern mit einem Erlöserpaar oder dem Mythus von der
Befreiung der versunkenen Göttin durch den Erlösergott. Was nämlich die Berichte der Kirchenväter von der Befreiung der Sophia
(Prunikos) durch den Christus oder (bei den Gnostikern) von der
20 Erlösung der Achamoth / durch den Soter (bei den Valentinianern,
vgl. den Erlösungsmythus der Pistis Sophia) berichten, das hat mit
der Erlösergestalt des historischen Jesus und der durch ihn vollzogenen
Befreiung ursprünglich wenig oder gar nichts gemeinsam. Ursprünglich lag hier ein konkreter Mythus, der von der Befreiung einer verschwundenen oder geraubten Göttin durch den Erlösergott und ihrer
darauf erfolgenden Hochzeit handelte, vor. So heißt es in der Über-
30 lieferung bei Hippolyt (Re/fut. VI 34), daß der valentinianische Soter
mit der Sophia (Achamoth) siebzig Söhne (Himmelsgötter) zeugte!
(Vgl. Genaueres Hauptprobleme 260ff.; ein schwacher Nachklang
dieses Mythus im Brief an die Epheser 5, 25-32). Dieser Mythus ist
dann in der G. spekulativ und mystischpraktisch umgestaltet, man
fand auch in ihm (Genaueres unten) das wirksame Symbol für die
selige Hoffnung der Gnostiker. Ein derartiges Erlöserpaar bilden
40 übrigens auch Simon und / Helena; und da wir als Prototyp der Helena
die Gestalt der verschwindenden (geraubten) Mondgöttin erblicken
durften, so werden wir auch in dem Gottbefreier einen bestimmten
Gott (Sonnenheros?) vermuten dürfen. Man hat vermutet, daß es etwa
in Tyrus eine Sage gegeben habe, nach welcher Melkart auszieht, die
verlorengegangene Astarte wiedersuzuchen (Duncker Geschichte d.
Altertums⁵ I 330, in Anlehnung an Movers Kombinationen). Doch
50 ist ein solcher / Melkartmythus nicht nachweisbar. Vor allem wird hier
die Kadmos-Europa-Harmonia-Legende herangezogen werden müssen
(Kadmos [vielleicht in Zusammenhang zu bringen mit קדם, Adam
Kadmonai, Urmensch] sucht die verlorene Schwester Europa, heiratet
die Harmonia; die verloren gegangene und wiederaufgefundene Göttin
ist hier in zwei Figuren, Schwester und Braut, gespalten). Sidon scheint
der Hauptsitz dieses Mythus gewesen zu sein, vgl. [Lucian] de dea
60 Syria 4. / Athen. XIV 77 p. 658; besonders wichtig für die postulierten
Zusammenhänge Lucian. a.a.O. Hier wird ein Heiligtum der Astarte
in Sidon erwähnt, ᾿Αστάρτην δ᾽ ἐγὼ δοκέω Σεληναίην ἔμμεναι· ὡς
δέ μοί τις τῶν ἱρέων ἀπηγέετο, Εὐρώπης ἐστὶ τῆς Κάδμου ἀδελφεῆς ...
ἐπειδή τε ἀφανὴς ἐγεγόνεεν, οἱ Φοίνικες τῷ νηῷ ἐτιμήσαντο καὶ λόγον
ἱερὸν ἐπ᾽ αὐτῇ ἔλεξαν. Aber auch in Tyrus ist der Mythus zu lokali-
1518 sieren. Hier zeigte man noch spät das Haus des Agenor und das
Brautgemach des Kadmos (Nonn. Dionys. XL 346ff.) und feierte das

Fest der Entführung der Europa (der Abend des Tages hieß κακὴ
ὀψινή. Malal. Chron. p. 31). Das ist das Milieu, aus dem die Erzählungen von Simon-Helena, vom Soter und der Achamoth erwachsen
sind.

Noch ein dritter Typus eines Erlösungsmythus begegnet im Gebiet
der G. : Der Erlöser ist eine / himmlische Gestalt, die vom Himmel aus- 10
zieht, die bösen Mächte der Tiefe und der Finsternis zu bekämpfen.
Unerkannt und mit mächtigen Zaubermitteln ausgerüstet steigt er durch
die verschiedenen Welten der Finsternis hinab, er kämpft mit den
Mächten der Finsternis und entreißt ihnen das Geheimnis ihrer Macht,
oder wird von dem Ungeheuer der Tiefe verschlungen und tötet es
von innen heraus. (Motiv des babylonischen Marduk Tiâmatmythus).
Am deutlichsten tritt diese / Gestalt hervor in dem Mândâ d'Hajê 20
bezw. dem Hibil-Ziwâ der mandäischen Spekulation (6. und 8. Traktat
des Genzâr.). Auch der Urmensch im manichäischen System trägt die
Züge dieser Gestalt, nur daß er hier nicht der siegende, sondern der
besiegte Heros ist. Spuren dieses Mythus aber finden wir auch bei den
im engeren Sinne gnostischen Erlösergestalten. Das unerkannte Hinabfahren durch die Welten der Dämonen mit Hilfe der mächtigen Zauberformeln, der Kampf / mit den dämonischen Mächten hat sich hier viel- 30
fach gehalten (Hauptprobleme 239f.). Vor allem gehört die Erlösergestalt in der „Perle" der Acta Thomae — als solche hat man sie
neuerdings richtig erkannt (Preuschen Zwei gnostische Hymnen 1904,
45ff.) — die ausgesandt wird, die Perle dem Drachen zu rauben, in
diesen Zusammenhang. Und dieser Mythus ist es, der deutlich und
erkennbar in den christlichen Ausmalungen der Hadesfahrt Christi *
weiterwirkt (Hauptpro/bleme 257ff.). Wir werden vielleicht nicht fehl- 40
gehen, wenn wir alle diese Erzählungen und Spekulationen auf den
Mythus von dem täglich in die Dunkelheit hinabsinkenden und nach
dem Kampf mit den Dämonen der Finsternis siegreich emportauchen-
den Sonnengott beziehen.

11. Diese Erlösungsmythen hängen auf das engste mit der anthropologischen und soteriologischen Grundanschauung der G. zusammen,
mit denen man zum eigentlichen Kern der gnostischen / Religion 50
gelangt. Für die ganze Bewegung charakteristisch ist hier zunächst

---

* AFV : Hadesfahrt Christi : Für die Diskussion s. mein *Wilhelm Bousset*, 1973, 151,
Anm. 1. Auch J. Kroll, *Gott und Hölle*, Berlin 1932. Bousset hat sich über die
Hadesfahrt geäußert : *Hauptprobleme* 255f., *Kyrios Christos*, 1913, 32, 38, und schließ-
lich : *ZNW*, 1919/20 50f. : Zur Hadesfahrt Christi.

die Trennung der Menschengeschlechter in zwei prinzipiell geschiedene
Klassen, deren eine den höheren Lichtfunken in sich trägt, deren
andere ganz dieser niederen sinnlichen Welt angehört. Diese Überzeugung teilt eigentlich die G. mit allen ausgebildeten Mysterienreligionen (Trennung der Menschen in Eingeweihte und Nichteinge-
60 weihte). Sie ruht auch bei ihr, wie in den Mysterienreligionen, / wesentlich auf der Grundlage ausgebildeter sakramentaler Frömmigkeit (s.u.),
bekommt aber dann in dem Dualismus der G. eine fundamentale Begründung und eine besonders scharfe prinzipielle Ausprägung. Besonders schroff wird diese Anschauung von Satornil ausgesprochen
(Iren. I 24, 2 *duo enim genera ... plasmata esse ab angelis dixit*); auch
in der heidnischen G. des Corpus Hermeticum (vgl. z.B. im Corpus
1519 Hermeticum / 10, 19 [κλείς] die Ausführung über die prinzipiell verschiedenen Seelen, ψυχὴ εὐσεβής und ἀσεβής; besonders aber die
lehrreichen Ausführungen im κρατήρ [4] darüber, daß nicht alle Menschen den νοῦς besitzen und dieser nur durch das Mysterium des
βαπτισμός erworben wird). Dieser Hochmut der Gnostiker, mit dem
sie sich als παῖδες θεοῦ über alles, auch über Dämonen und Götter
10 erhoben dünken, tadelt Plotin (a.a.O. § 5). / Es ist eine spät eintretende
Vermittelungstheologie, wenn die valentinianische Schule (vgl. z.B.
Excerpta ex Theodoto 56) zugunsten eines erträglichen Verhältnisses
mit der organisierten Kirche die Dreiteilung in Pneumatiker, Psychiker,
Hyliker einführte und so den Gläubigen der Kirche eine gewisse Mittel-
stellung und die wenigstens teilweise Erreichbarkeit des Seligkeitszieles
zugestand. (Außerhalb der valentianischen Schule findet sich diese
20 Dreiteilung nur in spä/teren Weiterbildungen gnostischer Systeme:
bei den Naassenern Hippolyt. Refut. V 6; bei Iustin. ebd. V 27 p. 230,
81ff.). Und wie das Menschengeschlecht in (ursprünglich) zwei streng
getrennte Klassen zerfällt, so birgt auch der fromme Gnostiker zwei
verschiedene Wesenheiten in sich, eine höhere, aus der Welt des Lichts
und des unbekannten Vaters stammende, und eine niedere, dieser
schlechten körperlichen Welt der Finsternis angehörige, aus der jene
30 höhere Wesenheit / sich nur mühsam befreien kann. Wie aber ist es
überhaupt zu dieser Zwiespältigkeit im Wesen der Menschen gekommen? Wie ist ursprünglich jene höhere Wesenheit, der Lichtfunke
(Σπινθήρ), in den irdischen Menschen hineingekommen? Darauf ant-
wortete ein weitverbreiteter Mythus von der Schöpfung des Menschen,
in welchen sich spezifisch gnostische Phantasien mit platonischen (Ti-
maiosmythus) und alttestamentlichen (Genesis 1-2) Einflüssen verban-
40 den. Der Leib des Men/schen ist danach aus der Materie von den welt-

schöpferischen Mächten (den Sieben) gebildet. Und in den hilflos am Boden liegenden Leib ist dann aus der oberen Welt der göttliche Funke hineingekommen. Die schöpferischen Engel wußten nicht, wie das geschehen sei, oder : der Demiurg hat, von der Sophia veranlaßt, das höhere himmlische Pneuma dem Menschen eingeblasen, ohne zu wissen, was er tat; jedenfalls hat so der Mensch von Anfang an ein höheres Wesen in sich, als / seine leiblichen Schöpfer. Dieser Mythus 50 begegnet uns überall in mannigfachen Variationen bei den verschiedenen Sekten wieder, selbst noch bei den Mandaern (Iren. I 24, 1 [Satornil]. 30, 6 [Gnostiker]. Clem. strom. II 8, 36 [Valentin]. Iren. I 5, 6; vgl. Excerpta ex Theodoto 1. 2. 50ff. [Valentinianer]. Hippolyt. Refut. V 7 [Chaldäischer Mythus; vgl. die Zosimus-Parallele Reitzenstein Poimandres 104]. Brandt Mandäische Schriften 190). Auch der Manichäismus / zeigt einen Einschlag dieser Gedanken in dem Gewebe 60 seines phantastisch-barbarischen Schöpfungsmythus (Hauptprobleme 47f.). Bei den Valentinianern sind die Gnostiker der Same, den die Sophia empfing, als sie den Soter oder dessen Engel schaute (Iren. I 4, 5. 5, 1. 6. Excerpta ex Theod. 26 [τὸ διαφέρον σπέρμα]. 53 u.ö.). Durch Vermittlung des Demiurgos ist dieser Same in die niedere Welt eingegangen, und wie die So/phia mit dem Soter in der himmlischen Hochzeit vereinigt wurde, so sehnt sich der Gnostiker nach der Vereinigung seiner Seele mit den Engeln des Soter. Auch die Lehre vom Urmenschen bekommt ihre anthropologische Wendung, die in diesen Zusammenhang hineingehört. Der in die Materie versinkende und aus ihr sich wieder emporhebende Urmensch wird zum Symbol der gnostischen Gläubigen, deren höheres Wesen ebenfalls in diese / niedere 10 Sinnlichkeit gefesselt ist und sich aus ihr zu befreien strebt. Besonders deutlich kommt das im Poimandresmythus (Corpus Hermeticum 1, 15) zum Ausdruck (καὶ διὰ τοῦτο — wegen seiner Abstammung vom Ἄνθρωπος — παρὰ πάντα τὰ ἐπὶ γῆς ζῷα διπλοῦς ἐστιν ὁ ἄνθρωπος, θνητὸς μὲν διὰ τὸ σῶμα, ἀθάνατος δὲ διὰ τὸν οὐσιώδη ἄνθρωπον). Auch die Ausführungen der Naassener (Hippolyt. V 7ff.) und dann später die manichäische Religion bewegen sich in derselben Grund- 20 /idee. Diese Anthropologie erfährt bei einer Reihe gnostischer Sekten noch eine besondere Komplikation, die mit der Lehre von den sieben weltschöpferischen planetarischen Mächten zusammenhängt. Man nahm an, daß die Seele des Menschen bei ihrem Herabsinken in die Welt der Materie durch die sieben Planetensphären bestimmte Eigenschaften niederer Art von den einzelnen Planetengöttern annehme und erst mit diesen Kleidern und Hüllen in den Leib eingehe. / Astrologischer 30

1520

Glaube an der Einfluß der Gestirne auf den Charakter des Menschen hat sich hier mit einer supranaturalen Anthropologie verbunden. Die Lehre hat eine über die G. hinausgehende Verbreitung gehabt. Beim Vergilscholiasten Servius (Aen. VI 714, vgl. XI 51; vgl. die Parallelen bei Arnobius adv. nat. II 16. 28) werden die betreffenden Spekulationen auf die „Mathematici", doch wohl chaldäische Astrologen, zurück-
40 geführt. (Schmekel Philos. d. mittleren / Stoa 112. 130 führte die Stellen auf Varro, indirekt auf Poseidonios zurück; seine Ableitung ist starken Zweifeln begegnet; vgl. Agahd Jahrb. f. klass. Philol. Suppl. XXIV 1898, 107ff. Vielleicht ist Cornelius Labeo als die gemeinsame Quelle anzusehen, Kroll Berl. philol. Wochenschr. 1906, 487. Cumont Relig. orientales 1906, 294). Eine ausführliche Darstellung findet sich bei Macrobius im Somnium Scipionis I 11. 12. Innerhalb
50 der G. begegnet man den Spüren der Lehre / an vielen Orten. Die Darstellung des Mythus vom Anthropos im Poimandres ist ganz und gar auf diese Anschauung gegründet. Von προσαρτήματα der λογικὴ φυχή redete Basilides (Clem. Alex. Strom. II 20, 112), vgl. Valentin (II 20. 114); des Basilides Sohn Isidor schrieb ein Werk περὶ προσφυοῦς ψυχῆς (ebd. II 20, 113), dem entspricht in der Pistis Sophia die breit ausgeführte Lehre von dem ἀντίμιμον πνεῦμα* (c. 111. 131-133). Auch
60 die Lehre des Bardesanes ist hier heran/zuziehen, nach welcher der Mensch „einen Leib von dem Bösen, eine Seele von den Sieben" hat (Ephraem Hymn. 53 p. 553 E). Selbst im Manichäismus hat die Annahme der doppelten Seele noch eine besondere Rolle gespielt (Hauptprobleme 367f.). Bemerkenswert ist, daß dieselbe Meinung auch bei den Neuplatonikern erscheint (vgl. die aus Macrobius zitierte Stelle; Cumont Rel. orient. 309. Kroll Oracula Chaldaica 51, 2. Hauptprobleme 364, 2).

1521 / 12. Im engsten Zusammenhang mit alledem steht die religiöse Praxis der G. Diese ist vor allem und in erster Linie Mysterien-Praxis. Ihrer ganzen Art nach gehört die G. völlig in den Umkreis der Mysterien-Religionen hinein. Was sie verkündet, ist kein Wissen im Sinne der Philosophie oder gar der Religionsphilosophie, sondern religiöse geheimnisvolle Offenbarungsweisheit. Zwischen G. und Pistis
10 haben die Gnostiker ur/sprünglich keinen Unterschied gemacht; erst der Vermittlungstheologie des Valentianismus eignet er (Liechtenhan

---

* AFV: ἀντίμιμον πνεῦμα: Vgl. *Hauptprobleme*, 366f., und die Anmerkung zu „Die Lehren des Hermes Trismegistos" unten S. 172ff.: „Die Lehre vom minderwertigen Pneuma".

a.a.O. 98ff.). Die Gnostiker berufen sich für die Autorität ihrer Offenbarung auf alte geheimnisvolle Schriften, auf Propheten mit barbarischen Namen und uralte Prophetieen, auf eigene Visionen und ekstatische Zustände (Liechtenhan Die Offenbarung im Gnosticismus 5-43). Man teilt den Mysten diese geheimnisvolle Weisheit mit und scheidet streng / zwischen dem exoterischen und dem esoterischen 20 Wissen (besonders charakteristisch Brief des Ptolemaeus an Flora, Epiph. Haer. 33, 7). Man wahrt das Geheimnis der Außenwelt gegenüber: *Si bona fide quaeras, concreto vultu, suspenso supercilio, Altum est, aiunt* (Tertull. adv. Valent. c. 1). Hippolyt rühmt sich, daß er in den Stand gesetzt ist, die viele Jahre verborgene geheime Lehre der Peraten enthüllen zu können (Refut. V 12). Inhalt der gnostischen Offenbarungsweisheit aber / ist fast ausschließlich die Erlösung und 30 Befreiung aus der bösen Welt der körperlichen Sinnlichkeit, der Finsternis und der Bedingtheit durch die Herrschaft der Gestirnmächte. Die Erlösung aber vollzieht sich nicht — wenigstens nicht für die breite Masse der Gnostiker — durch den Einsatz des persönlichen Glaubens oder des philosophischen Wissens, sondern in erster Linie durch die religiöse Praxis der geheimnisvollen Handlung (der Sakramente). Die gnostische Religion ist eine / durch und durch vom Sakrament be- 40 herrschte Religion. Die Berichte der Kirchenväter lassen hier allerdings vielfach im Stich, sie haben sich für diese Seite der G. weniger interessiert und blieben am Äußerlichen der gnostischen Spekulationen mit ihren Aeonenwesen hängen. Auch wird ihnen tatsächlich infolge der ängstlichen Behütung des Geheimnisses vielfach eine klare Anschauung nicht zu Gebote gestanden haben. Dennoch sind Ausnahmen vorhanden: der vor/zügliche Bericht des Irenaeus über die 50 Markosier (I 13. 21), die Excerpta ex Theodoto 69ff., die Nachrichten des Celsus und des Origenes über die „Ophianer" (namentlich c. Celsum VI 31 vgl. 22), die Fragmente des Elxaibuches (Hippolyt. Refut. IX 13ff.), geben schon ein deutlicheres Bild. Hinzukommen uns erhaltene gnostische Originalstücke: die liturgischen Stücke der Acta Thomae, vor allem die Berichte der Pistis Sophia und der sog. koptischen Jeubücher, endlich auch die Über/lieferung, die wir vom Sakramentswesen der Mandäer besitzen. Im Zentrum der gnostischen Religion und im unmittelbaren Zusammenhang mit der gnostischen Grundanschauung stehen jedenfalls diejenigen sakramentalen Handlungen, durch welche der scheidenden Seele des Gnostikers die sichere Auffahrt durch die Himmel (der Planetenfürsten) zu dem Wohnort des höchsten unbekannten Gottes garantiert werden soll. Zu diesem 40

1522 Zweck / werden den Mysten die geheimnisvollen Namen der Dämonen mitgeteilt, die Formeln, mit denen sie jene anzureden haben, um sicher bei ihnen zu passieren, die Symbole, heilige Zeichen, welche sie vorzuzeigen haben, gegeben (vgl. besonders Origenes c. Celsum VI 31, zweites (koptisches) Jeubuch; Parallelen in den Mithrasmysterien; c. Celsum VI 22. Dieterich Eine Mythrasliturgie, 1903; auch in den
10 Oracula Chaldaica Kroll 50ff. / Bousset Archiv f. Religionsgesch. IV 263ff.; fast der gesamte Stoff bei Anz Ursprung des Gnosticismus). Mit diesen Mitteilungen der geheimnisvollen Namen, Formeln und Symbole mag sich dann oft die Vorwegnahme einer solchen Himmelfahrt der Seele in der Ekstase angeschlossen haben. Der Myste wurde in die Kunst eingeweiht, sich bereits in diesem Leibesleben in der Verzückung zum höchsten Himmel zu erheben. Für die Mithras-
20 mysterien läßt sich das / nachweisen (Dieterich Mithrasliturgie); auch die hermetischen Gnostiker kennten eine solche in der Ekstase sich vollziehende Erhebung der Gläubigen, Corpus Hermeticum c. 13; innerhalb der G. finden wir noch manche darauf hindeutenden Spuren (über die Valentinianer vgl. Iren. II 30, 7. III 15, 2; über die Naassener vgl. Hippolyt. Refut. V 27 p. 230, 76; pseudoclem. Recogn. 2, 61). Auch andere und bekanntere Sakramente rücken in den Dienst dieser
30 Vor/stellungen ein. Vor allem gilt die heilige Weihe der Taufe als das Mittel, durch welches die Seele den ihr nachstellenden Dämonen entgehen könne. Von ihrem Sakrament der ἀπολύτρωσις (einer höheren geistigen Taufe) behaupteten die Markosier: διὰ γὰρ τὴν ἀπολύτρωσιν ἀκρατήτους καὶ ἀοράτους γίνεσθαι τῷ κριτῇ (Iren. I 13, 6, vgl. Exc. ex Theod. 22. 81). Dieselbe Idee liegt vor — nur mehr vom Standpunkt
40 des astrologischen Fatalismus aus angesehen — wenn es / Excerpta ex Theod. 78 heißt, daß die Taufe von der Macht der Gestirne befreie. Vor allem macht das Ölsakrament (die Ölsalbung) die Seele unangreifbar den Dämonen gegenüber, die den himmlischen Wohlgeruch des Öles (Iren. I 21, 3) nicht ertragen können (Acta Thomae c. 157, vgl. c. 132. Acta Philippi c. 144). Eine Öltaufe als Sterbesakrament, *ut incomprehensibiles et invisibiles principibus et potestatibus fiant*, kennen
50 die Markosier, Iren. I 21, 5. Der Anschauung, / daß die Seele bei ihrem Abstieg aus der Sphäre der Archonten Kleider und Hüllen (Anhängsel) niederer Wesenheit annehme, entspricht „das Mysterium der Beseitigung der Bosheit der Archonten" (eine Art Taufe, vgl. II Jeu c. 44. 48). Auch die obszönen Mysterien, welche Epiph. Haer. 26, 4. 9 (vgl. 21, 4. Iren. I 31, 2) beschreibt und auf die hier nur kurz verwiesen sei, dienen dem Zweck der Sicherung der Auffahrt der Seele.

60   Bei den Valentinianern war die Vorstellung / nachweisbar, daß der
Gnostiker, um zur Vollendung zu kommen, sich mit seinem Engel, wie
die Braut mit dem Bräutigam, verbinden müsse. Vorbildlich ist dabei
die Ehe der Achamoth mit dem Soter. Demgemäß läßt sich nun auch
bei ihnen ein Sakrament des Brautgemachs (νυμφών) bzw. des πνευματικὸς γάμος nachweisen (Iren. I 21, 3; vgl. Hippolyt. Refut. V 8
p. 164, 86f. über die Naassener). Der Myste wurde ins Brautgemach
1523 / geführt und erlebte hier seine „Vereinigung" mit dem himmlischen
Bräutigam. Es scheinen sogar noch Fragmente einer Liturgie des
Mysteriums des πνευματικὸς γάμος — allerdings in einer entstellenden
Überarbeitung — erhalten zu sein (Iren. I 13, 2. 3). Ja möglicherweise.
hat bei diesem Sakrament noch der Phallus irgend eine Rolle gespielt
(Tertull. adv. Valentin. 1 und dazu Dieterich Mithrasliturgie 125).
10   / Auch in den mannigfaltigen Taufriten (Wassertaufe, Ölsakrament)
wie in den eucharistischen Gebräuchen findet sich viel Eigentümliches
und religionsgeschichtlich Wertvolles. Das in der christlichen Überlieferung mit der Taufe eng verbundene Sakrament der Versiegelung
(Brandmarkung), das hier zur Sitte des über dem Täufling zu machen-
den Zeichens bezw. der Nennung des Namens abgeschwächt ist, be-
20 gegnet uns hier noch in seiner ursprünglichen reinen Gestalt. So / pflegen
die Karpokratianer ihre Mysten am rechten Ohrlappen zu brandmarken
(Iren. I 25, 6. Epiph. Haer. 27, 5, vgl. Clemens Alex. ecl. prophet. 25
auf Grund der Zeugnisse des Heracleon). Eine große Rolle spielt die
Versiegelung in den koptisch-gnostischen Schriften, vgl. Hauptprobleme
287 (Parallelen in den Mithrasmysterien Tertull. praesc. haeret. 40;
Stigmatisierung bei den Syrern im Kult von Hierapolis, Lucian de dea
30 Syria 59). Bei einer Reihe gnostischer oder halb/gnostischer Sekten
ist der Taufkultus überhaupt fast ein und alles geworden und das
Element des Wassers eine verehrungswürdige Gottheit. Zu vergleichen
sind hier die Nachrichten über die Elkesaiten; die verschiedenen jüdischen, samaritanischen judenchristlichen Taufsekten, die Mandäer,
ferner der pseudoclementinische Schriftenkreis (für die Verbreitung
des Taufritus spricht sein Vorkommen selbst in den Kreisen der so
40 stark hellenisierten hermetischen Gnostiker; vgl. / den κρατήρ, c. 4
des Corpus Hermeticum). — Eine Fülle von Material für die Geschichte
des Taufsakraments und der mit der Taufe vielfach verbundenen
Sakramente (Versiegelung, Namennennung), für die mannigfachen Auffassungen und Wertungen dieses Sakraments ist hier gegeben. Ganz
eigenartige sakramentale Handlungen liegen übrigens noch in den
koptisch-gnostischen Schriften (Pistis Sophia, Jeubücher) vor.

50   13. Mit dem Mysterienkultus und der duali/stischen Grundanschauung ist weiter die praktisch-sittliche Grundanschauung der G.
gegeben. Sie ist eine im wesentlichen asketische. Doch ist die praktische Haltung der Gnostiker keineswegs uniform. Eine absolut asketische Haltung (Verbot der Ehe, Verbot des Genusses von Fleisch
und Wein) ist uns nur bei einigen Gnostikern überliefert (Satornil,
Marcion, ein Teil der Archontiker, Epiph. Haer. 40, 2; vgl. Hippolyt.
60 Refut. V 9 p. 170; Severianer, Tatian, Enkratiten). Bei / andern
Gnostikern ist die Askese in Libertinismus umgeschlagen. Doch hat
der hier nachweisbare (Epiph. Haer. 21. 25. 26, vgl. Iren. I 31, 2
II. Buch Jeu c. 43) obszöne und widernatürliche Geschlechtsverkehr
teilweise wiederum den Endzweck, die natürliche Fortpflanzung des
Menschengeschlechts aufzuheben und so die Befreiung von der Materie
herbeizuführen, so daß die unzüchtigen Handlungen hier geradezu
1524 sakramentale / Bedeutung und kultischen Wert bekommen. Andererseits finden wir auch direkt libertinistische Sekten mit kommunisti-
schem Einschlag (Adamiten, Prodikos, Karpokratıaner). Die späteren
großen gnostischen Schulen (Basilides, Valentin, Pseudoclementinen
usw.) nehmen eine vermittelnde Haltung mit starker asketischer Tendenz ein (vgl. Corpus Hermeticum VII u.ö.). So finden wir in der G.
10 wie in der sich eben/falls in der Richtung der Askese ent-
wickelnden genuinen christlichen Kirche die verschiedensten Schat-
tierungen nebeneinander. Die Linien laufen hier so ineinander, daß
es unsicher bleibt, ob wir z.B. bei den apokryphen Apostelakten spezifische G. oder gemeinchristliche Askese vor uns haben. Gemeinsam
ist aber der gesamten G. die absolute Verwerfung jedes Gedankens an
leibliche Auferstehung und die entschlossene Annahme des durch
20 griechische und orientalische Einflüsse be/dingten Ideals der Befreiung
der Seele (des höheren Bestandteils der Menschen) vom Leibe.
   Natürlich findet sich endlich bei der fortgeschrittenen und entwickelten G. eine Vertiefung des Begriffes γνῶσις (ursprünglich mysteriöse, offenbarte Weisheit) und eine Überwindung des rein oder vorwiegend sakramentalen Charakters der gnostischen Religion. Die geheimnisvolle Weisheit entwickelt sich zu dem, was wir Weltanschauung
30 und Erkenntnis nennen können; aus / den Theosophen und Mystagogen
werden wenigstens halbe Philosophen. Und die Erkenntnis kann dann
wohl als ein wertvolleres Gut gelten als alle Sakramente. Excerpta
ex Theodoto 78 : ἔστιν δὲ οὐ τὸ λουτρὸν μόνον τὸ ἐλευθεροῦν, ἀλλὰ
καὶ ἡ γνῶσις· τίνες ἦμεν, τί γεγόναμεν, ἢ ποῦ ἐνεβλήθημεν· ποῦ
σπεύδομεν, πόθεν λυτρούμεθα τί γέννησις, τί ἀναγέννησις (vgl. einige

Markosier bei Iren. I 21, 4 und den hermetischen Ausspruch in Zosimos' Buch Ω, Reitzenstein 103).

/ 14. So stellt sich die G. in erster Linie als eine synkretistische 40 Erscheinung auf dem Boden der sich auflösenden antiken Religionswelt dar, die sich fast ohne irgend welchen Seitenblick auf die christliche Religion betrachten läßt. Das ist zugleich der beste Beweis dafür, daß die gesamte Erscheinung tatsächlich nicht als ein Seitenzweig des Christentums anzusehen ist. Sie war vor diesem vorhanden und hat sich als eine schon ausgestaltete Religion mit diesem amalgamiert / (vgl. o. die bestimmten Nachweise einer vorchristlichen gnostischen 50 Religion). Dagegen scheint die Beziehung der gnostischen Sekte zum Judentum bereits vorchristlich zu sein, die alttestamentlichen Einflüsse tiefer zu liegen, als die neutestamentlichen. So hat Brandt (Relig. d. Mand.) seiner Zeit nachgewiesen, daß die Auseinandersetzung des Mandäismus mit dem Judentum älter sei als die mit dem Christentum. So hat Reitzenstein (Poimandres) in der Darstellung / der Naassener 60 bei Hippolyt die neutestamentlichen Einflüsse leicht ausscheiden können, aber nicht die alttestamentlichen. Die Polemik gegen den Judengott als den obersten der „Sieben" (ebenfalls erst eine spätere Eintragung, s.o.) erweist sich hier und da als noch nicht vom Christentum bestimmt, vielmehr erscheint Jaldabaoth-Sabaoth noch deutlich als der Herr des den Völkern verhaßten und die Völker hassenden / Judentums; der nationale Gegensatz ist der bestimmende (Iren. I 24, 2 [Satornil]. I 24, 3 [Basilides]). Die Identifikation der gefallenen Göttin (παρθένος Barbelo, Prunikos) mit der Sophia, Achamoth und gar dem Spiritus Sanctus erklärt sich aus dem vorchristlichen Antagonismus gegen das Judentum. Namentlich kann die hier vollzogene Degradation des Spiritus Sanctus (aus Gen. 1 erklärlich) nicht als ein Gedanke der / christlichen 10 G. begriffen werden. Die Berührung der G. mit dem Judentum war aber freilich eine vorwiegend feindliche; immerhin hat das Judentum (namentlich durch die Erzählungen des Alten Testaments) schon vor dem Aufkommen des Christentums seinen Beitrag zu dem großen Synkretismus der G. geliefert.

15. Dagegen haben G. und Christentum sich sehr bald nach dem Aufkommen des letzteren mit magnetischer Kraft gegenseitig ange-zogen. / Diese Anziehung ging von einem bestimmten Punkt aus, 20 nämlich von dem Erlösungsgedanken der neuen Religion und der christlichen Erlösergestalt. Wesentlich an diesem Punkt ist die Berüh-rung erfolgt. Eine ganze Reihe gnostischer Sekten haben nichts anderes getan, als daß sie die Erlösergestalt Jesus irgendwie in ihr System

1525

einstellten. Die Amalgamierung der beiden Religionen war dabei eine recht äußerliche und die Verbindungsnähte sind leicht zu erkennen. So 30 / läßt sich noch nachweisen, daß bei einigen gnostischen Sekten (Barbelognostiker I 29, 1. Gnostiker I 30, 1) der Χριστός einfach an die Stelle der spezifisch gnostischen Figur der Ἄνθρωπος getreten ist. Im valentinianischen System verraten von den Aeonen der Ogdoas Λόγος und Ζωή vielleicht spezifisch johanneischen Einfluß. Rein äußerlich sind in der späteren Gestalt der Lehre die beiden spezifisch-christlichen Figuren Χριστός und Πνεῦμα ἅγιον dem System der 30 40 Aeonen / angehängt. Am deutlichsten aber zeigt sich das künstliche Flickwerk in der Darstellung des Vollzuges der Erlösung durch die historische Gestalt Jesu von Nazareth.

Denn der gnostischen Religion war die spezifisch christliche Idee einer auf der Höhe der Geschichte sich vollziehenden Erlösung und eines in bestimmten geschichtlichen Zusammenhängen stehenden Erlösers fremd und unerreichbar. Die genuin gnostischen Erlösungs-50 mythen spielen in / der Urzeit. Am deutlichsten ist das in der Religion der Mandäer; die Besiegung der bösen Mächte durch Mândâ d'Hajê oder Hibil Ziwâ geschieht in der Urzeit. Der Mythus im Poimandres vom Hinabsinken der Urmenschen und seiner Befreiung spielt am Anfang der Welt. Die manichäischen Erlösungsmythen liegen im Anfang alles Weltwerdens : wo es sich darum handelte, die Person Jesu in diesen Zusammenhang einzuschieben, ließ man durch ihn die 60 Uroffenbarung an Adam / kommen oder identifizierte ihn mit der erlösenden Macht des „dritten Gesandten", die den seit Urzeit fortdauernden Erlösungsprozeß leitet (Hauptprobleme 273). Für den geschichtlichen Erlösungsgedanken war hier überall kein Raum. Dasselbe ist nun auch, genau besehen, bei der G. im engeren Sinn der Fall. Und besonders deutlich tritt die künstliche Einfügung der geschicht-526 lichen Erlösergestalt Jesu in ein vorhan/denes System bei den Gnostikern des Irenaeus und den Valentinianern heraus. Der ursprünglich hier heimatberechtigte Mythus von der Befreiung der Sophia durch ihren Bruder Christos (Anthropos) oder der Achamoth durch den Soter und dem ἱερὸς γάμος der beiden hatte mit der Gestalt Jesu von Nazareth gar nichts zu tun (s.o.), so wenig wie bei den Simonianern 10 die Figuren des Simon und der Helena. Die künstliche Kom/pilation, die hier stattfand, wird daran deutlich, daß das Erlösungsdrama sich nun in zwei vollständig getrennten Akten vollzieht. Zunächst vereinigt sich bei den Gnostikern des Irenaeus (I 30) der Christos mit der Sophia. Die beiden werden *sponsus* und *sponsa* (30, 12). Lose angehängt ist dann die Erzählung von der Vereinigung des schon mit der Sophia geeinten Christus mit der menschlichen Gestalt Jesu (bei der Taufe). Die Valentinianer sprachen es ganz deutlich aus, / daß der 20 eigentliche, für sie in Betracht kommende Erlösungsakt, das eigentliche Mysterium in der Vereinigung des Soter mit der Sophia vorliegt, dem wirkungskräftigen Symbol für die Vereinigung der Gläubigen mit ihren Engeln, die sich im Sakrament des Brautgemachs vollzieht. Ausdrücklich wird gesagt, daß die Vereinigung des Soter mit Jesus und das durch diese Verbindung ermöglichte Erscheinen des Soter auf Erden nur um der „Psychiker" willen vor sich geht (Iren. I / 6, 1); 30 d.h. ihre ganze „Christologie" nach dieser Richtung hin erscheint als Konzession an die katholische Kirche. Noch deutlicher ist es, wenn die Valentinianer bei Hippolyt behaupten, daß der auf Erden erschienene Jesus seinem Wesen nach nur von der Sophia und dem Demiurg stamme (Refut. VI 35 p. 286, 89ff.), und wenn sie in der Aufzählung der „drei Erlöser" den Soter, welcher die Achamoth befreit, bestimmt von dem durch Maria geborenen Jesus unterscheiden (Refut. / VI 36). Ähnlich liegen die Verhältnisse in der Pistis Sophia. Ein 40 Mythus von der in der Urzeit geschehenen Befreiung der Pistis Sophia durch den Befreier (Soter?) ist hier auf Jesus von Nazareth adaptiert und zum Teil in die Zeit seines Erdenwandels verlegt. Daher die verworrene Darstellung des Erlösungsprozesses mit seinen scheinbaren Wiederholungen (Hauptprobleme 271ff.). Wenn so oft in der gnostischen Darstellung der Erlösung aller Akzent auf das Hinabfahren des / Erlösers durch die Welten der feindlichen Dämonen und deren 50 Besiegung durch ihn gelegt wird, so erklärt sich das wiederum durch die Annahme, daß hier die Erzählung von dem mythischen mit den Ungeheuern der Tiefe kämpfenden urzeitlichen Erlöser (Typus : Mândâ d'Hajê, Urmensch bei den Manichäern) mit der Gestalt Jesu kombiniert ist. Alles was man Doketismus der Gnostiker nennt, und die ganze verzwickte Christologie der Valentinianer, ist schließlich nichts anderes als der / immer wiederholte Versuch, zwei ganz verschiedene 60 Auffassungen von Erlösung in der G. und im Christentum aufeinander zu reduzieren. Die Anschauung von der wirklichen Bedeutung der Gestalt Jesu von Nazareth ist dabei regelmäßig zu kurz gekommen. Nur etwa im marcionitischen System haben wir eine ernstliche, aber verzerrte Würdigung der Bedeutung seiner Erscheinung.

1527   16. Es erhebt sich endlich die Frage, wie die / zwei verschiedenen Religionssysteme der G. und des Christentums, die durch eine gewisse Verwandtschaft an einigen wenigen Punkten magnetartig sich gegenseitig anzogen, sich in der weiteren Entwicklung der Dinge beeinflußt haben.

Eine mächtigen Einfluß hat jedenfalls das Christentum auf die Bewegung der G. ausgeübt. Die vorchristliche G. scheint sich auf
10 kleine, sektenartige, in der Weise der Mysterienvereine / abgeschlossene Kreise beschränkt und keinen weiteren nennenswerten Einfluß ausgeübt zu haben. Erst indem die G. die Gestalt des Erlösers des Christentums in den Umkreis ihrer Gedanken aufnahm und sich mit dem christlichen Erlösungsgedanken amalgamierte, gewann sie wirklich historische Bedeutung. Erst auf diesem Boden wuchsen die großen einflußreichen Schulen und Schulsysteme. Erst hier bekam sie
20 namhafte Führer und Schulhäupter. Während ihr früheres / Stadium im großen und ganzen dadurch charakterisiert ist, daß die verschiedenen — sich vielleicht wenig voneinander abhebenden — Gruppen einfach als Gnostiker (Barbelognostiker, Ophiten usw., vgl. die Mandäer) bezeichnet wurden, und an einzelnen Namen uns etwa nur Simon (Helena, Dositheus usw.) begegnen, hören wir nun von Schulen des Basilides, Satornil, Karpokrates, Valentin (und seiner Schüler), Barde-
30 sanes usw. Ja Marcion gründet sogar, während den übrigen / Richtungen der Schulcharakter und damit die Tendenz auf Anschluß an die Großkirche erhalten blieb, eine eigene Kirche mit besonderem Kanon und besonderer Verfassung, die in manchen Gegenden in erfolgreicher Weise mit der katholischen Kirche rivalisieren konnte. Dieser allmähliche Einfluß der christlichen Kirche zeigt sich auch vor allem in der Geschichte der gnostischen Literatur. Auf der ersten Stufe
40 der Entwicklung begegnen wir einer bunten phantastischen Litera/tur : eigenen Erzeugnissen der gnostischen Sekten, Visionen und Offenbarungen orientalischer Propheten (Schriften unter dem Namen des Jaldabaoth, Epiph. 26, 8; Apokalypsen des Zoroaster, Zostrianos, Nicotheos, Offenbarungen des Barkabbas und des Parchor (Barkoph usw. wahrscheinlich = Pakor, persischer Name), Apokalypsen des Cham (wahrscheinlich = Zoroaster, Hauptprobleme 369ff.); des Seth (ebenfalls wahrscheinlich = Zoroaster, Hauptprobleme 378ff.), Elxai-
50 buch. Da/neben beginnt die Pseudepigraphie zu blühen. Durch Schaffung alttestamentlicher und neutestamentlicher Pseudepigraphen sucht man innerhalb der christlichen Kirche die Offenbarungen der G. zu legitimieren (apokryphe Evangelien, apokryphe Apostelakten; besonders beliebt sind Offenbarungen der Frauen : Evangelium Mariae, große und kleine Fragen der Maria usw.). Dabei waltet das unverkennbare Bestreben ob, durch irgendwelche Fiktion (mündliche Geheim-

tradition, geheime Offen/barungen Jesu in der Zeit zwischen Auferstehung und Himmelfahrt) diese Offenbarungsbücher der G. gegenüber den in der Großkirche verbreiteten Schriften als diejenigen hinzu-
stellen, welche erst die eigentlichen und höchsten Offenbarungen enthalten (Liechtenhan 46ff.). Allmählich hat man sich dann mehr
und mehr der genuinen christlichen Literatur zugewandt. Wenn Basili-
1528 des Ἐξηγητικά zu den „Evangelien" schrieb, so / wird er (vgl. die
Ausdrucksweise Iustins des Märtyrers) eben die in kirchlichen Kreisen
anerkannten (drei oder vier?) Evangelien dabei im Auge gehabt haben.
Die valentinianische Schule operiert in ihrem Schriftbeweis mit unseren
Evangelien, auch mit dem vierten, doch mögen die Beweise aus dem
vierten Evangelium erst einer späteren Schicht der Überlieferung angehört haben (hierzu Schwartz Götting. gel. Nachr. 1908, 125. / 133ff.). 10
Herakleon schreibt einen von Origenes achtungsvoll behandelten Kommentar zum vierten Evangelium*. Welchen Eindruck dieses Verfahren
der Gnostiker machte, daß sie mit anerkannten kirchlichen Schriften
ihre Lehre zu beweisen begannen, ist aus Irenaeus Prooemium und
aus dem Tatbestand zu ersehen, daß er in umfangreichen Partien seines
Werkes den Schriftbeweis der Valentinianer behandelt. Marcions Evangelium war ein überarbeitetes Lukasevangelium. Es ist / sogar möglich 20
(doch nicht bewiesen), daß Marcion durch Hinzufügung der Paulus-
briefe der Großkirche in der Bildung eines neutestamentlichen Kanons
vorangegangen ist.

Selbst die Stellung zum Alten Testament ermäßigte sich allmählich.
Der Antijudaismus der G. ist zwar, wie wir sahen, wurzelhaft und
gehört bereits zu dessen vorchristlichem Bestande. Das kann man am
besten daraus ersehen, daß in der Würdigung des Alten Testaments
noch ein Unter/schied gemacht wird zwischen Gesetz und Propheten, 30
und zwar zu Gunsten des ersteren (nach Basilides stammt das Gesetz
vom Demiurgen, die Propheten von den Archonten Iren. I 24, 5, vgl.
die Stellung der Gnostiker I 30, 11, vom Satan stammende Prophetieen
gar bei Satornil nach Iren. I 24, 2). Diese Stellung zum Alten Testament ist vom christlichen Standpunkt aus unbegreifbar, erklärt sich
aber unter der Annahme, daß hier samaritanische oder jüdisch häretische, / vorchristliche Einflüsse weiterwirken, und hat tatsächlich ihre 40

---

* AFV: Die Bemerkung über Herakleon finden wir nicht in Boussets *Hauptprobleme*.
Die Behandlung der Schulhäupter (Sp. 1527f.) ist offenbar ein Versuch, dasjenige, was
nach Bousset an Harnacks Kritik berechtigt war, zu verarbeiten. Die „Hochgnosis"
bekommt jetzt gesondert Aufmerksamkeit.

Parallele in der Stellung der Judenchristlichen G. zum Alten Testament
(z.B. erkennt die Grundschrift der Pseudoclementinen nur das Gesetz,
nicht die Propheten an). Aber allmählich erweicht sich selbst diese
fundamentale gegensätzliche Stellung der G. zum Alten Testament.
Namentlich geschah das wieder in der Valentinianischen Schule. Und
50 zwar scheinen die Valentinianer in dieser Stellungnahme zum / Alten
Testament vorangegangen zu sein (es muß in dieser Frage scharf
zwischen einer bloßen Beeinflußung der G. durch die alttestamentliche Literatur und deren Behandlung als heiliger oder teilweise heiliger
Schrift unterschieden werden). Die Valentinianer des Irenaeus geben
zu, daß manches im Alten Testament von dem σπέρμα (πνευματικόν)
und der Mutter (Achamoth), manches andererseits vom Demiurg
60 stamme (Iren. I 7, 3). Sie beginnen sich auf Stellen des Alten Testa-
/ments zu berufen und diese zu allegorisieren, d.h. als heilige Schrift
zu behandeln (viele Beweise im Schriftbeweis der ptolemäischen Schule
bei Irenaeus, Hippol. Refut. VI 55. Excerpta ex Theodoto 2. 47. 50 u.ö.).
Besonders in dem Brief des Ptolemaeus an die Flora ist im starken
Gegensatz gegen Marcions Auffassung eine derartige maßvolle und
besonnene Position entwickelt, daß diese selbst für Anhänger der
529 Großkirche / zum Teil annehmbar erscheinen konnte (über die Stellung
der Gnostiker zur Schrift vgl. Heinrici Valentinianische Gnosis u.d.
hlg. Schrift, Berlin 1871. Liechtenhan Die Offenb. im Gnostiz. 69-83.
Schwartz a.a.O. 133ff.).

17. Infolge dieser veränderten Stellungnahme wurde nun der gnostische Schulbetrieb von neuen Schwierigkeiten bedrückt. Es galt, in
10 ganz anderem Maße die gnostischen Spekulationen / gegenüber den
jetzt auch hier im großen und ganzen anerkannten „heiligen" Schriften
der Großkirche — namentlich des Neuen Testaments — zu rechtfertigen. So ist es leicht erklärlich, daß gerade die Gnostiker die ersten
waren, die nun die Kunst der „allegorischen" Erklärung auch auf das
Neue Testament ausdehnten (vgl. die kühne Behauptung der Valentinianer, daß Jesus einiges vom Soter, einiges von der Mutter, eniges
20 vom Demiurgen eingegebene geredet habe, Iren. I 7, 3; / theoretische
Begründung der Allegorese auch in den Evangelien Exc. ex. Theol. 66;
über die Theorien und Prinzipien der gnostischen Allegorese Liechtenhan 71ff.), und daß nun gerade von Gnostikern die ältesten Kom-
mentare (Basilides, Herakleon) zu Evangelienschriften angefertigt sind.

Im ganzen scheinen diejenigen Gruppen der Gnostiker, bei denen
einmal der Verschmelzungsprozeß mit dem Christentum vorgegangen
30 war — mit Ausnahme des Marcion — Wert auf ihre Zu/gehörigkeit

zur offiziellen christlichen Gemeinschaft gelegt zu haben. Wider ihren
Willen hat man die Valentinianer aus der Kirche herausgedrängt
(Tertull. de praescr. haer. 30. Iren. III 15, 2; über andere Sekten vgl.
Liechtenhan 45, 1). Die für die spätere Ausbildung der G. charakteristische Unterscheidung zwischen esoterischer und exoterischer Religion erleichterte ihnen das. Wie dieser Gesichtspunkt praktisch gehand-
habt wurde und wie man mit seiner Hilfe der / gnostischen Religion 40
ein verhältnismäßig unschuldiges und unanstößiges Gepräge geben
konnte, zeigt am besten der Brief des Ptolemaeus an Flora. Durch
die dreifache Unterscheidung der Menchen in Gnostiker, Psychiker
und Hyliker und durch weitgehende Konzessionen an die Psychiker
(die katholischen Christen) versuchten namentlich die Valentinianer
mit der Großkirche ihren Frieden zu schließen.

Dennoch erhält man von dieser ganzen Kom/promiß- und Ver- 50
mittlungstheologie der späteren Gnostiker den fatalen Eindruck einer
vergeblichen und hoffnungslosen Sisyphusarbeit. Es waren doch zwei
unvereinbare Dinge: die von orientalischen Mythologien vollkommen
durchsetzte, auf dem Fundament des schroffsten materialistischen
Dualismus sich erhebende Religion der G. und die auch von den
Phantasien der jüdischen Eschatologie mehr und mehr sich abwendende
junge aufstrebende Religion des Christentums! Freilich / war es auch 60
später für Männer wie Clemens und Origines schwer, von ihrer mit
philosophischer Weltanschauung vermittelten religiösen Erkenntnis die
Brücke zum christlichen Gemeinde- und Laienglauben hinüberzu-
schlagen, und sie haben in Anlehnung an die gnostischen Häretiker
auch ihrerseits den Ausweg aus den Schwierigkeiten in der Annahme
einer esoterischen und einer exoterischen Religion und in der Unter-
1530   scheidung von / G. und Pistis gefunden. Aber was sich hier vollzog:
die Amalgamierung der religiösen Anschauung der späteren antiken
Philosophie, die seit der mittleren Stoa (Poseidonios von Apamea) in
steigendem Maße wirklich religiöse Elemente in sich aufgenommen,
mit dem Geist der christlichen, die materialistisch-jüdische Eschatologie
allmählich abstreifenden Religion — war eben kein aussichtloses Bemühen. Hier fanden sich zwei / Geistesmächte, die trotz aller Diver- 10
genzen zueinander hinstrebten und aufeinander angewiesen waren, allmählich zusammen und schlossen ein Bündnis von weltgeschichtlicher
Tragweite und Bedeutung. Demgegenüber standen jene Gnostiker trotz
aller Versuche, sich von Phantasmen und Mythus zu befreien, auf einem
verlorenen Posten. Das Christentum ließ sich in der dumpfen und
schwülen Atmosphäre, aus der die G. hervorging, nicht halten. Es ist

20 ganz gewiß richtig, daß / man die späteren Schulhäupter der Gnostiker nicht nur beurteilen soll nach ihren komplizierten Systemen, aber man darf sie auch nicht nur nach einigen wenigen Fragmenten religiöser und sittlicher Äußerungen von hochstehender geistiger Art beurteilen und dabei vergessen, daß wir hier Blüten sehen, die doch auf einem sumpfigen Terrain gewachsen sind.

18. Von hier aus läßt sich zum Schluß die Frage beantworten, wie
30 weit die Erscheinung der / G. fördernd und bestimmend in den Entwicklungsgang der christlichen Religion eingegriffen habe. Dieser Einfluß war in erster Linie ein mehr negativer und nur mittelbarer. Die G. hat die christliche Kirche gezwungen, sich zur Abwehr zu konsolidieren. Sie repräsentiert die Hemmungen, welche sich einer gesunden Entwicklung entgegenstemmten, aber auch Hemmungen entbinden Kraft. Wenn sich die katholische Kirche des 2. Jhdts. in ungeahnt
40 rascher Weise organisierte und kon/solidierte, sich eine einheitliche und zusammenhängende Verfassung (in der Gemeinschaft der Bischöfe) schuf, wenn sich der. Begriff eines Bekenntnisses und einer Bekenntniskirche bildete, wenn ein Kanon heiliger Schriften abgegrenzt wurde, so war die G. indirekt bei alledem von gewaltigem Einfluß, so wie das Meer die Küstenbewohner zwingt, Dämme aufzuwerfen (dabei ist auch ein direktes Vorangehen der G. in dieser und jener Richtung [erst-
50 malige? Schaffung eines / neutestamentlichen Kanons durch Marcion] nicht ausgeschlossen).

Der direkte Einfluß der G. auf den geistigen Entwicklungsgang der Kirche darf dagegen nicht überschätzt werden. Vor allem darf man die Gnostiker kaum als erste Theologen oder Religionsphilosophen des Christentums betrachten, als hätten sie vor allen andern das Christentum erstmalig im Rahmen einer Weltanschauung dargestellt
60 und so die Intellektualisierung (akute / Hellenisierung) des Christentums herbeigeführt. Die Versuche, das Christentum in den Rahmen einer Weltanschauung einzuspannen, sind so alt wie dieses selbst. Schon die jüdische Apokalyptik ist gar nichts anderes, als Weltanschauung, in welcher jedes Ding und jeder Vorgang seinen bestimmten Platz bekommt. In dem Maße, als das Christentum sich von der jüdischen
1531 Apokalyptik emanzipierte, wurde in ihm das Bestreben / lebendig, sich am Ganzen einer (neuen) zusammenhängenden Weltanschauung zu orientieren. Den gewaltigsten Fortschritt über das Evangelium Jesu hinaus repräsentieren hier bereits Paulus und Johannes, so fragmentarisch und so voll unbewußter Genialität die hier vorliegenden
40 Anschauungen auch noch sind. Die Logosspekulation der Apologeten

läuft den Systemen der G. parallel und ist ihr nicht etwa nur mühsam
nachgefolgt, zu/mal wenn man sich vergegenwärtigt, daß letztere ur- 10
sprünglich nichts anderes als phantastische, auf Vision und Ekstase
und geheimnisvoller Tradition beruhende Mysterienweisheit war und
erst bei den Ausläufern der Bewegung von einem energischen Erkennt-
nisstreben geredet werden darf. Nicht hat die G. die Forderung eines
intellektuellen Ausbaues der Religion zum erstenmal und schöpferisch
erhoben, sondern sie hat die Frage an das Christentum gestellt, ob
dieses sich mit orien/talischer — allerdings spiritualisierter — Mytho- 20
logie und grobkörnigem Dualismus vermählen wollte, oder mit einer
andern Weltanschauung. Sie hat so indirekt das entschlossene Bündnis zwischen der religiös gewordenen spätgriechischen Philosophie und
der christlichen Religion beschleunigt und mittelbar zur Genesis der
großen alexandrinischen Theologie beigetragen. Aber sie hat das Bündnis nicht geschaffen, nur durch den Gegensatz befördert. Man tut den
meisten Gnosti/kern zu viel Ehre an, wenn man sie Theologen und 30
Religionsphilosophen nennt; man wird sie besser unter die Mystagogen und Theosophen einreihen. Und selbst ihre großen Schulhäupter haben die Eierschalen der Vergangenheit nicht abschreifen
können, es sind Gestalten, die auf der Grenzscheide von Neuem und
Altem stehen blieben, und nicht Männer der Zukunft, die ihrer Zeit
vorauseilten.

19. Dennoch wird sich ein positiver Einfluß / der G. an gewissen 40
Punkten und eine Antizipation der später stattfindenden Entwicklung
durch sie nicht leugnen lassen. Indem die G. von vornherein und von
ihren vorchristlichen Ursprüngen an der Religion des Judentums in
ihrer gesetzlichen und nationalen Beschränktheit feindlich gegenübertrat, dagegen von der Erlösungsreligion des Christentums sich gewaltig
angezogen fühlte, hat sie innerhalb des Christentums das Bewußtsein
von der geistigen Überlegenheit und dem / besonderen Charakter der 50
christlichen Religion gegenüber der jüdischen klarer herausgestaltet
und gefördert. An diesem Punkt kann man allenfalls hier und da von
religionsphilosophischen Betrachtungen der G. sprechen. Freilich hat
sie sich, indem sie den Gegensatz überspannte, auch wieder des Einflusses in jener Richtung zum Teil begeben. Und Marcion hat mit
seiner genialen Betonung des prinzipiellen Unterschieds der Religionen
des gerechten und des guten Gottes die / Großkirche eher wieder dazu 60
gedrängt, die Unterschiede zwischen alttestamentlicher und neutestamentlicher Religion zu verwischen. Auch mit ihrer Ablehnung der
urchistlich jüdischen Eschatalogie und ihrer prinzipiellen Vergeistigung

aller Zukunftshoffnung hat die G. die Entwicklung der griechischen (morgenländischen) Kirche antizipiert. Denn hier fand sie sich, abge-
1532 sehen von ihrem schroffen Dualismus, in Übereinstim/mung auch mit der späteren von der Philosophie bestimmten griechischen Frömmig-keit, mit der das Christentum mehr und mehr ein Bündnis einging. In der Niederwerfung des Montanismus, in der Zurückdrängung der geistigen Einflüsse eines Buches wie der Apokalypse, in der Escha-tologie wie sie Clemens und Origenes entwickelt, ist die griechische Kirche zagend und zögernd die Bahn gegangen, welche die Gnostiker
10 ihr / entschlossen vorausgingen. Und auf der andern Seite hat sich gerade in gnostischen Kreisen die sakramentale Frömmigkeit ausge-bildet, die später noch in die Kreise der Großkirche einziehen und an beherrschende Stelle rücken sollte. In und mit der G. ist zuerst das antike Mysterienwesen — diese Erneuerung uralter Motive mate-rialistischer, auf unterster Stufe stehender Frömmigkeit — in seiner reichen Mannigfaltigkeit und bunten Phantastik in das Christentum eingezogen.
20 / Auch mit jenem Ineinander überstiegener asketischer Geistigkeit und krassesten sinnlosen Glaubens an wirksame Dinge und Mittel hat die G. die künftige Entwicklung inauguriert. Und zuletzt hat auch ihre Christologie, diese künstlichen Versuche einer Vereinigung der Gestalt des Erlösers der christlichen Religion mit überkommenen mythischen Erlösergestalten, in charakteristischer Weise die spätere
30 Entwicklung vorweggenommen, bis auf die einzelnen Formeln / (man vgl. die weitverbreitete Bekanntschaft mit dem Terminus ὁμοούσιος; z.B. Corpus Hermeticum I 10).

In einem Punkte ist die vom griechischen Intellektualismus und Optimismus bestimmte Frömmigkeit der morgenländischen Kirche genau den entgegengesetzten Weg gegangen als die G. Sie hat den Pessimismus und Dualismus dieser Religion schroff abgelehnt, sie hat im Bunde mit der zum Neuplatonismus sich gestaltenden antiken
40 / Frömmigkeit trotz aller Neigung zu Askese und Mönchtum den Glauben mit aller Energie festgehalten, daß diese sinnliche Welt aus Gottes Hand hervorgegangen und wenn auch niederen Wesens, so doch voll seiner Güte und Herrlichkeit sei. Ja sie hat sich eigentlich immer entschlossener einem in der Grundlage rationalen Optimismus und Moralismus zugewandt, in dessen Grundgewebe die Gedanken von Sünde, Erlösung und sakramentalen Gnadenmitteln nur einen ge-
50 /wissen Einschlag bildeten. Es ist von hier aus gesehen kein Zufall, daß in der Gestalt des Manichäismus orientalischer Dualismus und

orientalische Mythologie noch einmal erobernd nach Westen drangen und gerade ernstere und tiefere Gemüter gewaltig anzogen, so lang, bis sein größter Bestreiter Augustin sich zunächst mit Hilfe des Neuplatonismus von ihm losrang und zugleich dem Christentum eine neue geistige Tiefe erschloß, durch welche der Moralismus und Opti/mus 60 des morgenländischen Christentums überwunden wurden.

20. Literatur : A. Neander Genet. Entw. d. vornehmsten gnostischen Systeme, Berlin 1818. F. Ch. Baur Die christl. Gnosis in ihrer gesch. Entw., Tübingen 1835. E. W. Möller Gesch. d. Kosmologie in der griech. Kirche bis Origenes, Halle 1860. R. A. Lipsius Gnostizismus (urspr. in Ersch und Grubers Encyklopädie), Leipz. 1860. **1533** E. W. King The Gnostics and their remains 1864[1]. 1887[2]. H. L. Mansel The gnostic Heresies of the 1 a. 2 Centuries, London 1875. M. Joel Blicke in die Religionsgeschichte, Breslau 1880. Weingarten Umwandlung der urspr. christl. Gemeindeorganisation z. kathol. Kirche, Histor. Ztschr. v. Sybel N.F. IX 1881, 441ff. Th. Koffmane D. Gnosis nach ihrer Tendenz u. Organisation 1881. K. Kessler Über Gnosis und alt/babylonische Relig., Vortr. a.d. Orientalistenkongreß, 10 Berlin 1881. A. Hilgenfeld Ketzergeschichte des Urchristentums, Leipzig 1884 (ders. Ztschr. f. wissensch. Theol. 1890 I Der Gnostizismus). W. Anz Zur Frage nach dem Ursprung des Gnostizismus, Leipzig 1897 (Texte und Untersuchungen XII 4). R. Liechtenhan Die Offenbar. im Gnostizismus, Göttingen 1901. C. Schmidt Plotins Stellung z. Gnostizismus u. kirchl. Christentum 1902 (Texte u. Untersuch. / XX 4). E. de Faye Introduction à l'étude du Gnosticisme, 20 Paris 1903. G. Krüger Art. Gnostizismus Theol. Realenzyklop.[3] VI 728ff. M. E. Buonaiuti Lo Gnosticismo. Storia di antiche lotte religiose, Roma 1907. W. Bousset Hauptprobleme der Gnosis 1907. — Von allgemeinen Werken die geläufigen Kirchengeschichten (Kurtz I bearb. v. Bonwetsch, Möller, Müller), die Dogmengeschichten (vor allen A. Harnack[3] 271ff. Loofs Seeberg). Gruppe Griechische Mytho/logie und Religion II 162ff. P. Wendland Hellenistisch- 30 römische Kultur, 1907, 161ff. A. Harnack Die Mission u. Ausbreitung des Christentums[2] 1906, 21ff. — Werke über der Gnosis verwandte Gebiete : G. Anrich D. antike Mysterienwesen 1894. G. Wobbermin Religionsgesch. Studien 1896. W. Kroll De oraculis chaldaicis 1894 (Berl. philol. Abh. VII). A. Dieterich Eine Mithrasliturgie 1903. R. Reitzenstein Poimandres, Leipzig 1904. F. Cumont Les reli/gions orientales dans le paganisme Romain 1906. Vgl. die 40 Literatur zum Art. Mandäismus, Manichäismus und die in diesem Art. zu § 2 und 16 angeführten Werke.

1534 / *Gnostiker*

1. Unter diesem Namen sollen hier die vielen kleinen Gruppen und Kultvereine der großen Bewegung des Gnostizismus zusammengefaßt werden, die sich nicht unter der Führung namhafter Individualitäten zu besonderen und eigenartigen Schulen ausgewachsen haben. An ihnen hing wohl ursprünglich der Name G. (s. Art. G n o s i s § 1), und sie
30 stellen im allgemeinen die älteste / Schicht der gnostischen Bewegung dar. Ob Iustin Sekten dieser Art bereits kannte und bekämpfte, steht dahin. In einer Quellenvorlage des Irenaeus wurden die G. im unmittelbaren Zusammenhang mit Valentin behandelt (G n o s i s § 3). Was Irenaeus I 29-31 (29 Barbelognosis; 30 unbenannte Sekte [Sethiten? vgl. Theodoret. Haer. fab. I 14]; 31 unbenannte Sekte = Kainiten?) an Nachrichten bringt, zeigt uns die G. bereits in späterer Verwilderung.
40 Iren. I 29 ist ein mit / manchen Mißverständnissen beladenes Exzerpt einer gnostischen Schrift, die uns — aber auch hier wiederum in starker Überarbeitung — im Koptischen als Apokryphon Ioannis aufbewahrt ist (zum Teil übersetzt von C. S c h m i d t S.-Ber. Akad. Berl. 1896; und Philothesia, Paul Kleinert dargebracht 1907, 315-336). Dagegen tritt uns die „Gnosis" in einer relativ ursprünglichen Gestalt in den Nachrichten des Celsus-Origenes (besonders des Celsus, vgl.
50 c. Celsum VI 21-38) / entgegen. Hippolyt hat in seinem (verlorenen) Syntagma (unter nr. 9-12, Rekonstruktion bei H i l g e n f e l d Ketzergesch. 59) die hierher gehörenden Nicolaiten (Gnostiker), Ophiten, Kainiten, Sethoiten behandelt, es sind also die entsprechenden Abschnitte der Nachtreter des Hippolyt, Philastrius (c. 34), Ps.-Tertullian (c. 2) und endlich Epiphanius hier heranzuziehen. Mit Epiphanius hat es eine besondere Bewandnis. Er bringt Haer. 25 die Nachrichten
60 über die Nicolai/ten, dann Haer. 26 unter dem Titel Gnostiker einen eigenen Bericht (Anfang desselben 26, 3 Mitte) über eine Gruppe ägyptischer G. (Stratiotiker, Phibioniten, Barbeliten), der auf Autopsie beruht und sehr wertvolles Material enthält. Haer. 37. 38. 39 behandelt er die Ophiten (unter teilweisem Anschluß an Irenaeus), Kainiten, Sethoiten, und bringt endlich Haer. 40 eine ebenfalls auf un-

1535 mittelbarer Kenntnis beruhende Beschreibung der / Archontiker, einer in Palästina (Armenien) zu seiner Zeit noch vorhandenen Sekte (vgl. Haer. 45, Severianer). In seiner Refutatio bringt Hippolyt (V 1-21) umfangreiche Quellenauszüge über die Sekte der Naassener (Ophiten); Peraten (= Ophiten, Kainiten), Sethianer, die wieder eine ganz verwilderte Gnosis zeigen. Späteste Ausläufer dieser Bewegung repräsentieren entlich die Pistis Sophia und die übrigen von Schmidt (s. u.) / edierten koptisch-gnostischen Schriften.   10

2. Wenn wir diese Gnosis in ihrer ursprünglichen Gestalt fassen wollen, so halten wir uns am besten an die Berichte des Celsus-Origenes wie an Epiphanius Bericht über die Strationiker (Haer. 26) und namentlich über die Archontiker (Haer. 40; zu beachten ist, daß Celsus bei Origenes VI 27 (35) die von der Sekte verehrten sieben Geister, als ὀνομαζόμενοι ἀρχοντικοί bezeichnet). Die Religion der Sekte dieser „G." / war in erster Linie und hauptsächlich Verehrung der großen 20 Muttergöttin. Sie ist die μήτηρ φωτεινή, die oben in der Ogdoas im höchsten Himmel weilt (Epiph. Haer. 40, 2), die μήτηρ τῶν ζώντων (Haer. 26, 10); ἡ ἄνω δύναμις ἣν μητέρα φάσκουσιν καὶ θήλειαν (Haer. 39, 7); die μήτηρ, auch die παρθένος, durch deren Anrufung die G. sicher an den Archonten vorüberkommen, Origenes c. Celsum VI 31. Sie ist das παρθενικὸν πνεῦμα (Apokryphon Ioannis, nach Schmidt / Philothesia 322; vgl. II Jeubuch c. 52. Schmidt Koptisch- 30 gnostische Schriften I 326, 24). Es läßt sich sehr wahrscheinlich machen, daß der bei diesen Sekten oft für sie vorkommende Name Barbelos (Iren. I 29, 1. Epiph. Haer. 25, 2. 26, 10. Philaster 33. Pistis Sophia s. Register bei Schmidt s.v. Barbelo) einfach Verstümmelung von Παρθένος ist (Bousset Hauptprobleme der Gnosis 14; vgl. die Verstümmelung Βαρθενώς für Παρθένος Epiph. Haer. 26, 1). So wird auch / der sich öfter findende Name Noria (Philaster Haer. 33 *Barbelo* 40 *venerantur et Noriam*; Noria Frau des Noah Epiph. Haer. 26, 1; Schwester des Seth Iren. I 30, 9) wahrscheinlich = נַעֲרָה (Mädchen) sein. Andererseits ist sie in einem Zweig dieser Sekten die Prunikos, d.h. etwa die Wöllüstige, die Hetäre (Epiph. 25,4; vgl. 25, 2. Iren. I 29, 4. 30, 3. Epiph. 37, 3; Apokryphon Ioannis bei Schmidt 329 vielleicht noch ursprünglicher: „wegen des in ihr befindlichen (πνεῦμα?) / προύνικον"). Ganz so wie die vorderasiatische Muttergöttin kann 50 sie bald als die hohe, lichte und reine Göttin, bald als die wilde Liebesgöttin (vgl. den Mythus von der Verführung der Archonten durch sie Epiph. 21, 2. 25, 2. 26, 1) augeschaut werden. Beide Auffassungen stehen nebeneinander: Προυνικοῦ τινος ῥέουσαν δύναμιν παρθένου,

Celsus bei Orig. VI 34. Von hier aus erklärt sich sofort, wie der Kult
dieser Muttergöttin bald einen ernst asketischen, bald einen liber-
60 tinistischen / Charakter gewinnen konnte (Epiph. Haer. 40, 2).

Erst in den späteren Schichten der Gnosis erscheint dann die Μήτηρ,
Παρθένος, Προύνικος als die jüdische (von Christianisierung kann
noch nicht einmal die Rede sein) Sophia, Rucha (Spiritus sanctus):
Iren. I 29, 4. 30, 3. Apokryphon Ioannis bei Schmidt 329; „Pistis
Sophia", vgl. auch die Stellung der Sophia im Diagramm des Origenes
VI 38 (vgl. Art. Gnosis § 8).

1536 / Daß neben dieser Gestalt der jungfräulichen Muttergöttin die
Gestalt des „Vaters" ganz im Dunkeln und im Hintergrunde bleibt,
ist selbstverständlich und in sich deutlich. Sehnsucht der G. ist, in
die himmlischen Regionen zu kommen, ὅπου ἡ μήτηρ τῶν ζώντων ἡ
... Βαρβηλώ Haer. 26, 10 (ebd. der πατὴρ τῶν ὅλων erst an zweiter
Stelle erwähnt; ähnlich schattenhaft steht in der Pistis Sophia neben
10 der Barbelo der ἀόρατος πατήρ / Schmidt Koptisch-gnostische
Schriften I 233, 11. 242, 28). Alles Leben stammt von der „jung-
fräulichen" Mutter. Und hochbedeutsam ist es, wie im sakramentalen
Kultus dieser G. ihre Figur ganz im Vordergrund steht (s. Art,
Gnosis § 8). Damit hängt es zusammen, daß z.B. noch die Valenti-
nianer die Achamoth mit dem Namen κύριος beehrten, während sie
Jesus nicht κύριος, sondern σωτήρ nannten (Iren. I 1, 3. 5, 3. Schwartz
20 Gött. Gel. Nachr. 1908, 120, 1). Die / Achamoth ist eben die im
Zentrum des Kultus stehende Gottheit, der Kult-Heros, κύριος.

Neben Vater und Mutter tritt dann vielfach der Sohn (vgl. πατήρ
und υἱός im Diagramm des Celsus-Origenes VI 38; identifiziert mit
dem Χριστός Epiph. Haer. 26, 10; vgl. Iren. I 29, 1. I 30, 1). Die
Trias Vater, Mutter, Sohn war ebenfalls im Kult der „syrischen
Göttin" heimisch (Art. Gnosis § 9). Aber auch der Sohn bleibt,
30 wenigstens in den älteren Systemen eine voll/ständig schattenhafte
Figur, bis an diesem Punkt die Identifikation mit Christus ein-
tritt und die christliche Erlösungsidee einzieht. Besonders ist hervorzuheben, daß sich in den ältesten Systemen der G. (vgl. die Nachrichten des Celsus; Epiph. Haer. 26. 38. 39. 40 [Archontiker]. Iren. I 31)
von einem Gegensatz zwischen dem Pleroma und der aus diesem
gefallenen Sophia, von der Idee eines mittleren Reiches der Sophia
40 noch keine Spur findet. Die Ogdoas in der die Μήτηρ / neben dem
Πατήρ, weilt, ist der höchste Himmel (Epiph. Haer. 25, 2. 26, 10.
39, 2. 40, 2; vgl. im zweiten koptischen Jeubuch die Stellung der Barbelo, bzw. des παρθενικὸν πνεῦμα im zwölften oder dreizehnten, d.h.

höchsten Aeon, c. 52. Schmidt 325f.). Auch wenn die Μήτηρ als Προυνικός aufgefaßt wird, so ist sie nicht die gefallene Göttin; sie ist ihrer Natur nach die große Hetäre und wird als solche in wildem, barbarischem Kultus verehrt.

/ 3. Unter der „Mutter" stehen im ursprünglichen gnostischen 50 System die sieben Archonten. Diese Sieben sind die (ursprünglich babylonischen) dämonisierten Planetengötter (s. Art. Gnosis § 6). Die Verehrung der vorderasiatischen Muttergöttin ist also in den „gnosti-schen" Systemen mit der aus dem vorderasiatischen (babylonisch-persischen) Synkretismus stammenden Idee von den „Sieben" ver-bunden. Die Μήτηρ gilt dann im allgemeinen als die Mutter der Sieben (vgl. Origenes c. Cels. / VI 31. Epiph. Haer. 26, 10. 40, 2; 60 die Stellung der Ruchâ d'Qudschâ [Namrus] im mandäischen System); später als die Mutter des Ersten und Höchsten unter ihnen, des Jaldabaoth (Iren. I 30, 4f. Apokryphon Ioannis, Schmidt 329f. Iren. I 29, 4. Epiph. Haer. 25, 2. 37, 3. Pistis Sophia c. 31). Soweit wir die uns bekannten gnostischen Systeme zurückverfolgen können, tragen 1537 diese Archonten (zum Teil wenigstens) be/reits alttestamentliche Namen. Die sieben Namen Jaldabaoth, Jao, Sabaoth, Astaphaios, Adonaios, Eloaios, Oraios werden übereinstimmend bei Origenes c. Cels. VI 31. Iren. I 30, 5 und zum größten Teil Apokryphon Ioannis, Schmidt 332 überliefert (abweichende Listen Epiph. 26, 10. 40, 5. Apokryphon Ioannis Schmidt 332f., ganz abweichend Orig. VI 30; ihre (Tier)-Gestalten ziemlich übereinstimmend Orig. VI 30, 33. Apo/kryphon 10 Ioannis Schmidt 332). Der alttestamentliche Einfluß reicht also sehr weit in der Entwicklung der Gnosis zurück. Daß er in ihr nicht von Anfang an vorhanden war, zeigt am besten der Name des Obersten der Sieben, Jaldabaoth, der jedenfalls nicht aus dem Judentum stammt. So erklärt es sich auch, daß bei der fortschreitenden Christianisierung (bzw. Judaisirung) der Gnosis Jaldabaoth durch Sabaoth verdrängt wurde (Epiph. Haer. 25, 2. 26, 10; vgl. / die Stellung des Sabaoth 20 Adamas in der Pistis Sophia c. 136 u.ö.). Dieser ursprünglich Jalda-baoth benannte Aeon wird übereinstimmend von den Quellen als λεοντοειδής, löwenköpfig geschildert (Orig. VI 31. Apokryphon Ioan-nis Schmidt 330; Schlangengestalt und Löwengesicht, vgl. ebd. 332; Pistis Sophia c. 31 S. 28, 18). Er ist jedenfalls, wenn auch sein Name undeutbar geworden ist, eine Saturn-Kronos-Gestalt (Bousset Haupt-probleme 351, vgl. die Darstellung des / von einer Schlange um- 30 wundenen löwenköpfigen Gottes in den Mithrasmysterien [= Zer-

wan?])* Dieser löwenköpfige Gott ist dann in der Entwicklung der
Gnosis mehr und mehr mit dem Schöpfergott des alten Testaments
identifiziert (Apokryphon Ioannis. Iren. I 30. Epiph. 37, 3. 25, 2).

4. Die „Gnostiker" aber — das ist der Kern des gnostischen
Glaubens — gehören nicht zum Herrschaftsgebiet der Sieben, sondern
40 sie stammen von der ἄνω Μήτηρ. Infolge ihres schöpferischen / Dranges
und Ungestümes (Προύνικος!) sind Teile ihres eigentlichen Wesens
in diese niedere Welt der Sieben herabgesunken und werden hier unten
widerrechtlich festgehalten. Das ist die Gemeinde der Gläubigen. So
sprachen sie von einer Προυνικοῦ τινος ῥέουσα δύναμις, von einer
ἀπόρροια ἐκκλησίας ἐπιγείου (Abfluß [von der oberen Mutter], der
die irdische Gemeinde bildet): Celsus bei Orig. VI 34f. Deshalb
stehen sie im Gegensatz zu den Sieben und im heimlichen Schutz der
50 / hohen Himmelsmutter: *Sophia enim illud, quod proprium ex ea erat,
abripiebat ex eis ad semet ipsum,* Iren. I 31, 1 (dem entspricht übrigens
auch die Idee einer Gefangenhaltung der Muttergöttin selbst durch
die Dämonen: Helena bei den Simonianern [s. Art. Simon]; Pistis
Sophia c. 31).

Auf diesen Zentralgedanken beruht der Kultus und die sittlich-
religiöse Haltung der Sekten. Dessen Mittelpunkt ist das Sakrament
60 von der „Himmelfahrt der Seele". Was die Gläubigen / ersehnen,
ist die Heimkehr zur Mutter: καὶ οὕτως ὑπερβαίνειν εἰς τὸ ἄνω
μέρος, ὅπου ἡ μήτηρ τῶν ζώντων Epiph. 26, 10. Was es mit dieser
Auffahrt der Seelen für eine Bewandtnis hat, ist nunmehr genugsam
festgestellt (vgl. Art. Gnosis § 12). Origenes haben wir es zu danken,
daß er die δημηγορίαι (die Verteidigungsreden, welche die auffahrende
Seele der G. zu sprechen hat), die Celsus kannte, aber nicht über-
1538 liefern wollte (VI 33), / uns erhalten hat (VI 31); ein kostbares
Fragment der gnostischen Liturgie (vgl. das ebenfalls fast vollständig
erhaltene Mysterium im 4. Jeubuch c. 51-52). Vielleicht deuten die
Worte des Celsus VI 33 (τινων εἰς τὰς ἀρχοντικὰς μορφὰς ἐπανερ-
χομένων ὥστε τινὰς μὲν καλεῖσθαι λέοντας, ἄλλους κ. τ. α.) darauf
hin, daß die Mysten der G., je nachdem ihre Einweihung in die Geheim-
10 nisse der himmlischen Welten fortgeschritten / war, mit dem Namen
(Tiernamen) der in den einzelnen Sphären regierenden Archonten
benannt wurden. Dann läge eine interessante Parallele zu den Mithras-

---

* AFV: Über die löwenköpfige Gottheit s. die Einleitung zu „Der Gott Aion" oben
und diesen Aufsatz unten, auch F. Cumont, *Die Mysterien des Mithra* übersetzt von
G. Gehrich, Leipzig 1903, 81f., dort auch Aion = löwenköpfiger Gott.

mysterien mit ihren sieben Weihegraden vor. Celsus hatte in der Tat völlig recht, wenn er die Weihen der G. mit denen der Mithrasmysten verglich (VI 22) trotz des Zornes des Origenes. Es liegt hier sicher eine enge Beziehung vor. Interessant ist auch dessen Bericht über die σφραγίς der G. (verbunden mit Epiph. / 40, 2 ἀναθεματίζουσι 20 τὸ λουτρόν), über die Bezeichnung des Mystagogen als πατήρ, des Mysten als νέος und υἱός, über das Ölsakrament (VI 27, zum letzteren vgl. die Naassener Hippolyt. Refut. V 9 u.ö.). Die gesamte Lebenshaltung der G. beruht ebenfalls auf diesen Grundvorstellungen. Entweder resultierte aus ihnen eine asketische Grundstimmung (Archontiker 40, 2 νηστείαν ὑποκρίνονται, Sethianer, Severianer). Es galt, durch Entsagung das weitere Hinabsinken des mütter/lichen σπέρμα 30 (ἀπόρροια) in die von den Archonten beherrschte materielle Welt zu verhüten. Oder es drängten sich zügellose, libertinistische Stimmungen vor. Und diese werden im Dienste der Muttergöttin vielleicht die ursprünglichen gewesen sein. In wilder Vergeudung der geschlechtlichen Kräfte es der Muttergöttin gleich zu tun, wird das Ziel der Gläubigen, und so glaubt man seine Erhabenheit über die Archontiker zu sichern. Dieses Bestreben konzentrierte sich in kultischen 40 / sakramentalen Handlungen (Iren. I 31, 1. Epiph. Haer. 25. 26), in denen wir eine Forsetzung der Orgien, die im Dienst mancher syrischen Aphrodite gefeiert wurden, zu sehen haben (vgl. Gnosis § 12. 13).

5. Die ursprüngliche Gnosis hat nun im Lauf der Zeit mannigfache Abwandlungen durchgemacht. Bei einer Gruppe der G. hat sich z.B. ein gewisser Schlangenkultus mit der ursprünglichen Religion ver- 50 bunden (Iren. I 30, 15 quidam; / die Ophianer des Origenes [vgl. Celsus]; Ophiten in Hippolyts Syntagma; vgl. den von Epiphanius beschriebenen Schlangenkult der Ophiten 37, 5: „Naassener" (נחש) in Hippolyts Refutatio, auch die Peraten und Sethianer dort zeigen diesen Einfluß). Es fragt sich, wie diese G. die von ihnen aus niedersten Religionswesen übernommene Schlangenverehrung mit ihrem System verbunden haben. Iren. I 30, 15 sagt ausdrücklich: Quidam enim ipsam Sophiam serpentem factum / dicunt und berichtet, daß diese G. 60 die Sophia mit der Schlange im Paradiese, die im Gegensatz gegen den Schöpfergott Adam die Erkenntnis gebracht habe, identifizierten (vgl. Epiph. 37, 5). Von hier wird es wahrscheinlich auch klar, inwiefern Celsus VI 27 behaupten konnte: τὸν ἄρχοντα τῶν ἀνομαζομένων ἀρχοντικῶν λέγεσθαι θεὸν „κατηραμένον". Der Archon der Archontikoi könnte die Sophia (die von Gott verfluchte Schlange)

1539 / sein, obwohl Celsus auf den alttestamentlichen Schöpfergott zu deuten scheint. Diese „Sophia" scheint dann in jenem System mit der Weltseele identifiziert zu sein, VI 34: Προυνικοῦ τινος ῥέουσαν δύναμιν παρθένου καὶ φυχὴν ζῶσαν. So verstehen wir, weshalb der den Kreis der sieben Archonten umfassende Kreis bedeutet τὴν τῶν ὅλων φυχὴν καὶ Λευιαθάν VI 35 vgl. VI 25. Weltseele, Prunikos,
10 Schlange, Leviathan sind / identisch. (Vielleicht bezieht sich auch schon die Beschreibung der Sophia: *adhuc habens aquatilis corporis typum* Iren. I 30, 3 auf die Schlangengestalt). Die Peraten trugen weitschichtige Spekulationen über die Schlange vor und behaupteten, daß man am Himmel ihr schönes Ebenbild erblicken könne (Hippolyt. V 16 p. 194, 66; gemeint ist das Sternbild; vgl. die dort vorgetragenen astronomischen Spekulationen). Bei den Sethianern des Hippolyt ist
20 die Schlange das / verderbliche Urwesen; aber auch der Erlöser — das ist entschieden eine sekundäre Weiterbildung — erscheint in Schlangengestalt (Hipp. V 19). Es ist nicht unwahrscheinlich, daß in dieser Auffassung der Prunikos als Schlange wieder bestimmte Einflüsse mythologischer Art vorliegen. Wir werden annehmen dürfen, daß diejenige Gestalt der Muttergöttin, welche bei diesen Sekten Prototyp der Prunikos war, als Schlangengöttin in Schlangengestalt verehrt wurde. Es
30 wäre von / Wert, wenn festgestellt werden könnte, daß diese Form der Gnosis auf ägyptischem Boden entstand; daß die Μήτηρ Isis (Isis von Pharos) in Schlangengestalt verehrt wurde, steht fest (E r m a n Ägypt. Relig. 225. 227. B o u s s e t Hauptprobleme 79. 83).

6. Andersartige Abzweigungen von der ursprünglichen Gnosis stellen die Sekten der Kainiten und Sethiten dar. Bei den Kainiten (Iren. I 31.
40 Hippolyts Syntagna bei Epiph. 38 = Phi/lastrius, Peraten in Hippolyts Refutatio) erreicht die Gnosis ihre schärfste Wendung gegen das Alte Testament und die jüdische Religion. Wenn der mit dem alttestamentlichen Schöpfergott identifizierte Jaldabaoth-Sabaoth als wesentlich boshaftes schlechtes Wesen aufgefaßt wurde, so lag es nahe, alle die Gottlosen des Alten Testaments als Vorläufer der G. und im höheren Sinn Fromme aufzufassen. Mit diesem Widerspruch gegen den Gott
50 des Gesetzes war dann eine libertinistische / Stimmung von selbst gegeben. Vielleicht ist erst im Gegensatze gegen die Kainiten die Sekte der Sethianer entstanden. Irenaeus erwähnt sie ausdrücklich noch nicht, doch fand Theodoret sie (Haer. fab. I 14) in der unbenannten Sekte Iren. I 30. Und es wird schon hier die Geburt des Seth auf die Providentia der Sophia zurückgeführt und neben ihm die für die Sekte charakteristische Gestalt der Noria genannt, I 30, 9. Hippolyt be-

kämpfte die Sethianer im Syntagma und regi/striert in der Refutatio 60
eine sekundäre Weiterbildung der Sekte. Im Apokryphon Ioannis (aber
noch nicht im Auszug des Irenaeus I 29 aus einer ursprünglicheren
Grundschrift) erscheint Seth als himmlischer Aeon (Schmidt Philo-
thesia 329); vgl. in der anonymen koptisch-gnostischen Schrift die
Gestalt des Setheus (s. im Register zu Schmidt Kopt.-gnost. Schriften
I). Mit der Figur Seths hat es eine besondere Bewandtnis; es läßt
1540 / sich nachweisen, daß der Name des Patriarchen Seth des öfteren den
Decknamen für den persischen Religionsstifter Zoroaster in der jüdisch-
christlichen Tradition abgegeben hat (Bousset Hauptprobleme 378ff.).
Wie die Sethianer behaupteten, daß Seth mit Jesus identisch sei
(Epiph. 39, 1 : καὶ αὐτὸν εἶναι τὸν Ἰησοῦν διαβεβαιοῦνται), so soll
auch nach bekannter persischer Theologie der Messias aus dem Samen
Zarathustras, den eine / Jungfrau beim Baden empfängt, geboren sein. 10
In einer Apokalypse des Zârâdôšt (hier = Baruch) in der Biene des
Salomon von Basra (Anecdota Oxoniensia, Semit. Ser. I 82) sagt
Zoroaster vom Messias : „Er soll aus meiner Familie abstammen,
ich bin er und er ist ich, er ist in mir und ich in ihm". Beachtenswert
ist, daß im Besitz der Sekte neben Sethbüchern Bücher der Allogeneis
vorhanden waren (Epiph. 39, 5), und daß in der bekannten Stelle,
Porphyrius vita Plotin. c. 16, / im Besitz der von Valentin bekämpften 20
G. unter deren Autoritäten neben Zoroastres und Zostrianos auch
ein Allogenes genannt wird. Endlich zeigen die Spekulationen der
Sethianer bei Hippolyt entschieden persischen Dualismus (Bousset
Hauptprobleme 119ff.). Daß aus der Figur des historischen Seth in
späteren sethianischen Systemen ein himmlischer Aeon wurde, würde
auch etwa der großen Verehrung, die in der späteren persischen
Religion der Person Zarathustras zuteil / wurde, entsprechen.   30
     7. Auf eine Gruppe der G. haben ferner die Spekulationen über
den Urmenschen bemerkenswerten Einfluß ausgeübt (über den weiteren
Zusammenhang dieser Phantasien s. Art. Gnosis § 9. Bousset Hauptprobleme 160-223). Am reinsten tritt die Lehre vom Urmenschen bei
den Naassenern des Hippolyt (Refut. V 7ff.) heraus. Hier hat sie
die ursprüngliche „Gnosis" fast ganz verdrängt. Von der „μήτηρ"
finden / wir nur noch eine Spur in einem Hymnus, in welchem der 40
mannweibliche Urmensch als πατήρ und μήτηρ bezeichnet wird (Hippolyt. V 7 p. 132, 63). Die Sieben sind fast ganz verschwunden. Die
Spekulation ist ganz und gar erfüllt von der Idee des Anthropos (dem
Sohne[?] des Archanthropos, das Verhältnis wird nicht ganz klar), der
in die Materie hinabsinkt und sich wieder aus ihr erhabt; dem Symbol

des dem Himmel gehörigen Geschlechtes der G., das den Weg aus
50 dieser / unteren Sphäre nach oben nimmt. Daß in der von Hippolyt
im Exzerpt mitgeteilten Schrift der Naassener eine ursprüngliche heidnische Schrift (und zwar der Kommentar zu einem Attislied, in welchem
Attis bereits mit dem Anthropos identifiziert wurde) vorliege, die dann
christlich-gnostisch überarbeitet wurde, hat Reitzenstein Poimandres 82ff. wahrscheinlich gemacht. Mit Recht hat er ferner auf die
Anthroposlehre im hermetischen Poimandres und in der Zosimus-
60 literatur als nächste / Parallelen hingewiesen (S. 102ff.). Das Rudiment
einer Anthroposlehre ist auch in dem verwickelten barbelognostischen
System des Apokryphon Ioannis (= Iren. I 29 : Barbelognosis) stehen
geblieben. Nach dem ursprünglichen der Darstellung des Apokryphon
Joannis zugrunde liegenden System, das hier bereits mannigfach inter-
poliert erscheint, wird die Genealogie des Urmenschen folgender-
1541 maßen gelautet haben : Der Urvater (auch Prot/anthropos) erzeugte
mit der Barbelo (Ennoia) den Νοῦς und die Πρόγνωσις. Von diesen
beiden stammte der Adam(as), der vollkommen wahre Mensch, „die
erste Offenbarung", dem der Urvater „die unbesiegbare, intelligible
Kraft gab (Schmidt Philothesia 328, vgl. d. Spekulationen über den
Urmenschen im „Poimandres", Corpus Hermeticum I 12f.). In dem
uns überlieferten System steht diese Gestalt gnostischer Spekulation
10 nun freilich / ohne allen Zusammenhang da. In dem gnostischen
System, das Irenaeus I 30 überliefert, ist dann nur noch der Name des
Anthropos stehen geblieben und außerdem etwa noch die dunkle Andeutung, daß der Urvater auch erster Mensch (Protanthropos) heiße
und seine Ennoia sein Sohn(!) und zweiter Mensch genannt werde.
    8. Nach alledem können wir erst die komplizierten Systeme der
bereits vollständig christianisierten Gnosis : Apokryphon Ioannis =
20 Iren. I 29. / Iren. I 30. Hippolyt = Epiph. Haer. 37 verstehen. Verhältnismäßig einfach und ursprünglich ist noch — abgesehen von der
erwähnten Verwirrung am Anfang — das Lehrsystem Iren. I 30. Hier
begegnet nun endlich innerhalb der „Gnosis" die Idee der gefallenen
Göttin. Die ἄνω Προύνικος (jetzt = Sophia, Spiritus Sanctus) ist
nicht mehr die höchste Göttin, die eigentliche Hauptgestalt der oberen
himmlischen Welt, sondern sie steht als eine mittlere Macht den Äonen
30 der oberen Welt / gegenüber. Mit der Idee des Falles aber verbindet
sich dann sofort die Idee der Erlösung, neben die Sophia tritt der
Christos (Apokryphon Ioannis : Christus, die erste männliche Emanation des höchsten unnahbaren Gottes [Protanthropos] und seiner
Barbelo-Ennoia, die ebenfalls als erster Mensch bezeichnet wird

[Schmidt 322ff.]. Nur von hier aus verständlich Iren. I 30, 1 : Christus
erzeugt von dem ersten und dem zweiten Menschen (= Ennoia) aus
(!) dem Spiritus Sanctus; vgl. die / G. bei Epiph. Haer. 26, 10 : Barbelo, 40
Πατὴρ τῶν ὅλων, Χριστός; Pistis Sophia : Christus der Befreier der
Pistis Sophia). Aber selbst die Erlösergestalt des „Christos" stammt,
wenn sie auch in den uns vorliegenden Systemen mit dem Jesus der
christlichen Kirche irgendwie identifiziert wird, ursprünglich nicht aus
der christlichen Religion. Es ist hier von der Gnosis ein Mythus aufgenommen, welcher von einem Götterpaar handelte : der Gott sucht
die verloren gegangene / Göttin (Braut oder Schwester; Christos und 50
die Sophia sind Bruder und Schwester, Iren. I 30, 2f. 12), er findet
die verlorene Göttin in der Not und Verlassenheit, befreit sie von den
sie bedrängenden Unholden und feiert den ἱερὸς γάμος mit ihr. (Den
Nachweis s. Art. Gnosis § 10 und Bousset Hauptprobleme der
Gnosis 243ff.). Sonst finden wir auch in dieser fortgeschrittenen Gnosis
die alten und bekannten Gedanken wieder : die Sophia Mutter des
Jaldabaoth und durch ihn der sechs / anderen Planetengeister; Welt- 60
schöpfung durch Jaldabaoth (vgl. die Sieben), Weltregiment der Sieben
usw. Neu aufgenommen ist vielleicht an diesem Punkt der Mythus
von der Entstehung der Menschen. Während in der ursprünglichen
Form die Seelen der G. einfach als ein Ausfluß (ἀπόρροια) der
Μήτηρ gelten (s.o.), wird nun genauer nachgewiesen, wie der höhere
Wesensbestand der G. in diese niedere Materie hinabgekommen sei.
1542 / Die Sieben schufen den Leib des Menschen, Jaldabaoth hat ohne
sein Wissen den Spinther ihm eingeblasen (Iren. I 30, 6, s. Gnosis § 11).
Zeigt sich hier schon spezifisch alttestamentlicher Einfluß, so wird dann
im weiteren Anschluß an das Alte Testament in gnostischer Ausdeutung über die Entwicklung der Menschengeschlechter (I 30, 7-11)
berichtet, und endlich in sehr künstlicher Weise die Erlösergestalt des
Christos mit / der Person Jesu von Nazareth, der Erlösungsgedanke 10
der Gnosis (Befreiung der Sophia und ἱερὸς γάμος) mit dem der
christlichen Religion verbunden (I 30, 12f.).

9. Eine starke Verwilderung und Weiterwucherung gnostischer Spe-
kulationen zeigt das System der Barbelognosis in dem Exzerpt bei
Iren. I 29 und noch entschiedener das koptische Apokryphon Ioannis.
Der ursprüngliche Grundriß ist (durch den Vergleich mit Iren. I 30)
noch / deutlich erkennbar. Aber in diesen eingearbeitet sind lange 20
Äonenreihen von sichtlich sekundärer Art. Ein etwas individuelleres
Gepräge hat die ihrer Herkunft nach noch nicht aufgeklärte Phan-
tasie über die *quatuor luminaria* (Harmogenes [Harmozêl]; Raguel

[Ôroiaêl]; Daveithe [David]; Eleleth, Iren. I 29, 2. Apokryphon Ioannis, Schmidt Philothesia 326). Im Apokryphon Ioannis (noch nicht bei Irenaeus) erscheint die Sophia bereits als zwölfter von zwölf weiblichen
30 / Äonen, die zu je dritt den vier Luminaria unterstellt werden (daneben noch von Christus als unsere Mitschwester, Schmidt 329; vgl. Iren. I 30, 12 bezeichnet), Spekulationen über Adams Sohn, Seth, sind eingeschoben und die Siebenzahl der Archonten beginnt bereits von der Zwölfzahl (vgl. die Pistis Sophia) verdrängt zu werden.

10. Auf dieser Linie der Entwicklung liegt endlich das merkwürdige Buch, die Pistis Sophia. Seine ägyptische Herkunft ist zweifellos (vgl.
40 das / Datum des 15. Tybi, Schmidt 3, 6. 4, 8. 19). Als seine Zeit hat Harnack (Texte u. Unters. VII 2, 94-114; Chronologie der altchristlichen Literatur II 193f.) mit Recht die zweite Hälfte des 3. Jhdts. festgelegt. Wieder ist die Gnosis in der Verwilderung der Spekulation fortgeschritten. Freilich finden sich auch hier noch die alten und bekannten Gestalten der Gnosis: im dreizehnten Äon herrscht die Barbelo neben dem unsichtbaren Gott (S. 233, 10f.); ihre Tochter ist
50 die Pistis / Sophia (die gefallene Göttin: also Scheidung der himmlischen Μήτηρ von der gefallenen Göttin). Sie erscheint mit ihrem Syzygos als die letzte vom 24 Emanationen (vgl. wie in der Rezension des Apokryphon Ioannis die Sophia als letzter von 12 weiblichen Äonen erscheint, und auch von ihrem Syzygos die Rede ist). Die Pistis Sophia versinkt in die Welt des Chaos und der Finsternis, hinabgelockt durch einen Lichtschein, den sie für das höchste himmlische Licht hält. Sie wird auch / in diesem System Mutter des
60 löwenköpfigen Jaldabaoth (c. 29-31). Unter dem dreizehnten Äon der Barbelo befinden sich die zwölf niedern Äonen (vgl. das Eindringen der Zwölfzahl an diesem Punkt auch im Apokryphon Ioannis). Wenn unter diesen Zwölf (c. 136) sechs gute und sechs böse Dämonen unterschieden werden und als Haupt der letzteren Adamas Sabaoth erscheint, so ist die Beziehung zur ursprünglichen Gnosis (Sabaoth = Jaldabaoth / und die sechs!) noch ganz deutlich. Ganz zu unterst in
1543 der Unterwelt regieren (wenigstens nach dem wie es scheint älteren System des letzten Buches c. 139ff.) in getrennten Räumen die fünf großen Archonten auf dem Wege der Mitte (Apokryphon Ioannis Schmidt 330: fünf [Könige] über das Chaos der Amente). Das ist noch im großen und ganzen das alte in Ägypten (vgl. Apokryphon
10 Ioannis) umgebildete System. Aber diese ganze / Äonenwelt bildet nun im gegenwärtigen System der Pistis Sophia nur das unterste Fundament, auf dem sich ein gewaltiger Überbau erhebt. So findet

sich über dem Reich der Barbelo wieder ein Ort der Mitte, in dem
die Lichtjungfrau = Παρθένος τοῦ φωτός (neben dem großen ἡγού-
μενος [Jao] mit zwölf Dienern und sieben Lichtjungfrauen) regiert, eine
einfache Verdoppelung der Gestalt der Barbelo. Über dem Ort der
Mitte steht der Ort der Rechten, und so bauen sich die / etagen- 20
förmigen Aufsätze bis zu schwindelnder Höhe (vgl. meinen Nachweis, daß dieser Überbau in der Spekulation der Pistis Sophia sich
nach deren eigenen Angaben in mindestens zwei Etappen vollzogen
hat, und die merkwürdigen Beziehungen der noch relativ ursprünglicheren Spekulationen zum Manichaeismus. Hauptprobleme 346ff.).
So werden bereits ohne Sinn und Verstand Welten auf Welten, Äonen
auf Äonen gehäuft, und alle Beziehungen zu einem wirk/lichen Glauben 30
und einer konkreten Mythologie gehen dabei verloren. Es bleiben
nur noch Worte und literarische Einfälle. Ungemein künstlich ist auch
die bereits fast ganz christianisierte Soteriologie (Rettung der Sophia
durch Christus), die immer noch Spuren des alten Mythus von der
verschwundenen Göttin und dem rettenden Gott zeigt (s. Art. Gnosis
§ 10). Die Christologie erinnert stark an Valentinianische Spekulationen
(s. den Art. Valentin und Valentinianer). / Mit den Spekulationen 40
ist endlich auch der sakramentale Kultus, wie er im Buch der Pistis
Sophia geschildert wird, in starker Verwilderung begriffen. Seine
Grundzüge sind auch hier noch erkennbar (Himmelfahrt der Seele);
aber das alles so entartet und so üppig ausgewuchert, daß man sich
kaum noch vorstellen kann, daß diese unendlichen Mysterien tatsächlich in einer Kultgemeinde praktisch ausgeübt wurden. Andererseits
scheint es doch, als wenn der Verfasser (bezw. / die Verfasser) eine 50
bestimmte Gemeinde voraussetzt und eine rivalisierende libertinistisch
gestimmte bekämpft (vgl. II. Jeubuch [s.u.] c. 43).

   In den übrigen der Pistis Sophia eng verwandten koptisch-gnostischen
Schriften, die Schmidt aus dem Codex Brucianus veröffentlicht hat,
ist der Prozeß der Verwilderung auf den Gipfelpunkt gekommen.
Freilich wird dem von Schmidt sog. zweiten Jeubuch eine Quelle vorgelegen haben, in welcher das Mysterion der Auf/fahrt der Seelen 60
durch die zwölf Äonen beschrieben wurde und der zwölfte bezw.
dreizehnte Himmel der Barbelo als der höchste und als die Endstation
der Himmelsreise galt (c. 52). Auch die hier (c. 45-48) überlieferten
ausführlichen Beschreibungen der verschiedenen Taufsakramente (eines
davon auch Pistis Sophia c. 142f.) enthalten Ursprüngliches und sind
religionsgeschichtlich sehr interessant. Aber alles übrige — und nament-
1544 /lich das zweite anonyme koptisch-gnostische Werk ist zum größten
Teil nicht mehr zu entzifferndes unsinniges Gerede.

11. Vielleicht können wir hier auch die von Schmidt zuerst in diesem Zusammenhang eingestellten G. des Plotin einordnen: d.h. die gnostische Sekte mit ihren Schulhäuptern Aquilinus Adelphius, über die uns Porphyrius vita Plotini c. 16 noch wertvolle Nachricht bringt,
10 und die / Plotin Ennead. II 9 bekämpfte. Vom Valentinianismus, den neuerdings auch Schwartz (Aporieen im vierten Evang. II, Nachr. d Ges. d. Wissensch. Gött. 1908, 128) hier hat finden wollen, kann kaum die Rede sein. Denn das Charakteristikum der Valentinianischen Schule, die Lehre von der Entstehung der niederen Welt aus den Leidenschaften der Sophia, ist hier nicht nachweisbar. Vielmehr versinkt auch hier die „Psyche" in die schon vorhandene Welt der
20 Finsternis. / Interessant ist die Aufzählung der Autoritäten dieser Sekte bei Porphyrius (Zoroaster, Zostrianos, Allogenes usw.). Wir finden bei ihnen keine speziell christlichen Bücher und Autoritäten, so daß man überhaupt an dem christlichen Charakter dieser G.-Gruppe zweifeln könnte. Allerdings haben wir andererseits bereits die charakteristischen Grundzüge der entwickelten Gnosis (fallende Psyche-Sophia und Ableitung des Demiurgen von ihr).
30 / 12. Die „Gnosis" im engeren Sinn ist ein bedeutsamer, ja der bedeutsamste Faktor in der Entwicklung der größeren-Bewegung des Gnostizismus. Auch die Sekte der Simonianer (s. Art. Simon) gehört eigentlich ganz und gar in diesen Zusammenhang und soll nur deshalb für sich behandelt werden, weil hier die gesamte Ideenwelt der Gnosis auf bestimmte (historische?) Personen übertragen erscheint. Ferner
40 ist noch ein bekanntes Schulhaupt am Ende des klassischen Zeit/alters der gnostischen Religionsbewegung nach dem wenigen, was wir von ihm wissen, und trotzdem die Überlieferung bei Hippolyt ihn dem anatolischen Valentinismus zurechnet, hierher zustellen, nämlich Bardesanes. Der unbekannte Vater, die Mutter, die gefallene Tochter, die Sieben begegnen uns auch hier. Ein spezifisch orientalischer Dualismus scheint sich allerdings bei Bardesanes hinzuzugesellen. Von den Weiter-
50 bildungen des Valentinianismus wie von den eben / skizzierten Weiterwucherungen gnostischer Spekulation zeigt sich bei ihm dagegen noch keine Spur. Mit Bardesanes hat man wieder und wieder das sogenannte in den Thomasakten erhaltene Lied von der Perle in Zusammenhang gebracht, das erst neuerdings als Hymnus auf eine gnostische Erlösergestalt richtig erkannt ist (Preuschen Zwei gnostische Hymnen 1904, 45ff. Reitzenstein Zwei hellenistische Hymnen, Arch. f. Religions-
60 gesch. VIII 167ff. Bousset Hauptprobleme / 252ff.; griechischer Text bei Bonnet Acta Apost. II: Acta Thomae c. 111; syrischer Text: Bevan Texts and Studies V 3, Cambridge 1897. G. Hofmann Ztschr.

f. neut. Wissensch. IV). So werden auch die übrigen liturgischen Stücke mit ihrem entschieden gnostischen Charakter in diesen Zusammenhang gehören. Und wieder haben wir gerade hier noch in unmittelbarer Lebendigkeit die Verehrung der Μήτηρ bezw. der Παρθένος (c. 6 der **1545** / Acta liegt ursprünglich ein Kultlied, das die Hochzeit der Himmelsgötter feiert, zugrunde). Auch die ganze Schule des Valentinianismus knüpft, wie das noch von der Quelle des Irenaeus erkannt ist, an die entwickelte Form der „Gnosis" an. Es bleiben überhaupt innerhalb des Gnostizismus nur wenig selbständige Typen stehen, vor allem diejenigen G., bei denen zwar die Annahme der Sieben nachzuweisen ist, doch keine Spur von der / Verehrung der Μήτηρ sich findet: Satornil, Kerinth, Karpokrates, dann die entschiedenen Dualisten 10 Basilides, Marcion (auch Bardesanes) und einige andere (Baruchgnosis Iustins usw.).

13. Aus der Darstellung geht endlich von neuem hervor, daß die „Gnosis" eine religiöse Bewegung ist, die mit dem Christentum ursprünglich rein gar nichts zu tun hatte und die in ihren Elementen völlig ohne dieses begreifbar wird. Erst allmählich drangen zunächst alttestament/liche, dann christliche Einflüsse in diese ein. Zu den im 20 Artikel Gnosis § 4 aufgezählten Tatsachen ist etwa hier noch zu erwähnen, daß Hippolyt den Euphrates ὁ Περατικός Refut. IV 2 neben dem Karystier Akembes als heidnischen Astrologen behandelt und diese zugleich als ἀρχηγοί der Peraten V 13 nennt, ebenso wie Origenes als Stifter der Ophianer einen Euphrates (VI 28) kennt. Auch ein Überblick über die Literatur zeigt den verhältnismäßig geringen / Ein- 30 schlag des spezifisch Christlichen. Von dem Charakter der Autoritäten der G. Plotins in Porphyrius vita Plotini 16 war bereits die Rede. Weiter sind als Schriften von nicht sicher christlichem Charakter in Anspruch zu nehmen: die Apokalypse des Jaldabaoth (Epiph. 25, 3. 26, 8) und die Apokalypse des Jaldabaoth (Epiph. 25, 3. 26, 8) und die große und kleine Symphonie (ebd. 40, 2). Ebenso vielleicht die mehrfach erwähnten Sethschriften (ebd. 26, 8. 39, 5. 40, 2. 7; vgl. auch die Paraphrasis Seths Hippol. Ref. V 22), wenn Seth / nur ein Deck- 40 name für Zoroaster war (vgl. die Schriften des Zoroaster vita Plotin. c. 16); mit den Sethschriften dann auch die der Allogeneis, oder des Allogenes, die mit jenen in engem Zusammenhang stehen (Epiph. 39. 5. 40, 2. Vita Plotin. 16). b) Hinzukommen Apokrypha unter alttestamentlichen Pseudonymen: Apokalypse des Adam (Epiph. 26, 8); Evangelium der Eva oder εὐαγγέλιον τῆς τελειώσεως (ebd. 26, 2. Philastrius c. 33 = Hippolyt); eine Himmelfahrt des Jesaia ebd. 40, 2

50 / (man beachte, daß die uns erhaltene Ascensio Iesaiae eine Auffahrt
durch die sieben Himmel enthält); eine Apokalypse des Abraam (die
im Slavischen erhaltene Abrahamsapokalypse enthält gnostische Elemente), ein Apokryphon des Moses (beide bei Epiph. 39, 5); fünf
gnostische Oden Salomos zitiert die Pistis Sophia. c) Als neutestamentliche Autorität hat Maria (welche?) eine besondere Rolle gespielt — es
gab Ἐρωτήσεις (μεγάλαι καὶ μικραί) Μαρίας ebd. 26, 8, Über-
60 lieferung des Jaco/bus an Maria : Naassener bei Hippolyt Refut. V 7
p. 134, 79f. und das noch nicht edierte koptische Evangelium Mariae —.
Ein Γέννα Μαρίας bringt Fabeleien über Zacharias im Tempel (Epiph.
26, 12). Maria (und Salome) spielen auch in der Pistis Sophia eine
Hauptrolle. Hinzukommt die noch unedierte koptische Sophia Jesu,
ein Evangelium des Philippus (Epiph. 26, 11), Iudas (Iren. I 31, 1),
1546 Thomas (Hippolyt. Refut. V 7 p. 140, / 94), endlich ein Ἀναβατικὸν
Παύλου (ebd. 38, 2) und das (koptische) Apokryphon Ioannis.

Zu erwähnen ist noch, daß die G. eine Reihe von Propheten verehrten, deren Zeiten sie, wie es scheint, in die Uranfänge verlegten
(Uroffenbarung!). Hierher gehört Barkabbas (Epiph. 26, 2. Phil. 33 =
Hippolyt); die Namensbildung ist aramäisch (Barkabbas und Parchor
10 auch bei den Basilidianern); Martiades und Marsianos (Epiph. / 40,
7 = Marsanes im anonymen koptisch-gnostischen Werk, S c h m i d t
341, 36); Nicotheos (anonymes koptisch-gnostisches Werk S. 342, 2;
vita Plotin, c. 16. Zosimus bei R e i t z e n s t e i n Poimandres 104); vgl.
zu dem Charakter dieser „Propheten" L i e c h t e n h a n Offenbarung im
Gnosticismus 29ff.

Die spezifisch neutestamentlichen Einflüsse in der Literatur dieser
G. sind verhältnismäßig dünn gesät. Ein nachweisbarer und zwar sehr
20 starker / Einfluß der kanonischen, neutestamentlichen Evangelienlitera-
tur findet sich, wenn wir davon absehen, daß die G. des Irenaeus I 30,
11f. mit Erzählungen von Geburt des Täufers und Jesu, Taufe Jesu
vertraut sind, erst in der Pistis Sophia (vgl. H a r n a c k Chronologie
a.a.O.). Die Pistis Sophia behandelt und zitiert aber auch das Alte
Testament als heiliges Buch. Auch Epiphanius sagt von seinen „Gnostikern" 26, 6 χρῶνται δὲ καὶ παλαιᾷ καὶ καινῇ διαθήκῃ. Da er in
30 diesem Zu/sammenhang eine Form der ägyptischen Gnosis seiner Zeit
beschreibt, kann die Notiz nicht wundernehmen.

14. Über die Heimat der G., die Etappen und den Umfang der
gnostischen Bewegung haben wir nur wenig sichere Indizien, nur daß
ihre Urheimat Syrien bezw. das mesopotamische Tiefland ist, kann
kaum bezweifelt werden. Deutlich unterscheidet Epiphanius einen syri-

schen Zweig und einen ägyptischen Zweig (26, 3) und leitet / einen 10
ihrer vielen Namen Κοδδιανοί aus der Συριακὴ διάλεκτος ab. Der
Beiname des Euphrates des Stifters der „Ophianer weist vielleicht auf
Forât Maišan am Euphrat (Brandt Relig. d. Mandäer 192), jedenfalls
behandelt Hippolyt ihn als orientalischen Astrologen (Refut. IV 2.
V 13). Noch zur Zeit des Epiphanius sind die G. (Archontiker Haer.
40) in Palästina und Armenien vorhanden. Leider wissen wir nicht,
wo Celsus seine G. kennen gelernt hat. Aber der ganze / geistige 20
Gehalt der Gnosis (die Μήτηρ, die Sieben, die Beziehungen zu den
Mithrasmysterien, auch die lokalisierbare Gruppe der eng verwandten
Simonianer [vgl. auch Bardesanes]) weisen nach Syrien (Samarien)
bezw. nach Mesopotamien. Dann ist die Gnosis nach Ägypten gedrungen (Apokryphon Ioannis, Pistis Sophia, die übrigen koptisch-
gnostischen Schriften, Strationiker des Epiphanius). Hier schon wird
Valentin durch sie beeinflußt gewesen sein. Aber mit Valentin muß
/ auch die gnostische Bewegung frühzeitig nach Rom gedrungen sein, 30
so daß Irenaeus oder schon seine Quelle mehrere ihrer Schriften kennen
lernen und exzerpieren konnte. Noch im 3. Jhdt. finden wir sie in der
Umgebung Plotins. Ihre letzten Ausläufer hat sie in Palästina (Armenien) und Ägypten.

15. Literatur, vgl. den Art. Gnosis, dazu R. A. Lipsius. Die
1547 ophitischen Systeme, Ztschr. / f. wissensch. Theol. 1863. Zur Pistis
Sophia und den verwandten koptisch-gnostischen Schriften: Pistis
Sophia ed. Petermann-Schwartze 1850ff. C. R. Köstlin Das gnostische
System d. Buches Pistis Sophia, Theol. Jahrb. 1854 I. II. A. Har-
nack Texte und Unters. VII 2, 1891 Über das gnostische Buch
Pistis Sophia. C. Schmidt Texte u. Unters. VIII 1. 2, 1892:
Gnostische Schriften (Text, Übersetzung und Einlg. der Schriften des
Codex Brucianus). A. Harnack D. Chronologie / d. altchristl. Lit. II 10
193-196. C. Schmidt Die griech. christlichen Schriftsteller der ersten
drei Jahrhunderte; koptisch-gnostische Schriften Bd. I 1905 (Zitate
im Text nach Kapiteln und Seiten dieser Übers.); derselbe S.-Ber.
Akad. Berl. 1896 und Philothesia, Paul Kleinert dargebracht 1907
S. 315-336 (Apocr. Johannis). Über die G. Plotins: C. Schmidt
Texte u. Unters. N. F. V 4: Plotins Stellung zum Gnosticismus
und kirchl. Christentum. Reitzenstein Poimandres 267f. / E. Schwartz 20
Nachr. d. Ges. d. Wissensch., Göttingen 1908, 128.

JOSEPH KROLL, DIE LEHREN DES HERMES TRISMEGISTOS

(Beiträge zur Geschichte der Philosophie des Mittelalters, Bd. 12 H. 2-4)
Münster 1914, Aschendorf. XII, 441 S. 14,25 M.*

697 Es ist das unleugbare Verdienst Reitzensteins, daß Hermes Trismegistos seit einigen Jahren eine bekannte und vielumstrittene Größe
geworden ist. Philologen und Theologen haben begonnen, sich im Wett-
teifer mit ihm zu beschäftigen. Die alte hinfällige Ausgabe von Parthey,
leider die einzige handliche — freilich unvollständige —, die wir be-
10 sitzen, erlebt einen anastatischen Neudruck. Was bisher in / einem
Winkel der großen Zellerschen Geschichte der Philosophie als Anhang
zum Neupythagoräismus unbeachtet stand, feiert seine Auferstehung zu
erneutem Interesse. Nun hat gar Joseph Kroll einen starken Band von
vier- bis fünfhundert Seiten über die Lehren des Hermes Trismegistos
geschrieben, dazu veranlaßt und angeregt durch seinen Lehrer Wilhelm
Kroll, dem wir den Artikel Hermes Trismegistos bei Pauly-Wissowa
verdanken.

Das Werk Joseph Krolls ist mit einem erstaunlichen Fleiß und einer
bewundernswerten Kenntnis im einzelnen geschrieben. K. folgt den
20 hermetischen Gedanken bis in ihre feinsten Verschlingungen und / ihre
unbedeutendsten Aeußerungen und fängt alle diese Einzelheiten in
einem wohlgeordneten Schema wie in einem feinen Netze ein. Er
stellt jeden einzelnen Gedanken der hermetischen Schriften in den
Zusammenhang der Geschichte der Philosophie und auch der Religion
ein. Er überschaut die Geschichte der späteren griechischen Philosophie, namentlich die der mittleren Stoa, in allen ihren Verästelungen,
er hat sich aber auch trotz aller Vorliebe für „Poseidonios" der Welt
des Orients und der Religionsgeschichte nicht verschlossen. Er kennt
die hier einschlägige Literatur gut, wenn er auch freilich hier nicht
selbständig ist, hat sich namentlich durch Cumonts Werke den Hori-
698 /zont erweitern lassen. Er hat — und das ist sehr wichtig — sich
mit dem Alexandriner Philo bis ins Einzelne vertraut gemacht. Ihm
ist die Welt der christlichen Gnosis nicht unbekannt geblieben. Aus
den entlegensten Winkeln hat er zusammengetragen, was zur Be-

---

* Aus : Göttingische Gelehrte Anzeigen, 1914, 697ff.

leuchtung der Hermetica irgendwie notwendig war. Das Buch ist
— namentlich als Anfängerleistung — des höchsten Lobes wert. Es
wird mit seinem reichen und wohlgeordneten Stoff ein Vademecum
für alle Forscher auf unserem Gebiet bleiben, ein Nachschlagebuch,
dessen Vollständigkeit, von Einzelheiten abgesehen, kaum überboten
/ werden kann.   10

Freilich erheben sich andrerseits nun doch auch wesentliche Bedenken gegen dieses Werk, die mich zu meiner ausführlichen freund-
schaftlichen Kritik veranlassen. Und mein Widerspruch ist prinzipiell
und bewegt sich auf etwa drei oder vier verschiedenen Linien.

1) Kroll hat in seinem Werk den „Hermes Trismegistos" als eine
Einheit genommen[1], die dieser tatsächlich nicht darstellt. K. ist natürlich weit davon entfernt, die literarischen Anstöße, Inkongruenzen,
Widersprüche nicht zu sehen, welche unsere Schriftensammlung schon
der ersten flüchtigen Lektüre bietet. Aber er verzichtet prinzi/piell auf 20
alle kritische Scheidung in unserer Literatur. Er trägt alle ihre Aeußerungen in ein Grundschema ein, zeichnet alles auf eine Fläche auf.
Und das geht eben nicht! Schriften, in denen, um nur einiges heraus-
zugreifen, bald eine optimistisch-monistische Grundstimmung herrscht,
welche in jubelnden Hymnen die schöne und gute Welt preist, bald
ein Pessimismus, dem diese selbe Welt ein Jammertal ist; in denen
die Gottesidee bald im Gewande stoischer Immanenz, bald in dem
hyperplatonischer Transzendenz sich zeigt; in denen die Heimarmene
als verehrungswürdige Gottheit erscheint und mit der göttlichen Pro-
noia zusammengestellt wird, um dann wieder als dä/monische Macht, 30
als Sitz und Wurzel alles Uebels zu gelten; in denen die Dämonen
bald echt griechisch als dem Menschen übergeordnete mittlerische
Wesen betrachtet werden (die zwar auch gut und schlecht sein können)
und dann wieder als schlechte, der Gottheit entgegengesetzte, prinzipiell böse Wesen; Schriften, die voll sind von Gestirnverehrung, Son-
nenkult und siderischer Frömmigkeit, und denen doch wieder die
Planeten als dämonische Lastermächte gelten; in denen neben der
höchsten Gottheit der weltschöpferische Demiurg erscheint und daneben
diese Anschauung mit aller Bestimmtheit abgelehnt wird; in denen
der Mensch als ein hohes, halbgöttliches, ja mehr als gött/liches Wesen 40
699 gefeiert und die Trinität Gott, Welt, Mensch aufgestellt / und dann
doch wieder der Mensch als ἄτρεπτον κακόν gilt, — solche Schriften
können nicht als eine geistige Einheit behandelt werden.

---

[1] Er folgt darin seinem Lehrer W. Kroll, dessen Darstellung bei Pauly-Wissowa
genau in derselben Weise alles auf eine Fläche aufträgt.

Die Lehren von Schriften, wie es etwa der Poimandres, das Wiedergeburtsmysterium (XIH), der Krater (IV) sind, und dann wieder der Logos teleios (Asclepius), der fünfte und achte Traktat der Sammlung und endlich der elfte Traktat oder die Κόρη Κόσμου, — in einem Zusammenhang und nach einem Schema zu behandeln, das würde etwa dasselbe sein, als wenn wir Theologen noch über die „Lehren der Bibel" oder auch nur über die „Lehren des neuen Testamentes"

10 / handeln und die Synoptiker, Paulus, Johannes, die Apokalypse auf eine Fläche auftragen wollten!

2) Das zweite Bedenken, das ich gegen Krolls Werke habe, ist das Schema, das er seiner Darstellung zu Grunde legt. Es ist das übliche Schema F: erst die Gotteslehre, dann die Lehre von der Welt, dann die Lehre vom Menschen, endlich Ethik und Religion. Ein solches Schema reicht ja nun zwar zu, wenn man ein vollständiges vorläufiges Sammelwerk schaffen will, aber nicht zu wirklicher historischer Erkenntnis. Da gilt es zunächst bei jeder individuellen Erscheinung neu

20 das Schema zu finden, von dem aus man das Ganze / begreift; den zentralen Gedanken nachzuspüren, die gerade diese Erscheinung charakterisieren, und von hier aus die Linien bis in die Einzelheiten und bis an die Peripherie zu verfolgen. Ich deute hier nur an, weil ich im folgenden selbst einen Versuch vorlegen möchte, wie ich mir etwa die Darstellung der hermetischen Gnosis denke. Dabei ist dann freilich Gefahr, daß man die absolute Vollständigkeit nicht erreicht und manches minder Wichtige unter den Tisch fällt. Mags darum sein; zu weit getriebene Vollständigkeit kann auch die Erkenntnis im großen und ganzen einfach stören, so wie ein Atlas, auf dem zu viel Einzel-

30 heiten eingetragen sind, unleserlich werden / kann. Ich fürchte, daß Krolls Arbeit dieser Gefahr nicht ganz entgangen ist.

3) Kroll ist, wie er selbst in seinem Vorwort andeutet, ausgezogen, um Reitzenstein und namentlich dessen Vorliebe für das Aegyptische zu widerlegen. Kroll ist mit seinem Werk über dies Unternehmen hinausgewachsen. Und das ist gut. Denn was an Reitzensteins ägyptischen Theorien nicht stichhaltig war, das ist bereits im Lauf der weiteren Forschung von selbst in den Hintergrund getreten, ja vielleicht von ihm selbst aufgegeben. Reitzensteins religionsgeschichtliches

40 Verdienst im allgemeinen aber bleibt ganz unbestreitbar. — / Kroll hat sich dennoch durch den Widerspruch gegen Reitzenstein zu einer gewissen Einseitigkeit in entgegengesetzter Richtung treiben lassen.

700 „Jedenfalls ist es bei diesem Stande der Dinge … geboten, / einmal, statt die hermetischen Schriften entsprechend ihren Ansprüchen als

Ausfluß ägyptischer Weisheit anzusehen, eine Antwort auf die Frage
zu versuchen, ob sie nicht und wieweit sie ... nur gemeingriechische
... der allgemeinen griechischen Kulturwelt angehörende Vorstellungen
wiedergeben". Und nun wirft eben Kroll das Pendel nach der andern
Seite hinüber. Es ist besonders lobend hervorzuheben, daß er dabei
gewisse Einseitigkeiten vermieden hat. Offenbar noch bei der Arbeit
hat sich ihm der Blick mehr und mehr ins Gebiet der Religionsgeschichte, in den Orient, die christliche Gnosis / geweitet. Aber man 10
hat doch das Gefühl: trotz der vielfachen Konzessionen, die Kroll
nach dieser Seite bereitwillig, oft fast zu bereitwillig macht, fühlt er
sich in jener neu erschlossenen Welt nicht zu Hause. Er kehrt doch
um jeden Preis mit irgend einer Wendung wieder zu dem spezifisch
griechischen Boden zurück, zur mittleren Stoa und zu Poseidonios,
knüpft die fast schon zerrissenen Fäden wieder an und schlägt neue,
oft künstliche Brücken hinüber zu dieser Welt. So erhält man doch
bei ihm den Gesamteindruck, daß ,,Poseidonios" den Schlüssel abgibt
für das Verständnis der hermetischen Welt. Ich möchte demgegenüber
mit aller Energie den Satz vertreten, / daß zwischen dem wichtigsten 20
und interessantesten Teil der hermetischen Literatur und der mittleren
Stoa eine Kluft befestigt ist, und daß man jene noch weniger von
Poseidonios aus verstehen kann als etwa den Alexandriner Philo.

4) Ueberhaupt — und das hängt mit dem letzteren zusammen
— hat Kroll mir die hermetische Literatur zu sehr als Philosophie behandelt und zu wenig als Theologie und Frömmigkeit. Er gibt zwar
als letzten Abschnitt eine Abhandlung über Religion und Ethik. Aber
es läßt sich kaum verkennen, daß dieser nicht so genau gearbeitet
ist, wie die ersten. Einen Abschnitt über seine Religion und Ethik
/ pflegt man ja auch dem System eines Philosophen folgen zu lassen 30
(s. z.B. Zellers Schema in der Geschichte der griechischen Philosophie).
Hier aber würde es sich darum handeln — wie z.B. auch bei Philo —
das Verhältnis umzukehren. Die hermetischen Schriften gehören in
die Geschichte der Frömmigkeit und nicht der Philosophie. So weit
sie der letzteren angehören, so weit sie philosophisch zerreflektierte
Frömmigkeit zeigen, sind sie als Ausläufer griechischer Philosophie
höchstens für den Fachmann interessant. Als Zeugnisse synkretistischer
Frömmigkeit, oder sagen wir lieber eines Mitteldings zwischen Frömmigkeit, Kult und reflektiertem Denken sind sie von / höchstem 40
religionsgeschichtlichem Interesse. Es ist das nicht zu überschätzende
Verdienst Reitzensteins, die hermetische Literatur von dieser Seite
gesehen zu haben.

701   / Wenn ich nun selbst im Anschluß an die Krollsche Arbeit den Versuch einer Darstellung der hermetischen Gnosis, wenn auch nur im Umriß unternehme, so bin ich mir bewußt, daß ich nach dem oben gesagten eigentlich mit einer ausführlichen Quellenuntersuchung beginnen müßte. Aber das würde freilich den Rahmen einer Rezension ganz sprengen, der überdies schon bedroht ist. Auch würde der mir schon in so ausgiebiger Weise zur Verfügung gestellte Raum dazu nicht reichen. Ich begnüge mich daher einfach damit, die eine deut-lich erkennbare Schicht der hermetischen Literatur, die wesentliche
10   / und eigentlich interessante, herauszuheben und nur diese im Zu-sammenhang darzustellen und zu besprechen. Ich hoffe mit dieser Arbeit zugleich das Fundament für eine so notwendige Quellenschei-dung im einzelnen gelegt zu haben. Ich habe dann zum Schluß kurz angedeutet, wie ich mir die Schichten der hermetischen Literatur denke, und bemerke dazu nur, daß diese Vorschläge auf einer immer wiederholten Lektüre der Traktate und eingehender Beschäftigung mit ihnen beruhen. Aber der Raum verbot jede größere Ausführlich-keit und eingehendere Begründung.

Ich habe oben das „Schema" der Darstellung der hermetischen
20   / Lehren bei Kroll abgelehnt. Es wird meine Aufgabe sein, das indi-viduelle Schema zu finden, das uns eine plastische Darstellung der hermetischen Anschauungen — und zwar immer nur derjenigen einer gewissen Partie der hermetischen Schriften — ermöglicht. Zu diesem Zweck gilt es, das Zentrum oder die Zentren einer solchen Darstellung zu entdecken. Ich möchte aber für alles folgende noch einmal be-tonen, wie sehr ich in meiner ganzen Darstellung Krolls gründlicher Arbeit zu Dank verpflichtet bin. Hatte ich auch schon vor dem Er-scheinen des Krollschen Werkes das Material gesammelt und ver-arbeitet, so bot mir Krolls Material den Vorteil beständiger Kontrolle
30   / und, ich hebe es gerne hervor, eine wesentliche Bereicherung und Förderung. Das soll für alle Partien meiner Darstellung gelten, auch wo ich nicht immer direkt auf Kroll verweise und das Material in neuer Gruppierung bringe.

I. Wo aber finden wir nun etwa das Zentrum, von dem aus wir die eigentümliche Gedankenwelt des hermetischen Schriftenkreises er-fassen können? Kroll hätte hier von Reitzenstein viel lernen können, der mit sicherem Griff und Blick neben dem Anthroposmythos, der mehr speziell für den Poimandres im engeren Sinne in Betracht kommt,
40   die eigentümliche Lehre unserer Schriften von / der Hei-marmene herausgegriffen hat.

Beginnen wir mit dieser Grundanschauung. Kr. handelt von ihr
702 / an zwei Stellen, einmal im letzten Kapitel der Lehre von der Welt
(Kap. 9, die διοίκησις der Welt), dann kurz im siebenten Kapitel des
IV. Hauptteils (Ethik und Religion) „besondere Wirkungen der Gnosis :
Gnosis und Heimarmene" (S. 382-385). Namentlich im ersten großen
Abschnitt (S. 206-232) finden wir das Thema, das uns interessiert,
unter allerlei verhältnismäßig irrelevanten Dingen — es sollte eben
absolute Vollständigkeit erzielt werden — versteckt (S. 214-218). Und
wiederum interessiert uns von den hier gegebenen Ausführungen jetzt
weniger oder gar nicht, was dort über das Verhältnis von πρόνοια,
/ ἀνάγκη, εἱμαρμένη, τάξις (S. 217f.) zusammengetragen ist. Denn das 10
ist nichts weiter als eine auf dem Boden der Stoa gewachsene Scho-
lastik. Eher fesselt unsere Aufmerksamkeit bereits die starke astro-
nomische Haltung der Heimarmenelehre (vgl. Kroll S. 214. 230, auch
85), aber auch die eigentümliche Verbindung, in welche der Fatalismus
mit der Dämonologie hier und da gebracht ist. Doch soll das alles
erst später behandelt werden.

Aber dann ist es ein Gedanke, der in einer Darstellung der Lehren
des Hermes Trismegistos ganz besonders hätte herausgearbeitet werden
müssen, nämlich die dualistische Anschauung, daß die Heimarmene
/ eine schlechthin böse Gewalt sei, und daß das Endziel der Frommen 20
in der Befreiung von ihr und in der Brechung ihrer Kraft bestehe.
Und diese Anschauung ist nun meines Erachtens auf griechischem
Boden unerhört, sie bedeutet eine μετάβασις εἰς ἄλλο γένος der
Weltbetrachtung. Das hat Kroll lange nicht genügend betont. Seine
Darstellung ist viel zu sehr durch das Bestreben beherrscht, Hermes
aus dem Milieu des Poseidonios zu erklären. Hier, bei der Behauptung
der Bosheit der Heimarmene wird doch auch er freilich stutzig. „Hat
auch das Poseidonios gelehrt?" (229). Doch er beruhigt sich bei der
Erwägung, daß in dem Milieu des Poseidonios vielfach / die Welt 30
unter dem Monde in den dunkelsten Tönen geschildert, als Jammertal beschrieben werde. „Sollte nun aber Poseidonios sich wirklich nicht
zu diesem Pessimismus bekannt haben, so hat er ihm doch wenigstens
durch die Vertretung und Verbreitung seiner Grundidee Vorschub
geleistet" (S. 229f.). Aber Kroll vergißt hier, daß die Klagen über
die Minderwertigkeit der Welt unter dem Monde bei Poseidonios und
seiner Schule ja nur die Folie bilden zu der inbrünstigen Verehrung
der lichten seligen Gestirnwelt (der eigentlichen Welt der Götter) und
der Sehnsucht nach ihr. Hier klafft die tiefe Kluft. Dem Poseidonios
und seiner Schule hätte jederzeit die / hermetische Anschauung als 40

eine Gottlosigkeit sonder Gleichen erscheinen müssen, daß die Heimarmene — d.h. in diesem Zusammenhang die Welt der Gestirne! —
703 die Quelle alles Uebels und aller Bosheit / sei! Und ebensowenig beweiskräftig ist der Versuch (S. 231), die Lehre von der Besiegung der
Heimarmene durch die Frommen aus der Stoa abzuleiten. Die verschiedenen inkonsequenten (religiösen) Erweichungen der Heimarmenelehre — etwa zugunsten der Mantik — haben mit ihrer Erfassung als
einer zu besiegenden und niederzuringenden Macht gar
nichts zu tun. Auch „Poseidonios Lehre von der Superiorität des
Weisen" und von seiner Erhebung über das Geschick „mit Hilfe des
Göttlichen im Menschen durch die Philosophie" führt uns absolut nicht
10 in die hermetische Welt hinein. Denn meines / Erachtens erlebt auch
nach „Poseidonios" der Weise seine Erhebung über das Geschick durch
seine Ergebung, und die einzige Stelle, die Kr. in diesem Zusammenhang aus Dion Chrysostomos or. 32, 16 anführt[1], geht über diesen
Gedanken keinen Schritt breit hinaus. Das alles ist ganz etwas anderes
als die revolutionäre Stimmung gegenüber dem Geschick in den Hermetica.

Die Hermetiker oder sagen wir einmal gleich kurz die „Gnostiker"
kennen eben eine den trüben Augen der anderen unbekannte reale
Welt, die jenseits der Heimarmene und der Gestirne liegt. Das ist
ein der Stoa, die im Grunde immer optimistisch-monistisch in ihrem
20 / Denken geblieben ist, völlig unvollziehbarer Gedanke[2]. Der Stoiker
kann nur hoffen, in höhere Sphären versetzt zu werden, in denen
sich ihm die Welt der Notwendigkeit und ihre Gesetze reiner ent-
hüllt, als in der Welt unter dem Monde mit ihrer launenhaften Un-
regelmäßigkeit; aber er kann niemals hoffen, von der Heimarmene
frei zu werden.

Nun begegnet uns diese Lehre resp. religiöse Grundstimmung gegenüber der Heimarmene bei weitem nicht in allen Stücken hermetischer
Ueberlieferung. Oft wird das nur auf Zufall beruhen, aber andrerseits
30 handelt es sich um einen tiefgreifenden Unterschied inner/halb der
hermetischen Literatur gerade hinsichtlich dieses Punktes. Es wird
daher darauf ankommen, die hermetischen Zeugnisse nach ihrer Stellung in unserer Frage gleich einmal zu gruppieren. Wenn es z.B. im

---

[1] Auch Cumont Le fatal. astrolog. p. 24₁, auf dem sich Kroll bei seinen Sätzen
beruft, bringt für diese Kombination keinerlei Beweis. Auch er hat den Abstand
dieser dualistischen Ideenreihe von der Stoa nicht genügend beobachtet.
[2] Wie „ungriechisch" das alles ist, vermag ein Blick in Plotins Bekämpfung der
Gnosis zu lehren. Vgl. darüber meinen Kyrios Christos 222ff.

Logos teleios (Asclepius) heißt, daß die Heimarmene Urheberin aller Dinge und entweder der höchste Gott oder der zweite nach diesem sei[3], so steht das der pessimistischen Auffassung von der Heimarmene **704** schnurstracks entgegen. Und es wird sich auch / weiterhin herausstellen, daß fast der gesamte Logos teleios jene dualistische Grundstimmung nicht vertritt.

Von vornherein werden wir uns andrerseits kaum wundern, daß die Auffassung der Heimarmene als einer feindlichen Macht eine zentrale Stellung im ersten Traktat der großen Sammlung, dem Poimandres im engeren Sinn, hat. Die Heimarmene ist hier das Resultat der Herrschaft des Demiurgen : καὶ ἡ διοίκησις αὐτῶν εἱμαρμένη καλεῖται (I 9). Der Mythus vom Anthropos ist in die ehernen Worte vom zwiespältigen Wesen des Menschen zusammengefaßt : ἀθάνατος γὰρ / ὢν καὶ πάντων 10 τὴν ἐξουσίαν ἔχων, τὰ θνητὰ πάσχει ὑποκείμενος τῇ εἱμαρμένῃ. ὑπεράνω οὖν ὢν τῆς ἁρμονίας, ἐναρμόνιος γέγονε δοῦλος (I 15). Und wie auf dieser Anschauung von der Heimarmene die ganze Erlösungs- und Mysterienlehre des Traktats gegründet ist, ist bekannt, wird auch weiter unten noch behandelt werden. In den ersichtlich in den im allgemeinen ganz anders gerichteten Traktat XII eingesprengten Partien über die Heimarmene wird wiederum die dualistische Anschauung mit aller wünschenswerten Deutlichkeit ausgesprochen : καὶ οὐδὲν αὐτῷ (dem Nus) ἀδύνατον, οὔτε εἱμαρμένης ὑπεράνω θεῖναι ψυχὴν ἀνθρωπίνην, οὔτε ἀμελήσασαν ... ὑπὸ τὴν εἱμαρμένην θεῖναι / (XII 9). Eine besondere Bewandnis hat es mit dem Traktat XV. Liest 20 man in der ersten Hälfte des Traktats die hier entwickelte Sonnentheologie, so hat man den Eindruck, mit diesen Ausführungen auf dem Boden späthellenischer, optimistisch-siderischer Frömmigkeit zu stehen. Dann aber heißt es § 12ff., daß als Untergebene den Sternen die Dämonen untergeordnet seien (ὑπὸ τὰς τῶν ἀστέρων πλινθίδας τεταγμένοι). Und während zunächst noch behauptet wird, daß es gute, böse und gemischte Dämonen gäbe, überwiegt dann deren Auffassung in malam partem mehr und mehr. Und weiter, diese Dämonen stehen in unmittelbarem Zusammenhang mit der Heimarmene; sie werden / dem Menschen zugeteilt κατ' ἐκείνην τὴν στιγμὴν τῆς γενέσεως 30 ὑπηρέται, οἳ ἐτάγησαν ⟨ὑφ'⟩ ἑκάστῳ τῶν ἀστέρων. Und nun folgt die μετάβασις εἰς ἄλλο γένος (XV 15). Die Dämonen, d. h. also das Geschick, herrschen aber nur über die beiden niedrigen Bestandteile der menschlichen Seele, τὸ δὲ λογικὸν μέρος τῆς ψυχῆς ἀδέσποτον

---

[3] Ps. Apuleius ed. Thomas p. 79ff.; der griechische Text bei Lydus de mensibus IV 7.

τῶν δαιμόνων ἕστηκεν. Besonders dann — das ist aber nur bei wenigen
der Fall — wenn das göttliche Licht (durch die Sonne) die Seelen er-
leuchtet : τούτων καταργοῦνται οἱ δαίμονες. Und nachdrücklich heißt
es zum Schluß : ταύτην δὲ τὴν διοίκησιν Ἑρμῆς εἱμαρμένην ἐκάλεσεν
(§ 16). — Noch deutlicher ist diese Lehre von der doppelten Seele,
40 deren eine / jenseits des Geschickes steht, deren andere dem Geschick
unterworfen ist, bei [Jamblichos] [1] de mysteriis VIII 6 (ἀπὸ τῶν
705 Ἑρμαϊκῶν νοημά/των, wahrscheinlich aus den Schriften des Bitys)
vorgetragen : καὶ ἡ μέν ἐστι ἀπὸ τοῦ πρώτου νοητοῦ ... ἡ δὲ ἐνδιδομένη
ἐκ τῆς τῶν οὐρανίων περιφορᾶς. Gemäß der ersteren aber heißt es
weiter : ἥ τε λύσις γίνεται τῆς εἱμαρμένης καὶ ἡ πρὸς τοὺς νοητοὺς
θεοὺς ἄνοδος [1].

In den übrigen Traktaten des corpus Hermeticum finde ich diese
Lehre von der Heimarmene nicht ausgesprochen. Das mag, wie gesagt, hier und da auf Zufall beruhen. So liegt sie dem Verfasser des
Traktats XIII sicherlich nicht ferne und verbirgt sich hier hinter den
Ausführungen über die παλιγγενεσία und das θεωθῆναι, obwohl frei-
10 lich / hier und da bereits pantheistisch monistische Töne angeschlagen
werden. Auch in den Ausführungen X 19. 21 scheint die Lehre unaus-
gesprochen vorausgesetzt zu sein.

Wie weit aber ihre Verbreitung innerhalb der hermetischen Gedankenwelt ist, zeigt noch ein Blick in die überlieferten Fragmente.
Ich verweise auf das Fragment bei Lactanz Inst. II 15, 6 : εὐσεβοῦς γὰρ
ἀνθρώπου οὔτε δαίμων κακὸς οὔτε εἱμαρμένη κρατεῖ. θεὸς γὰρ ῥύεται
τὸν εὐσεβῆ ἐκ παντὸς κακοῦ. In dem Fragment bei Stobaios Ekl. I 136
sind von der Herrschaft der Heimarmene und der strafenden Dike
die „Mysten" bis zu einem gewissen Grade ausgenommen καὶ μάλιστα
20 / ἐκείνοις συμβαίνει τὸ ὀλισθάνειν, οἷς θεοπτικὴ δύναμις οὐ πρόσεστι.
Nach I 164 ist die Welt der Vernunft (Logos, resp. der „οὐσία") nicht
unter dem Geschick : ὁ μὲν λόγος κατὰ πρόνοιαν, τὸ δὲ ἄλογον κατ'
ἀνάγκην. Dasselbe ist auch I 800 nach dem Zusammenhang [2] gemeint,
wenn es dort heißt : ψυχὴ ἄρα ἀσώματος, ἀμετάπτωτον ἔχουσα τὴν

---

[1] Ich bin von der Echtheit der Schrift nicht überzeugt und zitiere im folgenden
einfach nur de mysteriis.

[1] Dieselbe Anschauung vertritt Numenios bei Stobaios Eklog. I 836. 894-896, vgl.
1066, neben ihm sein Zeitgenosse Kronios I 896. 912; wahrscheinlich auch Harpokration
I 896.

[2] Vgl. etwas weiter unten : ἐν πᾶσι δὲ οὐκ ἀφικνεῖται τὸ νοερὸν διὰ τὴν τοῦ
σώματος σύστασιν πρὸς τὴν ἁρμονίαν. Vgl. noch die etwas dunklen Ausführungen
II 358-360.

δύναμιν. — Von dem Hermes-Bitysfragment bei Jamblichos war bereits
die Rede. Auf die Ausführungen des von Zosimos mit Ω bezeichneten
Buches, die zu den spätesten Schichten der hermetischen Literatur
gehören, sei hier nur im Vorbeigehen hingewiesen[3] : (Ἑρμῆς) ἐκάλει
ἄνοας τῆς εἱμαρμένης μόνον ὄντας πομπάς (vgl. übrigens den
Krater / IV 7).

706   / Endlich möchte ich hier noch eine Quelle heranziehen, die wir
direkt als hermetisch in Anspruch nehmen können. Das ist die zusammenhängende Anschauung, gegen die sich Arnobius im zweiten
Buch seiner Streitschrift adv. nationes wendet, durch welchen Gewährsmann sie ihm nun auch vermittelt worden sein mag. In der Bekämpfung wird ja auf hermetische Offenbarung direkt angespielt II 13 :
vos vos appello, qui *Mercurium*, qui Platonem Pythagoramque sectamini! Und hier finden wir denn auch die charakteristische Heimar-
meneformel, wenn die Frommen hier von sich bekennen : deo esse se
/ se gnatos nec fati obnoxios legibus (II 62, vgl. II 29)[1].

In nächster Verwandtschaft mit der hermetischen Geisteswelt stehen
endlich die Oracula Chaldaica. Und auch hier begegnen wir dem Vers :
οὐ γὰρ ὑφ' εἱμαρτὴν ἀγέλην πίπτουσι θεουργοί[2]. Und dann öffnet
sich das weite Gebiet der christlichen und halbchristlichen Gnosis mit
seinen massenhaften Parallelen, über die nach den Ausführungen
Reitzensteins nichts mehr beizubringen ist. — Es kann keinen Zweifel
mehr geben : W a s   w i r   h i e r   v o r   u n s   h a b e n ,   i s t   e b e n ,   w e n n
w i r   e i n   S c h l a g w o r t   h a b e n   w o l l e n ,   d i r e k t   a l s   G n o s i s   u n d
z w a r   a l s   h e l l e n i s t i s c h e   G n o s i s   a n z u s p r e c h e n . / Mit der Stoa,
auch der mittleren von Plato beeinflußten Stoa, und ebenso etwa mit
gewissen Platonismen hat das gar nichts mehr zu tun. Wir sind in
einer andern Welt, die von dorther nicht abzuleiten ist. Die Erkenntnis
kann nicht klar und bestimmt genug ausgesprochen werden. Wir sind
in der Welt der Religion, einer allerdings arg zerreflektierten Religion

---

[3] Vgl. Reitzenstein, Poimandres 102f. Es kann ruhig zugestanden werden, daß die
Ausführungen in diesen spätesten Schichten einen stärker philosophisch-hellenischen
Klang haben. So wenn hier die Rede ist von τὸ φιλοσόφων γένος ἀνώτερον τῆς
εἱμαρμένης. So wenn im Namen des Hermes (gegen Zoroaster) gegen alle magische
Vergewaltigung der Heimarmene polemisiert wird. Aber auch hier ruht das Gefühl
der Freiheit nicht auf Resignation und Ergebung, sondern auf dem Glauben an eine
transzendente Welt jenseits der Heimarmene (ἡ ἀκατονόμαστος τριάς).

[1] Es mag darauf aufmerksam gemacht werden, daß in diesem Zusammenhang II 11
auf die Autorität der beiden späteren (halbgnostischen) Platoniker Numenios und Kronios
hingewiesen wird, denen wir oben schon einmal begegneten.

[2] Kroll, Orac. Chaldaica, Bresl. Philol. Abh. VII p. 59.

und nicht in der der Philosophie, und sei diese noch so religiös, enthusiastisch gestimmt; wir sind nicht mehr im Milieu der griechischen ἐπιστήμη, sondern der orientalisch-hellenistischen Theurgie. Und diese Stimmung beherrscht den hermetischen Schriftenkreis, wie wir gesehen, weithin.

30   II. Von hier aus lassen sich nun die Linien nach allen Seiten hin ziehen. Mit der eben skizzierten Anschauung muß sich notwendig eine durchaus pessimistische Wertbeurteilung der Welt verbinden. Ist die Heimarmene die Quelle aller Bosheit und alles Uebels, so ist eben auch diese ganze Welt schlecht, nicht nur die Welt unter dem Monde, nicht nur diese trübe Erde, sondern der Kosmos, mit Einschluß der Gestirne — wiederum auf dem Boden der griechischen Welt ein unerhörter Gedanke! Wie stellen sich die hermetischen Schriften zu dieser Konsequenz? Sieht man daraufhin die Zusammen-
707   / stellung bei Kroll S. 338ff. „Urteile über Wert und Unwert der Welt" an, so scheint sich zunächst das entgegengesetzte Resultat zu ergeben. Wir finden eine fast erdrückende Fülle von Zeugnissen für eine optimistische Beurteilung, ja geradezu eine euthusiastische Bewunderung der schönen, herrlichen Welt, der zweithöchsten Gottheit nach dem höchsten Gott, des mittleren Gliedes in der Trias Gott, Welt, Mensch. Sehen wir aufmerksamer zu, so beginnen sich genau an dieser Fragestellung die hermetischen Geister zu scheiden. Wir entdecken, daß
10   sich diese Beurteilung der Welt gerade in den Partien / der hermetischen Traktate und Fragmente findet, denen wir bisher noch nicht begegneten, vor allem in den Traktaten (II). V. VIII. XI. XIV, dann in gewissen Partien von X und XII; endlich in den beherrschenden Ausführungen des großen Traktates resp. des aus mehreren Traktaten zusammengearbeiteten Konglomerats des Logos teleios (Ps. Apuleius). Aber eine ganze Reihe von Zeugnissen treten auf die andere Seite. Wir werden hierher sofort alle die Traktate und Fragmente stellen können, in denen die Planeten resp. Gestirne als böse Mächte gelten, die der menschlichen Seele ihre Laster verliehen haben, über welche
20   sich die Seele des Gnostikers bei ihrer / Heimreise erhebt. Ich deute hier nur kurz an, da diese Vorstellungen erst weiter unten behandelt werden können : es sind die Traktate I (Poimandres), XIII (Prophetenweihe), auch IV (Krater, vgl. § 8 und Stobaios Eklog. I 700); endlich die Bitysoffenbarungen im achten Buch des Jamblichos. Traktat XIII bestätigt uns diese Einreihung noch ausdrücklich, wenn er gleich am Anfang (§ 1) das Mysterium der Wiedergeburt mit der Befreiung von der „Welt" zusammenbringt (ὅταν μέλλῃς κόσμου ἀπαλλοτριοῦσθαι),

wenn er von der ἀπάτη τοῦ κόσμου redet. Hierzu gesellt sich unter diesem Gesichtspunkt der VI. Traktat. Wir finden hier die erwartete pessimistische Weltbeurteilung / auf die klarste und bestimmteste For- 30 mel gebracht: παθῶν γὰρ πλήρη τὰ γεννητά, αὐτῆς τῆς γενέσεως παθητῆς οὔσης· ὅπου δὲ πάθος οὐδαμοῦ τὸ ἀγαθόν. ὅπου δὲ τὸ ἀγαθόν, οὐδαμοῦ οὐδὲ ἓν τὸ πάθος. ὅπου γὰρ ἡμέρα, οὐδαμοῦ νύξ, ὅπου δὲ νύξ, οὐδαμοῦ ἡμέρα (§ 2)[1] und: τὸ δὲ ἐνθάδε ἀγαθὸν μόριον τοῦ κακοῦ τὸ ἐλάχιστον (§ 3). Mit Traktat VI hängt dann unmittelbar die Mahnrede Traktat VII zur Feindschaft gegen die niedere und verderbte Leiblichkeit zusammen, die man allenfalls als gesteigerten Platonismus betrachten könnte, die aber doch in diesen Zusammenhang des absoluten Dualismus einzustellen ist.

Der Traktat IX ist ein überarbeitetes Konglomerat, in dem die
708 / Stimmungen und Themata sich kreuzen. Hier finden wir — und zwar mitten in einem spezifisch gnostischen Zusammenhang — eine wohl von einem Redaktor eingesprengte Polemik gegen jene pessimistische Beurteilung der Welt: τὴν γὰρ κακίαν ἐνθάδε δεῖν οἰκεῖν εἴπομεν ἐν τῷ ἑαυτῆς χωρίῳ οὖσαν. [χωρίον γὰρ αὐτῆς ἡ γῆ, οὐχ ὁ κόσμος, ὡς ἔνιοί ποτε ἐροῦσι βλασφημοῦντες]*. Woher immer diese — übrigens echt griechisch empfundene — Glosse stammen mag, sie setzt deutlich derartige „lästerliche" Anschauungen in hermetischen Kreisen voraus und gibt zugleich authentische Belehrung über die weittragende Be-/deutung der Behauptung von der Schlechtigkeit des κόσμος. Etwas 10 anders steht es mit der Sammlung kurzer hermetischer Kernsprüche bei Stob. I 704 ff. Hier scheint uns wieder bei dem hier vorgetragenen Pessimismus der echt griechische Gegensatz zwischen der Welt unter dem Monde und der der Gestirne zu begegnen: οὐδὲν ἀγαθὸν ἐπὶ τῆς γῆς, οὐδὲν κακὸν ἐν τῷ οὐρανῷ. Aber bei dem Himmel denkt der Verfasser nicht an den κόσμος der Gestirne, sondern an die transzendente Gottheit. Daher ist auch der bald folgende Ausspruch κακία κόσμου τροφή wohl in seiner ganzen Tragweite zu nehmen, zeigt doch auch das letzte Wort einen ins Trostlose gesteigerten Pessimismus: τί θεός; / ἄτρεπτον ἀγαθόν· τί ἄνθρωπος; ἄτρεπτον κακόν (708), 20 und bringt doch auch der Schluß des ganzen das spezifisch „gnostische" Grundgefühl, zu den wenigen Auserwählten zu gehören (s. u.), zum klaren Ausdruck (710).

---

[1] Die zweite Hälfte von § 2, die eine μετουσία am Guten für die Welt behaupten möchte, ist der Stimmung nach von der ersten so verschieden, daß wir sie am liebsten (mit Zielinski) einer Bearbeitung zuweisen möchten.
* Siehe S. 159.

III. Auf diesem Untergrunde gilt es nun die Gottesidee des hermetischen Schriftenkreises, soweit dieser hier in Betracht kommt, zu verstehen. Soweit dieser in Betracht kommt, denn auf weiten Strecken der hermetischen Literatur herrscht der monistische optimistische Gottesglaube der mittleren Stoa vor, für den Gott und die Welt beinahe identische Größen sind, jene theologia physica, für welche in
30 / der Ordnung und Herrlichkeit der Natur und namentlich der gestirnten Himmelswelt das Wesen der Gottheit in die Erscheinung tritt.

Andrerseits aber begegnet uns in dem Umkreis der spezifisch „gnostischen" Hermetik die dem im Vorhergehenden Ausgeführten entsprechende transmundane Gottesidee ganz deutlich. Kroll hat gleich im Anfang seines Werkes die Zeugnisse der hermetischen Schriften für diese transmundane Gottesidee zusammengetragen. Da wäre kaum etwas hinzuzufügen. Positive Aussagen lassen sich über diesen Gott ja in der Tat auch wenig machen, wir geraten auf lauter Negationen. Etwas lebendiger und greifbarer ließe sich dieses Gottesbild immerhin
40 / gestalten, wenn man es auf dem Fundament der eben gewonnen Grundanschauung zeichnet. Dieser höchste Gott ist in der Welt des
709 Lichtes und des Lebens j e n s e i t s der P l a n e t e n s p h ä r e n u n d / d e r H e i m a r m e n e zu Hause, jenseits der Schöpfung eines von ihm unterschiedenen Demiurgen, dessen Figur wir sogleich genauer ins Auge fassen werden. Dort wohnt er in der unbekannten Welt, in der Welt des ewigen Schweigens, ist daher nur im Schweigen gebührend zu verehren (de myst. VIII 3). Er ist das ἓν μόνον φῶς νοερὸν πρὸ φωτὸς νοεροῦ (Cyrill c. Julian I 555). Er ist τοῦ πρώτου καὶ ἑνὸς θεοῦ δημιουργός. So liegt seine Gestalt namentlich im Poimandres, aber auch in den theogonischen Systemen im achten Buch von de mysteriis vor.
10 / Es ist vor allem der θεὸς ὕψιστος, πανυπέρτατος, der deus summus exsuperantissimus, wie er im Schlußgebet des Asclepius genannt wird[1]). D. h. eben er ist der Gott jenseits der Sternenwelt und der Heimarmene. Ganz naiv ist das im Asclepius (p. 65 s.) zum Ausdruck gebracht : deus supra verticem summi caeli consistens ubique est omniaque circum conspexit. Sic est enim *ultra caelum locus sine stellis ab omnibus rebus corpulentis alienus.* Man sieht deutlich, wie die Sprache einer Frömmigkeit, die bisher das Höchste und Göttlichste im gestirnten Himmel fand, sich fast vergeblich abmüht, von den naturhaften Vorstellungen

---

[1] Griechischer Text ὕψιστε, lateinisch : exsuperantissimus.

loszukommen und das geistige Wesen der Gottheit zu erfassen. Diesem
/ deus exsuperantissimus hat bekanntlich Cumont eine glänzende Unter- 20
suchung gewidmet[2]. Er hat nachgewiesen, wie diese Idee aus dem
Orient (Syrien) stammt. Er hat vor allem auf die wichtige Stelle in
Statius' Thebais hingewiesen, die uns auf Zusammenhänge dieses Gottes-
glaubens mit (orientalischem) Mysterienwesen aufmerksam macht: et
triplicis mundi *summum, quem scire nefastum,* illum — sed taceo; —
sowie auf den Kommentar des Lactantius Placidus, in welchem von
einer Lehre der Perser (also der Mager) die Rede ist: confirmant re
vera esse praeter hos deos cognitos, qui coluntur in templis, alium
principem et maxime dominum, ceterorum numinum ordinatorem[3].
/ Kroll (S. 7) erkennt das Resultat von Cumonts Untersuchung an. 30
Doch möchte er auch hier wieder gern im Milieu der mittleren Stoa
bleiben und macht daneben darauf aufmerksam, „daß nach einer
Lehre der jüngeren Stoiker das Urpneuma von den Elementen nicht
vollständig aufgezehrt wird, sondern daß ein Rest in Gestalt des
Aethers am äußersten Ende der Welt wohnen bleibt, und daß von
ihm als Gott oder Weltherrscher die Welt regiert" werde. Er zitiert
Aetios plac. I 7 $_{33}$, Diels Doxogr. 306 $_{10}$: τὸν δὲ ἀνωτάτω πάντων (den
göttlichen Wesenheiten) νοῦν ἐν αἰθέρι; auch Tertullian Apologet. 47:

710 / deum esse positum vero extra mundum Stoici (putant), qui figuli modo
extrinsecus torqueat molem hanc. Daß bei den Ausläufern der Stoa
in vereinzelten Köpfen derartige häretische Gedanken laut wurden,
bedarf aber eher der Erklärung, als daß diese Tatsache die hermetische
Gnosis erklären könnte. Und daß Poseidonios von Apameia, wie
Kroll für möglich hält, der Vermittler dieser Vorstellungen gewesen
sei, muß doch wohl nach allem, was wir von ihm wissen, für ausgeschlossen gelten.

Tatsächlich handelt es sich hier wieder um eine auch der mitt-
/leren Stoa ihrem Wesen nach fremde Idee: die Gottheit jenseits des 10
gestirnten Himmels und der Heimarmene. Es wird sich immerhin
lohnen, nach andern Parallelen Umschau zu halten, die jenseits der
Stoa liegen, auf die Cumont a.a.O. schon den Blick gerichtet hat.

Eine solche findet sich z.B. (vgl. auch Kroll S. 9) in der pseudoaristo-
telischen Schriften περὶ κόσμου c. 6 : τὴν μὲν οὖν ἀνωτάτω καὶ πρώτην
ἕδραν αὐτὸς ἔλαχεν, ὕπατος δὲ διὰ τοῦτο ὠνόμασται κατὰ τὸν ποιητὴν

---

[2] Jupiter summus exsuperantissimus, Archiv f. Religionsgeschichte IX 1906 323-336.
[3] Vgl. auch Simon Magus' Lehre in den Pseudoklement. Recogn. II 38.

„ἀκροτάτῃ κορυφῇ"[1] τοῦ σύμπαντος ἐγκαθιδρυμένος οὐρανοῦ. Daß
wir bei der Beurteilung dieser Schrift eben nicht mit der Formel Poseidonios durchkommen, zeigt die bekannte, einige Sätze hinterher fol-
20 /gende ausdrückliche Polemik gegen die pantheistische, Gott in die
Materie hinabziehende Gottesanschauung der Stoa. Bei Apuleius, bei
dem uns in der Bearbeitung von περὶ κόσμου wieder der summus atque
exsuperantissimus divus entgegentritt, findet sich de Platone I 11
p. 957 eine noch interessantere Parallele, die uns zugleich wieder den
transzendenten Gott im Gegensatz zur niederen Gestirnsphäre zeigt:
deorum trias nuncupat species, quarum est prima unus et solus *summus* ille, *ultramundanus, incorporeus* ... aliud genus est, quale *astra*
habent ceteraque numina, quos caelicolas nominamus; tertium habent,
30 quos medioximos Romani veteres appellant. Man kann diese / Anschauung ja bis zu einem gewissen Grade Platonismus nennen. Aber
dieser feste und eigentümliche siderische Unterbau der transzendenten
Gottesidee weist doch in eine andere Welt. Cumont hat Recht, wenn
er hier orientalische Einflüsse ahnt. Wir wissen nun freilich nicht
711 genau, woher Apuleius seine Ideen aufgegriffen hat; so / mag noch
darauf hingewiesen werden, daß sich diese transzendente Gottesidee
besonders noch bei neupythagoräischen Philosophen findet. Auf den
Satz, der unter dem Namen des Archytas bei Stob. Ekl. I 716 steht:
νοῦς ἀλλὰ καὶ νόω τι κρέσσον hat Kroll schon als Parallele hingewiesen. Derselbe „Archytas" (ib. 712) kennt eine dritte höchste
Grundkraft, welche die böse Grundkraft der Materie (ἐστώ) und die
gute der Form (μορφώ) zu einander bringe: ταύταν δὲ τὰν πράταν τᾷ
δυνάμι καθυπερτάταν εἶμεν τᾶν ἄλλαν· ὀνομάζεσθαι δ'αὐτὰν ποθά-
κει θεόν. Ich zitiere noch Onatas (Stob. I 94): δοκέει δέ μοι καὶ μὴ εἷς
10 / εἶμεν θεός, ἀλλ' εἷς μὲν ὁ μέγιστος καὶ καθυπέρτερος καὶ κρατέων
τοῦ παντός. Auch Eudoros (Simplicius Physic. 141) kennt einen ὑπεράνω θεός, den Ursprung der Hyle und aller erzeugten Dinge[1*].

---

[1] Dies Schlagwort kehrt in allerlei Variationen sehr häufig wieder. In dem orphischen
Fragment Clement. Homil. VI 6 (ἐπ' ἀκρωρείας οὐρανοῦ προκαθέζεται); Basilidianer
b. Hippolyt ed. Duncker 374₆₁. Fragm. Orphica ed. Abel 120 p. 199 (κατὰ τὸ πέρας
τῶν νοητῶν ἱδρύμενος). Philo de somniis II 221. Numenios bei Euseb. Pr. Ev. XI
18, 24. (Plutarch defect. orac. 29). Vgl. auch die Kosmogonie des slavischen Henochbuches c. 25. Damit hängt auch die sehr weit verbreitete Vorstellung des θεὸς ἐστώς
in den Hermetica, bei Philo, bei Numenios von Apameia zusammen. Darüber müßte
noch einmal im Zusammenhang gehandelt werden. Kroll hat vieles davon gesehen und
notiert S. 8f.
[1] Vgl. noch den Bericht über die Orphischen Lehren bei Suidas u.a. (Abel fragm.
Orph. 52, p. 173): εἰρηκὼς ἐν τῇ αὐτοῦ ἐκθέσει ἀκατάληπτόν τινα καὶ πάντων
ὑπέρτατον εἶναι καὶ προγενέστερον δὲ καὶ δημιουργὸν ἁπάντων καὶ τοῦ Αἰθέρος.
* Siehe S. 160.

Endlich hat man mit Recht auch Philo mit seinen Ausführungen de congr. erud. gratia § 104f. in diesen Zusammenhang eingestellt; ἐννέα γὰρ ὁ κόσμος ἔλαχε μοίρας, ἐν οὐρανῷ μὲν ὄκτω, τήν τε ἀπλανῆ καὶ ἑπτὰ τὰς πεπλανημένας ... ἐνάτην δὲ γῆν σὺν ὕδατι καὶ ἀέρι. Aber ὁ τέλειος (τιμᾷ) τὸν ὑπεράνω τῶν ἐννέα, δημιουργὸν αὐτῶν, δέκατον θεόν ...

Es ist eine eigene Welt für sich, die hier durch Philo und περὶ κόσμου, Neupythagoräer und Apuleius repräsentiert wird, und die aus / stoischen Prämissen schwer begreiflich wird. Am deutlichsten und 20 eigenartigsten aber tritt uns doch der transmundane Gott jenseits der Heimarmene in der hermetischen Gnosis entgegen.

IV. Mit alledem hängt nun auf das engste eine Idee zusammen, die uns wenigstens in einer Reihe hermetischer Quellen, vor allen im Poimandres, begegnet. Das ist die Idee des Demiurgen. Der Weltschöpfer wird vom höchsten Gott getrennt! Wieder sind wir hier in einer andern Welt. Das tritt bei Kroll, der hier einfach Tatsachen registriert, lange nicht deutlich genug hervor. Wenn in Platos Timaios die Schaffung der Leiblichkeit des Menschen auf unter / dem Demiurg stehende Götter zurückgeführt zu sein scheint, so ist 30 das begreiflich und ganz etwas anderes, als wenn hier der Kosmos als ein Werk des Demiurgen erscheint. Und dazu kommt, daß im Poimandres gerade die Gestirnwelt und die Planetensphären, die höhere Welt des πνεῦμα und πῦρ (s. u.), mit der schöpferischen Tätigkeit des Demiurgen in Verbindung gebracht wird (während infolge einer hier bereits herrschenden unklaren Vermittelungstheologie dem neben dem Demiurg stehenden Logos die Aufgabe der uranfänglichen Scheidung der Elemente zufällt). Daß wir es in alledem aber tatsächlich mit einer wirklich hermetischen Lehre und nicht mit einer Eigentümlichkeit **712** / des Poimandres zu tun haben, beweisen außer einzelnen Anspielungen in andern Traktaten und Fragmenten[1] die Berichte über die hermetischen Lehren in de mysteriis VIII 2f., die von Kroll (S. 60ff.) in diesen

---

[1] Vgl. Laktanz Inst. VII 18, 3 τοῦ πρώτου καὶ ἑνὸς θεοῦ δημιουργός. Kroll S. 61 verweist noch auf XIII 19 und II 12 (sowie auf die Anthropologie XII 14). Auch auf Cyrill c. Julian I 556 B (Νοῦν μὲν γὰρ ἐκ Νοῦ, φησι (ὁ Ἑρμῆς) τὸν υἱὸν καὶ ὡς φῶς ἐκ φωτός. Im Logos teleios (Asclepius) p. 65 wird von dem höchsten Deus supra verticem summi caeli consistens (s. o.), ein Jupiter, qui inter caelum et terram obtinet locum und ein Jupiter Plutonius unterschieden. — Andrerseits ist in bestimmten hermetischen Stücken (Kroll 101) die Sonne geradezu zweiter Gott und Demiurg geworden. Dazu vgl. das Zeugnis über Chairemon Euseb. Pr. Ev. III 4, 2: ἑώρα γὰρ τοὺς τὸν Ἥλιον δημιουργὸν φαμένους καὶ τὰ περὶ τὸν Ὄσιριν καὶ τὴν Ἴσιν. (Unmittelbar vorher Berufung auf eine nach de myst. VIII 4 hermetische Schrift: τὰ Σαλμεσχινιακά).

Zusammenhang hätten hineingestellt werden müssen (vgl. seine Ausführungen über den höchsten Gott S. 2). Hier werden verschiedene
Spekulationen über die Uranfänge vorgetragen. Von dem θεὸς εἷς,
πρότερος καὶ τοῦ πρώτου θεοῦ καὶ βασιλέως wird c. 2. ausdrücklich
ein zweiter Gott, der aus dem ersten aufleuchtete (ἐξέλαμψεν), αὐτο-
πάτωρ καὶ αὐτάρκης unterschieden. Er ist τῶν νοητῶν ἀρχή, auf ihn
10 erst folgen / die αἰθέριοι, ἐμπύριοι, ἐπουράνιοι θεοί. Im folgenden
Kapitel wird von dem höchsten Gotte Κμήφ (dem noch der rätselhafte Gott Εἰκτών, den man durch Schweigen verehrt, vorgeordnet
erscheint) Amun als δημιουργικὸς Νοῦς unterschieden, als dessen
Wahrheit und Weisheit (?) Ptah und Osiris erscheinen². Und wiederum
heißt es in c. 4. προπάτορά τε τῶν ἐν γενέσει δημιουργὸν προτάτ-
τουσιν ... καθαρόν τε Νοῦν ὑπὲρ τὸν κόσμον τιθέασι, καὶ ἕνα
ἀμέριστον ἐν ὅλῳ τῷ κόσμῳ καὶ διῃρημένον (vgl. dazu Numenios
b. Euseb. Pr. Ev. XI 18, 3 u. Poimandres I 10) ἐπὶ πάσας τὰς
σφαίρας ἕτερον.

Fast ebenso bedeutsam aber ist es, daß in zwei Traktaten gegen
20 / die Annahme des Demiurgen ausdrücklich polemisiert wird. Der XI.
Traktat widmet der These ἀδύνατον δύο ἢ πλείους ποιητὰς εἶναι (§ 9)
eine ausführliche Bekämpfung : οὐδὲ γὰρ ἄλλον ἔχει συνεργόν (§ 14).
Auch der Traktat XIV bekämpft Gegner, die Gott zu ehren und zu
preisen meinen τῷ μὴ τὴν τῶν πάντων ποίησιν αὐτῷ ἀνατιθέναι und
die Gott gar nicht kennen (§ 8). Wenn es einem Maler (ζώγραφος)
möglich sei, die ganze buntfarbige Welt zu gestalten, Götter und
Menschen und unvernünftige Wesen, wie sollte das Gott unmöglich
sein!

Die nächste Parallele bietet hier bekanntlich wieder einmal Nu-
713 /menios. Er unterscheidet von dem πρῶτος θεός den δεύτερος und
τρίτος (wohl den Demiurgen und die Welt) : τὸν μὲν πρῶτον θεὸν
ἀγρὸν εἶναι ἔργων ξυμπάντων καὶ βασιλέα, τὸν δημιουργὸν δὲ θεὸν
ἡγεμονεῖν δι' οὐρανοῦ ἰόντα (Euseb. Praep. Ev. XI 18, 3-10)¹. Be-

---

² Dieses Herauswachsen der Hypostasentheologie des Hermes aus ägyptischem Polytheismus ist übrigens im höchsten Maße interessant. Dieser Text ist für Reitzensteins
These viel beweiskräftiger als der von ihm selbst mit so großem Nachdruck herange-
zogene altägyptische (Poimandres 62ff.). S. auch den Schluß der vorigen Anmerkung.
¹ Vgl. XI 18, 3f. 6. 14. 20. 24. Bemerkenswert ist, daß die Gestalt des Demiurgen
hier sich auch mit der des Anthropos im Poimandres berührt: συμφερόμενος δὲ τῇ
ὕλῃ δυάδι οὔσῃ ἑνοῖ μὲν αὐτήν, σχίζεται (s. o. de mysteriis VIII 4) δὲ ὑπ' αὐτῆς
ἐπιθυμητικὸν ἦθος ἐχούσης καὶ ῥεούσης ... διὰ τὸ τὴν ὕλην βλέπειν, ταύτης ἐπιμελού-
μενος ἀπερίοπτος ἑαυτοῦ γίνεται. — Vgl. auch die oben aus de myst. VIII 4 beigebrachte Stelle : ἕνα ἀμέριστον ἐν ὅλῳ τῷ κόσμῳ καὶ διῃρημένον ἐπὶ πάσας τὰς σφαίρας
ἕτερον.

sonders beachtenswert ist dabei, daß auch er den Demiurgen mit der Heimarmene in Verbindung setzt: ὁ δημιουργὸς τὴν ὕλην ... ἁρμονίᾳ ξυνδησάμενος αὐτὸς μὲν ὑπὲρ ταύτης ἵδρυται, ... τὴν ἁρμονίαν δὲ ἰθύνει XI 18, 24. Und dasselbe Mythologumenon von der weltschöpferischen Potenz eines δεύτερος νοῦς findet sich endlich auch in den Oracula chaldaica: νοῦ / γὰρ νοῦς ἐστιν ὁ κόσμου τεχνίτης πυρίου   10 ... πάντα γὰρ ἐξετέλεσσε πατὴρ καὶ νῷ παρέδωκε δευτέρῳ (Kroll p. 13 u. 14). — Da hatten wir sie also wieder dicht neben einander, die Vertreter einer hellenistischen „Gnosis": Corpus Hermeticum, Oracula Chaldaica, Numenios von Apameia! Dazu könnten wir etwa noch als frühestes Glied in der Kette den Alexandriner Philo mit seiner Logosspekulation[2] gesellen[*]. Doch erkennt man, wenn man Philo auf der einen, Poimandres und Numenios auf der andern Seite vergleicht, mühelos und auf den ersten Blick, wie stark in den letzteren Quellen der eigentliche Dualismus fortgeschritten ist. Der Nus Demiurgos ist hier ein spezifisch minder/wertiges Wesen.   20

Dagegen drängt sich hier die Parallele mit der christlichen Gnosis auf. Hier begegnet uns genau dieselbe Figur des minderwertigen Demiurgen. Freilich muß sofort hervorgehoben werden, daß sie auch hier nur auf einem eng begrenzten Raum erscheint. Sie ist ein Charakteristikum sämtlicher valentinianischen Schulen[3]. Darüber hinaus aber ist sie sehr wenig nachweisbar. Ferner findet sie sich bei den Gnostikern des Plotin (Ennead. II 9, 10-12), deren vermeintlich christlicher Charakter mir nach wie vor zweifelhaft erscheint. Es scheint auch, als wenn auch Marcion und seine Schule sich dieses / Terminus bedient haben. Beachtenswert ist es endlich, daß in der dem Poimandres durch ihren Anthroposmythos nächstverwandten Schrift der Naassener der Satz sich findet: ἵνα δουλεύωσι τῷ ταύτης τῆς κτίσεως δημιουργῷ Ἠσαλδαίῳ θεῷ πυρίνῳ ἀριθμὸν τετάρτῳ (Hippolyt V 7. 146$_{63}$). Doch auch der Naassenerpredigt liegt, wie Reitzenstein erwiesen hat, heidnische Gnosis zu Grunde.

Wenn wir zusammenfassen, so heißt das zunächst: die hermetischen Spekulationen zeigen an diesem Punkt eine intime Verwandt-

714 (left margin)

---

[2] Die geringfügigen Ansätze zu einer Logosspekulation — auch im Poimandres — übergehe ich als für den hermetischen Schriftenkreis nicht sonderlich charakteristisch. Die Ausgleichung zwischen den Figuren des Nus Demiurgos und des Logos im Poimandres durch die Behauptung ihrer Homousie ist ein singulärer vermittelungstheologischer Einfall[**]

[3] Vgl. die Nachweise bei Hilgenfeld, Ketzergesch. S. 527f. 536. Clemens Alex. Stromat. III 3, 12 vgl. IV 7, 45; IV 8, 68. Ueber Tatian vgl. noch Origenes c. Clesum VI 51.

[*] u. [**] Siehe S. 162 und 163.

schaft mit der späteren hellenisierten Form der christlichen Gnosis.
10 / Die älteren und einfachen, mehr orientalischen Formen haben hier
ein ganz anderes und ursprünglicheres Aussehen. Wie blaß und abstrakt nimmt sich die Figur des Demiurgen aus im Vergleich mit den
Gestalten der sieben furchtbaren planetarischen Weltschöpfer und
Weltherrscher und deren grimmigem Oberhaupt, dem Jaldabaoth[1],
oder wie sonst sein Name sein mag.

Alle diese Beobachtungen zwingen zu großer Vorsicht bei der Entscheidung der Prioritätsfrage hinsichtlich dieser Spekulationen vom
Demiurgen als einer zweiten minderwertigen Gottheit. Im allgemeinen
ist man ja freilich geneigt, die Priorität unbedingt auf Seiten der christ-
20 /lichen Gnosis zu suchen, also bei den Valentinianern[2]. Namentlich
die Abhängigkeit des Numenios von Valentin scheint weithin als aus-
gemachte Tatsache zu gelten[3].

Aber gerade die eben gebrachte Uebersicht macht es klar, daß die
Figur des Demiurgen ein Fremdkörper in der christlichen Gnosis ist.
Die Valentinianischen Spekulationen weisen über sich selbst zurück.
Noch immer stehen hier die Phantasien über die Sophia und den
Demiurgen mit denen über die Hebdomas und Ogdoas in Verbindung.
Die Sophia herrscht über die Ogdoas, der Demiurg über die Hebdomas.
30 Aber die ursprüngliche Bedeutung dieser Figuren ist / verloren ge-
gangen. Erst ein Vergleich mit den früheren gnostischen Systemen
macht uns die ursprüngliche Bedeutung der Hebdomas (und damit
auch der Ogdoas) und ihre Beziehung zu der Welt der planetarischen
Götter klar. Deutlich zeigt sich die spätere systematische Bearbeitung
älterer uns erreichbarer Vorstellungen.

715 Wie viel klarer hat sich demgegenüber die Beziehung des / Demiurgen
zu der Planetensphäre und den ,,Sieben" im Poimandres erhalten*!
Die ὀγδοαδικὴ φύσις ist hier noch ganz deutlich die Welt jenseits
der Planetensphären, zu denen die Seele aufsteigt (§ 26). Auch darauf
mag in diesem Zusammenhang hingewiesen werden, daß uns Figur
und Mythos des Anthropos im Poimandres in voller plastischer Leben-

---

[1] Auch die breiten Schichten der sogenannten Barbelognosis, die Irenaeus als Vorläufer des Valentinianismus betrachtet, kennen die Figur des Demiurgen durchgehend
nicht. Ebensowenig die späte Pistis Sophia, die so manche Verwandtschaft mit dem
Valentinianismus aufweist.

[2] Vgl. Dibelius Ztschr. f. Kirchengesch. 1905 186f. Im Anschluß an Dibelius Krebs
Logos 147ff. Auch Kroll S. 62₅ neight sich, wenn er auch zur Vorsicht mahnt, dieser
Ansicht zu. Auf das Problem selbst ist er gar nicht eingegangen.

[3] Vgl. z. B. Norden Agnostos Theos 109. 72f.

* Siehe S. 164.

digkeit überliefert sind, während der Anthropos im valentinianischen System, wie in so manchem andern christlich gnostischer Spekulationen, nur als inhaltsleerer Aeonen-Name erhalten ist.

10 / Und nun sehe man sich die Systeme als ganzes an! Es ist wahr, die Konzeption des Poimandres ist nicht einheitlich. Die Verteilung des Schöpfungswerkes in den ersten Kapiteln auf den Logos und den Nus-Demiurgos ist, wie schon gesagt, künstliche Vermittelungstheologie. In der Schilderung des Abstieges des Anthropos wie der Auffahrt der menschlichen Seele kreuzen sich Ideen verschiedener Herkunft; das ist Zielinski[1] zuzugestehen, wenn auch nicht die weitere Konsequenz, daß es sich hier um verschiedene literarische Schichten handle[2].

Demgegenüber bietet der Valentinianismus ein geschlossenes System.
20 Aber ist das System immer älter als die einzelnen Glieder? / Will man wirklich aus dem ungeheuer komplizierten und verzwickten System des Valentinianismus den viel einfacheren Poimandres ableiten? Wie will man es dann erklären, daß die einzelnen Figuren, die in jenem ungeheuren Aufbau teils in den Winkel gestellt, teils zu abstrakten Ideen verblaßt sind, hier eine ganz konkrete Ausgestaltung erhalten haben? So wird man gut tun, das Urteil hier zum mindesten zurückzustellen. Was ich aber schon jetzt behaupten möchte, ist — nicht
716 die Abhängigkeit Valentins vom Poimandres[3] — aber wohl das / eine, daß die Gestalt des Demiurgen im valentinianischen System aus der rein hellenistischen in die orientalisch christliche Gnosis eingedrungen ist. Das gilt denn auch von dem Verhältnis des Numenios zu Valentin. Ich halte die Behauptung der Abhängigkeit des erstern vom letztern

---

[1] Archiv f. Religionswissensch. VIII 328f.

[2] Dagegen sehe ich keine Inkongruenz bei der Einführung des Anthropos. Wenn der nachträglich nach Logos und Nus emanierte Anthropos als ἴδιος τόκος erscheint, so soll das eben bedeuten, daß Logos und Nus-Demiurgos ihm gegenüber fremde Wesen sind. — Es ist wahr, der Anthropos ist nach dem ursprünglichen Sinn des Mythos eine kosmogonische Potenz und deshalb neben dem Nus-Demiurgos eine Dublette, aber im Poimandres ist er eben als Urmensch aufgefaßt, und mit ihm beginnt — daran wird genau festgehalten — die Anthropogonie.

[3] Eine Abhängigkeit des Valentin von Hermes behauptet Anthimos v. Nikomedien in seiner Schrift de sancta ecclesia (G. Mercati Studi e. Testi 1901, 98), auf die Kroll 28₁ aufmerksam macht. Er behauptet, daß Valentin seine Lehre von der Entstehung des Logos dem Hermes zu verdanken habe, und zitiert den hermetischen Satz: εἰσόμεθα τὸν προεννοούμενον θεόν, ὅς τὰ πάντα μὲν ἐκείνου ὅμοια βουληθέντος ἔχει, δυσὶ δὲ λείπεται τῷ εἶναι ἐν σώματι καὶ ὁρατὸν ὑπάρχειν. — Dazu ist zu bemerken, daß sich in dem Hermesstück de myst. X 7 genau die Wendung τὸν προεννοούμενον θεόν wiederfindet. A. scheint also einigermaßen orientiert zu sein.

keineswegs für erwiesen. Numenios steht viel näher zu Hermes als
zu Valentin, er ist ein Glied der rein hellenischen Gnosis und die
Gestalt des Demiurgen stammt bei ihm dorther, nicht von Valentin.

V. Doch wir nehmen den Hauptfaden der Untersuchung wieder
10 / auf und suchen weiter in die Eigentümlichkeiten der dualistischen
Schicht der Hermetischen Literatur einzudringen. Wir sahen, nach
deren Anschauung war die Heimarmene eine Macht der Schlechtigkeit
und Bosheit und deshalb auch der gesamte ihr unterstellte Kosmos
prinzipiell schlecht. Die Welt aber besteht aus den vier (resp. fünf)
Elementen. So ergibt sich von hier aus eine bestimmte hermetische
Anschauung von der Minderwertigkeit der Elemente, die es jetzt zu
erhellen gilt. Kroll bringt in seinem Abschnitt über die Elemente
S. 178 ff. ein Vielerlei von allerlei Lehren über die Elemente. Ueber
das eigentlich Wesentliche ist er dabei völlig hinweggeglitten. Es
20 / kommt darauf an, dieses zunächst zu beleuchten.

Wir setzen wohl am besten mit einigen Stellen ein, die eigentlich
in die Anthropologie hineingehören. In § 17 des Poimandres wird
über das Wesen des Menschen eine zusammenfassende Anschauung
vorgetragen. Danach besteht der niedere leibliche Teil desselben aus
den vier Elementen — (an Stelle des ἀήρ tritt hier der αἰθήρ und
von ihm ist das πνεῦμα abgeleitet). Dann aber heißt es weiter : ὁ δὲ
ἄνθρωπος ἐκ ζωῆς καὶ φωτὸς ἐγένετο εἰς ψυχὴν καὶ νοῦν, ἐκ μὲν ζωῆς
ψυχήν, ἐκ δὲ φωτὸς νοῦν. Der Verfasser kennt also eine höhere Welt
des φῶς und der ζωή, denen die körperliche Welt der vier Elemente
30 / in starkem Gegensatz gegenübertritt. Für den Poimandres ist überdies diese Behauptung zentral. Die Erlösung besteht nach ihm für
den Menschen in der Erkenntnis, daß er aus der Welt des Lichtes
und des Lebens stammt und daß er dorthin den Weg zurückfindet
(§ 21). Im Schlußgebet heißt es : διὸ πιστεύω καὶ μαρτυρῶ, εἰς ζωὴν
καὶ φῶς χωρῶ[1]. Das ist dasselbe wie die Befreiung von der Heimarmene. ζωή und φῶς sind auch die höchsten Güter, die der Mensch
im Mysterium der Palingenesia gewinnt : XIII 9 τῇ δὲ ἀληθείᾳ καὶ
τὸ ἀγαθὸν ἐπεγένετο ἅμα ζωῇ καὶ φωτί[2]. Für diese eigentümliche

---

[1] Dieses Schlußgebet beginnt in dem Berliner Papyrus 9794, der es uns als Stück
für sich überliefert : ἅγιος ὁ θεὸς ὁ ὑποδείξας μοι ἀπὸ τοῦ Νοὸς ζωὴν καὶ φῶς.

[2] Nur mit dem Unterschied, daß hier πνεῦμα in der Reihe der überirdischen Elemente
erscheint : ζωὴ δὲ καὶ φῶς ἡνωμέναι εἰσίν, ἔνθα ὁ τῆς ἑνάδος ἀριθμὸς πέφυκε τοῦ
πνεύματος XIII 12. Dem entsprechend : σῶζε ζωή, φώτιζε φῶς, πνευμάτιζε θέε XIII
17. Sollte in dieser ganz singulären Einschätzung des Pneuma jüdischer (Septuaginta-)
Einfluß vorliegen?

717 / Elementarlehre finden wir diesmal eine bemerkenswerte Parallele, wo wir sie nicht erwarten, nämlich in dem Logos teleios des Asclepius, der im übrigen zu der nichtdualistischen Schicht der Hermetica gehört. Hier heißt es p. 46$_4$: (homo), qua ex anima et sensu, spiritu atque ratione divinus est, velut ex elementis superioribus inscendere posse videatur in coelum, parte vero mundana, quae constat ex *igne aqua et aere*, mortalis resistat in *terra*. Hier haben wir also genau den Gegensatz zwischen den niederen irdischen und den höheren himmlischen Elementen, nur daß diese nicht „Licht und Leben" ge/nannt 10 werden.

Diese Elementarlehre gilt es in ihrer ganzen Tragweite zu erfassen. Diese Lehre von dem niederen Charakter der Elemente ist ja keineswegs etwa aus platonisierenden Philosophemen über die niedere materielle Leiblichkeit, in welcher der Mensch gefangen ist, abzuleiten. Nein das Werturteil gilt allen Elementen, aus denen der Kosmos sich zusammensetzt, auch den höheren Elementen des πῦρ und πνεῦμα (ἀήρ). — Und dieses Urteil wird uns nun sofort, namentlich durch einen Blick in den Poimandres, bestätigt, dessen kosmische / Theorien 20 damit durchaus übereinstimmen. Danach ist das Wesen des höchsten Nus und seines Leiblingskindes: φῶς καὶ ζωή (§ 9. 12). Das Licht, das der Seher gleich im Anfang der Finsternis gegenüber schaut, ist der Nus (§ 4. 6). Es heißt: θεωρῶ ἐν τῷ Νοῖ τὸ φῶς ἐν δυνάμεσιν ἀναριθμήτοις ὄν (§ 7). Das Wesen Gottes ist so mit dem höheren Wesen des Menschen verbunden: φῶς καὶ ζωή ἐστιν ὁ θεὸς καὶ πατήρ, ἐξ οὗ ἐγένετο ἄνθρωπος (§ 21).

Und dem entspricht es nun, daß namentlich das Feuer, sonst das höchste und eigentlich göttliche der Elemente, einen minderwertigen Charakter erhält*. Gleich im Anfang der Kosmogonie ist von der ge-/waltsamen Bändigung des Feuers die Rede: καὶ περιίσχεσθαι τὸ πῦρ 30 δυνάμει μεγίστῃ καὶ στάσιν ἐσχηκέναι κρατούμενον (§ 7)[1]. Die Finsternis stößt ein unartikuliertes Gebrüll aus ὡς ἀπὸ πυρός. Vor allem, der Nus Demiurgos wird ausdrücklich als θεὸς τοῦ πυρὸς καὶ πνεύματος eingeführt (§ 9)**. Es ist von der τοῦ Δημιουργοῦ κτίσις ἐν τῷ πυρί[2] die Rede. Der Demiurg ist der ἐπικείμενος ἐπὶ

---

[1] Anders im Traktat III. Hier wird allerdings auch das φῶς ἅγιον erwähnt (im Anschluß an LXX). Aber vom Feuer heißt es einfach § 2: πυρὶ τῶν ὅλων διορισθέντων καὶ ἀνακρεμασθέντων πνεύματι ὀχεῖσθαι. — Das ist echt griechisch. Das Feuer ist weltschöpferische Potenz, nicht feindliche Macht.

[2] So ist nach der glücklichen Konjektur Zielinskis statt ἐν τῷ πατρί zu lesen.

* u. ** Siehe S. 164.

718 τοῦ πυρός (§ 13). / Die „Sieben", die διοικηταί des Demiurgen sind wiederum ἐκ πυρὸς καὶ πνεύματος[1]. Und der Gegensatz geht noch weiter. In den Paränesen des Poimandres § 22f. heißt es, daß der Nus sich der reinen und frommen Seelen annehme. Den Schlechten aber werde er ferne sein τῷ τιμωρῷ ἐκχωρήσας δαίμονι, ὅστις τὴν ὀξύτητα τοῦ πυρὸς[2] προσβάλλων τοῦτον βασανίζει, καὶ ἐπ' αὐτὸν πῦρ ἐπὶ τὸ πλέον αὐξάνει. Hier und da begegnen uns diese seltsamen Spekulationen auch in

10 den andern hermetischen Traktaten. In der Kleis heißt es X 21 ὁ / γὰρ νοῦς, ὅταν δαίμων γένηται[3], πυρίνου τυχεῖν σώματος τέτακται ... καὶ εἰσδὺς εἰς τὴν ἀσεβεστάτην ψυχὴν αἰκίζεται αὐτὴν ταῖς τῶν ἁμαρτημάτων μάστιξιν[4]. Ganz deutlich kommt auch hier der Gegensatz heraus : εἰς δὲ τὴν εὐσεβῆ ψυχὴν ὁ νοῦς ἐμβὰς ὁδηγεῖ αὐτὴν ἐπὶ τὸ τῆς γνώσεως φῶς[5]. Von einigen Stellen des Traktat XIII war bereits oben die Rede. Ich füge etwa noch XIII 18 hinzu : ζωὴ καὶ φῶς, ἀφ' ἡμῶν εἰς ὑμᾶς χωρεῖ ἡ εὐλογία. II 18 wird die obere Welt als νοῦς καὶ λόγος ... αὐτὸς ἐν ἑαυτῷ ἑστώς ... ἡ ἀλήθεια, τὸ ἀρχέτυπον φῶς charakterisiert[6]. In der Mahnrede des siebenten Traktats werden die Mysten ermuntert

20 / den Führer zu suchen, der sie ἐπὶ τὰς τῆς γνώσεως θύρας[7], ὅπου ἐστὶ τὸ λαμπρὸν φῶς τὸ καθαρὸν σκότους leiten könne. Das Gewand des Leibes wird als σκοτεινὸς περίβολος bezeichnet. Selbst XI 7 heißt es von den sieben Himmelsräumen : φωτὸς πάντα πλήρη, πῦρ δὲ οὐδαμοῦ.

Auch außerhalb der hermetischen Sammlung im engeren Sinn begegnen wir Spuren dieser Anschauung. Charakteristisch ist der im Papyrus Mimaut erhaltene Text des Schlußgebets des Logos teleios,

---

[1] Wenn es in der Κόρη Κόσμου Stob. Ekl. I 936 heißt, daß Gott die erstgewordenen Seelen aus Feuer und Geist schafft, so sind hier wieder πνεῦμα und πῦρ die wertvollen Elemente. Vgl. den Logos der Isis an Horos Stob. I 1096. Das ist alles wieder echt griechisch.

[2] Es ist hier sowohl an das strafende wie an das sündige Feuer der Begierde gedacht. Darüber s. u.

[3] Wohl ein Mißverständnis von I 23 (ὁ Νοῦς) τῷ τιμωρῷ ἐκχωρήσας δαίμονι.

[4] Hier scheint wesentlich das Feuer der Begierde ins Auge gefaßt zu sein. Doch ist auch dies als Straffeuer gedacht.

[5] Ganz anders orientiert ist das Stück X 16-19. Hier gilt das Feuer gerade im Gegensatz zu den niedern irdischen Hüllen als das eigentliche seinem Wesen entsprechende Gewand des göttlichen Nus. — Die Kleis ist ein schwer entwirrbares Konglomerat verschiedener Traktate.

[6] Vgl. Cyrill. c. Julian. I 555ff. Gott ist φῶς καὶ νοῦς καὶ πνεῦμα (! s. o.).

[7] Vgl. Ode Salomos 12₃ : das wahre Wort, Tür seines Lichts.

das also auch für sich als kleines liturgisches Stück bestanden hat : ἐγνωρίσαμέν σε ὧ φῶς ... ἐγνωρίσαμέν σε ὧ ζωὴ τῆς ἀνθρωπίνης

719 ζωῆς[8]. / In der Liturgie hält sich das Eigentümliche am Besten. Auch in dem späten Zosimosbuch, das Reitzenstein Poimandres 102ff. herangezogen hat, ist die Rede von dem πνευματικὸς καὶ φωτεινὸς ἄνθρωπος. Der Sohn Gottes wird als φωτίζων eingeführt u. s. f.[1].

An allen diesen Zusammenhängen ist Kroll so gut wie ganz vorbeigegangen oder hat sie nur gelegentlich berührt. Und doch sind sie wieder zur Charakteristik des hermetischen Schriftenkreises von außerordentlicher Wichtigkeit. Ich habe in meinem Kyrios darauf hingewiesen, daß schon die ständige Umschreibung des göttlichen Wesens / und der göttlichen Welt mit dem Begriff Licht ein charakteristisches 10 Novum in der Religionsgeschichte darstellt. Sie ist weder auf dem Gebiet der griechischen Philosophie — die einzige Ausnahme bilden hier die bereits synkretistisch berührten Spekulationen des Neupythagoräismus[2] — noch auf dem Gebiet der alttestamentlichen Frömmigkeit zu Hause. Es ist innerhalb der alttestamentlichen Frömmigkeit ein Novum, wenn in der Sapientia Salomos die Weisheit als ἀπαύγασμα τοῦ φωτός bezeichnet wird, wenn für Philo sich der Gedanke an Gott und die göttliche Welt an zahlreichen Stellen mit dem Begriff Licht verbindet. Von jüdisch-palästinensischen Schriften kenne ich nur eine, / in welcher der Gegensatz φῶς — σκότος eine zentrale Rolle spielt. 20

---

[8] Reitzenstein, hellenist. Myst. Rel. 113.

[1] Christlicher Einfluß ist hier nicht ausgeschlossen. — Der Urmensch heißt in dieser Schrift Φως. Nach dem Zusammenhang ist wohl Φώς zu akzentuieren. Doch ist ein Wortspiel unter Beziehung auf die Lichtnatur dieses Wesens nicht ausgeschlossen.

[2] Wir finden allerdings schon in der von Aristoteles Methaphys. I 5 986 a 22 bezeugten Tafel der (pythagoräischen) Gegensätze das Paar φῶς — σκότος. Aber hier steht dieser Gegensatz zufällig neben andern, beliebig zusammengewürfelten. Die Liste Plutarch, de Is. Os. c. 48 ist identisch. Nur die Anordnung ist verschieden : erstes Paar ἀγαθόν — κακόν, letztes : λαμπρόν — σκοτεινόν (beachte daß statt des Gegensatzes ἕν — πλῆθος hier das charakteristische ἕν — δυάς steht). Bei Porphyr, vita Pythag. 38 beginnen die Reihen mit μονάς, φῶς, δεξιόν — δυάς, σκότος, ἀριστερόν. Bei Eudoros b. Simplicius Phys. 181₁₀ (nach Zeller griech. Philos. I 361₁) lautet die Reihe zum Schluß ἄρρεν, περιττόν, δεξιόν, φῶς. Man sieht wie die Gegensätze Licht und Finsternis immer mehr an die hervorragende Stelle rücken. Ganz orientalisch synkretistisch ist der auf Aristoxenos (?) zurückgeführte Bericht des Hippolyt über Pythagoras und sein Verhältnis zu „Zaratas" I 2 p. 22₅₆ : δύο εἶναι ἀπ' ἀρχῆς τοῖς οὖσιν αἴτια, πατέρα καὶ μητέρα. καὶ πατέρα μὲν φῶς, μητέρα δὲ σκότος (vgl. wiederum Porphyr, vit. Pyth. 41 Ὡρομάζην ... ἐοικέναι τὸ μὲν σῶμα φωτί, τὴν δὲ ψυχὴν ἀληθείᾳ). — Ich zitiere noch als vermutlich neupythagoräischer Herkunft Plutarch. de Ei apud Delphos c. 11. : τὸν δὲ πέμπτον ⟨οἱ μὲν⟩ οὐρανὸν οἱ δὲ φῶς οἱ δ' αἰθέρα καλοῦσιν, οἱ δ' αὐτὸ τοῦτο πέμπτην οὐσίαν. c. 12 αἰθέρι δὲ καὶ φωτὶ διὰ συγγένειαν διαλαμπούσης τῆς ὄψεως γίνεται κρᾶσις; vgl. Is. Os. 39. 366 E auch 77 über das Gewand des Osiris.

Das ist das von orientalischem Dualismus stark berührte, aus der
Makkabäerzeit stammende Testament der Patriarchen (vgl. z.B. Levi
720 / 19, Naphtali 2, Asser 5, Gad 5 und dazu meine Religion des Judentums[2] 385f., 289f., 587).

Es kann gar kein Zweifel sein, in welchem Milieu wir uns mit
dieser Terminologie befinden[1]. Man braucht nur einen Blick in die
gnostische und halbgnostische Literatur bis hin zu den Oden Salomos[2]
zu tun, um zu erkennen, welch eine außerordentliche Rolle hier die
Gegensätze von Licht und Finsternis und die Charakterisierung der
Gottheit und der göttlichen Aeonen mit dem Worte Licht spielen.
10 Und wenn wir im neuen Testament namentlich bei Paulus (z.B. / II
Ko 6$_{14}$) und Johannes bereits diesen Gegensätzen begegnen, so bildet
diese Beobachtung keine Gegeninstanz. Auch Paulus und Johannes
gehören im weiteren Sinne in das gnostische Milieu[3]. Für den johanneischen Schriftenkreis ist es noch besonders beweisend und charakteristisch, daß wir in ihm sogar dem Begriffspaar φῶς und ζωή
wieder begegnen, und zwar so, daß eine direkte Abhängigkeit, sei es
des Corpus Hermeticum von Johannes, sei es umgekehrt, vollständig
ausgeschlossen ist. Dazu sind die beiderseitigen in Betracht kommenden Ausführungen viel zu selbständig und original. Beide, Johannes
und Hermes, stehen auf dem Boden einer vom Orient her bedingten
20 / Gnosis.

Noch deutlicher aber zeigt sich der absolut ungriechische, unphi-
losophische Charakter der Hermetica durch die an so vielen Orten
nachgewiesene Entgegensetzung von φῶς und ζωή gegen πῦρ und
πνεῦμα. Man vergegenwärtige sich nur: für die Stoa, auf die man die
hermetische Weisheit so gern zurückführen möchte, sind πῦρ, πνεῦμα,
αἰθήρ die Umschreibung für das höchste, das göttliche Element. Jetzt
gehört das alles der niederen Welt an und das Feuer steht gar in
einem charakteristischen Gegensatz zum Licht!

Hier engt sich das Gebiet, auf dem wir nach Parallelen suchen
30 / können, noch einmal ein. Selbst die Oracula Chaldaica, die sich sonst
überall als Begleiter der hermetischen Schriften erweisen, versagen
hier. In ihnen ist das Feuer überall das göttliche Element, man kann

---

[1] Die Zusammenstellung von Licht und Leben wird ursprünglich aus einer (orientalischen) siderisch bestimmten Frömmigkeit stammen. Die Gestirngötter sind und
verleihen Licht und Leben.

[2] Vgl. Bousset Kyrios 210f.

[3] Vgl. zu alledem Kyrios 208-213.

hier geradezu von einem Kult des Feuers reden. Auch in der so viel
Verwandtes enthaltenden Schrift de mysteriis findet sich der Gegen-
satz von φῶς und πῦρ von einer Ausnahme⁴ abgesehen (soweit
721 / ich sehe) nicht. Auch hier ist das Feuer das obere göttliche Element
Auch das neue Testament (Paulus, Johannes), auch halbgnostische
Quellen wie die Oden Salomos lassen im Stich.

Um so stärker hebt sich die eine große Parallele heraus : die Gnosis
im engeren Sinn des Wortes.

Wenn in der Naassenerpredigt der ταύτης τῆς κτίσεως δημιουργὸς
Ἡσαλδαῖος als πύρινος*, ἀριθμὸν τέταρτος (Hippolyt. Philos. ed.
Duncker p. 146₆₃) bezeichnet wird, wem drängt sich da nicht die
Parallele des Nus Demiurgos im Poimandres ἐπικείμενος ἐπὶ τοῦ πυρός
auf! Die Doketen / des Hippolyt nannten mit Berufung auf Exod. 3₂ 10
den μέγας ἄρχων den Weltschöpfer : πύρινον θεὸν ἀπὸ τοῦ βάτου
λαλήσαντα, τουτέστιν ἀπὸ τοῦ σκοτεινοῦ ἀέρος (418₉ff.)¹. Sie fügen
hinzu : οὗτος οὖν ὁ πυροειδὴς θεὸς ὁ πῦρ ἀπὸ φωτὸς γενόμενος.
Umgekehrt heißt es in dem Bericht über Monoimos (Philos. 424₁₃)
ἦν ἄνθρωπος καὶ ἐγένετο υἱὸς αὐτοῦ, ὥς τις εἴποι· ἦν πῦρ καὶ ἐγένετο
φῶς. Auch der Marcionit Apelles kennt neben dem Gesetzgeber, dem
Gott Israels, den „feurigen" Gott².

Die Valentinianer (ptolemäischer Richtung) leiten bekanntlich das
Feuer nebst den übrigen Elementen aus den πάθη der gefallenen
Sophia Achamoth ab und zwar das Feuer aus der ἄγνοια, weil diese
/ den Grundstoff aller πάθη bilde, so wie das Feuer sich durch alle 20
Elemente hindurchziehe (Iren. I 5, 4, Ex. ex Theodoto 48, vgl. Mar-
kosier bei Iren. I 17, 1)³. Man braucht ferner nur einen Blick in
das Register zu Schmidts Uebersetzung der koptisch gnostischen
Schriften zu tun, um zu sehen, daß das Feuer hier im Gegensatz zum
Licht das Element der niederen Welten ist. Jaldabaoth wird als ein
Archon mit Löwengesicht beschrieben, dessen eine Hälfte Feuer und

---

⁴ Vgl. II 4 (in der Aufzeichnung der verschiedenen Geisterklassen) : τὰ μὲν τῶν
θεῶν ἀγάλματα φωτὸς πλέον ἀστράπτει ... δαίμονες δὲ θολῶδες διαφαίνουσι τὸ πῦρ.
Daß in den spezifisch hermetischen Stücken des VIII. Buches der Gegensatz sich nicht
findet, mag auf Zufall beruhen. Beachte übrigens die gnostische Terminologie VIII 2
ὁ αὐτάρκης θεὸς ἑαυτὸν ἐξέλαμψε.
¹ Beachte die Zusammenstellung von πῦρ und ἀήρ (= πνεῦμα).
² Hippolyt. Philos. VII 38 = X 20; vgl. Tertullian de praescr. 34.
³ Vgl. übrigens in den orphischen Fragmenten 154. 155 (ed. Abel) die Identifizierung
der vier Elemente mit den vier Hadesflüssen. Die Elemente gehören dieser niederen
Welt des Hades an!
* Siehe S. 164.

dessen andere Hälfte Finsternis ist (c. 31. S. 28 ₁₉). Auch die halbgnostische Quelle (Pantainos), die neben den valentinianischen Stücken in
den Excerpta ex Theodoto von Clemens von Alexandria aufgenommen
30 ist, / zeigt den charakteristischen Gegensatz: καὶ οἱ μὲν ἄγγελοι
νοερὸν πῦρ ... φῶς δὲ νοερὸν ἡ μεγίστη προκοπὴ ἀπὸ τοῦ νοεροῦ
πυρὸς ἀποκεκαθαρμένου τέλεον (Exc. 12₂).

Besonders aber ist hier noch auf die Spekulationen des Pseudoclementinischen Schriftenkreises zu verweisen. In der Syzygienlehre
des Clemens treten sich bekanntlich Licht und Feuer als böses und
gutes Element gegenüber, wie Himmel und Erde, Tag und Nacht,
722 / Leben und Tod (Hom. II 15, vgl. II 18. 22). Das Feuer gehört mit
der Finsternis zusammen, φίλον γὰρ πυρὶ τὸ σκότος (XX 9), es ist das
Element der Dämonen und des Teufels (IX 9, XX 9). Derjenigen, die
in Gemeinschaft mit den Dämonen getreten sind, wartet ein schlimmes
Ende. τὸ δὲ πάντων χαλεπώτατον, ἐπὰν ἐν τῇ τῶν ὅλων συντελείᾳ ὁ
δαίμων ... εἰς τὸ καθαῖρον πῦρ ἀποδοθῇ, ἡ συγκραθεῖσα αὐτῷ ψυχὴ
ἀνάγκην ἔχει αὐτὴ μὲν ἀπορρήτως κολάζεσθαι, ὁ δὲ δαίμων ἥδεσθαι
(IX 9). Aehnlich wird das Geschick des Teufels und der ihm ver-
fallenen Seelen beschrieben[1]. Wer erinnert sich dabei nicht an den
10 / feurigen τιμωρὸς δαίμων im Poimandres, der mit seinem Feuer die
ihm überlassene Seele quält[2]?*

VI. Hier reiht sich denn auch die der hermetischen Gnosis spezifisch
eignende Dämonologie ein. Sammeln wir die gesamten Anschauungen
der Hermetica über Dämonologie, so gibt das freilich, wie der entsprechende Abschnitt in Krolls Buch zeigt, eine recht bunte Muster-
karte. Altes und Neues, Griechisches und Orientalisches steht hier
neben einander. Es kommt darauf an, das Charakteristische herauszu-
finden.

Da ist unstreitig ein charakteristischer Zug in den Auffassungen
20 / der Hermetica die Verbindung von Astrologie, astrologischem Fatalismus und Dämonologie. Die Planeten erscheinen, wie weiter unten

---

[1] Daneben durchzieht die Clementinen bekanntlich der schroffe Gegensatz zwischen
Wasser und Feuer, auch zwischen Taufsakrament und Feuer (Sündenfeuer Opferkult)
Ho. IX 11 = Rec. IV 17; Ho. XI 26 = Rec. VI 9; Rec. IX 7; Ho. III 26 = Rec. I 48.
Die feindliche Haltung der Schriften gegen das Feuer ist als Polemik gegen persische
Religion zu begreifen. Zoroaster ist für sie bekanntlich der Archihäretiker. — Die Idee
des reinigenden Feuers und vor allem die Idee einer Reinigung und Begnadigung selbst
des bösen Geistes (Ho. XX 4. 9) ist eranisch.
[2] Anders orientiert ist übrigens die Legende von den gefallenen Engeln. Hier gilt
(Ho. VIII 13 ähnlich wie hermet. Traktat X 16-18) das Feuer wieder direkt als göttliches
Element.
* Siehe S. 165f.

genauer behandelt werden wird, als dämonische Wesen, welche den
Menschen ihre Laster verleihen. In den ὅροι Ἀσκληπιοῦ wird die
Idee, wie wir bereits sahen, besonders ausführlich entwickelt. Die
Dämonen sind ὑπὸ τὰς τῶν ἀστέρων πλινθίδας τεταγμένοι. Bei der
Geburt ziehen οἱ κατ᾽ ἐκείνην τὴν στιγμὴν τῆς γενέσεως ὑπηρέται,
οἳ ἐτάγησαν ⟨ὑφ᾽⟩ ἑκάστῳ τῶν ἀστέρων in den Menschen ein (XV
13. 15. Kroll 80)[3]. Dahin gehören also auch die ὑπολειτουργοί,
ὑπηρέται, στρατιῶται, welche nach Stobaios Ekl. I 476 die 36 Dekane
des gestirnten Himmels / als Untergebene unter sich haben.   30

723   Zu dieser nicht häufig vorkommenden Verbindung von Astrologie
/ und Dämonologie hat bereits Kroll (S. 84) auf Philo conf. ling. 174
hingewiesen. Aber eine noch zutreffendere Parallele findet sich de
special. legibus I 13: „Moses war der Meinung, daß die Welt ...
gleichsam als der größte Staat aufzufassen sei, der Befehlshaber und
Untergebene habe, als Befehlshaber alle Sterne am Himmel,
Planeten und Fixsterne, als Untergebene die in der Luft unter-
halb des Mondes befindlichen Wesen[1].

Sind aber so die Dämonen der Heimarmene, resp. den Gestirnen
untertän, und ist die Heimarmene die Ursache aller Bosheit und
/ Schlechtigkeit der Welt, so muß sich auch die (nicht griechische) 10
Anschauung von der absoluten Schlechtigkeit der Dämonen einstellen.
Und wir finden sie in der Tat in den hermetischen Stücken vielfach
ausgesprochen.

Wir haben bereits oben gesehen, wie sich in den Ὅροι Ἀσκληπιοῦ
die echtgriechische Anschauung von den Dämonen (wohl infolge einer
literarischen Bearbeitung) allmählig in die andere verwandelt, für welche
diese schlechthin schädliche Wesen, die Vollstrecker der bösen Heimarmene sind, so daß die endgültige Befreiung des höheren Wesens des
Menschen von ihnen das Ziel der Frommen wird. Auch nach / Cyrill 20
c. Julian IV 701 B heißt es: Gott schützt die Frommen vor Dämonen
und Fatum.

---

[3] Dazu vgl. die verwickelte Anthropologie in der Pistis Sophia c. 110ff., 131f.

[1] Die umgekehrte Theorie liegt in den Excerpten 69-71 und Eklogai 55 des Clemens
v. Alexandr. vor. Danach sind die Sterne die Untergebenen der über sie gebietenden
engelhaften Mächte. — Mit Recht zieht Kroll S. 84 die Parallele in der Pistis Sophia c.
136 heran : die fünf Planeten die Beherrscher der in die Sphaira gebundenen 1800 (360)
Archonten (Dämonen). Geradezu von klassischer Klarheit ist die Formulierung dieser
Anschauung im Papyrus Leyden bei Dieterich Abraxas 196₄ : οὗ (Gottes) ἀγαθαὶ
ἀπόρροιαι τῶν ἀστέρων εἰσὶν δαίμονες καὶ Τύχαι καὶ Μοῖραι, nur daß hier die
Wertbeurteilung dieser ganzen Welt eine diametra entgegengesetzte ist.

Verwandte Vorstellungen reihen sich hier ein : Dem die Frommen leitenden und segnenden Nus tritt der Timoros Daimon, der nicht bloß als Strafdämon sondern als Verführungsdämon aufgefaßt wird, einfach gegensätzlich gegenüber[2] (I 23 X 21). Besonders scharf ist die Formulierung IX 3 : ὁ νοῦς κύει πάντα τὰ νοήματα, ἀγαθὰ μὲν ὅταν ὑπὸ τοῦ θεοῦ τὰ σπέρματα λάβῃ, ἐναντία δέ, ὅταν ὑπό τινος τῶν δαιμονίων· ... ὅστις ὑπεισελθὼν ἔσπειρε τῆς ἰδίας ἐνεργείας τὸ σπέρμα, καὶ ἐκύησεν ὁ νοῦς τὸ σπαρέν, μοιχείας φόνους κ. τ. α.

30 Das alles ist vollendet un/griechisch[3] gedacht. Man möchte hier fast an
724 jüdische (Septuaginta-)/Einflüsse denken, besonders wenn wir im Logos teleios bei Lactanz II 15, 8 = Asclep. 63₆ von ἄγγελοι πονηροί (nocentes angeli)[1] lesen. Aber eine solche Ableitung dieser Dämonologie ist durchaus nicht nötig. Die Entwickelung erklärte sich, wie wir sahen, ganz gut von innen heraus.

Im übrigen ist darauf aufmerksam zu machen, daß man an der Beurteilung der Dämonen wiederum einen Maßstab für die Scheidung der Schichten in der hermetischen Ueberlieferung besitzt. Neben der skizzierten dualistischen Dämonologie finden wir in einer ganzen Reihe
10 / von Stücken noch die spätgriechische Auffassung von der abgestuften Geisterwelt und den Dämonen als Mittelwesen. Ich verweise z.B. auf das Stück in der Kleis X 7 mit der Stufenfolge ἄνθρωποι, δαίμονες, πλανώμενοι, ἀπλανεῖς θεοί, auf die Ausführungen über die Dämonen und Heroen und die ihnen zugewiesenen Orte Asklepius p. 73₁₂ff. (vgl. 39₇ff.). Hierher gehört etwa auch noch die allerdings nicht gar häufige bemerkenswerte Annahme, daß die Dämonen als Bewohner der Luft die atmosphärischen Erscheinungen verursachen (XV 10)[2].

VII. Der Leitfaden, dem wir bisher folgten, soll uns nun auch dienen, durch das Labyrinth der Anthropologie der hermetischen
20 Schriften / hindurchzufinden. Kroll hat eine getreue Photographie dieses Labyrinths in dem dritten Hauptteil auf fast hundert Seiten vor uns ausgebreitet, ohne aus ihm herauszuführen.

Es gilt auch hier die Hauptsachen zu sehen und die bestimmten Richtungen innerhalb der hermetischen Theologie zu erkennen. Wir

---

[2] Die hermetische Quelle bei Lydus de mensibus, p. 90₂₄ Wünsch, klassifiziert wiederum und kennt neben den τιμωροὶ δαίμονες auch καθαρτικοί und σωτήριοι.

[3] Nicht darauf kommt es an, daß es auch nach älteren griechischen Vorstellungen böse Dämonen neben guten gibt (Kroll 86), sondern daß die ganze Vorstellung einseitig in malam partem gewandt wurde.

[1] Vgl. p. 77₅ animas daemonum vel angelorum.

[2] Parallelen Clemens Eklog. 55; Plutarch de Is. Osir. 55; Platoniker bei Porphyr de abstinentia II 40.

beschränken uns dabei wiederum auf diejenige Anschauung innerhalb
der Hermetica, die schon bisher unsere Aufmerksamkeit gefesselt hat.
Wir sahen : die Grundlehre war hier von der Schlechtigkeit und Bosheit
der Heimarmene, von der prinzipiellen Minderwertigkeit des von einer
niederen Gottheit geschaffenen Kosmos, von dessen Beurteilung die
/ nun ebenfalls dämonisierten Gestirne, die Urheber der Heimarmene, 30
nicht ausgeschlossen sind. Die dem entsprechende Lehre vom Menschen
ist leicht zu charakterisieren. Wir können sie etwa in den Satz zusammenfassen : Der Mensch oder wenigstens ein Teil der Menschen,
eine bestimmte Klasse, trägt ein Höchstes und Bestes in sich, das
nicht aus dieser Welt der Heimarmene stammt. Er ist zwar in diese
versunken, aber vermag sich aus ihr zu erheben in die Welt des
Lichtes und des Lebens. Man kann ja diese Stimmung gesteigerten
Platonismus nennen, aber sie ist dann eben gesteigerter Platonismus und bekommt ihre Kraft, ihren Schwung und ihre besondere
725 / Klangfarbe aus einem schroff dualistischen Weltbild, das an keinem
Punkte mehr als platonisch angesprochen werden kann.

Ausgesprochen liegt diese Grundanschauung natürlich im Poimandres vor. Der Mythos von dem in die Physis versinkenden Anthropos [1]
ist nur ihr Spiegelbild. Der Mensch ist doppelten Wesens, ἐναρμόνιος
δοῦλος auf der einen, frei unsterblich göttlich auf der andern Seite.
Er soll sich besinnen, daß er aus der Welt des Lichtes und des Lebens
stammt und jubelnd in diese Welt zurückwandern : διὸ πιστεύω καὶ
μαρτυρῶ· εἰς ζωὴν καὶ φῶς χωρῶ. Aber mit dieser An/schauung steht 10
der Poimandres keineswegs allein. Mehr oder minder deutlich klingt
dieser Grundstimmung in den verschiedensten Traktaten an. Ich
erinnere noch einmal an das schon mehrfach besprochene Stück der
Ὅροι Ἀσκληπιοῦ, in welchem dargelegt wird, wie der höhere Teil
des Menschen, wenn er von dem Strahl göttlicher Erleuchtung getroffen
ist, frei bleibt von der Herrschaft der Dämonen und der Heimarmene.
Auf demselben Boden steht ferner der Bericht in de mysteriis VIII 6
über die θεοπτικὴ ψυχή, die ἐκ τοῦ νοητοῦ stammt und in die aus der
Planetensphäre stammende sich hineinschleicht, wenn hier auch nicht
ausdrücklich ausgesprochen wird, daß nicht / allen Menschen diese 20

---

[1] Ich verzichte auf ein genaueres Eingehen auf diesen Mythos, da sowohl Reitzenstein im Poimandres, wie ich selbst in den Hauptproblemen der Gnosis ausführlich
darüber gehandelt und Kroll diese Untersuchungen durchaus anerkennt. Es ließe sich
freilich noch manches hier sagen. Vor allem wäre eine erneute Analyse der dem
Poimandres so eng verwandten Naassenerpredigt erwünscht.*
   * Siehe S. 166.

noëtische Seele zukommt. Der Glaube an die Palingenesia, die den
Traktat XIII beherrscht, das Bekenntnis des Mysten : ἐμαυτὸν ἐξελήλυ-
θα (§ 3) ruht, wie wir noch genauer sehen werden, auf dieser Grundanschauung. Sie klingt vernehmlich an in der Paränese des VII. Traktats,
der uns so platonisch anmutet.

Namentlich hängt mit dieser Grundanschauung eine durch die gesamten in Betracht kommenden hermetischen Schriften sich hindurch-
ziehende Behauptung zusammen, nämlich diese, daß nur wenige
Auserwählte, eine bestimmte Menschenklasse, dieses Höchste
und Beste, das sie über die niedere Welt erhabt, besitzen. Die Ter-
30 /minologie, in welche diese Behauptung sich kleidet, ist sehr verschieden. Sie selbst ist überall auf das klarste erkennbar.

Für die gewöhnlich hier vertretene Anschauung ist jenes Höchste
im Menschen der Nus. Demgemäß lautet nun der Satz, auf den es
uns ankommt : nicht alle Menschen besitzen den Nus. So heißt es im
Poimandres auf die Frage, ob alle Menschen den Nus besitzen : ,,Ich
der Nus[2] bin bei den Heiligen und Guten und Barmherzigen ... Und
726 / meine Anwesenheit wird ihnen zu Hilfe ... Den Unverständigen und
Bösen und Schlechten und Neidischen, den Uebervorteilern und Mör-
dern und Gottlosen bin ich ferne" (§ 22f.). Weniger supranatural
lautet die Mahnung § 21 : ὁ ἔννοος ἄνθρωπος ἀναγνωρισάτω ἑαυτόν
und die Scheidung der beiden Menschenklassen § 19 : ὁ ἀναγνωρίσας
ἑαυτόν ... ὁ ἀγαπήσας τὸ ἐκ πλάνης ἔρωτος σῶμα. Im vierten Traktat
(§ 3) heißt es wiederum, daß nur der Logos allen Menschen zukomme,
aber nicht der Nus, der nur den Auserwählten im Sakrament des Krater
zu Teil werde. Im letzten Kapitel der Kleis wird die Frage gestellt, ob
10 alle / Menschen den Nus haben, und diese wird wiederum verneint.
Allerdings ist die Verneinung hier nicht so prinzipiell, insofern hier
gesagt wird, daß der Nus eine νωθρὰ ψυχή nicht erträgt, sondern sie
verläßt. Aber das Resultat ist doch dasselbe : ἡ τοιαύτη δὲ ψυχὴ ...
νοῦν οὐκ ἔχει. ὅθεν οὐδ᾽ ἄνθρωπον δεῖ λέγειν τὸν τοιοῦτον. Auch
Traktat XII 4 wird die Möglichkeit erwogen : ὅσαι δὲ ψυχαὶ ἀνθρώ-
πιναι οὐκ ἔτυχον κυβερνήτου τοῦ νοῦ τὸ αὐτὸ πάσχουσι ταῖς τῶν
ἀλόγων ζώων. Ein Stobaiosfragment reiht sich hier ein, I 800 : ἐν

---

[2] Kaum darf man bei der ganz supranaturalen Auffassung des Traktats (der Nus
ist der hypostasierte Gott Hermes) hier die Vorstellung von dem συγγενής δαίμων in der
Seele des Weisen (Poseidonios b. Galen Plac. Hipp. et Plat. V 6 496 K.; Epiktet I 14, 12;
Marc Aurel V 27 nach Kroll 88₆) heranziehen. Die Vorstellungen liegen hüben und
drüben auf einem ganz andern Niveau. — Eher würde ich die Lehre des Paulus vom
πνεῦμα und seine Christusmystik hier zum Vergleich stellen.

πᾶσι δὲ οὐκ ἀφικνεῖται τὸ νοερὸν διὰ τὴν τοῦ σώματος σύστασιν πρὸς τὴν ἁρμονίαν.

Selbst gewisse Partieen des im allgemeinen ganz anders ge/stimmten Logos teleios (Asclepius) sind von derselben Ueberzeugung getragen. p. 42₅f. treffen wir auch hier auf die bekannte Fragestellung : Non enim omnium hominum, o Trismegiste, uniformis est sensus?[1] Und darauf die Antwort : non omnes, o Asclepi, intellegentiam veram adepti sunt. Dem entspricht c. 18 p. 52₂₂ : sensus autem, quo dono caelesti sola sit felix humanitas — neque enim omnes sed pauci, quorum ita mens[2] est, ut tanti beneficii capax esse possit.

Aber auch unter anderer Terminologie[3] birgt sich dieselbe dualistische Ueberzeugung. So finden wir, während im Traktat IV aus-/drücklich der λόγος allen Menschen zugestanden wird, im Traktat XII 6 den Unterschied zwischen ἐλλόγιμοι und ἄλογοι ἄνδρες. Ueber die ἐλλόγιμοι hat das Schicksal nur scheinbar Gewalt.

Anderswo bekommt die bevorzugte Menschenklasse einfach den Namen der εὐσεβεῖς. Ich erinnere an die Aeußerung der Kleis X 19 : ψυχὴ δέ ἀνθρωπίνη, οὐ πᾶσα μὲν ἡ δὲ εὐσεβής, δαιμονία[1] τίς ἐστι καὶ θεῖα. Von solcher Seele heißt es, daß sie, nachdem sie vom Leibe befreit sei und den Kampf der Frömmigkeit gekämpft habe, ὅλη νοῦς werde. (Man beachte die etwas andere Vor/stellung und Terminologie.) Dem entsprechen die Sätze im Logos teleios : sunt autem non multi aut admodum pauci, ita ut numerari etiam in mundo possint, *religiosi.* unde contingit in multis remanere malitiam (c. 22 57₂₀). sed de hominibus istud dictum paucis sit *pia mente* praeditis (c. 23 59₇), unus enim quisque *pietate, religione* ... et fiducia credulitatis suae tantum inter homines, quantum sol lumine ceteris astris antistat (c. 29 67₂₀, vgl. noch 46₁₀ff.).

---

[1] Wie aus einem Vergleich des griechischen mit dem lateinischen Text des Schlußgebetes des Asclepius hervorgeht, übersetzt dieser tatsächlich νοῦς (fast durchgehend) mit sensus (sensibilis ist dagegen so weit ich sehe = αἰσθητός); ratio = λόγος, intelligentia = γνῶσις (spiritus = πνεῦμα).

[2] mens wahrscheinlich = ψυχή. Vgl. p. 44₂₆ aliqui ergo ipsique paucissimi pura mente praediti.

[3] Vgl. übrigens etwa noch Zosimos (bei Reitzenstein Poimandres 102) Aeußerung über die ἄνοας τῆς εἱμαρμένης μόνου ὄντας πομπάς. Ebenda 105 : ὁ γὰρ Προμηθεὺς καὶ Ἐπιμηθεὺς εἷς ἄνθρωπός ἐστι ... καί ποτε μὲν ψυχῆς ἔχει εἰκόνα, ποτὲ δὲ νοός, ποτὲ δὲ σαρκός.

[1] Dieser echtgriechische Gebrauch von δαιμόνιος ist in den hermetischen Schriften bereits singulär. Vgl. etwa X 23 οὗτός ἐστιν ὁ ἀγαθὸς δαίμων (gräcisierte ägyptische Vorstellung), μακαρία ψυχὴ ἡ τούτου πληρεστάτη, κακοδαίμων δὲ ψυχὴ ἡ τούτου κενή.

Wieder eine andere Terminologie für dieselbe Sache begegnet Traktat IX 5 : οὐ πᾶς δὲ ἄνθρωπος, ὡς προεῖπον, ἀπολαύει τῆς νοήσεως· ἀλλ᾿ ὁ μὲν ὑλικὸς ὁ δὲ οὐσιώδης. ὁ μὲν γάρ μετὰ κακίας ὑλικὸς ... 20 / οἱ δὲ μετὰ τοῦ ἀγαθοῦ οὐσιωδῶς ὑπὸ τοῦ θεοῦ σωζόμενοι. Von hier aus erkennen wir, was XIII 14 der Ausdruck οὐσιώδης γένεσις und I 15 οὐσιώδης ἄνθρωπος bedeutet[2].

Und wieder anders wird die bevorzugte Menschenklasse Stob. Ekl. I 136 charakterisiert, wenn von den strauchelnden Menschen die Rede ist, οἷς θεοπτικὴ δύναμις οὐ πρόσεστι, und wenn in de mysteriis VIII 6 direkt von der θεοπτικὴ ψυχή geredet wird[3]. Und endlich taucht an diesem Punkt an einer Stelle auch das große Schlagwort Gnosis auf IX 4 : εὐσέβεια δέ ἐστι θεοῦ γνῶσις, ὃν ὁ ἐπιγνοὺς ... τὰς νοήσεις θείας ἴσχει καὶ οὐ τοῖς πολλοῖς ὁμοίας[4]. In diesem Zusammenhang

728 steht / dann das ergreifende Bekenntnis von dem Gegensatz der Gnostiker gegen die Masse und ihrer Verlassenheit von aller Welt (IX 4). Und hier[1] reihen sich denn endlich auch noch die Stellen ein, in denen nur dieser eine Gedanke des Gegensatzes der Wenigen gegen die Masse ohne seine metaphysische Fundamentierung ausgesprochen wird I 708 : τὰς μέντοι πρὸς τοὺς πολλοὺς ὁμιλίας παραιτοῦ. I 710 : οὗτοι δὲ οἱ λόγοι ὀλίγους παντελῶς τοὺς ἀκροατὰς ἔχουσιν ... διὸ χρὴ τοὺς πολλοὺς φυλάσσεσθαι.

10 Daran hat sich dann in bestimmten Traktaten eine nur noch / teilweise hierher gehörende scholastische Psychologie angeschlossen. Es kommen hier namentlich die Stücke X 13. 16-18; XII 13-14. 18 (auch XI 2-4) in Betracht. Was wir hier haben, kann man am besten als eine Theorie der Kapselungen bezeichnen; es werden eine ganze Reihe von Elementen des Seelenlebens aufgezeichnet, von denen das

---

[2] Vgl. I 26 σὺν τοῖς οὖσιν. I 32 γνῶσις κατ᾿ οὐσίαν. II 4 θεῖον οὐσιῶδες. IX 1 αἴσθησις ὑλική — νόησις οὐσιώδης. XI 3 οὐσία ὁ Αἰών, ὕλη ὁ κόσμος. X 16 εἰς οὐσίαν θεοῦ μεταβάλλει. XII 22. XV 5 (von der Sonne) τὴν οὐσίαν κατάγων, τὴν ὕλην ἀνάγων. Asclepius c. 7. 42₁₃ homo duplex ... una pars simplex, quae, ut Graeci aiunt, οὐσιώδης, quam vocamus divinae similitudinis formam (vgl. c. 8. 43₁₅). Stob. I 164 : ἡ οὐσία ὑπ᾿ ἀνάγκην (!) οὐκ ἔστιν.

[3] Vgl. Asclep. p. 44₂₆ aliqui ergo ipsique paucissimi pura mente praediti sortiti sunt caeli suspiciendi venerabilem curam. Vgl. Stob. I 700 οὐδέποτε γὰρ ψυχή ... κουφίσασα ἑαυτὴν ἐπί τὴν κατάληψιν τοῦ ὄντος ἀγαθοῦ καὶ ἀληθοῦς ὀλισθῆναι δύναται ἐπὶ τὸ ἐναντίον.

[4] Auch die in der christlichen Gnosis oft vorkommende Bezeichnung des Gnostikers als τέλειος ist hier einmal in bemerkenswertem Zusammenhang mit sakramentalen Anschauungen zu notieren : IV 4. Vgl. Kyrios Christos 239₂.₃.

[1] Vgl. etwa noch XII 19 ὁ τοῦ θεοῦ δεκτικὸς καὶ τῷ θεῷ συνουσιαστικός· τούτῳ γὰρ μόνῳ τῷ ζώῳ ὁ θεὸς ὁμιλεῖ.

minderwertige immer als Hülle des besseren gilt. Als solche Elemente
werden nach der Reihenfolge ihres Wertes νοῦς λόγος ψυχή πνεῦμα
dann σῶμα aufgeführt². Zu der prinzipiellen Unterscheidung von
Nus und Psyche treten hier noch die Begriffe λόγος und πνεῦμα. Zu
dem Wertunterschied von Nus und Logos, der sich ja wohl an die
/ stoische Unterscheidung des λόγος ἐνδιάθετος und προφορικός an- 20
lehnt, aber durch direkte stoische Parallelen im ganzen und großen
nicht gedeckt ist, hat Kroll (S. 262) mit Recht auf die Spekulationen
Philos hingewiesen, in denen dieser Wertunterschied eine große Rolle
spielt. Es ist charakteristisch für die Singularität dieser Abstufung, daß
Kroll daneben nur noch aus Mark Aurel (V 27, VII 55, IX 8) einige
Parallelen beibringen konnte. Doch ich deute hier nur kurz an, diese
Vorstellung wird uns im Lauf der Untersuchung noch an anderm
Ort beschäftigen³. Ganz eigentümlich aber ist die Einschiebung des
πνεῦμα an letzter Stelle. Diese Theorie von der Minderwertigkeit des
729 / Pneuma führt uns in ein ganz bestimmt umgrenzbares Gebiet¹. Aber
da es sich hier nur um einen Seitenzweig hermetischer Ueberlieferung
handelt, so mag die Untersuchung, die hier nur stören würde und
die doch recht ausführlich sein müßte, auf eine andere Gelegenheit
verspart werden.*

Wir nehmen den Hauptfaden der Untersuchung wieder auf. Ich
habe mit Absicht hier alles Material noch einmal auf engem Raum
zusammengestellt, das Kroll zwar ebenfalls an verschiedenen Stellen
seines Werkes notiert, aber ohne seine Tragweite ganz zu sehen und
/ erkennen zu lassen². Ich hoffe so den Eindruck erzielt zu haben, daß 10

---

² Dazu vgl. auch Asclep. c. 7. 41₁₆. Als Elemente des Körpers werden aqua und
terra genannt, dazu tritt der belebende spiritus (πνεῦμα). Von dem höheren Leben des
Menschen heißt es sensu (νοῦς) addito ad hominis intelligentiam (λόγος?), quae quinta
pars sola homini concessa est ex aethere. — Auch Stob. I 810 ist zu vergleichen : καὶ τὸ
μὲν πνεῦμα τοῦ σώματος, ὁ δὲ λόγος τῆς οὐσίας τοῦ καλοῦ θεωρητικός ἐστιν (vgl. die
Ausführungen im Folgenden über das αἰσθητικὸν πνεῦμα). XII 14 tritt übrigens der
Ausdruck λεπτομερέστατος ἀήρ für πνεῦμα ein.
³ Nus Logos Psyche haben auch die Gnostiker des Plotin bei ihren Spekulationen
über die ἀρχαί des Weltganzen unterschieden (Ennead. II 9, 2). Spekulationen über das
Verhältnis der drei Größen auch bei Plutarch in dem seltsamen eschatologischen Kapitel
de facie in luna c. 28. 943 A.
* Siehe S. 172ff.
¹ Beachte vorläufig, was oben S. 716f. über die Dämonisierung der höheren Elemente,
auch des Pneuma gesagt ist. In gewisser Weise reiht sich dies spezielle Theologumenon
hier ein.
² Die Zusammenfassungen bei Kroll innerhalb der anthropologischen Erörterungen
S. 259 u. 278 zeigen, wie wenig hier das Charakteristische herausgearbeitet ist.

es sich hier um ein die hermetische Literatur beherrschendes Charakteristikum handelt.

Und zwar um Anschauungen von eminenter religionsgeschichtlicher Tragweite. Kroll sucht diese merkwürdigen Anschauungen zwar dadurch in einen bekannten Zusammenhang einzureihen, daß er an die stoische Entgegensetzung zwischen dem Weisen und der Masse der Menschen erinnert (S. 263)[3], die besonders auch Poseidonios sich zu eigen gemacht habe. Der Hinweis genügt ihm freilich nicht ganz, er verweist zugleich auf die Stimmung in den Mysterienreligionen.
20 / Aber mit diesen kurzen Hinweisen wird man der Bedeutung der Erscheinung nicht gerecht. — Hier handelt es sich doch um etwas ganz anderes als um den Gegensatz zwischen dem Weisen und der blöden Menge, der doch immer mehr praktischer, zufälliger Natur bleibt. Hier handelt es sich um die Behauptung, daß das Höchste und Beste im Menschen, der Nus, oder wie es heißen möge, das, worauf seine Frömmigkeit und sittliche Güte beruht, dem Menschenwesen als ganzem prinzipiell nicht eignet, daß es den einzelnen wenigen Auserwählten, sagen wir einmal als göttliches Gnadengeschenk zufließt durch die
30 / Zugehörigkeit zu dem kleinen Kreise der Mysten, vielleicht gar durch das Sakrament. — Wir haben aber doch wohl Recht, wenn wir diese Stimmung als spezifisch unphilosophisch, dem genuin griechischen Geist, vor allem auch dem Geist der Stoa fernliegend empfinden. Selbst wenn z.B. Cicero einmal — im Anschluß vielleicht an Poseidonios — deklamiert: singulares viri, quorum neminem nisi iuvante
730 / Deo talem fuisse credendum est (nat. deor. I 165; III 14), wenn Plutarch de genio Socratis 24 von den ἄνθρωποι θεῖοι καὶ θεοφιλεῖς redet, so denken sie an derartige metaphysische, die Weltanschauung betreffende Konsequenzen nicht. Der griechische Weise besinnt sich auf sich selbst, wenn er sich auf sein besseres Teil besinnt, nicht auf die göttliche Gnade. Ueberdies ist gerade in der späteren Zeit der Gedanke an den Gegensatz zwischen dem Weisen und der Masse bekanntlich vielfach mit der pessimistischen Ueberzeugung verbunden, daß es einen wirklichen Weisen eigentlich gar
10 / nicht gäbe, daß das γένος der Weisen ἀνύπαρκτον sei[1]. Diese Stimmung liegt nun wieder den hermetischen Schriften ganz fern. Sie

---

[3] J. Kroll beruft sich auf Belege bei W. Kroll, R.-E. von Pauly-Wissowa VIII 1.810. Reichliche Belege findet man auch bei Bréhier, Philon 239. 255f. — Vor allem verweise ich auf die Ausführungen über den ἄνθρωπος θεῖος Holl, neue Jahrb. f. klass. Philol. 1912. S. 420.
[1] Vgl. Holl, Jahrb. f. klass. Philol. 1912 S. 420; Bréhier a.a.O. S. 239.

kennen offenbar einen wenn auch engen, so doch sehr bestimmten Kreis von Auserwählten, in deren Namen sie reden. Es soll natürlich bei alledem nicht geleugnet werden, daß gewisse Anknüpfungspunkte für die Grundstimmung der hermetischen Schriften in der späteren Stimmung griechischer Philosophie gegeben waren; aber wirklich erklären kann man von dorther nichts.

Wenn aber Kroll nun zugleich auf das Mysterienwesen zur Erklärung dieser Stimmung hinweist, so hat er darin recht gesehen. / Was wir hier haben, ist Mysterienstimmung, an Stelle des Weisen ist 20 der auserwählte Fromme, der Myste und Mystagoge getreten! Aber es genügt nun doch wiederum nicht ein so allgemeiner Hinweis auf alles Mysterienwesen, das ältere, griechische eingeschlossen. Es gilt auch hier das Neue und Eigentümliche zu sehen. Allem Mysterienwesen — man kann bis zu einem gewissen Grade mit Kroll sagen, aller lebendigen Religion, obwohl ich da nicht so einfach zustimmen möchte — gehört der stark empfundene Gegensatz von Eingeweihten und nicht Eingeweihten, Drinnen- und Draußenstehenden an. Aber das ist nun doch wieder das Novum in den hermetischen Schriften: / das metaphysische Fundament dieser Grundstimmung, die Art und 30 Weise, wie jener Stolz der Auserwählten in einer allgemeinen Weltanschauung verankert ist. Das ist nicht mehr einfache enthusiastische praktische Haltung, vielmehr eine durch starke Reflexion hindurchgegangene, intellektualisierte Frömmigkeit, ein Mittelding von Religion und Philosophie, von Occident und Orient. Ich habe mich an anderm Ort[2] bemüht diese Art von reflektierter Frömmigkeit in ihren weiten Zusammenhängen zu begreifen und richtig einzustellen. Ich kann das Resultat kurz zusammenfassen. Am besten tun wir, wenn wir uns angewöhnen, diese Weltanschauung mit dem Stichwort Gnosis zu be-/zeichnen. In der christlichen Gnosis begegnet uns in der Tat dieselbe 40

731 / Grundstimmung; dieselbe Fülle von Formeln, Bildern und Begriffen[1], die im einzelnen von denen der Hermetica sehr verschieden sind, durch welche immer von neuem das eine deutlich gemacht werden soll: die prinzipielle Ueberlegenheit und Andersartigkeit der auserwählten Kreise über die tote Masse. Ferner braucht nur darauf hingewiesen zu werden, daß sich die Oracula Chaldaica auch in diesem Punkt zu den hermetischen Schriften stellen (s. o.). Aber wir können unsere Kreise noch weiter ziehen. Wir können das Werden dieser

---

[2] Kyrios Christos 134-142, 237-244.
[1] Kyrios Christos 238-240.

10 Anschauung schon bei dem Alexandriner Philo beobachten. / Philo
steht in seiner Grundstimmung, in seiner Ablehnung der Autarkie
des Weisen, der Selbstherrlichkeit des αὐτοκράτωρ νοῦς, in seiner Betonung der zuvorkommenden prädestinatianischen göttlichen Gnade
bereits auf dem Boden der „Gnosis", obwohl das Bild hier noch
schwankt und das Uebergangsstadium deutlich wird. Sein γένος τῶν
ὁρατικῶν ἀνδρῶν ist noch ein Mittelding zwischen dem griechischen
Weisen und dem „gnostischen" Frommen[2]. Aber auch die Pneuma-
lehre des Paulus und die Mystik eines Johannes liegt, wie ich im
Kyrios Christos nachzuweisen versucht habe, in diesem Milieu. Mit
alledem dürfte es klar sein, daß der religionsgeschichtliche Zusammen-
20 /hang, in dem die hermetischen Schriften stehen, in seiner Bedeutung
nicht leicht zu hoch eingeschätzt werden kann[3].

732 Das ist nun das Wesentliche, was von der „hermetischen" Psychologie zu sagen wäre. Alle anderen Einzelheiten sind für die größeren

---

[2] Dieses Schwanken ist bei Philo vor allem auch darauf zurückzuführen, daß er
vielfach nicht persönlich hinter seinen Schriften steht, sondern Schulüberlieferung weitergibt. Ich führe das in anderm Zusammenhang aus.

[3] Im einzelnen kann das hier nicht näher ausgeführt werden, obwohl über Philo
noch manches zu sagen wäre[*]. Nur darauf möchte ich in diesem Zusammenhang noch
hinweisen, daß gewisse eschatologische und anthropologische Spekulationen, die sich
bei Plutarch finden, in unseren Zusammenhang hineingehören. Vor allem kommen
hier die Ausführungen Sullas in c. 28ff. am Schluß von de facie in luna in Betracht
(innerhalb dieser Kapitel das Stück 943 AB [c. 28] und 944 E [c. 30 von τυγχάνουσι
δ' οἱ μὲν πρότεροι], dessen Zusammenhang Pohlenz, vom Zorn Gottes S. 133₁, erkannt
hat). Der Nus wird hier prinzipiell von der Psyche geschieden, der Logos als Mittelwesen
zwischen beiden aufgefaßt (! s. o. S. 728). Die Psyche stammt vom Mond, der Nus von
der Sonne. Dem entspricht die Eschatologie. Es gibt einen doppelten Tod; durch den
ersten scheidet sich die Seele vom Leibe, durch den zweiten scheidet der Nus von dem
auf dem Monde allmählich verdämmernden εἴδωλον der Seele (zu dem εἴδωλον vgl.
Oracula Chaldaica bei Kroll p. 61!), um zur Sonne emporzusteigen. Einige Seelen
aber steigen, trotzdem der Mond sie abzuhalten versucht, ohne den Nus wieder zur
Erde hinab. Das ist aber keine kleine und erlaubte Sache, ὅταν ἄνευ νοῦ τῷ παθητικῷ
σώματος ἐπιλάβωνται. Es gibt also auch für Plutarch vernunftlose Seelen (vgl. 943 C:
πᾶσαν ψυχὴν ἄνουν τε καὶ σὺν νῷ). Genosse des ersten Todes ist übrigens der irdische,
des zweiten der himmlische Hermes! Der erste Tod macht aus den drei Bestandteilen
des Menschen zwei, der zweite aus den zweien eins (ἓν ἐκ δυεῖν dazu vgl. Philo vita
Mos. II 288, über den Tod des Moses). Das alles ist m. E. „gnostische" Spekulation
im weiteren Sinn des Wortes (vielleicht durch neupythagoräische Quellen vermittelt).
Von „Xenokrates" vermag ich hier keine Spur zu entdecken. Eng verwandt mit dem
Mythos des Sulla erscheint der Timarch-Mythos (de genio Socratis c. 22). Hier wird
allerdings bestimmt betont, daß prinzipiell keine Seele ohne ihren Nus sei. Vernunftlos
werde sie nur, wenn sie ganz in die Sinnlichkeit untertauche. (Der Nus erscheint hier
bekanntlich unter dem Bilde des Sternes, der auf dem Scheitel der im Meere der Vergäng-
lichkeit schwimmenden Menschenseelen schwebt.) Aber auch die Abweisung des Gedankens an uranfänglich vernunftlose Seelen beweist dessen Existenz.

[*] Siehe S. 181.

Zusammenhänge, denen wir folgen, irrelevant. Sie gehören in die Spezialgeschichte der Philosophie und sind auch dort nicht sonderlich interessant.

VIII. Eines aber müssen wir in diesem Zusammenhang noch herausarbeiten, das ist die mit dem bisher Erkannten in engem Zusammenhang stehende hermetische Eschatologie.

Die Seele hat bei ihrem Abstieg in diese Welt in den Planeten-/sphären von den Planetengöttern als unheilvolle Zugabe die (7) Laster- 10 hüllen bekommen, und bei ihrem Aufstieg aus diesem Jammertal entledigt sie sich dieser Lasterhüllen wieder, um dann gereinigt, göttlichen Wesens voll, jubilierend und singend in die heilige Welt der Ogdoas einzuziehen. Da ich mich bereits einmal über diese seltsame Eschatologie geäußert habe*, da Kroll hier das Wesentliche gesammelt hat, so beschränke ich mich hier auf einige notwendige Bemerkungen. Es wird zunächst doch gut sein, daß wir uns noch einmal vergegenwärtigen, inwiefern denn wirklich diese Eschatologie eine beherrschende Rolle in den hermetischen Schriften spielt. Ganz deutlich ausgesprochen / erscheint sie ja eigentlich nur im Poimandres (I 25). Jedenfalls aber 20 liegt sie auch den Ausführungen von Traktat XIII 7-8 zu Grunde. Hier ist freilich aus der Eschatologie, wie so oft, das schon im Diesseits erlebte Mysterium der Palingenesie geworden. Und an die Stelle der Siebenzahl ist die Zwölfzahl der ἄλογοι τῆς ὕλης τιμωροί[1] getreten. Aber die alte Grundlage schaut noch deutlich hindurch[2].

Ferner bestätigt das geradezu klassische Zeugnis für hermetische Lehren, das in dem achten Buch c. 6 von de mysteriis vorliegt, auch an diesem Punkt die hermetischen Grundanschauungen : δύο γὰρ ἔχει
733 ψυχάς ... ὁ ἄνθρωπος. καὶ ἡ μέν ἐστιν ἀπὸ τοῦ πρώτου νοητοῦ ... ἡ δὲ ἐνδιδομένη ἐκ τῆς τῶν οὐρανίων περιφορᾶς, εἰς ἣν ἐπεισέρπει ἡ θεοπτικὴ ψυχή. — Auch hat Zielinski[1] mit großem Scharfblick erkannt, wie die verschiedenen Lasterkataloge, die sich zerstreut in den hermetischen Schriften finden (I 23 vgl. die Vorstellung

---

[1] Sie werden auch τιμωροί genannt, vgl. den zur Sünde reizenden τιμωρὸς δαίμων im Poimandres s.o.

[2] Obwohl im Anfang von 12 Lastern (§ 7) die Rede war und diese der heiligen Dekas der Tugenden gegenübergestellt werden, treten im folgenden doch nur 7 Laster den 7 Tugenden paarweise gegenüber. Dem 8. Laster entspricht dann N. 8. 9. 10 der Tugenden : φθόνος gegen ἀγαθόν, ζωή (!), φῶς (!) — Damit hört die Schilderung auf. Als letzte Begriffspaare stehen πλεονεξία — κοινωνία; ἀπάτη — ἀλήθεια sich gegenüber. Die Liste im Poimandres schließt mit No. 6 τὰς ἀφορμὰς τὰς κακὰς τοῦ πλούτου ἀπλεονεκτήτου. 7 τὸ ἐνεδρεῦον ψεῦδος.

[1] Archiv f. Religionswissensch. VIII 1905 S. 332f.

* Die Himmelsreise der Seele, *ARW* 1901, 136ff., 229ff. Separatausg. : Darmstadt 1960.

vom τιμωρὸς δαίμων; VI 1. VI 3. IX 3) sämtlich siebengliedrig sind
und jene astrologisch-eschatologischen Theorien voraussetzen. Aber
auch sonst finden sich Andeutungen auf die Himmelsreise der Seele
hin und her. Ich notiere IV 8 : πόσα ἡμᾶς δεῖ σώματα διεξελθεῖν καὶ
10 πόσους χοροὺς / δαιμόνων καὶ συνέχειαν καὶ δρόμους ἀστέρων,
ἵνα πρὸς τὸν ἕνα καὶ μόνον θεὸν σπεύσωμεν. Stob. I 700 τῆς ψυχῆς
σου μὴ ἀγνοούσης ποῖ αὐτὴν δεῖ ἀναπτῆναι. αὕτη γὰρ μόνη ἐστὶν ...
ἡ πρὸς ἀλήθειαν ὁδός. I 480 δεῖ δὲ προγυμνάζειν αὐτοῦ τινα τὴν
ψυχὴν ἐνθάδε, ἵνα ἐκεῖ γενομένη, ὅπου αὐτὴν ἔξεστι θεάσασθαι,
ὁδοῦ μὴ σφαλῇ. Es ist wahr, die Theorie von den Planetenlastern
ist hier nicht ausgesprochen. Wir haben hier mehr das allgemeine
gnostische Thema von der Himmelfahrt der Seele und den hindernden
Mächten. Aber im allgemeinen können doch auch diese Parallelen
herangezogen werden. Besonders charakteristisch ist es wiederum, daß
20 wir bei dem Gegner resp. der Quelle / des Gegners, die Arnobius im
zweiten Buch bekämpft, und die wir schon oben als hermetisch nach-
wiesen, auch unsere Theorie von den Planetenlastern wiederfinden II
16 : at dum ad corpora labimur et properamus humana, *ex mundanis
circulis* secuntur nos *causae*, quibus mali sumus et pessimi und II 28 :
quo sint (sc. animae) a deo patre discretae, ad infima haec mundi qua-
nam ratione pervenerint, *quas ex quibus circulis qualitates*, dum in haec
loca labuntur, attraxerint. Während hier die hermetische Theorie mit
aller wünschenswerten Deutlichkeit vorgetragen wird, reden eine Reihe
eschatologischer Stellen wiederum allgemeiner „gnostisch" von hin-
30 dernden Mächten / beim Aufstieg der Seele und von geheimnisvollen
kultischen Veranstaltungen, mit denen man sie freundlich stimmt und
bannt : deo esse se gnatos nec fati obnoxios legibus (= II 29), si vitam
restrictius egerint, aulam sibi eius patere, ac post hominis functionem
prohibente se nullo tamquam in sedem referri patritam; und : (magi
spondent) commendaticias habere se preces, quibus emollitae nescio
quae potestates vias faciles praebeant ad caelum contendentibus subvo-
lare II 62. Endlich dem entsprechend II 13 : quid illi sibi volunt secretarum
artium ritus, quibus adfamini nescio quas potestates, ut sint vobis
placidae neque ad sedes remeantibus patrias obstacula impeditionis
734 opponant². / So finden wir also in der hermetischen Quelle des

---

² Wenn es in einem solchen Zusammenhang II 25 weiter heißt, daß die Seele affluens
ex crateribus vivis sei, so werden wir erinnert an den IV. hermetischen Traktat mit
seinen Ausführungen über das Sakrament des Κρατήρ. Zu erinnern ist auch an die
πηγαῖοι κρατῆρες und die Gestalt der Kekate in den Oracula Chaldaica (vgl. Kroll p. 25.

Arnobius deutlich eine charakteristische Zentrallehre der hermetischen Gnosis wieder.

Wir halten von hier aus zunächst einmal noch weitere Umschau über die Parallelen zu der Lehre von den Planetenlastern. Wichtig ist, daß, wenn nicht alles täuscht, auch hier wiederum die Oracula Chaldaica eintreten : Proclus in Tim. 311a (Kroll p. 47) berichtet : καὶ δοκοῦσιν (οἱ περὶ Πορφύριον s. u.) ἕπεσθαι τοῖς λογίοις ἐν τῇ καθόδῳ τὴν ψυχὴν λέγουσι συλλέγειν αὐτὸ λαμβάνουσαν „αἴθρης μέρος, ἠελίου τε σελήνης τε καὶ ὅσα ἠέρι συνέχονται”[1].

10 Die nächste und bis / ins einzelne gehende Parallele zum Poimandres hat uns bekanntlich der Vergilscholiast Servius, in Aeneid. VI 714 aufbewahrt. Ja sie vermag uns die Darstellung des Poimandres zu ergänzen; sie bringt die Schilderung des Abstiegs der Seele durch die Planetensphären, welche die Lehre vom Aufstieg der Seele ihrerseits voraussetzt. Leider wissen wir nicht, woher Servius jenen Passus entlehnt hat; er gibt als seine Quelle ganz allgemein die mathematici an. Daß die hermetische Weisheit mit den orientalischen „chaldäischen” astrologischen Theorien zusammenhängt, ist ja freilich selbstverständlich und bedarf keines Beweises. Außerdem begegnet uns die Lehre 20 noch einmal bei / Macrobius[2] in Somn. Scip. I 11, hier jedoch nur in allgemeinen, immerhin doch ganz deutlichen Umrissen[3].

Bisher hat man übrigens, soweit ich sehe, übersehen, daß die Anschauung von dem Einfluß der Planeten auf die Bildung der Seele 735 / sich außerdem in einer parallelen und doch verschiedenen, offenkundig

---

28). Zumal da in derselben Stelle in der Erwähnung des deus princeps rerum und der geminae mentes fast ein Zitat aus den Oracula vorliegt. Denn es ist W. Kroll m. E., wie ich in anderm Zusammenhang beweisen werde, nicht gelungen, die Annahme der geminae mentes als ein neuplatonisches Mißverständnis der Oracula zu beweisen.

[1] Vgl. auch noch Numenios v. Apameia bei Stob. Eklog I 896 (nach Jamblichos). Er gehört zu dem Kreis derer : ἀπὸ τῶν ἔξωθεν προσφυομένων προστιθέντων ὁπωσοῦν τῇ ψυχῇ τὸ κακόν. D.h. er und Kronios leiten das Böse aus der Hyle ab. Von der Hyle aber heißt es in dem Numeniosfragment XI 18. 24, daß der Demiurg sie τῇ ἁρμονίᾳ gebunden habe.

[2] Beachte die Einleitung des Passus : nam qui primum Pythagoram et qui postea Platonem secuti sunt, und dazu wieder die schon erwähnte Stelle Arnobius II 13.

[3] Auch Porphyr kennt sie de abstin. I 31 : ἀποδυτέον ἄρα τοὺς πολλοὺς ἡμῶν χιτῶνας ... γυμνοὶ δὲ καὶ ἀχίτωνες ἐπὶ τὸ στάδιον ἀναβαίνωμεν. In charakteristischer Verbindung mit der schon oben berührten Lehre vom niederen Pneuma der Seele Porphyrios sent. 32 : ἐξελθούσῃ γὰρ αὐτῇ τοῦ στερεοῦ σώματος τὸ πνεῦμα συνομαρτεῖ, ὃ ἐκ τῶν σφαιρῶν συνελέξατο (Kroll Oracula Chaldaica 47₃). Stob. Eklog. II 388 : τοῦ πρώτου βίου ἡ διέξοδος διὰ τῶν ἑπτὰ σφαιρῶν γινομένη. Vgl. auch den Bericht Augustins über Porphyr, de civitate X 27, über die Reinigung der anima intellectualis und spiritalis (πνευματική, d.h. hier offenbar die niedere Seele) durch die Theurgen.

älteren Form nachweisen läßt, obwohl die Stellen selbst, auf die es
uns ankommt, längst bekannt sind. An der zweiten in Betracht kommenden Stelle bei Macrobius l.c. I 12 bekommt die Seele nämlich
ihr λογιστικόν und θεωρητικόν in der Sphäre des Saturn, das πρακτι-
κόν vom Jupiter, das θυμικόν vom Mars, das αἰσθητικόν und φαν-
ταστικόν von der Sonne, das ἐπιθυμητικόν von der Venus, das ἑρμη-
νευτικόν vom Merkur, das φυτικόν vom Mond. Und ganz ähnlich
lauten die Angaben der „Physiker" nach einer zweiten hier in Betracht
10 / kommenden Stelle des Vergilscholiasten in Aen. XI 51 [1]. Hier gelten
also die Planeten als die guten Geister, die mit ihren Gaben
das Wesen des Menschen konstituieren. Und auch diese zweite,
doch charakteristisch verschiedene Anschauung ist im Umkreis der
hermetischen Schriften nachweisbar. In der Κόρη Κόσμου verheißen
die Planeten, als der höchste Gott sie von seinem Plane die Menschen
zu schaffen verständigt, diesen ihre Gaben zu spenden (Stob. Ekl.
I 946-948). Ebenso liegt die Auffassung vor in dem hexametrischen
Hermes-Fragment Stob. Ekl. I 174-176. Ja wir können nun sogar
20 eine Inkongruenz in der Darstellung der Himmels/reise der Seele beim
Poimandres darauf zurückführen, daß dem Verfasser jene doppelte
Theorie vorgeschwebt habe. Denn es heißt hier im Anfang: καὶ τῇ
πρώτῃ ζώνῃ δίδωσι τὴν αὐξητικὴν ἐνέργειαν καὶ τὴν μειωτικήν [2].
Hier ist eben nicht wie bei den übrigen Sphären von einem Planeten-
laster die Rede, sondern ganz deutlich von einer Gabe, und zwar
von der Gabe des Mondes, wie aus den eben zitierten Parallelen bei
Macrobius und Servius hervorgeht.

Es ist klar, daß diese Auffassung von dem Verhältnis der Menschen
zu den Planeten die ältere ist. Daß der Mensch seine Seele und sein
Wesen den Gestirnen verdanke, ist eine Anschauung, die auf das
30 / engste mit der im Diadochenzeitalter vorwärtsdringenden siderischen
(babylonischen) Religion zusammenhängt. Cumont in seiner Théologie
solaire urteilt, wohl mit Recht, daß Poseidonios von Apameia der
große Mittelsmann sei, durch den diese Theorien nach dem Westen
verpflanzt worden seien.

---

[1] *a sole spiritum* (dazu Cumont Théol. solaire 1909 p. 17₁₁), *a luna corpus*, a Marte
sanguinem, a Mercurio ingenium (λόγον), a Jove honorum desiderium, a Venere cupidi-
tatem, a Saturno humorem.

[2] Diese Auffassung kommt auch in der vorausgehenden Partie zum Ausdruck, deren
Inkongruenz mit der Reise durch die Planetensphäre schon lange — namentlich von
Zielinski — beobachtet ist: τὸ εἶδος ἀφανὲς γίνεται, καὶ τὸ ἦθος τῷ δαίμονι ἀνενέργητον
παραδίδως, καὶ αἱ αἰσθήσεις τοῦ σώματος εἰς τὰς ἑαυτῶν πηγὰς ἐπανέρχονται ... καὶ
ὁ θυμὸς καὶ ἡ ἐπιθυμία εἰς τὴν ἄλογον φύσιν χωρεῖ.

Zugleich schauen wir hier tief in die Genesis hermetischer Lehren
ein. Die Lehre von den Planetengaben ist aus der gräzisierten si-
736 /derischen Religion herübergenommen. Andrerseits zeigt sich die über-
wältigende Kraft des hermetischen Dualismus und Pessimismus. Das
Werturteil über die Planetengaben ist in sein Gegenteil verkehrt. Aus
den Planetengöttern sind dämonische Wesen geworden, welche dem
Menschen ihre Laster verleihen : Erlösung ist Befreiung von den
Planetenlastern!

Wann mag diese Lehre entstanden sein? Als terminus a quo bot
sich uns die Zeit des Poseidonios von Apameia. Besitzen wir auch
einen terminus ad quem? Ein solcher findet sich in der Tat. Wir
/ können nachweisen, daß die Theorie von den Planetenlastern bereits 10
den Klassikern der christlichen Gnosis, einem Basileides und Valentin
bekannt waren. Ich habe darauf bereits in meinen Hauptproblemen
der Gnosis hingewiesen, die Sache ist aber so wichtig, daß ich die
Hauptzeugnisse kurz noch einmal hierherstelle :

Clemens Alex. II 20. 112 : οἱ δ᾽ ἀμφὶ τὸν Βασιλείδην προσαρτήματα τὰ πάθη καλεῖν εἰώθασι, πνεύματα ⟨τέ⟩ τινα ταῦτα κατ᾽ οὐσίαν
ὑπάρχειν προσηρτημένα τῇ λογικῇ ψυχῇ κατά τινα τάραχον
καὶ σύγχυσιν ἀρχικὴν ἄλλας τε αὖ πνευμάτων νόθους καὶ ἑτερογενεῖς
φύσεις προσεπιφύεσθαι ταύταις[1]. Dem entsprechend schrieb des Basileides / Sohn Isidorus ein Werk περὶ τῆς προσφυοῦς ψυχῆς. Es ist 20
von der βία τῶν προσαρτημάτων (dem Zwange der Lastergewalten
über den Menschen) in diesem Werk die Rede. δεῖ δὲ τῷ λογιστικῷ
κρείττονας γενομένους τῆς ἐλάττονος ἐν ἡμῖν κτίσεως φανῆναι κρα-
τοῦντας ... δύο γὰρ δή, bemerkt Clemens, ψυχὰς[2] ὑποτίθεται καὶ
οὗτος ἐν ἡμῖν καθάπερ οἱ Πυθαγόρειοι[3]. (Stromat. II 113.)

Im Zusammenhang damit bringt dann Clemens II 20. 114 ein Zitat
aus Valentin, das er in richtiger Erkenntnis als eine Ausführung περὶ
τῶν προσαρτημάτων bezeichnet, obwohl Valentin sich des Terminus in
dem zitierten Fragment nicht bedient. Valentin redet hier von den
/ vielen dem menschlichen Herzen innewohnenden Geistern und ver- 30
gleicht dieses mit einem πανδοχεῖον : τὸν τρόπον τοῦτον καὶ ἡ καρδία,
μέχρι μὴ προνοίας πυγχάνει, ἀκάθαρτος, πολλῶν οὖσα δαιμόνων
οἰκητήριον.

---

[1] Diese Geister werden mit Tiergeistern im folgenden identifiziert. Dem entsprechen
die bekannten gnostischen Spekulationen über die Archonten der Gestirnwelt in Tier-
gestalt. Vgl. z. B. Origenes c. Celsum VI 30.

[2] Dazu vergleiche die oben vermerkte Parallele de mysteriis VIII 6.

[3] Auch hier begegnen wir also wieder der Vermittelung der Pythagoräer (s. o. S. 719).*
    * Siehe S. 185.

Diese Zeugnisse sind von äußerster Wichtigkeit für die so schwierige Datierung der hermetischen Literatur. Denn wir werden mit Sicherheit urteilen dürfen, daß die Schulen des Basileides und des Valentin [4] nicht die Urheber der Theorie von den Planetenlastern / (προσαρτή- ματα) gewesen sind. Vielmehr finden wir bei ihnen nur Rudimente dieser Anschauung, auf die erst die hermetischen Theorien volles Licht werfen. Ja, ohne diese würden wir jene Anspielungen gar nicht ver- stehen. Dann aber ergibt sich als Resultat, daß die hermetischen An- schauungen verschiedenen christlich gnostischen Kreisen der ersten Hälfte des zweiten Jahrhunderts bekannt waren. Wir kommen somit, wenn wir beachten, wie rudimentär bereits die Spuren unserer Theorie bei den christlichen Gnostikern sind, mit großer Wahrscheinlichkeit zu der Annahme, daß eine hermetische Zentral/lehre schon am Ende des ersten christlichen Jahrhunderts existiert haben muß. Ueberdies finden wir hier eine erfreuliche nochmalige Bestätigung der schon oben aus andern Gründen ausgesprochenen Ansicht, daß die Spekulationen des Poimandres vor-valentinianisch seien.

IX. Wir betrachten nun eigentlich nur die Medaille von der Kehr- seite, wenn wir auf die praktische Grundstimmung, die Frömmigkeit und Ethik der hermetischen Schriften achten. Denn was in den Her- metica vorliegt, ist, so erkennen wir es hier noch deutlicher, über- haupt keine eigentliche Philosophie, sondern eben die Mysterien- /frömmigkeit einer Sekte. Damit ist nicht gesagt, daß wir in unsern Traktaten direkt etwa die Liturgien, Gebetbücher und kultischen Vor- schriften einer Poimandres-Gemeinde vor uns hätten. Was als Samm- lung hermetischer Stücke und an hermetischen Fragmenten vor uns liegt, ist bereits, so wie es überliefert ist, Literatur geworden. Aber es ist doch eine Literatur von ganz eigentümlicher Form. Kroll ist dem nicht näher nachgegangen. In einer Anmerkung (331₁) lehnt er Reitzensteins Vorstellung von einer Poimandresgemeinde kurz ab, gibt aber doch zu : „Aber natürlich wird Inhalt und Anlage der mitgeteilen Gebete mit solchen aus irgend welchen Gemeindegottesdiensten zu- /sammenhängen". Damit hat er im Vorbeigehen das richtige getroffen.

---

[4] Auch eine Ueberlieferung über Bardesanes gewinnt in diesem Zusammenhang ihr Licht. Wir hören bei Ephraem Hymn. 53 p. 553 E, daß nach ihm der Mensch „eine Seele von den Sieben habe". In der manichäischen Psychologie spielt die Annahme einer doppelten Seele eine große Rolle. Hauptprobleme der Gnosis S. 367f. Auch die Psychologie der Pistis Sophia c. 110-116. 131-133 gehört hierher, obwohl sich hier die Vorstellungen durch die Verbindung der Theorie vom ἀντίμιμον πνεῦμα mit der von dem unheilvollen Einfluß der Planeten-Dämonen komplizieren.

Es hätte diese wichtige Erscheinung aber etwas genauer ausgeführt werden können. Ich weise z.B. vor allem auf den Umstand hin, daß die beiden Schlußgebete des Poimandres und des Logos teleios selbständige Stücke sind, die ihre eigene Geschichte haben. Das eine ist in eine christliche Gebetssammlung gewandert[1]. Den griechischen Text des anderen hat Reitzenstein in dem Zauberpapyrus von Mimaut

738 / wieder entdeckt, hier als das Gebet eines Mystagogen, der für seine gläubige Gemeinde betet : Mache mich zum Diener derer, die in meinem Schatten sind (Poimandres S. 147-157). Hier haben wir also wirkliche Gebetsliturgie[1a]. Das Gebet, das dem Mysten in der Prophetenweihe mitgeteilt wird (XIII 16), soll dieser ἐν ὑπαίθρῳ τόπῳ bei Sonnenuntergang nach Südwesten (νότος), bei Sonnenaufgang nach Osten gewendet beten. Zu vergleichen ist Asclep. c. 41 80_{12}, die Einleitung des Schlußgebetes. Kroll 329_2 ist der Meinung, daß hier das Dankgebet nach erfolgter Weihe mit einer bestimmten Vorschrift über

10 Morgen- / und Abendgebet zusammengeworfen ist. Aber einfacher ist es doch anzunehmen, daß dem Mysten auf dem Höhepunkt seiner Weihe nunmehr das Gebet mitgeteilt wird, das er von jetzt an jeden Morgen und Abend zu sprechen hat. Wir stehen hier unmittelbar vor der Uebung praktischer Frömmigkeit. Eine Gemeinde von Frommen sehen wir, von denen es heißt, daß wenn der Nus sich ihnen offenbart : εὐθὺς τὰ πάντα γνωρίζουσι καὶ τὸν πατέρα ἱλάσκονται ἀγαπητικῶς, καὶ εὐχαριστοῦσιν εὐλογοῦντες καὶ ὑμνοῦσι τεταγμένοι (dabei ist doch offenbar an gottesdienstliche Ordnung[2] gedacht) πρὸς αὐτὸν τῇ στοργῇ I 22. Und wenn wiederum zum Schluß der Prophetenweihe

20 (XIII 21) der Myste / ungelenk selbst seinen armseligen Psalm stammelt, so werden wir an Pauli Aeußerung erinnert, daß in dem Gottesdienst der Gemeinde jeder Christ seinen Psalm mitbringt (I Ko 14_{26}). Noch in der κόρη κόσμου I 980 bittet Horos : χαίρει ὕμνοις ὁ θεὸς ὦ τεκοῦσα, κἀμοὶ χάρισαι τὴν τοῦ ὕμνου ἐπίγνωσιν, ὡς μὴ ἀμαθὴς ὑπάρχω. Dem entspricht es nun, daß, wie Kroll das gut hervorgehoben hat, die Eulogie und Eucharistie überhaupt eine große Rolle im Kreise dieser Frommen spielen als das einzige Opfer, das man Gott darbringt, als die λογικὴ θυσία (Kroll 328-331, vgl. besonders noch Asclep.

---

[1] Reitzenstein und Wendland, zwei angeblich christliche liturgische Gebete. Nachr. Gött. Ges. d. Wissensch. 1910 324ff.

[1a] Vgl. auch das Gebet V 10-11.

[2] Reitzenstein liest hier freilich τεταμένοι; doch ziehe ich τεταγμένοι oder τεταγμένως vor.

p. 80$_{19}$). Ob die Formen dieser Gebetsfrömmigkeit freilich direkt aus
30 den Psalmodien und liturgischen / Gesängen des Judentums herzuleiten
sind, wie Kroll S. 331 anzunehmen scheint, das ist mir sehr zweifelhaft. Wir haben es hier mit einer allgemeinen Bewegung der Religionsgeschichte zu tun, innerhalb deren das Judentum nur als Teilerscheinung
steht.

Wir finden aber noch mehr Spuren einer aus dem Kultus stammenden Literatur. Dahin gehört vor allem die Propheten- oder Mysta-
gogenpredigt. Ein kurzes Beispiel einer solchen Predigt bietet — charakteristischer Weise im unmittelbaren Anschluß an die erhaltene Weihe
des Poimandres — I 27f. Auch der VII. Traktat bietet eine solche
Predigt (vgl. auch II 8). Darüber ist wenig mehr zu sagen[3], nach-
739 /dem Norden in glänzender und weitausholender Untersuchung die
Formen derartiger Propheten- und Missionspredigten im Zusammenhang untersucht hat (Agnostos Theos 3ff.). Nur die Selbstcharakterisie-
rung des Mystagogen-Predigers I 29 sei noch hierhergestellt: καὶ
ἔσπειρα αὐτοῖς τοὺς τῆς σοφίας λόγους καὶ ἐτράφησαν ἐκ τοῦ
ἀμβροσίου ὕδατος. Wir sehen es deutlich: wie das Gebet den blutigen
ja auch den unblutigen Opferkult ganz und gar verdrängt, so erwächst
aus der Gestalt des Mystagogen der Prediger, der das Wort säet;
und so finden wir in unserm Schriftkreis die neue Literaturform
10 der erbaulichen / religiösen Ansprache[1]. Die Darstellung des Anthroposmythos und ihre Umgebung im Poimandres ist — wenigstens ursprünglich — auch mehr als einfache Literatur. Es ist die Darlegung des
Urmysteriums einer Gemeinschaft von Frommen, die sich mit dem
in die Materie versenkenden und aus ihr wieder aufsteigenden Urmenschen zusammenschließt, um dasselbe zu erleben wie er. Der
Mythos war für die Gemeinden, welche die Hermetica voraussetzen,
ungefähr dasselbe, wie für die Christengemeinde die Verkündigung
vom Kreuz. Der dreizehnte Traktat, die Darstellung des Mysteriums
20 / der Palingenesie, darf ebenfalls nicht eigentlich als Liturgie in Anspruch genommen werden. Er spiegelt aber doch einen Weiheakt, wie er
sich zwischen Mystagogen und Mysten vielfach abgespielt haben wird,
wieder. Es ist möglich, daß er doch direkt erbauliche Abzweckung
gehabt haben und mit dem Gedanken geschrieben sein mag, daß er

---

[3] Nur auf die hierzu in den Oden Salomons vorliegenden Parallelen, auf die Norden
übrigens zum Teil schon aufmerksam gemacht hat, weise ich im Vorbeigehen hin.

[1] Sie darf sicher nicht aus der christlichen Homilie abgeleitet werden, sondern steht
mit ihr im Parallelismus. Sie ist aber auch nicht identisch mit der viel weniger religiös
bestimmten stoischen Diatribe und mit der Kapuzinerpredigt des Kynismus.

als wunderbar geheimnisvoller Logos die Erhebung der Seele des Mysten schon durch die Lektüre bewirken solle. So faßt auch der Evangelist des vierten Evangeliums sein Buch als ein wunderbares Wort auf, durch dessen Lektüre Glaube und Leben geschafft werden soll. — Auch die kleine Apokalypse, die wir im Logos teleios c. 24ff. / finden, gehört eben als Apokalypse in den Umkreis der Erbauungs- 30 literatur einer frommen Gemeinde hinein.*

Ueberhaupt vergegenwärtige man sich die Form der genannten Literatur. Es ist supranaturale Offenbarung, die in ihnen geboten wird, Göttergespräche sind es, die den Eingeweihten geheimnisvolle Weisheit bringen. Und selbst der Logos teleios, der wie kein andres Zeugnis hermetischer Literatur den Charakter eines philosophischen Traktats auf weiten Strecken annimmt, schließt nicht nur mit dem großen Schlußgebet; mitten in der Darstellung — es muß hier einmal ein aufgenommener Traktat oder die Schrift nach ihrer ursprünglichen 740 / Anlage ein Ende gehabt haben — heißt es plötzlich : sed tibi deus summe gratias ago, qui me videndae divinitatis luminasti lumine, et vos o Tat et Asclepi et Hammon intra secreta pectoris divina mysteria silentio tegite et taciturnitate celate 71$_{26}$.

X. Diesem Charakter unserer Literatur entspricht es, daß nun in ihr der allerstärkste Akzent nicht auf die philosophische Weisheit sondern auf die Frömmigkeit, die εὐσέβεια fällt. Kroll hat das nach Gebühr an zwei Stellen S. 326f. und auch 353 hervorgehoben. Das hier angeführte Material ließe sich noch beliebig vermehren, aber / darauf kann es nicht ankommen. Ich hebe nur noch eine charakte- 10 ristische Stelle hervor, das Fragment bei Stobaios I 698ff. Zunächst wird hier allerdings die Harmonie von Philosophie und Frömmigkeit betont : ὁ δὲ εὐσεβῶν ἄκρως φιλοσοφήσει· χωρὶς γὰρ φιλοσοφίας ἄκρως εὐσεβῆσαι ἀδύνατον. Der streng religiöse Charakter des hier geforderten Philosophierens aber geht aus dem Folgenden hervor. Alles Wissen soll dazu dienen, den Dank gegen den Schöpfer zu erzeugen. ὁ δὲ χάριν ὁμολογῶν εὐσεβήσει. ὁ δὲ εὐσεβῶν εἴσεται καὶ ποῦ ἐστιν ἡ ἀλήθεια καὶ τίς ἐστιν ἐκείνη. Ich erwähne nur noch, daß mit dieser Betonung der εὐσέβεια sich noch ein andrer religiöser Grundbegriff in den Her/metica einstellt, nämlich der des Glaubens. Soweit ich 20 sehe, hat Kroll diesen charakteristischen Zug gar nicht behandelt. Ich kann hier kurz auf das verweisen, was ich in meinem Kyrios 174-180 über dies Thema ausgeführt habe.

---

* Siehe S. 186.

Kroll redet selbst treffend von einer Theologisierung der Philosophie (327). Er verkennt aber doch auch hier noch die Tragweite der sich vollziehenden Entwickelung, wenn er im wesentlichen wiederum mit einem Hinweis auf Poseidonios auszukommen versucht, dessen „orientalischer Religiosität solche Gedanken besonders nahe lagen". Er verweist mit Norden (Agnostos Theos 96) auf die auf Poseidonios / zurückzuführenden Stellen Cicero nat. deor. II 153 „cognitio deorum, 30 e qua oritur pietas"; Seneca ep. 95; 47 „deum colit qui novit" (S. 354). Ich habe in meiner Besprechung von Nordens Agnostos Theos bereits darauf hingewiesen [1], daß zwischen Poseidonios und Hermes auch an diesem Punkt noch ein beträchtlicher Abstand vorhanden ist. Die religiös gestimmte Naturphilosophie (theologia physica) eines Poseidonios und die Mystik der hermetischen Schriften, bei denen die Frömmigkeit die Philosophie ganz überschattet, und die man etwa in das umgekehrte Stichwort „deum novit qui colit" zusammenfassen könnte, — sind zwei sehr verschiedene Dinge. Kroll hat diese / Bedenken 40 auf sich wirken lassen. Er gibt seinerseits zu bedenken: „Freilich darf man dabei nicht übersehen, daß Poseidonios selbst noch ein exakter **741** Forscher war" (327₂). Er erkennt meine Bedenken als / berechtigt an: „Freilich ist bei der hermetischen Formulierung, worauf Bousset ... aufmerksam macht, doch schon eine Verschiebung ... eingetreten, da die εὐσέβεια der γνῶσις vorangeht ..., nicht aber aus ihr entsteht" (354). Er fährt aber in bezeichnender Weise fort: „Woher das stammt, kann ich nicht entscheiden". Das Zugeständnis ist charakteristisch. Das Problem der Hermetica beginnt eben genau dort, wo der Poseidonios-Schlüssel aufhört zu schließen. Dagegen hat Kroll durchaus recht, wenn er die engsten Parallelen zur hermetischen Frömmigkeit bei Philo findet (327₄). Darauf kann hier im einzelnen / nicht eingegangen 10 werden. Doch mag noch einmal darauf hingewiesen werden, daß bei dem Verständnis Philos uns Poseidonios nur bis zu der Schwelle geleitet. Es ist eine neue Welt, die sich hüben und drüben Bahn bricht, nennen wir sie nun Mystik oder Gnosis, oder orientalisch bestimmte Mysterien-Frömmigkeit. Es ist nur der Unterschied vorhanden, daß sie sich bei Philo im Werden meldet, in den Hermetica dagegen in voller Ausbildung vorhanden ist.

Dem allen hat nun auch Kroll seinerseits Rechnung getragen, indem er einen ganzen letzten Abschnitt (S. 326-385) dem Thema Ethik und Religion gewidmet hat. Doch hätte dieses Thema noch eingehender

---

[1] Theol. Lit. Zeit. 1913, 196.

/ behandelt werden können. Manches hat Kroll, wie bereits die vorher- 20
gehenden Ausführungen zeigten, nicht gesehen. Ueberdies hätte auch
hier das Ganze unter noch größere zusammenhängende Gesichtspunkte gerückt werden müssen. Vielfach stehen nur eine Reihe ein-
zelner Beobachtungen neben einander. Durchgehend herrscht dabei
wieder eigentlich nur das Bestreben vor, alle Beobachtungen aus der
Geistesgeschichte, die das Griechentum bis etwa Poseidonios erlebt,
abzuleiten und den Eindruck eines hier gegebenen unableitbaren
Novum nach Möglichkeit zu beschränken. Es müßte die praktische
Frömmigkeit der Hermetica noch ganz anders mit den theoretischen
/ Grundanschauungen in Zusammenhang gebracht und von dort abge- 30
leitet werden. Ich muss mich hier zum Schluß mit einzelnen Andeutungen begnügen.

Was ist z.B. hier die mit der εὐσέβεια so eng verbundene Gnosis?[1]
Bei der Beantwortung der Frage wäre etwa auszugehen von einer
Stelle wie IV 5. Im Gegensatz zu denen, die der Gnosis teilhaftig
τέλειοι ἄνθρωποι geworden sind, heißt es von den übrigen ἀγνοοῦσιν
ἐπὶ τί γεγόνασι καὶ ὑπὸ τίνος[2]. Die gnostische Seele aber wird ge-
742 /schildert als ἡ πιστεύουσα ὅτι ἀνελεύσῃ πρὸς τὸν καταπέμψαντα τὸν
κρατῆρα, ἡ γνωρίζουσα ἐπὶ τί γέγονας. Das ist es, was in diesen
hermetischen Kreisen Gnosis ihrem Inhalte nach ist: Wissen, daß
man aus der Sphäre jenseits der Heimarmene, aus der Hand des höchsten
Gottes stammt, und daß man dazu lebt, um in die himmlische Heimat
zurückzukehren. Wissen oder Glauben oder die Wahrheit mit der Glut
der Frömmigkeit umfassen (ἀγὼν τῆς εὐσεβείας X 19), daß ist alles
ein und dasselbe. In diesen Zusammenhang stellen wir etwa noch
Stobaios Eklog. I 700: ὁ δὲ μαθὼν οἷα ἐστὶ καὶ πῶς διατέτακται καὶ
/ ὑπὸ τίνος· καὶ ἕνεκεν τίνος und das folgende καὶ καλῶς βιώσῃ καὶ 10
εὐδαιμόνως τεθνήξῃ, τῆς ψυχῆς σου μὴ ἀγνοούσης, ποῖ αὐτὴν
δεῖ ἀναπτῆναι.

Kroll hat richtig darauf geachtet, daß Hauptmittel und Weg dieser
Gnosis die visionäre enthusiastische Schau sei (S. 355ff.), er handelt
in diesem Zusammenhang auch vom Sternenmysticismus (S. 367); und

---

[1] VI 5 ἡ μετὰ γνώσεως εὐσέβεια. IX 4 θεοῦ γνῶσις. X 19 ἀγὼν δὲ εὐσεβείας τὸ
γνῶναι τὸν θεόν. X 9 ὁ γὰρ γνοὺς καὶ ἀγαθὸς καὶ εὐσεβής.
[2] Norden hat Agnostos Theos S. 102 auf diese und ähnliche Weltanschauungs-
formeln aufmerksam gemacht. Er hat aber nur auf die Form gesehen und nicht auf
die wesentliche Verschiedenheit des Inhalts. Von den von Norden zitierten Stücken
gehören als sachliche Parallelen hierher: Exc. ex Theodoto 78, Acta Thomae 15 (vgl.
noch I Clemens 38 und II Clemens Anfang).

es ist richtig, daß die Frömmigkeit der „Schau" sich zu einem Teil
am gestirnten Himmel entzündet hat und eine Gestaltung der Religion
ist, welche aus der siderischen, vom Orient einflutenden Frömmigkeit
20 erwächst. Aber auch hier hat Kroll das / Eigentümliche der Frömmigkeit der hermetischen Schriften nicht gesehen, allzu sehr von dem
Bestreben geleitet, die Erscheinungen auf ihm schon Bekanntes zu reduzieren. Wieder und wieder klingt uns auch hier der Name des Poseidonios in die Ohren.

Das Eigentümliche der hermetischen Religion besteht nun aber
gerade darin, daß sich die enthusiastische Schaufrömmigkeit, hier wie
schon bei Philo[1], von dem naturhaften Gegenstand des gestirnten
Himmels ablöst und sich zu einer geistigen Mystik ausgestaltet, wie
ich jetzt in meinem Kyrios genauer dargelegt habe. Natürlich ist das
30 noch nicht überall in den hermetischen Fragmenten der Fall. / Hier
und da findet sich die ältere Anschauung. Aber es ist doch bemerkenswert, wie wenig Zeugnisse für den eigentlichen „Sternenmysticismus"
Kroll S. 307f. aus unserem Schriftenkreis beibringt. Das alles ist nun
von der hermetischen Gesamtanschauung aus auch leicht begreifbar.
Wir denken daran, daß für sie ja der gestirnte Himmel die böse Macht
der Heimarmene darstellt, daß die Planeten bereits böse dämonische
Mächte geworden sind[2]. Und so mußte die Frömmigkeit ihren Weg
höher nehmen. Deus und mundus (natura) beginnen sich für sie endgültig zu trennen. Die gnostische Seele nimmt ihren Flug jenseits des
40 gestirnten Himmels zu dem unbekannten Gott, es / beginnt das
743 σπεύδειν ἐπὶ τὸ ἓν καὶ μόνον (IV 5 vgl. XIII 15). ἔχει / γάρ τι ἴδιον
ἡ θέα. τοὺς φθάσαντας θεάσασθαι κατέχει καὶ ἀνέλκει, καθάπερ
φασὶν ἡ μαγνῆτις λίθος τὸν σίδηρον IV 11. So entsteht hier eine
geistige Mystik, welche die astrale Frömmigkeit der stoischen theologia
physica weit überflügelt.

Den dritten Abschnitt, in welchem er die Gnosis der hermetischen
Schriften charakterisiert, überschreibt Kroll mit Wiedergeburt, Apotheose. Die beiden Dinge gehören in der Tat unmittelbar zusammen,
wie wir gleich genauer sehen werden. Kroll hätte aber stärker hervor-
10 heben können, daß es sich bei diesen Dingen vor allem um / den
sakramentalen, kultischen Einschlag in dem hermetischen Milieu handelt, durch welchen unsere Schriften sich so bestimmt von aller philo-

---

[1] Bei Philo sind die Uebergänge noch deutlicher. Er steht noch mit einem Fuß
auf dem Boden der siderischen Frömmigkeit.
[2] Vgl. S. 198-203.

sophischen Literatur ab- und aus der Geschichte der Philosophie
herausheben. Die Hermetica kennen Sakramente im eigentlichen Sinne
des Wortes. Ich will nur kurz darauf hinweisen, daß im vierten
Traktat sogar ein Sakrament der Taufe angedeutet zu sein scheint,* das
jedenfalls mit dem christlichen Sakrament nichts zu tun hat und auf
eigenem Boden gewachsen sein dürfte. Aber es ist zuzugestehen, daß
uns möglicher Weise die symbolische Sprache des Verfassers hier
täuschen und die Annahme eines hellenistischen Taufsakraments ein
/ Trugschluß sein könnte.** So will ich dabei nicht länger verweilen. 20
Aber das Sakrament der Palingenesia soll noch in den größeren
Zusammenhang, den wir allmählich erarbeitet haben, eingestellt werden. Es ist kein Zufall, daß die „Wiedergeburt" das Sakrament der hermetischen (gnostischen) Kreise ist. Wenn der fromme Gnostiker als
das Endziel die Befreiung von der gesamten sinnlichen Welt der Heimarmene und den Aufstieg zu der transmundanen Gottheit betrachtet,
so ist es ein zentrales Bedürfnis des Frommen im Diesseits diese
οὐσιώδης γένεσις, das ἑαυτὸν ἐξεληλυθέναι εἰς ἀθάνατον σῶμα zu
erleben. Er erlebt es aber durch die heilige kultische Handlung, durch
das / Sakrament der Wiedergeburt, wir können auch sagen durch die 30
heilige göttliche Schau, denn in ihr vollzieht sich schließlich die Wiedergeburt. Diese ist aber zugleich — hier treffen wir wiederum auf ein
spezifisches Charakteristikum hellenistisch-orientalischer Mystik —
Apotheose, Vergottung. τοῦτό ἐστι τὸ ἀγαθὸν τέλος τοῖς γνῶσιν
ἐσχηκόσι θεωθῆναι (Poimandres I 26). χαίρομεν ὅτι ἐν σώμασιν
ἡμᾶς ὄντας ἀπεθέωσας τῇ σεαυτοῦ θέᾳ (Schlußgebet des Logos teleios).
Der Mensch, der sich über die Heimarmene erhebt, ist göttlichen
Wesens geworden; der Mensch ist gestorben, der neue Gott ist geboren.
Und zwar handelt es sich auch hier nicht, wie in der älteren siderischen
Mystik, von / der Poseidonios berührt ist, um eine Erhebung des 40
Menschen zu den Gestirngöttern. Zwar diese Anschauung begegnet
uns noch im hermetischen Schriftenkreis. Wir finden eine derartige
Apotheose im achten Kapitel der Kleis. Hier wird beschrieben, wie sich
744 die / Menschen erst zur Würde der Dämonen, dann zum χορός der
πλανώμενοι und ἀπλανεῖς θεοί erheben „καὶ αὕτη ψυχῆς ἡ τελειοτάτη
δόξα". Das liegt noch ganz auf der Linie poseidonianischer Frömmigkeit. Aber dieses Stück der Kleis (wahrscheinlich aus den älteren Γενικά
stammend) nimmt bereits eine singuläre Stellung innerhalb der hermetischen Frömmigkeit ein. Hier handelt es sich um die Erhebung

---

* u. ** Siehe S. 187.

zur transmundanen Gottheit, um das σπεύδειν ἐπὶ τὸ ἓν καὶ μόνον
(IV 4), um die Wiedergeburt, die der Myste erlebt : σπείραντος τοῦ
θελήματος τοῦ θεοῦ (XIII 2); um das Mysterium, auf dessen Höhe-
10 punkt er vom / Mystagogen hört : θεὸς πέφυκας καὶ τοῦ ἑνὸς παῖς,
ὡς κἀγώ (XIII 14), und selbst dankbar bekannt : χαίρομεν ὅτι σεαυτὸν
ἡμῖν ἔδειξας ὅλον, χαίρομεν ὅτι ἐν σώμασιν ἡμᾶς ὄντας ἀπεθέωσας
τῇ σεαυτοῦ θέᾳ[1]. Deutlich hebt sich diese gesteigerte Mystik von der
siderischen Frömmigkeit eines früheren Zeitalters ab.

Die vergottende Schau, in der sich das Mysterium vollzieht, gipfelt
in dem heiligen Schweigen, das alles Denken und alles Wort weit
hinter sich läßt. Hier hat Kroll die Hauptsachen zusammengestellt
(S. 330). Er verweist auf die σιωπὴ καὶ καταργία πασῶν αἰσθήσεων
20 X 5, auf die Charakterisierung des γνούς als μὴ πολλὰ / λαλῶν,
μηδὲ πολλὰ ἀκούων X 9. Ich füge als besonders charakteristisch den
Schluß der Weihe im Poimandres hinzu : καὶ ἡ κάμμυσις τῶν ὀφθαλ-
μῶν ἀληθινὴ ὅρασις, καὶ ἡ σιωπή μου ἐγκύμων τοῦ ἀγαθοῦ καὶ ἡ
τοῦ λόγου ἐκφθορά (statt ἐκφορά nach Zielinskis glänzender Konjektur) γεννήματα ἀγαθῶν (I 30).

Von dieser kultischen Stimmung aus begreifen wir auch wiederum
verschiedene theoretische Spekulationen, die uns in den Hermetica
begegnen. So vor allem eine entschiedene Unterordnung des Logos
unter den Nus, wie er uns hier und da begegnet. So haben wir schon
die Stelle IV 3 kennen gelernt, an welcher wohl der Logos, aber
30 / nicht der Nus allen Menschen zugeteilt wird. So wird mit Zielinski
IX 10 zu lesen sein : ὁ γὰρ λόγος [μ]οὐ φθάνει μέχρι τῆς ἀληθείας, ὁ δὲ
νοῦς μέγας ἐστὶ καὶ ὑπὸ τοῦ λόγου μέχρι τινὸς ὁδηγηθείς, φθάνειν
ἔχει τῆς ἀληθείας. Daher ist auch mit Zielinski (gegen Reitzensteins
Korrekturversuche an dem verblüffenden Satz) XV 16 : καὶ ὁ λόγος
— οὐκ ἔρως — ἐστὶν ὁ πλανώμενος καὶ πλανῶν festzuhalten. Ich teile
daher Krolls Bedenken, die er gegen Zielinskis Aufstellungen an diesem
Punkt erhebt (330₂), nicht. Wir können hier um so sicherer urteilen,
da uns dieselbe Erscheinung bei Philo begegnet. Trotz seiner Logos-
745 / theologie begegnen wir an zahlreichen Stellen seiner Werke einer entschiedenen Unterordnung des Logos unter den Nus, wie wir bereits
oben (S. 728) notierten. Schon Bréhier, Philon 102, hat diese Be-

---

[1] Dies gesteigerte Vergottungsstreben überschlägt sich fast und wird ein Zerrbild
aller echten Frömmigkeit, wenn es Asclep. 21 p. 59₁₃ff. heißt : deus ut effector est
deorum caelestium, ita homo fictor est deorum (durch die Telestik der Bilderweihe) ...
et non solum illuminatur (φωτίζεται, in der Weihe) verum etiam illuminat (durch die
Telestik), nec solum ad deum proficit, verum etiam conformat Deos.

obachtung in den rechten Zusammenhang eingestellt. Es ist der im
heiligen Schweigen das Höchste erlebende Mystiker Philo,* der das
Wort entwertet, genau wie es in den hermetischen Schriften geschieht.
Statt vieler Zeugnisse sei hier nur auf die eine besonders charakteristische Stelle de Gigant. § 52 hingewiesen (das übrige Material vergleiche
man bei Bréhier).

Darauf weist aber Kroll wieder mit Recht hin, daß sich von hier
/ aus auch verschiedene Aussagen über das Wesen der höchsten Gott-   10
heit begreifen. Nach de mysteriis VIII 3 heißt es von dem πρῶτον
νοητόν: ὁ δὴ καὶ διὰ σιγῆς μόνης θεραπεύεται; Poimandres I 31:
ἀνεκλάλητε, ἄρρητε, σιωπῇ φωνούμενε. Auch die religionsgeschichtlichen Zusammenhänge hat K. hier gut erkannt. Er verweist (334) auf
Apollonios durch Nordens Untersuchung berühmt gewordene Predigt
περὶ θυσιῶν (Euseb. Praep. Ev. IV 13). Man könnte noch auf die σιγή
im System der Valentinianischen Gnosis (vor Nus und Logos), auf
den λόγος ἀπὸ σιγῆς προελθών und den Hymnus auf die ἡσυχία
θεοῦ bei Ignatios v. Antiochia (ad Magn. VIII 2, Ephes. XIX 1), auf das
mystische / „σιγή, σιγή" der Mithrashiturgie (Dieterich, e. Mithraslit.   20
8_{12}, 10_{18}) und andres mehr verweisen. Wir haben hier zum Schluß
ein charakteristisches Beispiel, wie der Kultus und die praktische
Frömmigkeit, die ihrerseits so stark schon durch die Reflexion bedingt
sind, doch wiederum die Spekulation und die Metaphysik befruchten
und bereichern, und wie das ganze der „hermetischen" Frömmigkeit
eine starke zusammenhängende Einheit darstellt.

XI. Kroll hat seinen letzten Abschnitt Ethik und Religiön über-
schrieben. Von der Ethik der hermetischen Schriften hat er in ihm
nur sehr wenig und nur gelegentlich geredet, insofern natürlich die
/ Stimmung kleiner auserwählter Mysterienkreise und die ganze Ueber-   30
weltlichkeit ihrer Frömmigkeit auch eine bestimmte Ethik in sich
schließt. Viel mehr ist auch tatsächlich von der Ethik der Hermetica
nicht zu sagen. Aber auf eine Anschauung muß hier noch hingewiesen werden, die ausgezeichnet in das bisher gezeichnete Bild hinein-
paßt. Das ist die ausgesprochen supranaturale Haltung dieser Ethik.
Guthandeln ist göttliche Gnade, Bösehandeln stammt aus der Macht
und der Verführung der Dämonen. Ich kann hier an zumeist schon
Besprochenes erinnern. Der Nus ist der Leiter der Guten, Reinen
und Barmherzigen. μᾶλλον δέ, οὐκ ἐάσω αὐτὸς ὁ Νοῦς τὰ / προσπί-   40
πτοντα ἐνεργήματα τοῦ σώματος ἐκτελεσθῆναι (I 23). Der Timoros

---

* Siehe S. 189.

Daimon ist nicht nur der Strafdämon, sondern der Verführer zu aller Schlechtigkeit und Bosheit (I 23. X 21). Die Laster stammen von den Planetengöttern, die Zwölfzahl der τιμωροὶ δαίμονες muß durch die
746 / heilige Dekas im Menschen ausgetrieben werden, wenn er rein und heilig dastehen soll (XIII 7f.). Je nachdem Gott oder der Dämon seine Saat in die menschliche Seele säet, gebiert sie gute oder lasterhafte Gedanken und Werke (IX 3); ante omnis religio, quam sequitur bonitas heißt es Asklep. 46₁₀f. ὁ μὲν γὰρ μετὰ κακίας ὑλικὸς ἀπὸ τῶν δαιμόνων τὸ σπέρμα τῆς νοήσεως ἴσχει. οἱ δὲ μετὰ τοῦ ἀγαθοῦ οὐσιωδῶς ὑπὸ τοῦ θεοῦ σωζόμενοι (IX 5).

Diese dämonologisch bestimmte supranaturale Ethik bahnt sich nun
10 freilich vielleicht schon seit Poseidonios und früher in der grie/chischen (stoischen) Philosophie an. Namentlich wird der Gedanke bei den späteren geläufig, daß die Dämonen den Menschen freundliche Helfer vor allem auch im Ethischen sind. Nach Laertios VII 151 lehrten die Stoiker [1]: εἶναι καί τινας δαίμονας ἀνθρώπων συμπάθειαν ἔχοντας ἐπόπτας τῶν ἀνθρωπίνων πραγμάτων[2]. Ueberschauen wir aber die in Betracht kommenden Stellen, so zeigt es sich, daß fast ausnahmslos die Dämonen in dieser Hinsicht als freundliche Mächte, die dem Menschen zum sittlich Guten verhelfen, aufgefaßt werden. Ich verweise, da die Zusammenhänge hier von R. Heinze Xenocrates 96ff. besprochen sind, nur kurz auf die Hauptzeugnisse, etwa auf die schöne Schilderung
20 der / hilfreichen Dämonen in Plutarchs de genio Socratis c. 24 (593E-594A), dann vor allem auf Philo de somniis I 147, endlich auf Maximos von Tyros (Duebner) XIV 7-8, XV 5-7. — Wie weit das alles nur mit einiger Sicherheit auf Poseidonios zurückgeht, mag dahingestellt bleiben.*

Mir kommt es darauf an hervorzuheben, wie wenig Zeugnisse sich innerhalb der von der Stoa beherrschten griechischen Philosophie dafür beibringen lassen, daß die Dämonen die Verführer der menschlichen Seele zum sittlich Bösen seien. Einzelnes läßt sich hier beibringen, so hat Kroll S. 86 auf den Spruch in den sententiae des Sextus

---

[1] Schon Chrysipp nahm an, daß scheinbare Ungerechtigkeit in der göttlichen Weltordnung auf Pflichtvergessenheit böser Dämonen, die dann doch eben als ἐπόπται des göttlichen Weltregiments aufgefaßt werden, zurückgehe. Plutarch de Stoic. rep. c. 37. Heinze Xenokrates 97. Dazu wäre die merkwürdige Parallele im jüdischen äthiopischen Henochbuch c. 89f. zu notieren.

[2] Vgl. Lokros Timaios p. 105. (Zeller III 2 155₁): δαίμονες χθόνιοι als ἐπόπται τῶν ἀνθρωπίνων, οἷς ὁ πάντων ἁγεμὼν θεὸς ἐπέτρεψεν διοίκησιν κόσμου.

* Siehe S. 190.

„malorum actuum malus daemon dux" und auf einen ähnlichen Spruch
/ bei dem Neupythagoräer Zaleukos hingewiesen. Aber mit diesen 30
Zeugen sind wir schon außerhalb des Bannkreises der Stoa und der
eigentlichen Philosophie [3]. Eine sehr interessante aber singuläre Aeußerung findet sich bei Plutarch Dio c. 2 (Heinze 111₃) : wir werden gezwungen anzunehmen, ὡς τὰ φαῦλα δαιμόνια καὶ βάσκανα προσφ-
θονοῦνται τοῖς ἀγαθοῖς ἀνδράσι καὶ ταῖς πράξεσιν ἐνιστάμενα ταρα-
747 χὰς καὶ φόβους / ἐπάγει σείοντα καὶ σφάλλοντα τὴν ἀρετήν, ὡς
μὴ διαμείναντες ... ἐν τῷ καλῷ καὶ ἀκέραιοι βελτίονας ἐκείνων
μοίρας μετὰ τὴν τελευτὴν τύχωσιν.

Und auch hiermit ist das Specificum der hermetischen Schriften,
die markante und schroffe Gegenüberstellung von θεός und δαίμων,
νοῦς und τιμωρὸς δαίμων nicht gedeckt. Es ist deshalb aller Beachtung wert, daß wir die schlagendsten Parallelen zu dieser Anschauung nur in einer spätjüdischen und einer frühchristlichen Schrift
finden. Die jüdische Schrift ist das Testament der 12 Patriarchen.
Ich erinnere hier an die Ausführungen über die ἑπτὰ πνεύματα τῆς
/ πλάνης im Test. Ruben 1ff., die so stark an die Phantasien des Poi- 10
mandres über die Planetenlaster erinnern. γνῶτε οὖν τέκνα — heißt
es hier, Juda 20 — ὅτι δύο πνεύματα σχολάζουσι τῷ ἀνθρώπῳ τὸ τῆς
ἀληθείας καὶ τὸ τῆς πλανης καὶ μέσον ἐστὶ ⟨τὸ τῆς⟩ συνειδήσεως
(Rec. B τὸ τῆς συνέσεως τοῦ νοός, οὗ ἐὰν θέλῃ κλῖναι). So tritt Test.
Simeon IV 4 u. 6 der Geist Gottes dem Geist des Neides gegenüber [1].
Unmittelbar an die Sprache der Hermetica fühlen wir uns erinnert, wenn
wir Sebulon IX 7f. (in einer Rezension) lesen : καὶ τὰ πνεύματα τῆς
πλάνης πλανᾷ αὐτοὺς ἐπὶ πάσαις πράξεσιν. καὶ μετὰ ταῦτα ἀνατελεῖ
ὑμῖν αὐτὸς Κύριος φῶς [2] δικαιοσύνης. Oder Asser VI 5 : ὅτε γὰρ
πονηρὰ / ἡ ψυχὴ ἀπέρχεται, βασανίζεται ὑπὸ τοῦ πονηροῦ πνεύματος, 20
ὃ καὶ ἐδούλευεν ἐν ἐπιθυμίαις καὶ ἔργοις πονηροῖς (also wieder dies
Ineinander von Strafdämon und Verführungsdämon).

Auf die zweite Parallele ist Kroll S. 89 aufmerksam geworden. Für
den Gedanken der Rivalität Gottes und des Dämons in der Seele
des Menschen verweist er auf die Mandata des Hirten des Hermas
(VI 2.3 : zwei Engel im Menschen, der der Gerechtigkeit und der Bos-

---

[3] Vgl. auch Kroll S. 86 : Ob auch Poseidonios schlechte Dämonen angenommen
hat, die den Menschen Schaden zufügen, wissen wir nicht.
[1] Vgl. noch Simeon II 3. III 1. VI 6. Levi III. Juda XIV 1. 8. Issachar VII 7
καὶ πᾶν πνεῦμα τοῦ βελίαρ φεύξεται ἀφ᾽ ὑμῶν. Dan II 1. III 6. Asser VI 4 (ἄγγελοι
κυρίου καὶ τοῦ βελίαρ). Benjamin III 3f.
[2] Zu φῶς vgl. Benjamin V 2.

heit; XII 5, 2ff. : Kampf Gottes und des Teufels um die menschliche
Seele). Aber das sind nicht die einzigen Stellen, die hier in Betracht
kommen. Auf weiten Strecken der Mandata herrscht diese pneuma-
30 /tische supranaturalistische Ethik. Namentlich kommen hier die offenbar sachlich zusammengehörenden Ermahnungen gegen die ὀξυχολία,
διψυχία, λύπη, ἐπιθυμία (Mand. V. IX. X. XII) in Betracht. Hier gelten
überall die Untugenden als dämonische Geister, die es zu überwinden
gilt (V 1, 3; 2, 6; IX 11; X 1, 3 u.s.w.). Auch das merkwürdige Ineinander von Strafdämonen und Dämonen der Verführung, das für
den δαίμων τιμωρός der Hermetica so charakteristisch ist, entdecken
wir in der Schilderung der 12 schwarzgekleideten Jungfrauen Similit.
IX 9, 5. 13, 8. 15, 3 wieder. Ferner erinnern die sieben Jungfrauen
(Visio III 8) und namentlich die 12 Jungfrauen Similit. IX 3, 2f. 10,
748 / 6-11. 13, 2-6. 13, 8 die als δυνάμεις τοῦ υἱοῦ τοῦ θεοῦ IX 13, 2 eingeführt werden und deren Gewänder der Gläubige anzulegen ermahnt
wird, an die heilige Dekas der Tugendkräfte in der Prophetenweihe.
Und endlich begegnet uns auch hier, in der VI. und VII. Similitudo
der ἄγγελος τῆς τιμωρίας (ἄγγελος τιμωρητής). Aber freilich nicht in
der Doppelgestalt des Straf- und Verführungsdämons und so, daß der
Engel der Verführung als besondere Gestalt neben ihm steht (Similit.
VII), so wie sich auch die Gestalt des guten Hirten in den ἔνδοξος
ἄγγελος und den ἄγγελος τῆς μετανοίας zerteilt hat.
10   Dennoch wird man wegen dieser charakteristischen Parallelen nicht
etwa Beeinflussung der Hermetica durch jüdische oder gar christliche
Literatur vermuten dürfen. Die Testamente der Patriarchen sind auch
innerhalb der spätjüdischen Literatur eine singuläre Erscheinung und
ein religionsgeschichtliches Rätsel. Was aber den Hirten des Hermas
betrifft, so bestätigt sich in dieser Untersuchung von neuem Reitzensteins Behauptung, daß er seinerseits von hermetischen Quellen abhängig sei.

Bei alledem bin ich mir bewußt, nur eine Schicht der hermetischen
Literatur ins Auge gefaßt und behandelt zu haben. Aber es ist die-
20 /jenige, die uns allein etwas Wesentliches und Neues — nicht für die
Geschichte der Philosophie — aber für die Religionsgeschichte zu
sagen hat. Es ist diejenige Schicht, deren religionsgeschichtliche Bedeutung mit sicheren Blick und Griff erkannt zu haben, das große
und bleibende Verdienst Reitzensteins ist, mag man auch noch so viel
an seiner zu starken Betonung ägyptischer Einflüsse auszusetzen haben.
Die Gruppe von Gedanken und Stimmungen aber, die wir ins
Auge fassen, hebt sich mit solcher Klarheit und Bestimmtheit und in

solcher inneren Geschlossenheit aus dem Ganzen heraus, daß es meines
Erachtens nicht schwer fallen kann, von hier aus nun diejenigen Trak-
/tate und Fragmente zu bestimmen, in denen sie wesentlich vertreten ist. 30
Vieles ist hier bereits von Zielinski[1] vorgearbeitet. Nur leidet Zielinskis kritischer Versuch an dem Fehler, daß sein sezierendes Messer
zu scharf und fein ist, und daß sein Auge Nähte da entdeckt, wo sie
nicht vorhanden sind. Man darf die hermetischen Literaten nicht als
geschulte Philosophen ansehen, von denen der eine platonische, der
zweite aristotelische, der dritte stoisch-pantheistische Anschauungen
reinlich vertreten hätte. Man darf nicht gleich verschiedene Quellen
annehmen, wo sich Traditionen verschiedener Herkunft in einem nicht
ganz klaren Kopf unausgeglichen mit einander verwoben haben.

749   Aber ohne die Annahme — und Zielinski hat vielfach das Richtige
gesehen —, daß mindestens zwei verschiedene Geistesströmungen in
den Hermetica sich begegnen und kreuzen, und daß daneben noch
allerlei Geister mit individuellen Einfällen ihr Werk getan haben,
wird man kaum auskommen und einen wirklichen Einblick in unsere
Literatur gewinnen können. Neben jener trüben dualistisch-pessimistischen Grundstimmung, die wir soeben als Gnosis charakterisiert haben,
begegnet uns ganz offenbar eine Anschauung von monistischer Haltung
und voll von starkem Optimismus. Die Traktate, die auf / dieser 10
Seite stehen, heben sich besonders leicht heraus. Man wird nicht
fehlgehen, wenn man die Traktate III. V. VIII. XI (der in der Aion-
lehre eine Singularität bietet) und XIV (beachte auch die antignostische
Haltung von XI und XIV) hierherstellt, dazu auch den Logos teleios
des Asklepios seinem allergrößten Umfang nach. Auch ist es nicht
schwer, die Gedankenwelt, die dieses Stück beherrscht, zu charakterisieren. Es ist die große und harmonische Trias Gott, Welt, Mensch,
die vor den entzückten Blicken und der enthusiastischen Bewunderung
dieser Traktatschreiber steht. Die Welt ist das herrliche Erzeugnis des
höchsten Gottes, ὁ ὑλικὸς θεός, seines Wesens / und seiner Güte voll 20
und ein Zeugnis seiner herrlichen Weisheit und schöpferischen Kraft;
und der Mensch ist der dritte im Bunde, hier unten auf Erden als König
gesetzt, der ἐπίγειος θεὸς θνητός, die ihm untergebene Welt zu regieren
und Gottes Schöpfergüte zu schauen und schauend zu preisen. Die
Welt ist eine große Harmonie, in der die Kräfte auf- und niedersteigen.

---

[1] Archiv für Religionswissenschaft VIII 321ff. Leider kann ich mich des Raumes
wegen nicht mehr im Einzelnen zustimmend oder ablehnend mit der Quellenscheidung
Zielinskis auseinandersetzen.

Alles hängt in einer Kette an einander, die höchste Gottheit, die Gestirn-
gottheiten, die Dämonen und Heroen, die Elemente, der Mensch,
belebte und unbelebte Wesen. Alles ist Leben und Unvergänglichkeit,
der Tod ist nur Schein, im Grunde neues Werden und neues Leben.
30 Etwaige Inkongruenzen, / Disharmonieen in dieser Welt fallen der
Gottheit nicht zur Last. Wo Balken gehauen werden, müssen Späne
abfallen. Das Einzelne, Unharmonische verschwindet in der Harmonie
des Ganzen. — Ich würde nicht widerstreiten, wenn man unter diese
Weltanschauung die Unterschrift Poseidonios oder auch „Weisheit der
mittleren Stoa im Gewande ägyptischer Offenbarung" setzte.

Aber daneben steht eben jene dualistisch-pessimistische Mystik, jene
Welt gesteigerter, kultisch bestimmter Frömmigkeit. Auch ihr können
wir eine Reihe von Traktaten mit aller Bestimmtheit zuweisen. Ich
40 rechne hierher die Traktate I. IV (abgesehen etwa vom über/arbeiteten
Prooemium). VI. VII. Auch XIII gehört sicher hierher. Die ursprünglichen Anschauungen des Poimandres sind hier zwar stark überarbeitet, aber die pantheisierenden Stimmungen, die hier und da hin-
750 durchklingen, sind doch nur ein äußerer Firnis, durch den der / Grundcharakter des Ganzen nicht verdeckt werden kann. Traktate gemischten
Charakters sind dann IX. X. XII. XV[1]. Was den letzten von diesen
anbetrifft, so wurde schon oben nachgewiesen, daß in ihm eine spät-
hellenische, optimistisch gestimmte Sonnen-Theologie einen trüben gnostischen Einschlag erhalten hat. Traktat IX gibt sich schon im Anfang
durch das wiederholt einsetzende ἐμοὶ δὲ δοκοῦσιν, ἐμοὶ δὲ δοκεῖ
als ein überarbeitetes Konglomerat. Die gnostische Partie c. 3-5A
hebt sich leicht von dem übrigen ab, das durchaus der ersten Gruppe
angehört. Der zwölfte Traktat gehört im allgemeinen der ersten Gruppe.
10 / Die ganz oberflächlich und roh eingearbeiteten Ausführungen über
die Heimarmene sind der Grundlage nach gnostischer Herkunft. Am
schwierigsten dürfte sich die Analyse des Traktats X gestalten. Es
laufen hier zum mindesten drei Fäden nebeneinander. Doch bin ich
in der Zergliederung nicht über Vermutungen[2] hinausgekommen.

---

[1] Traktat II nimmt eine singuläre Stellung ein. In der ersten Hälfte finden wir ein
ziemlich unfruchtbares, laienhaftes philosophisches Gerede. Von Kap. 12 an wird eine
Gotteslehre von einem supranaturalen Charakter vorgetragen (Gott weder Nus noch
Logos noch πνεῦμα, nur der Urheber von alledem), wie er sonst in den Hermetica
unerhört ist.

[2] Ich möchte zusammenordnen a) eine Grundschrift mit optimistischen Charakter
(trotz Seelenwanderungslehre c. 8) 1-4 (Absatz). 7-8 (Auszüge aus den Γενικά). Dazu
dann 10 (τίς οὖν ὁ ὑλικὸς θεὸς ὁδί) — 12 (τὸ ἔμψυχον ἔχει). 14. 22 (κοινωνία δέ

Der Logos teleios des Asclepius ist ein Konglomerat einer ganzen Reihe selbständiger Traktate, die sich oft leicht ablösen lassen, auch in den redaktionellen Vermerken, von denen das Werk durchsetzt ist, des öftern ausdrücklich vorausgesetzt werden (p. 42_{11}, 45_{11}, 48_5, 49_{16}, 53_{13}ff.? 58_7, 65_{18}, 72_{12}, 76_{13}ff.). Im allgemeinen gehören / diese 20 Traktate der ersten Gruppe an[3]. Sie sind hier und da von Interpolationen durchsetzt, die eine spezifisch andere Grundstimmung zeigen und vielleicht der letzten Redaktion angehören[4]. Das Schluß/gebet hat eine selbständige Ueberlieferungsgeschichte. Die Sammlung scheint ursprünglich mit c. 32, p. 72_3 (vgl. den feierlichen Abschluß) geschlossen zu haben.

751

Von den bei Stobaios erhaltenen Fragmenten sind viele wenig charakteristisch. Der „gnostischen" Gruppe gehören etwa die Stücke I 698-710 an (Verhältnis von φιλοσοφία und εὐσέβεια, die Reihe kurzer Sprüche mit ihrem pessimistischen Charakter 702ff.); ferner die Heimarmene-Stücke I 134-136. 162-164. 470-480 (vgl. den Schluß des Abschnittes) dann 744-748 (der doppelte Demiurg) und vielleicht / noch 10 802-812.

Ganz für sich stehende Stücke sind die Κόρη Κόσμου und der λόγος Ἴσιδος πρὸς Ὧρον. Sie gehören jedenfalls nicht der „gnostischen" Gruppe an, heben sich aber durch einen viel stärkeren mythologischen Apparat vor den Stücken der andern Gruppe ab. Die Κόρη Κόσμου bedarf noch immer, auch nach den Forschungen von Reitzen-

---

ἐστὶ ψυχῶν p. 82_2) — 23 (πρὸς τοὺς ἀνθρώπους 83_2). 24 ὁ γὰρ ἄνθρωπος 83_{17}-Ende. b) Als zweites Stück käme dazu der oben besprochene Passus, der das gekünstelte psychologische Schachtelsystem entwickelt 13. 16-19. c) Das nun noch Uebrigbleibende, Stücke spezifisch pessimistisch-gnostischen Gehalts (vgl. namentlich 4B-6. 9A. 20-21. 23B-24A) gehört vielleicht der Hand des letzten Redaktors an.

[3] So scheint sich der erste Traktat kosmologischen Inhalts über 37_{17}-42_{20} (Interpolationen abgerechnet) zu erstrecken. Dann beginnt das Thema: quid ergo oportuit hominem in mundo constitui 42_{21}-45_{10}, aber auch das folgende gehört zum Teil noch hierher. Darauf folgt der Traktat de spiritu (so vom Kompilator selbst benannt) und über die ἀρχαί (rerum capita 53_{13}) 49_{15}-56_{13}. Scharf hebt sich die Abhandlung über die Statuen 59_{10}-61_3 (dazu 76_{14}-78_{18}) und die kleine Apokalypse 61_3-64_9 ab; dann etwa der Traktat über die aeternitas (αἰών 68_1-70_{20}, die Einleitung schon 65_{18}-66_4); de inani und über loco 72_{12}-74_{10}; über die Heimarmene 79_1-80_{11}.

[4] Versuchsweise notiere ich die Stücke p. 40_{19}-41_1; 41_{18}-42_{20} (auch die Erwähnung des Terminus οὐσιώδης 43_{15} ist bedenklich); 44_{26}-45_5; 46_{10}(3)-47_1[48_5-13?]; 50_{23}-51_{10}; 52_{15}-53_{12}; 57_{20}-58_6; 59_{7-10}; 67_{10}-68_1. — Leider kann ich das alles im einzelnen nicht mehr ausführlich begründen. Aus der Verwendung der betreffenden Abschnitte im Vorhergehenden ergeben sich zum Teil die Gründe. Namentlich kommen hier alle Abschnitte in Betracht, in denen die geringe Anzahl der Auserwählten, mit dem Nus Begabten, der religiosi hervorgehoben wird; weiter auch diejenigen, welche eine spezifisch supranaturale Psychologie enthalten.

stein, Zielinski und Norden, einer genauen Quellenanalyse; nicht
weniger als drei Fäden scheinen hier nebeneinander zu laufen.

Es käme dann weiter darauf an, die Frage zu untersuchen, welche
von den beiden Schichten der hermetischen Schriften die jüngere resp.
20 / ältere ist. An und für sich wären ja beide Eventualitäten möglich.
Im allgemeinen läßt sich sagen, daß die „poseidonische", die optimistische, siderisch bestimmte Weltanschauung und Frömmigkeit vor
der dualistisch-pessimistischen Mystik der hermetischen Gnosis liegt,
daß zwischen beiden der Alexandriner Philo die Zwischenstufe darstellt. Andrerseits wäre es ja auch möglich, daß noch in späterer
Zeit eine „gnostische" hermetische Schriftsammlung überarbeitet und
griechischem Charakter angenähert sein könnte. Das letztere ist aber
weniger wahrscheinlich, zumal sich, soweit ich sehe, die Beobachtung
herausstellt, daß in den gemischten und aus verschiedenen Quellen
30 / zusammengearbeiteten Traktaten die gnostischen Partieen die
eingearbeiteten sind*.

Wir werden also eine ältere Schicht hermetischer Literatur anzunehmen haben, in welcher etwa die Weisheit der mittleren Stoa als
Offenbarung ägyptischer Götter vorgetragen wurde. Eine derartige
Literatur mag in der Mitte des ersten christlichen Jahrhunderts dem
Stoiker Chairemon vorgelegen haben, der unter Berufung auf eine
hermetische Schrift, die Σαλμεσχινιακά (vgl. Euseb. Pr. Ev. III 4 mit
de mysteriis VIII 4) die Meinung vortrug, daß die Aegypter keine
752 / andern Götter anerkannten πλὴν τῶν πλανητῶν λεγομένων καὶ τῶν
συμπληρούντων τὸν ζωδιακόν, καὶ ὅσοι τούτοις παρανατέλλουσι, τάς
τε εἰς τοὺς δεκάνους τομὰς καὶ τοὺς ὡροσκόπους καὶ τοὺς λεγομέ-
νους κραταιοὺς ἡγεμόνας. Das konnte Chairemon zwar nicht aus
allen Stücken, die wir dem älteren Bestand zugewiesen haben, aber
wohl aus Ausführungen wie X 7-8 (Γενικά), der Grundschrift der ὅροι
Ἀσκληπιοῦ, andern die Sonne als höchste oder zweithöchste Gottheit
preisenden Stellen (s. o.), dem Fragment über die Dekane Stobaios
I 470ff., manchen Ausführungen über die Gottheit der Heimarmene
10 (Ascl. 79₁ff.) und / ihren engen Zusammenhang mit den Gestirnen
herauslesen**.

Mit der Annahme, daß die ältere Schicht hermetischer Literatur
— es kommt auf einzelne Fragmente und Stücke hier nicht an,
sondern auf die Grundtendenz — in der Mitte des ersten nachchrist-

---

* Siehe S. 191.
** Siehe S. 191.

lichen Jahrhunderts vorhanden war, hätten wir dann einen gewissen terminus a quo für die Datierung der jüngeren gnostischen Schicht gewonnen. Besitzen wir auch einen terminus ad quem? Ich meine, die Untersuchung hat einen solchen aufweisen können. Im großen und ganzen konnten wir diese Schicht in das allgemeine Milieu der „Gnosis" einordnen, deren hellenistischen Zweig sie neben andern Zeugen re-/präsentiert. Christliche Einflüsse lassen sich in der Literatur nicht nachweisen, während jüdische (auch Einfluß der Septuagintasprache) 20 zuzugestehen sind. Und wir können noch mehr behaupten. Dreimal stießen wir auf die Beobachtung, daß hermetische Grundanschauungen von der christlichen Gnosis in ihrer klassischen Gestalt übernommen worden, resp. hier früher zu Hause waren. Es wurde wahrscheinlich, daß die Gestalt des Demiurgen auf dem Boden einer stärker helle- nisierten Gnosis, als es die orientalisch-christliche ist, gewachsen sei, und daß diese dann erst von Valentin und seiner Schule wie ein Fremdkörper in die christliche Gnosis eingeführt sein könnte. Der / Mythos vom Anthropos, von dem die christliche Gnosis mit Aus- 30 nahme der Naassenerpredigt nur Rudimente bewahrt hat, begegnet uns im Poimandres in ursprünglicher Lebendigkeit. Von der ungeheuren Systematik der gerade auf ägyptischem Boden entstandenen ausgewach- senen christlichen Gnosis (Valentin, Basileides, Pistis Sophia) zeigt sich hier noch keine Spur. Auch sind die Zusammenhänge zwischen der hermetischen Spekulation und der dahinterliegenden praktisch-kulti- schen Frömmigkeit, wie es scheint, engere, als bei den ausgewachsenen christlich-gnostischen Systemen, soweit wir wenigstens nach dem Be- richt der Kirchenväter urteilen können. Die Umwandelung der My- /steriensekte zur Schule ist hier noch nicht so weit fortgeschritten. 40

Und endlich fanden wir auch das spezielle Charakteristikum her- metischer Anschauung, die Lehre, daß die Laster des Menschen von den Planeten stammen, und die dementsprechende Eschatologie in An- 753 /deutungen bei Basileides oder wenigstens bei dessen Schule und bei Valentin wieder. Und zwar sind diese Andeutungen hier so rudimentär, daß wiederum der ausgeführten hermetischen Theorie unbedingt die Priorität zugesprochen werden muß.

So kommen wir zu dem Schluß, daß sich die Existenz der her- metischen Grundlehren um die Wende des ersten und zweiten christ- lichen Jahrhunderts erweisen läßt. Dazu stimmt nun auch die glänzende Entdeckung Reitzensteins, die sich durch weitere Beobachtungen uns von neuem bestätigte, daß die christliche Schrift des Hirten des Hermas / hermetische Literatur voraussetzt, wenn sich auch die seiner Zeit 10 behauptete Abhängigkeit des Hermas gerade vom Poimandres nicht mit Bestimmtheit aufrecht erhalten läßt. — So wird man auch größeres Zutrauen zu Dietrichs [1] Kombination gewinnen, auf die seiner Zeit Reitzenstein selbst nur zögernd einging (Poimandres 108), daß die hermetische Auktorität in de mysteriis VIII 5 und X 7, der Prophet Bitys mit dem vom Plinius im 28. Buch erwähnten Bithus von Dyrrhachium identisch und damit in das erste Jahrhundert zu datieren sei. Die gezogenen Linien beginnen von allen Seiten in einem Punkt zusammenzulaufen.

Zu dem allen gesellt sich endlich eine letzte, ungemein wichtige
20 / Reihe von Beobachtungen. Schon oben ist bewiesen, daß Arnobius im zweiten Buch seiner Schrift adversus nationes speziell hermetische Lehren bekämpft, die er durch einen uns vorläufig unbekannten Gewährsmann überliefert erhalten hat. Es kann gar kein Zweifel daran sein, daß das, was in den zahlreichen hier zitierten Fragmenten und Anspielungen vorliegt, eine ganz einheitliche Grundanschauung darstellt und im wesentlichen einer schriftlichen Quelle entlehnt ist, obwohl Arnobius nach literarischer Manier seinen Gegner ständig im Plural anredet und als eine Mehrheit behandelt. Bisher wurde nun von den
30 verschiedensten Seiten mit guten Gründen angenommen, daß / der Gewährsmann des Arnobius Cornelius Labeo sei. Aber da man den Cornelius Labeo etwa in das neuplatonische Zeitalter anzusetzen übereingekommen war, so schien dieser Beobachtung weiter keine besondere Bedeutung zuzukommen. Nun aber hat Benno Böhm in einer ausgezeichneten Dissertation (Königsberg 1913) den Nachweis geführt, daß Cornelius Labeo dem Grundcharakter seiner Fragmente nach in das stoische und nicht in das neuplatonische Zeitalter gehöre, und vor allem, daß er bereits von Sueton benutzt sei und demgemäß spätestens vor ca. 126 p. Chr. sein Werk geschrieben haben müsse.

Wenn nun andrerseits die Behauptung, daß Cornelius Labeo der
40 / Gewährsmann der Hermetica für Arnobius, begründet wäre, so würden wir ein außerordentlich wichtiges, bestimmtes Datum für die
754 Datierung der hermetischen „gnostischen" Literatur besitzen. Nun / hat freilich Böhm, der von dem späteren (neuplatonischen) Charakter der Fragmente bei Arnobius II überzeugt ist, jene Hypothese auf Grund der Neudatierung des Labeo und der Erkenntnis vom stoischen Charakter dieses Schriftstellers ablehnen zu müssen gemeint. Aber wir erkannten bereits : der Charakter der Fragmente ist nicht neuplatonisch

---

[1] Jahrb. f. Philol. Supplement XVI. 753.

sondern hermetisch. Und die Möglichkeit eines Ansatzes dieser Hermetica im ersten christlichen Jahrhundert legte sich uns aus andern
Gründen bereits nahe. Die Behauptung aber vom stoischen Charakter
des Cornelius Labeo ist ebenfalls sehr zu beschränken und / nur cum 10
grano salis richtig. Bewiesen scheint mir Böhm zu haben, daß sich
die Götterlehre des Labeo, d. h. die allegorische Umdeutung des volkstümlichen Götterglaubens, gut auf dem Boden der Stoa begreifen läßt.
Aber wenn Cornelius Labeo eine scharfe dualistische Scheidung zwischen guten und bösen Göttern vornimmt, die doch nur teilweise
etruskischer Theologie entlehnt ist, wenn er bereits δαίμονες und
ἄγγελοι identifiziert, wenn unter seinen Autoritäten der Neupythagoräer Nigidius Figulus erscheint, so ist das alles keine reine Stoa
mehr. Und überdies scheint Labeo mehr Ueberlieferer als selbständiger Schriftsteller zu sein; es wäre ihm daher eine Ueberlieferung
/ hermetischer Anschauungen zuzutrauen. Und wenn nun in Kap. 62 20
drei Sätze neben einander mit neque — neque — neque als die Ansicht
von scioli nonnulli bekämpft wird, wenn außerdem feststeht, daß Arnobius in seinem ganzen zweiten Buch einer bestimmten Quelle mit seiner
Polemik folgt, wenn endlich der dritte Satz[1] mit aller Bestimmtheit
auf Labeo zurückgeführt werden kann, so kann man sich der Stringenz
des oft gemachten Schlusses[2] kaum entziehen, daß Labeo der Gewährsmann des Arnobius im zweiten Buch von dessen Werk sei. Besteht
diese Kombination aber zu Recht, so hätten wir mit dem für Labeo
gewonnenen Datum zugleich einen terminus ad quem für die Ent-
/stehung der Hauptlehren (Lehre von den Planetenlastern, der Reise 30
der Seele zum höchsten Gott, bestimmte damit in Verbindung stehende
Mysteriengebräuche) der hermetischen Gnosis und damit auch der diese
vertretenden hermetischen Literatur[3]. Wir würden mit ihnen unter

---

[1] Neque quod Etruria libris in Acheronticis pollicetur, certorum animalium sanguine
numinibus certis dato divinas animas fieri et ab legibus mortalitatis educi. Dazu die
genaue Parallele bei Servius Aen. III 168 unter Nennung des Namens Labeos! Vgl.
bereits Kroll, Oracula Chaldaica 60.

[2] Vgl. W. Kahl, Cornelius Labeo, Philologus Supplem. V 719ff., F. Niggetiet de
Corn. Labeone. Dissert. Münster 1908 76ff. — Cumont sagt ohne Weiters (Orien-
talische Relig., übers. v. Gebrich 1910 S. 307): Arnobius, der Cornelius Labeo genaue
Mitteilungen über die Lehre der Magier verdankt.

[3] Man müßte freilich mit diesem Ansatz der Quelle des Arnobius auch die weitere
Konsequenz ziehen, daß die Oracula Chaldaica, die bei Arnobius II 25 (Behauptung
der geminae mentes) sicher selbst und nicht in neuplatonischer Umdeutung benutzt
sind (gegen Kroll, Oracula Chaldaica 14ff.), dem ersten Jahrhundert angehören. Ja, es
würde sich wegen Arnobius II 11 die Frage erheben, ob nicht auch Numenios von

755 / diesen Umständen bis in die zweite Hälfte des ersten nachchristlichen Jahrhunderts hinaufkommen. Zugleich würden sich terminus a quo (Philo, Chairemon) und terminus ad quem ganz enge berühren.

Aber selbst wenn der aus dem zweiten Buch des Arnobius gezogene Schluß sich nicht als stichhaltig erweisen sollte, so bleiben Gründe genug dafür, die Zeit der hermetischen Gnosis im wesentlichen noch vor die Blütezeit der großen Bewegung der christlichen Gnosis, also in das erste Jahrhundert zu verlegen. Damit ist zwar nicht gesagt, daß nun jeder einzelne in Betracht kommende herme-
10 /tische Traktat gerade dieser Zeit angehörte. Aber das indirekte Beweisverfahren wird doch auch für die hermetische Literatur im großen und ganzen seine Gültigkeit haben. Dagegen mag natürlich die Sammlung, wie sie uns im Corpus Hermeticum vorliegt, als Sammlung und damit manche redaktionelle Zutat, sicher auch ein Stück wie der letzte Traktat (XVII), der eigentlich gar nicht mehr hermetisch ist, viel späteren Datums sein.

Aber immer deutlicher taucht bei allen diesen Untersuchungen die Gestalt einer vorchristlichen, rein hellenistischen Gnosis vor unsern Blicken auf. Und die religionsgeschichtliche Bedeutung der herme-
20 /tischen Schriften beruht darauf, daß sie das zentrale Zeugnis für diese hellenistische Gnosis enthalten.

ANMERKUNGEN

S. [708], Z. 6. (108)

[AFV : A. D. Nock (Rezension : Jonas, *Gnosis und Spätantiker Geist*, 1936, zitiert nach K. Rudolph, *Gnosis und Gnostizismus*, 1975, 374ff.) meint, Bousset widerlege sichselber durch die Parallelen, die er hier anführt : Exc. XI, 2[18], XI, 2[24] (Bousset liest τροφὴ Festugière-Nock, Bd III, p. 55 : τρυφὴ) Exc. XI, 2[48] und Exc. XI, 4 (Notierung Festugière-Nock, Bd III, p. 55) betonen zwar nach Nock die geringe Zahl der Frommen in der Welt, sind dennoch pantheistisch. Seine Kritik macht die Sache m.E. nicht deutlicher. Boussets Lösung ist jedenfalls die logischte.]

Apameia (nebst Kronios) in das erste christliche Jahrhundert gehören. Ich finde aber auch in allen bisher für den Zeitansatz dieser Größen beigebrachten Daten (vgl. für Numenios Zeller[4] III 2. 234[5], für die Oracula W. Kroll 66ff.) schlechterdings keine Gegeninstanz, die das verbieten würde. Für die ganze Arnobiusfrage verweise ich noch auf meine um diese Zeit in dem Archiv für Religionswissenschaft erscheinenden Artikel. [*ARW*, 1915, 134ff.]

S. [711], Z. 12. (111)

Die Mannweiblichkeit der höchsten Gottheit

106 R   *Exkurs MS* : In diesem Zusammenhang mag dann weiter noch eine interessante monistische Spekulation besprochen werden, die, wenn irgendwo, auf dem Boden des Neupythagoraeismus gewachsen zu sein scheint. Auf einem Boden, wo der Gegensatz des Männlichen und des Weiblichen eine so große Rolle spielte konnte man leicht auf den Gedanken kommen, die Gegensätze durch die Annahme der Mann-weiblichkeit der höchsten Gottheit spekulativ auszugleichen. In einer Ausführung der *Theologumena Arithmetica* als deren Quelle sich deut-lich Nikomachos von Gerasa giebt, heißt es : λέγουσιν οὖν ταύτην ⟨τὴν μονάδα⟩ οὐ μόνον θεόν, ἀλλὰ καὶ νοῦν καὶ ἀρσενόθηλυν (ed. Ast p. 7). Infolge der hier vorliegenden Monismus wird dann im folgenden selbst die ὕλη direkt mit der Monas in Verbindung gebracht : κατὰ δέ τι σημαινόμενον καὶ ὕλην αὐτὴν (sc. τὴν μονάδα) καλοῦσι καὶ πανδοχέα γε ὡς παρεκτικὴν οὖσαν καὶ δυάδας τῆς κυρίων ὕλης καὶ πάντων χωρτικὴν λόγων (Ast p. 8). Diese ganze ausführliche Darlegung wird dann bestätigt durch das Fragment bei Photius (Cod. 187, 143a, 24) in dem Nikomachos ausführt : die Gottheit sei Νοῦς (...) εἶτα καὶ ἀρσενόθηλυς (...) καὶ ... ὕλη δέ πως, ... (In der Vita Appolonii des Philostratus wird die Mannweiblichkeit der Welt behauptet, III, 34, Zeller III, 2,171).

Im Poimandres des Corpus Hermeticum liegt die unmittelbare Pa-rallelle vor : ὁ δὲ Νοῦς ὁ θεός, ἀρρενόθηλυς ὤν, ζωὴ καὶ φῶς ὑπάρχων (§ 9). Dieser mannweibliche Gott gebiert dann den Demiur-gen. Auch der von ihm später gezeugte „Anthropos" ist als ἰδίος τόκος (CH I, 12) des Vaters ebenfalls mannweiblich : αρρενόθηλυς δὲ ὤν, ἐξ ἀρρενοθήλεος ὢν πατρὸς (CH I, 15).

107 R   Und daran schließt sich dann der an Plato anklingende Mythus von der Mannweiblichkeit des ersten Menschen. Sind bereits diese Spekulationen von viel stärkerem mythologischem Charakter als die philosophisch gefärbten des Nikomachos (und deshalb wohl früheren Datums), so tritt das Mythologoumenon von der mannweiblichen Gottheit am stärksten heraus in den orphischen Kosmogonien. In der Theogonie des Hieronymus steht am Anfang das eng verbundene Paar Χρόνος ἀγήρατυς (Herakles) und Anangkè-Adrasteia (Der ganzen Speku-lation liegt natürlich eine wirkliche Zweiheit von Göttern zu Grunde. Man denkt unwillkürlich an die, die syrischen und auch die klein-asiatischen Religionen beherr-schende Zweiheit einer männlichen und einer großen weiblichen Gottheit. Es ist vielleicht

kein Zufall, wenn schon die ältere pythagoräische Spekulation an die große Gestalt der Rhea anknüpft und sie auf die Dyas deutete. Φιλολάος τὴν δυάδα κρόνου σύνοινου εἶναι λέγει [?] Xenokrates identifizierte sein Prinzip des dyas mit der Mètèr Theoon und zugleich mit der Weltseele (Aetius Placita, I, 7, 30 p. 304 Diels). Aber auch an die beiden ägyptischen Göttergestalten Isis und Osiris mag man in diesem Zusammenhang denken (vgl. Reitzenstein, *Zwei Religionsgesch. Fragen*, 104ff. und *Poimandres*, 39ff.; zur Spekulation über die βουλὴ θεοῦ in der Einlage *Herm*. I, 6-8, Dieterich, *Mutter Erde*). Besonders bemerkenswert ist Plutarch, Is. Os. 368C: διὸ καὶ μητέρα τὴν σελήνην (= Isis) τοῦ κόσμου καλοῦσι καὶ φύσιν ἔχειν ἀρσενόθηλυν οἴονται ... Vgl. endlich die Spekulationen der Oracula Chaldaica (Ed. Kroll, S. 28. Ed. des Places 51, 52, 53) über Hekate und dazu den grossen Pariser Zauberpapyrus 2610 (P IV, 2610) Ἑρμῆν τε καὶ Ἑκάτην ὁμοῦ, ἀρσενόθηλυν ἔρνος).

Dazu bemerkt Damascius (de principiis § 123 bis): (ed. Kopp, 381; ed. Ruelle, vol. I, 318) ταύτην ⟨δὲ⟩ οἶμαι λέγεσθαι τὴν τρίτην ἀρχὴν κατὰ τὴν οὐσίαν ἑστῶσαν, πλὴν ὅτι ἀρσενόθηλυν αὐτὴν ὑπεστήσατο πρὸς ἔνδειξιν τῆς πάντων γεννητικῆς αἰτίας. Auch die Gestalt des Phanes erscheint in der orphischen Kosmogonie als mannweiblich: Clement. Homil. VI, 5 ζῷόν τι ἀρρενόθηλυ εἰδοποιεῖται ... ὃν Φάνητα Ὀρφεὺς καλεῖ (Migne PG 2, 159 C-D). (Die Parallelstelle Recogn. X, 7: speciem quandam hominis duplicis forma, quam illi masculofeminam vocant. Vielleicht zielt darauf auch der Bericht des Athenagoras προῆλθον δὲ καὶ θεὸς δισώματος, Migne PG 6, 294 B).

108 In dieser merkwürdigen Spekulation schließt sich also die Trias Neupythagoräismus, Corpus Hermeticum, Orpheus eng zusammen. Wir werden die Spekulationen übrigens im weiteren Sinn als gnostisch bezeichnen können. Wir begegnen ihr wieder in der Spekulation der Naassener, deren enge Verwandtschaft mit dem Corpus Hermeticum aufgedeckt zu haben das Verdienst von Reitzenstein ist. Hier wird das höchste Urwesen, der ἄνθρωπος als ἀρσενόθηλυς bezeichnet (V, 6⁵). Ein alter Hymnus der Sekte lautete: ἀπὸ σοῦ πατὴρ καὶ διὰ σὲ μήτηρ τὰ δύο ἀθάνατα ὀνόματα, αἰώνων γονεῖς, πολῖτα οὐρανοῦ, μεγαλώνυμε ἄνθρωπε (Hippolyt, *Ref.* V, 6⁵, Ed. Wendland, *GCS*, III, 78). In den von C. Schmidt entdeckten Apocryphon des Johannes heißt es von der Barbelo: Sie ist die erste ἔννοια sein Abbild, sie wurde ein erster Mensch, dh. das παρθενικὸν πνεῦμα, die Mannweibliche. (Philotesia, Kleinert gewidmet, S. 322, vgl. S. 323, der erste Mensch, die Barbelo (mit ihren Aeonen) die mannweibliche Pentas. Vgl. auch die bemerkenswerte Spekulationen in den Clement. Recognitiones III, 2-10., auch Norden, Agnostos Theos S. 228ff.)

[AFV: Vgl. auch J. Kroll, *Die Lehren des Hermes Trismegistos*, Münster 1914 S. 51f. Er führt das Prädikat der Mannweiblichkeit für

Gott auf Pythagoras zurück. Für die weiteren religionsgesch. Zusammenhänge : M. Eliade, *Traité d'Histoire des Religions*, Paris 1959, 359ff. u.a. Auch Zurvan (s. unten „Der Gott Aion") galt als mannweiblich, R.C. Zaehner, *Zurvan*, 1955, 65, O.G. von Wesendonk, *Urmensch und Seele*, 1924, 181.]

S. [713], Z. 15. (114)

131 R   *Anders MS* : Die Spekulationen Philos über den Logos Gottes können als eigentliche Parallele im engeren Sinn nicht angesprochen werden. Zwar erscheint hier der Logos als ein hypostasiertes Mittelwesen zwischen Gott und Welt. Aber nirgends wird er hier als eine direkt minderwertige Wesenheit aufgefaßt, die den Weg zum höchsten Gott versperrt wie der Demiurg mit seinen Planeten-Geistern. Vielmehr ist der Logos direkt der Weg zur Gottheit. Und diese selbst gilt überdies, von wenigen Ausnahmefällen abgesehen, dem Menschen als gänzlich unerreichbar und daher ist der Mensch an die Vermittelung des Logos
132   ständig gebunden. Gottheit und Logos bilden eine intime Einheit, da ist nichts von dem Dualismus des hermetischen Systems.

Auch die Spekulationen des Oracula Chaldaica über den νοῦς δεύτερος der neben der höchsten Gottheit steht, reichen nur von weitem an die Spekulation des Poimandres heran. Der νοῦς δεύτερος erscheint hier neben dem höchsten Patèr, der mit seinem speziell eignenden νοῦς ihm gegenüber eine noch höhere Einheit bildet als eine der geschaffenen Welt näher stehende Macht πάντα γὰρ ἐξετέλεσσε πατὴρ καὶ νῷ παρέδωκε δευτέρῳ (Vgl. Kroll, *Oracula Chaldaica*, S. 14, Ed. des Places 7. Die Frage nach dem Verhältnis des νοῦς δεύτερος zu dem νοῦς πατρός kann in diesem Zusammenhang nich erörtert werden. Ich glaube aber nicht, daß Kroll mit seiner Abweisung der Annahme der „geminae mantes" (Arnobius II, 25) im System der Oracula Recht hat). Aber zwischen diesem und der niederen Welt des körperlichen Daseins steht noch die merkwürdige Gestalt der Hekate (Kroll, *Oracula*, S. 20ff. Ed. des Places 35, 6). Und so hat der δεύτερος νοῦς mit der niederen Welt (Auf die 7 Planetensphäre zielt der Vers (Kroll, *O.a.c.* S. 63) κρημνὸς κατὰ γῆς ὑπόκειται ἑπταπόρου σύρων κατὰ βαθμίδος ὑφ' ἢν ὁ τῆς 'Ανάγκης θρόνος (ed. des Places, 164)) in welche die Seele auch nach der Lehre der Oracula hinabgesunken ist, und aus der sich zu erheben, ihre Aufgabe ist, wenig mehr zu tun.

132 R   Wir sind wohl in einer verwandten Welt. Aber im einzelnen ist doch wieder vieles fremdartig und voll neuer verworrener Spekulationen, die

dazu vielfach so fragmentarisch erhalten sind, daß man sich kein ganz klares Bild machen kann.

[AFV: Folgt nun die Parallele bei Numenios s. S. 113.]

[AFV: Vgl.: A.J. Festugière, *La Révélation d'Hermès Trismégiste*, IV, 43ff.]

S. [713], Anm. 2, Z. 5. (114)

Quellenscheidung Poimandres

74 Mit guten Gründen hat Reitzenstein (*Poimandres*, 37ff.) die par. 6b (von τὶ οὖν; φημί an) — 8, die Spekulation von der Geburt des Gottes Logos aus der Boulè ausgescheiden und einer eigenen eindringenden Untersuchung unterworfen. Ich möchte daran die Frage knüpfen, ob nicht die Erwähnung des Logos als einer neben dem höchsten Gott selbständigen Figur überhaupt in den ersten Kapiteln zu streichen sei. Der Par. 5 erwähnte λόγος ἅγιος, der vom Licht, dem höchsten Gott zu Physis hinabsteigt, gehört freilich dem Grundtext an. Aber er ist hier gar nichts anderes als das noch abstrakt gedachte Schöpfungswort (Wir haben wohl schon hier eine Anlehnung an die Kosmogonie des alten Testaments, vgl. J. Kroll, 55 und 133, Logosstellen bei Cyrill I, 552D, II, 588B.) Die Interpolation, die Reitzenstein ausgeschieden hat beginnt bereits mit dem vorhergehenden Satz in 6b: ὁ δὲ ἐκ Νοὸς φωτεινὸς Λόγος υἱὸς θεοῦ. Hier wird die persönliche Deutung des Logos eingeführt, die dann eben das folgende beherrscht. Auf demselben falschen Verständnis von Par. 5

74 R beruht dann die Reflexion in Par. 10, daß der Logos, der sich vorher ja zur Physis herabsenkte nun aus den niederen Elementen wieder zurückgesprungen sei, sich nun mit dem Demiurgen vereint und die unvernünftigen niederen Elemente verlassen habe. Das ἡνώθη τῷ δημιουργῷ Νῷ ομοούσιος γὰρ ἦν (CH I, 10) ist also echte Vermittlungstheologie. Dann muß natürlich auch das (ὁ δὲ δημιουργὸς Νοῦς) „σὺν τῷ Λόγῳ" (CH I, 11) fallen und zumal die im Zusammenhang gar nicht passende Worte Par. 11 ἄλογα οὐ γὰρ ἐπεῖχε τὸν Λόγον. (Vielleicht ist auch Par. 9 nach ἀπεκύησε λόγῳ zu streichen. Zu Par 11: Reitzenstein (*Poim.* 47) hat richtig gesehen, daß diese Betonung der Verlassenheit der niederen Elemente vom Logos auf die Luft nach der Darstellung Par. 5 nicht passe. Doch hat er diese Schwierigkeit nicht überzeugend gelöst).

Dagegen möchte ich den Par. 7 halten. Er schließt sich an 6A an und ist inhaltlich die Fortsetzung von Par. 5, der Bericht von der Bändigung des aus der Physis emporgesprungene ἄκρατον πῦρ.

Es gehörte also danach der Grundschrift an Par. 5, 6A (bis φανείσης), 7, 9, 11 (mit Ausnahme der oben bezeichneten Worte).

[AFV : Keine wichtige Ausscheidungen im Übrigen.]

S. [715], Z. 2. (115)

130 *Stärker betont MS* : Immerhin, wenn wir nun wieder den hermetischen Demiurg mit dem valentinianischen vergleichen, (...) so erhält man den klaren Eindruck von dem primären Charakter des Poimandres. Das ganze System ist von einer unendlichen Einfachkeit gegenüber dem valentinianischen.

S. [717], Z. 28. (118)

115 Der Dualismus des Corpus Hermeticum ist stark bestimmt durch das Begriffspaar φῶς und σκότος, und andererseits wieder durch einen latenten nur dann und wann in Erscheinungen tretenden damit verbundenen halben Gegensatz φῶς und πῦρ.

S. [717], Z. 33 (118)

116 *Anmerkung im MS* : Mir nicht deutlich ist die Auffassung Par. 5. Wie es scheint ist hier von einem λόγος ἅγιος die Rede, der aus dem Licht kommt. Darauf entspringt πῦρ ἄκρατον ... ἐκ τῆς ὑγρᾶς φύσεως ἄνω εἰς ὕψος· κοῦφον δὲ ἦν καὶ ὀξύ, δραστικὸν δὲ ἅμα (CH I, 5). Ihm folgt die Luft. Hier hat das Feuer die Rolle des höchsten irdischen Elementes. Ich kann mich dem Eindruck nicht verschließen, daß hier eine Einlage aus einer mehr monistischen Kosmogonie vorliege. Sollte hier vielleicht eine Einwirkung des Schöpfungsberichtes in CH III vorliegen?

S. [721], Z. 7 (122)

119 *Anmerkung in MS* : Der Terminus πύρινος θεός auch im Papyrus Leiden V (IV, 9 = P XII, 115). Vgl. auch die Kosmogonie des Papyrus Leiden W. Auf das erste κακχάζειν des Schöpfergottes heißt es : ἐφάνη Φῶς (Αὐγή) καὶ διηύγασεν τὰ πάντα. εγένετο δὲ θεὸς ἐπὶ τοῦ κόσμου καὶ τοῦ πυρός (P XIII, 165f.). Hier scheint der Gegensatz zwischen φῶς und πῦρ nicht vorhanden zu sein. Vgl. auch den großen Pariser Zauberpapyrus 1024 (P IV, 1025) ... κύριε, ὁ ἐν πυρὶ τὴν δύναμιν καὶ τὴν ἰσχὺν ἔχων ...

S. [722], Z. 11. (123)

Zwei Verschiedene Arten von Feuer

122 *Anhang*: Es mag übrigens noch darauf hingewiesen werden, daß sich in anderen synkretistischen Quellen ein verwandter Gegensatz nachweisen läßt. Es wird hier zwar nicht zwischen Feuer und Licht aber zwischen zwei verschiedenen Arten von Feuer unterschieden. Hier sind vor allem die Zusammenhänge heranzuziehen, die Reitzenstein (*Zwei Religionsgesch. Fragen* 78f.) aufgedeckt hat. Nach Seneca, *nat. quaest.* III, 12, 2 sollen die Aegypter die 4 Elemente noch wieder in je ein männliches und ein weibliches Element eingeteilt haben. (Ob die Beziehung auf den aegyptischen Thot mit seinen Untergöttern, die Reitzenstein, a.a.O., vermutet, richtig ist, wage ich nicht zu entscheiden. Hippolyt, *Pilos.* IV, 43 finden wir noch eine andere Lehre der „Aegypter" von den Elementen: Feuer das männliche, Geist (Wind) das weibliche Element und ebenso Wasser und Erde.) Vom Feuer heißt es: ignem vocant masculum qua ardet flamma, et feminam, qua lucet innoxius tactu. Dieselbe Spekulation ist in die Stoa übergegangen und taucht bei Varro (*Jahrb. f. Philos. Suppl. XXIV*, 152, 215) auf, der zugleich die verschiedenen Elemente auf Götter deutet. Vom Feuer heißt es hier: Volcanus ... ignis vehentissimus et violentissimus mundi, Vesta ignis mundi lenior, qui pertinet ad usus hominum faciles (Die Unterscheidung zwischen himmlischem und irdischem Feuer kennt auch Philo, *Vita Mosis* II, 154-158; Philos Ausführungen sind freilich weniger mythologisch und erinnern an die ebenfalls in diesen Zusammenhang hineingehörende Unterscheidung von πῦρ und αἰθήρ in der späteren griechischen Philosophie: 158: aetherische Flamme: „φλόγα αἰθέριον".

22 R Sonderbarerweise hat uns Firmicus Maternus dagegen (*de errore prof. relig.*, c. 5) die Unterscheidung einer doppelten Art vom Feuer als persische Religionslehre überliefert. Persae et Magi omnes ... ignem praeferunt et omnibus elementis ignem putant debere praeponi. Hi itaque ignem in duas dividunt potestates, naturam eius ad utrumque sexum transferentes et viri et feminae simulacro ignis substantiam deputantes. Leider sagt uns Firmicus Maternus nicht, ob dieser Gegensatz zwischen männlichem und weiblichem Feuer etwa identisch ist mit dem des brennenden und fressenden irdischen Feuers und dem des leuchtenden segnenden, himmlischen Feuers. Jedenfalls müssen der persischen Religion derartige Spekulationen besonders nahe gelegen haben. Sie verehrten ja sowohl das himmlische Feuer, den himmlischen Glanz (Ḥvarena) wie auch das irdische Feuer (Parallelen aus persischen Religionsquellen s. meine *Hauptprobleme d. Gnosis*, 230[1]).

Aber auch die Welt der „Gnosis" liefert uns hier wiederum Parallelen.
123 Die durch Hippolyts *Philosophumena* erhaltene Schrift „ἀπόφασις
μεγάλη" (aus der Schule des Simon Magus?) nimmt als das Grund-
element aller Weltentwicklung das Feuer an, unterscheidet aber eine
doppelte Arte des Feuers, ein verborgenes und ein offenbares (*Philos.*
VI, 9ff.).

Besonders aber kommen hier die Spekulationen des Manichäismus
in Betracht. In ihnen finden wir zunächst die oben erwähnte Zweiteilung
aller Elemente wieder, hier aber in spezifisch dualistischer Weise ausge-
bildet. Hier tritt dann dem guten segnenden Feuer das böse, bren-
nende Feuer gegenüber (Zwischen Elementen des Finsternisses und des Lichts
scheint auch in den verworrenen Spekulationen der Nikolaiten geschieden zu sein.
Philastrius, *Haer.* 33, Epiphanius, *Haer.* 25, 5. *Hauptprobleme* 103. Denen des Manichäismus ganz ähnliche Spekulationen (vielleicht von ihnen abhängige) finden sich bei
den Mandäern. VI *Trakt. d. Ginza* (Übers. v. Norberg I, 147): ignis vivus-ignus
consumens). Weiter aber kennen die manichäische Spekulationen statt
der gewöhnlichen Zählung von vier Elementen bekanntlich deren fünf.
Und sonderbarerweise erscheint hier nun neben dem Feuer das *Licht*
das hier also die Stelle des Äthers, des „fünften" Elementes in der
bekannten griechischen (pythagoräischen?) Spekulation vertritt. In einer
der mannigfachen Aufzählungen der manichäischen Grundelemente
(*Acta Archelai* c. 13) aber wird wiederum unter den guten Elementen
123 R eine doppelte Art des Feuers (μέγα πῦρ — τὸ ἔσωθεν πῦρ τὸ ζῷον)
aufgezählt, während das Licht fehlt, vgl. meine Zusammenstellung der
Listen, *Hauptprobleme d. Gnosis*, 231.

[AFV: Vgl. auch Boussets Liste der Elemente in seinem Brief an F.
Boll 19. VII 1914, abgedruckt in meinem *Wilhelm Bousset*, 1973, 88[6].
Es handelt sich um die Frage woher die Lehre der 7 oder 8 Elemente
stammt. Vgl. auch Bousset, *Hauptprobleme*, 151ff., R.C. Zaehner,
Zurvan, 1955, 76 und passim.]

S. [725], Anm. 1, Z. 5. (126).

Analyse der Naassener Predigt

[AFV: Aus dem Kapitel über die Anthroposlehre, das im großen
und ganzen wenig wesentlich Neues enthält im Vergleich mit *Hauptprobleme*, übernehme ich nur die Analyse der Naassenerpredigt:]
143 R Wir schauen weiter nach Parallelen zur Anthroposlehre aus und da
bietet sich uns — es ist das Verdienst Reitzensteins darauf mit Energie

hingewiesen zu haben — in der Zeitnähe des Poimandres vor allem die merkwürdige und schwer zu zergliederende Naassenerpredigt, die uns Hippolyt in seinem *Elegchos* aufbewahrt hat. Reitzenstein hat im Zusammenhang seiner Poimandres-Untersuchungen dieses Stück in erfolgreichster Weise analysiert. Ich erinnere an das von ihm herausgestellte Resultat (Reitzenstein, *Poimandres*, 82): „Was uns vorliegt, ist nach meiner Behauptung ein heidnischer Text mit gnostisch-christlichen Scholien, bzw. in gnostisch christlicher Überarbeitung, exzerpiert von einem Gegner, der dies Sachverhältnis nicht erkannte, und so erst von Hippolyt verwendet."

Ich möchte versuchen die Untersuchung Reitzensteins noch einmal aufzunehmen und vielleicht etwas weiter zu fördern. Denn es handelt sich hier um ein Dokument von außerordentlicher religionsgeschichtlicher Bedeutung.

144 Zu Grunde liegt dem ganzen jedenfalls jenes Kultlied zur Verherrlichung des Attis, das am Schluß der ganzen Ausführung erscheint, in welchem Attis mit Adonis, Osiris und dem Kultheros der samothrakischen Mysterien Adamnas, ferner dem thrakischen Korybas, dem phrygischen Papas identifiziert wird. Die ursprüngliche „Naassener" Predigt ist weiter nichts als ein Kommentar zu diesem Liede.

Schon in diesem Lied haben wir ein Dokument von einer ganz hervorragenden Bedeutung. Es sind hier nämlich diejenigen Göttergestalten zusammengestellt und identifiziert, die in der Tat einen gemeinsamen Typus repräsentieren. Es handelt sich bei allen um die Idee der leidenden, sterbenden und zu neuem Leben erwachenden Gottheit. Die Angleichung ist offenbar bewußt vollzogen. Es kann für den Religionshistoriker der das Hineinwachsen des Christentums in das hellenistische Milieu verfolgt, kaum eine wichtigere Tatsache geben, als diese Beobachtung, wie offenbar die Aufmerksamkeit der ganzen Zeit auf diese leidenden und sterbenden Götter gerichtet war, und wie durch das Zusammenfließen der verschiedenen Göttergestalten sich

144 R wirkungsvoll die große Idee einer leidenden und sterbenden Gottheit erhob. Das orientalische Christentum wuchs auf in einer Welt, die auf seine Zentralidee eingestimmt war. Der Neuplatoniker Damascius sagt von Attis (*Vita Isidori*, Par. 242, ed. Bekker p. 343, Migne *P. Gr.* CIII 1292): ὃν Ἀλεξανδρεῖς ἐτίμησαν Ὄσιριν ὄντα καὶ Ἄδωνιν κατὰ τὴν μυστικὴν θεοκρασίαν (Ed. Zintzen, 146). (*Anmerkung*: Zu weiteren Kombinationen verlockt die parallele Stelle, Suidas s.v. Heraiskos, I, 872, ed. Bernhard: τὸ ἄρρητον ἄγαλμα τοῦ Αἰῶνος, ὃν Ἀλεξανδρεῖς ἐτίμησαν Ὄσιριν ὄντα καὶ Ἄδωνιν ὁμοῦ (Ed. Zintzen, *Vita Isidori*, 147). Sollte von hier aus nicht ein

Licht fallen auf den Gott Aion in Alexandria, dessen mystische Geburtsfeier uns
Epiphanius Haer. 51, 22 schildert und die er dann wieder mit der Geburtsfeier des
Gottes Dusares (= Dionysos) zusammenbringt. Der mystische Ruf bei der Geburt
des Gottes Aion lautete : σήμερον ἡ Κόρη ἐγέννησε τὸν Αἰῶνα (*Haer.* 51, 22[11], Ed.
K. Holl, *GCS*, II, 286). Damit wäre dann wieder in unserer Naassenerpredigt der Ruf
zu vergleichen, der angeblich bei der eleusinischen Festfeier erhoben worden sein soll
(Hippolyt, *Ref.* V, 8) ἱερὸν ἔτεκε πότνια κοῦρον Βριμὼ Βριμόν. Auch darauf wäre
zu verweisen, daß allerdings in einer Ausdeutung von Jes. 7, 14, die von Reitzenstein
dem christlichen Interpolator zugewiesen wird, von der Jungfrau gesprochen wird die den
μακάριον Αἰῶνα Αἰώνων geboren habe. Ich denke die hier notwendige Untersuchung
in einem anderen Zusammenhang wieder aufzunehmen.

[AFV : Vgl. den Aufsatz „Der Gott Aion" in dieser Herausgabe, 228ff.]).

Der Naassenerhymnus gibt uns bereits eine Probe dieser μυστικὴ
θεοκρασία. Und dieser Synkretismus erstreckt sich noch weiter. Da
die Gleichung Osiris-Dionysos seit dem Beginn des hellenistischen
Zeitalters feststand, so rückt auch Dionysos der von den Titanen zerris-
sene und irgendwie wunderbar zu neuem Leben erweckte oder in dem
Geschlecht der Menschen seine Auferstehung feiernde Halbgott in
diesen Kreis der sterbenden und auferstehenden Götter ein. Und Dionysos wird dann wieder dem orphischen Phanes angeglichen (oder ist mit
ihm von Anfang identisch) durch dessen Verschlingung Zeus zum
Weltenschöpfer wird, der also durch Tod und Untergang das große
Weltleben wirkt. Ausdrücklich ist uns das von Diodor I 11, 3 bezeugt :
τούνεκα μὶν καλέουσι Φάνητά τε καὶ Διόνυσον. Adonis, Attis, Osiris
Phanes, Dionysos, wahrlich eine μυστικὴ θεοκρασία deren Bedeutung
145 und Tragweite über sonstige mythologische Spielereien des synkretistischen Zeitalters weit hinübergeht. Denn hinter ihr liegt eine Idee!

Diese Idee kommt nun auch in dem Kommentar zu dem Hymnus
der sogenannten Naassenerpredigt zu einem greifbaren Ausdruck. Aber
hier beginnen zugleich die kritischen Fragen und Schwierigkeiten, auf
die Reitzenstein, wie mir scheint, nicht genügend eingegangen ist. Es
handelt sich um die Stellung des Adam-Anthropos in diesem Zusammenhang. Denn man kann sich dem Eindruck nicht entziehen, daß
die Figur dieses Anthropos erst in den bereits fertig vorliegenden
Kommentar zu diesem eingeschoben ist. Der Kommentar folgt nämlich
dem Hymnus genau Punkt für Punkt. Dieser aber bietet noch keine
Spur von dem „chaldäischen Anthropos Mythus". Höchstens könnte
man darauf hinweisen, daß das Kultlied bereits erwähnt, daß die
Samothraker Ἄδαμυχ σεβάσμιον verehren und daß hier die Veran-
lassung für den Ausleger gegeben war, die Beziehungen auf den orien-

talischen Anthropos Mythus einzuflechten. Dazu gesellt sich eine weitere
145 R Beobachtung. Wir vermissen in dem Kommentar die Ausdeutung des
Anfangs des Hymnus : Die Abstammung des Attis von Kronos (oder
Zeus) und Rhea (Χαῖρε ὦ τὸ κατηφὲς ἄκουσμα ῾Ρέας Ἄττι). Dafür
haben wir im Kommentar am Anfang die Ausführung, wie alle Völker
unter verschiedenen Namen den Urmenschen verehren und der Hinweis
auf den „chaldäischen" Adamas-Mythus. Darauf gleitet die Ausführung
über auf das Thema von der ψυχὴ δυσεύρετος πάνυ καὶ δυσκατανόητος
(R. Reitzenstein, *Poimandres*, 84; Hippolyt, *Ref.* V, 8, 3). Unmittelbar
darauf sind wir bereits bei der Ausführung über den Adonismythus
(᾽Ασσυρίων τελεταί). Und danach erst finden wir offenbar an falscher
Stelle einen sehr charakteristischen Satz über das Verhältnis des Attis
zur Rhea : ἐὰν δὲ ἡ μήτηρ τῶν θεῶν ἀποκόψῃ τὸν Ἄττιν, καὶ αὐτὴ
τοῦτον ἔχουσα ἐρώμενον, ἡ τῶν ὑπερκοσμίων καὶ αἰωνίων ἄνω
μακαρία φύσις τὴν ἀρρενικὴν δύναμιν τῆς ψυχῆς ἀνακαλεῖται πρὸς
αὐτήν. (R. Reitzenstein, *O.a.c.* 85, *Ref.* V, 8, 6). (Vgl. weiter unten :
ἀπεκόπη γὰρ ὁ Ἄττις τουτέστιν ἀπὸ τῶν χοϊκῶν τῆς κτίσεως κάτωθεν
μερῶν καὶ ἐπὶ τὴν αἰωνίαν ἄνω μετελήλυθεν οὐσίαν. R. Reitzenstein,
O.a.c., 85, Anm. 6. Hippolyt, *Ref.* V, 8, 6).

Die Vermutung drängt sich auf, daß bei der gnostischen Verarbeitung
des Kommentars zum Attishymnus die Ausführungen über den Anthropos die Hauptsache, nämlich die eigentliche Auslegung des Attismythus
verdrängt haben. Eine zweite Beobachtung gesellt sich zur ersten. Wir
finden *Ref.* V, 8, 9ff. breite Ausführungen über Hermes als ψυχαγωγός
146 und ψυχοπομπός im engen Anschluß an die bekannte Homerstelle
(*Odyss.* 24, 1ff.), die durch keine Andeutung im Hymnus gerechtfertigt
erscheinen. (*Anmerkung* : Beachte auch die von Reitzenstein 90, Anm. 2 ausgeschiedene
Stelle, in welcher ὁ ἑαυτῶν προφήτης ῞Ομηρος zitiert wird. Reitzenstein erkennt die
Ähnlichkeit mit der von ihm rekonstruierte Hauptquelle an, muß aber doch wieder
zugeben, daß sie in den Zusammenhang nicht passen. Auch ist der Zusammenhang im
weiteren Verlauf spezifisch gnostisch.) Hier aber finden sich zugleich lange
Ausführungen über den μακάριος ἄνωθεν Ἄνθρωπος, von dem die
Seelen in die Materie hinabgestürzt sind ὧδε εἴς πλάσμα το πήλινον
und der zugleich als deren höhere ewige Natur gilt (ὁ ἔσω ἄνθρωπος),
im Zusammenhang mit dem sie sich in die ewige Welt erheben können.
Hier findet man zugleich die wörtliche Verwendung alttestamentlicher
Stellen, die auch Reitzenstein aus dem Zusammenhang nicht auszu-
scheiden gewagt hat, weil diese in der Tat dadurch gänzlich zerstört
wurde. Endlich erweckt in diesem Zusammenhang auch die Erwähnung des ᾽Ησαλδαῖος (El-Schaddai!) θεὸς πύρινος Verdacht (*Ref.* V,

8, 12). Wir befinden uns mit alledem nicht auf dem mehr hellenischen Boden des Attishymnus und seiner Ausdeutung sondern in einem mehr gnostisch-orientalischen Milieu.

Diese Scheidung wird nun auch noch bestätigt durch eine interessante Parallele zu unserem Naassenerhymnus und Kommentar, die sich in der Rede Julians über die Göttermutter und bei Sallustius, *de diis et mundo*, cap. IV, (einem einfachen Auszug aus Julian) findet (Texte bei Hepding, *Attis, seine Mythen und sein Kult*, 51-58, Sallustius, *de diis* S. 58). Hier liegt genau dieselbe Deutung des Attismythus, die uns in der Naassenerpredigt in den wenigen oben herausgehobenen Fragmenten begegnete, im größeren Zusammenhang vor. Attis ist die schöpferische göttliche Urkraft, die in die Materie hineinwirkt. Überschreitet er gegen die Weisung der Göttermutter die Milchstraße und geht er in die Höhle der Nymphe ein, um sich mit ihr zu vermählen, so bedeutet das das Versinken der göttlichen Urkraft in die Welt der Genesis und ihre Verbindung mit der Hyle. Durch den über ihn verhängten Wahnsinn und die darauf folgende Entmannung bringt die Göttermutter die sich verirrende Kraft zum Stillstand und ruft sie zu sich in die himmlische Heimat zurück. Was im Mythus dem Attis geschieht, ist kein einmaliges Faktum, es vollzieht sich überall und immer. Attis ist das Urbild der menschlichen Seele. Auch sie ist aus der himmlischen Welt gefallen, der irdischen Maßlosigkeit hingegeben und hat die Aufgabe, sich aus dieser Welt zurückzufinden zur Welt des Begrenzten Einheitlichen um mit der Gottheit das Fest der Hilarien zu feiern.

Von einem Anthropos-Mythus ist hier überall keine Spur vorhanden. Das ist eine Bestätigung der von uns an der Naassenerpredigt vorgenommenen Scheidung der verhältnismäßig reiner hellenischen und der gnostisch orientalischen Bestandteile.

Schauen wir nun noch einmal auf die Naassenerpredigt zurück, so verstehen wir, weshalb in dieser Schrift die Mythendeutung nicht einheitlich, bald mehr monistisch-optimistisch, bald pessimistisch-dualistisch bald kosmologisch, bald anthropogonisch ist. (*a*) Die älteste Schicht dieser Deutungen ist m.E. in den Ausführungen zu finden, in denen die dem Attis parallelen Göttergestalten gedeutet werden. Denn hier wird die Idee vom Fall der Gottheit resp. des göttlichen mittlerischen Wesens noch gar nicht erörtert. Die Gottheit gilt vielmehr als die alles irdischen Leben Wesen durchdringende gestaltende und formende Urkraft. So gilt Adonis der Geliebte der Kore, der Aphrodite und der Selene als die Psyche, nach der die dreifach geteilte Welt, die

148 unterirdische (Kore), die irdische (Aphrodite) und die überirdische (Selene) sich sehnt. So ist Osiris (das Wasser) die die Genesis (Isis) gestaltende Macht, das befruchtende Sperma, das aller Dinge Ursache ist : γίνομαι ὃ θέλω καὶ εἰμὶ ὃ εἰμί.

Sein Wahrzeichen ist der aufgerichtete Phallus, das man im Geheimen in seinen Tempeln und öffentlich auf den Straßen sieht. Das aufgerichtete αἰδοῖον ist auch das Symbol des Kultheros oder der beiden Kultheroen von Samothrake. Den Korybas verehren die Thraker, weil er ἄνωθεν ἀπὸ τῆς κορυφῆς seinen Ursprung nimmt und alle Anfangsgründe der Materie durchwandert καὶ τίνα τρόπον κατέρχεται οὐ νοοῦμεν.

Papas heißt der Gott der Phryger, weil alle Himmlischen, Irdischen und Unterirdischen (vgl. die Spekulationen über Adonis) zu ihm rufen : παῦε παῦε τὴν ἀσυμφωνίαν τοῦ κόσμου. D.h. er ist die die Welt gestaltende und ordnende Gotteskraft. Die Phryger nennen ihn auch Aipolos : τούτεστω ⟨ὁ⟩ ἀεὶ πολῶν καὶ στρέφων καὶ περιελαύνων τὸν κόσμον ὅλον στροφῇ.

(b) Von der speziellen Ausdeutung des Attismythus, welche in diese
48 R monistische und optimistische Weltanschauung den dunklen Klang hineinbringt, ist bereits gesprochen. Hier mag nur darauf hingewiesen werden daß Ausführungen dieser Art sich nicht nur am Anfang, sondern auch zum Schluß bei der Ausdeutung der Beinamen des phrygischen Gottes νέκυς ἄκαρπος ⟨und πολύκαρπος⟩ finden (Ref. V, 8, 22ff.).

(c) Darüber lagert sich nun endlich eine dritte Schicht, die Anthroposlehre. Und hier ist der Mythos nun wieder, wie im Poimandres wesentlich anthropozentrisch. Die „chaldäische" Erzählung gleich am Anfang geht auf die Erschaffung des ersten Menschen. In dem eingelegten Hermesstück ist Hermes der ψυχαγωγός und ψυχοπομπός und der Anthropos die höhere himmlische Natur der menschlichen Seele. Endlich in allen den Stellen der speziellen christlich-gnostischen Bearbeitung ist der Anthropos der von oben in diese Welt hinabstieg, um sich aus ihr wieder zu erheben, das Urbild der gnostischen Gemeinde. Sie ist es, die wie jene von oben stammt und nach oben zurückkehrt, die aus Aegypten, der Fremde den Weg durch das Rote Meer zurückfindet,
149 in die Stille der Wüste, ἡ ἀβασίλευτος γενεά, ἡ ἄνω γενομένη.

Zugleich hat uns die Analyse der Naassenerpredigt auf eine weitere wichtige Beobachtung geführt. Wir sehen, daß der Anthroposmythus im Poimandres und der Attismythus bei Julian (und Sallust) wie in Fragmenten der Naassenerpredigt fast dieselbe vergeistigende Deutung erhalten haben. Wir sehen hüben und drüben dieselbe Kraft der

Verinnerlichung und Vergeistigung am Werk, der Geist hellenischer Philosophie, hellenischen Gedankens. Und doch wieder ist, was hier zu Tage tritt nicht mehr rein hellenischer Geist. Es genügt nicht zu urteilen, daß hier etwa eine Mischung platonisch stoischer Elemente vorliege. Es sind doch auch ganz andere Elemente eingedrungen, die Verehrung der sterbenden und auferstehenden Gottheit, die Idee daß Weltschöpfung ein Hinabsinken und eine Verunreinigung des Göttlichen bedeute, die Annahme einer minderwertigen Schöpfergottheit, der allerdings an eine Seite des platonischen Dualismus sich anlehnende gesteigerte radikale Pessimismus : κατενέχθησαν ὧδε εἰς πλάσμα τὸ πήλινον, ἵνα δουλεύωσι τῷ ταύτης τῆς κτίσεως δημιουργῷ der starke astralmythologische Einschlag verbunden mit der Predigt von der Befreiung von der Heimarmene, das stolze Bewußtsein, daß die Menschenseele mehr ist als die Gestirne dort oben (auch in der Deutung des Attismythus ist die Milchstraße die Grenze der oberen und der niederen Welt) das alles ist nicht mehr hellenisch. Der hellenische Geist ist in die trübe Welt orientalischen Religionswesens, orientalischer Astrologie und Mythologie, orientalischen Dualismus und Pessimismus gesunken.

Vielleicht hat diese Zusammenstellung unseren Blick geschärft, sodaß wir nun auch denselben Geist bei anderen ähnlichen Mythendeutungen am Werk zu sehen imstande sind.

[AFV : Folgt : Die Deutung des Isis-Osiris-Mythus bei Plutarch]

S. [729], Z. 5. (130)

Anhang im MS : Die Lehre vom minderwertigen Pneuma

[AFV : Dieser Anhang kommt in zwei Versionen vor. Ich gebe den Text des letzten Entwurfs. In Margine des nicht-abgedruckten Textes hat Bousset später vermerkt : ,,Soweit ich sehe früherer Entwurf zu 149-156''. Hier folgen also S. 149-156. Nummer 221ff. in der heutigen Zählung.]

221   Wir können aber diesen Abschnitt [AFV : Über die ,,seltsame auf der Astrologie ruhende Psychologie'' des CH] nicht schließen ohne einer verwandten Anschauung zu gedenken, die uns nun vollständig im Gewand philosophischer Terminologie begegnet. Ich meine jene seltsame Ansicht von der Minderwertigkeit des menschlichen πνεῦμα gegenüber der ψυχή, wie sie uns in der späteren Schichten der her-

metischen Literatur begegnet. Sie begegnet uns im X. Kapitel (κλεῖς) und mit ihr beginnt wahrscheinlich eine Einlage in diesem mehrfach überarbeiteten Kapitel, die sich ziemlich weithin erstreckt: ψυχὴ δὲ ἀνθρώπου ὀχεῖται τὸν τρόπον τοῦτον· ὁ νοῦς ἐν τῷ λόγῳ, ὁ λόγος ἐν τῇ ψυχῇ, ἡ ψυχὴ ἐν τῷ πνεύματι· τὸ πνεῦμα διῆκον διὰ φλεβῶν καὶ ἀρτηριῶν καὶ αἵματος κινεῖ τὸ ζῷον (CH X, 13).

Wenn wir die ebenfalls merkwürdige Scheidung des höheren Wesensbestandteiles des Menschen in Nus und Logos und wiederum die Trennung des Nus und Logos von der Psyche hier beiseite lassen, so ist die Herkunft dieser merkwürdigen Anschauung klar.

221 R   Die spezifisch stoische Auffassung von dem πνεῦμα als dem feinen Lufthauch, der das Somatische durchdringt, ist hier in ihrer vollen naturalistischen Einseitigkeit ohne die ergänzende geistige Betrachtung acceptiert, aber sie dient eben nur zur Charakterisierung des niederen Wesensbestandes des Menschen; neben dem πνεῦμα besitzt der Mensch νοῦς, λόγος und ψυχή, als höheren Wesensbestand seiner Seele.

Damit verbindet sich nun in unserem Kapitel eine interessante Eschatologie die wiederum darauf hinausläuft, daß der Nus bei seinem Tode nicht nur das σῶμα sondern seine niederen Bestandteile ablegt: ἀναδραμοῦσα γὰρ ἡ ψυχὴ εἰς ἑαυτήν, συστέλλεται τὸ πνεῦμα εἰς τὸ αἷμα, ἡ δὲ ψυχὴ εἰς τὸ πνεῦμα, ὁ δὲ νοῦς καθαρὸς γενόμενος τῶν ἐνδυμάτων, θεῖος ὢν φύσει, σώματος πυρίνου λαβόμενος περιπολεῖ (CH X, 16). Auch hier sehen wir einmal von der Loslösung auch der Psyche vom Nus ab und achten nur auf die entschiedene Annahme von der Minderwertigkeit des Pneuma.

222   Eine genaue Parallele findet sich außer in dem von der κλεῖς abhängigen Kap. XII (Vgl. XII, 18 wo ὕλη, ζωή, πνεῦμα, νοῦς, ψυχή — beachte die Weglassung des Logos — als Bestandteile eines jeden Lebewesens aufgezählt werden.) noch in der Κόρη Κόσμου (Stobaeus *eclog.* I, 988: ἔχει γὰρ καὶ αὕτη (sc. ἡ ψυχή) ἴδια περιβόλαια ἀσώματα, καθὸ καὶ αὐτὴ ἀσώματός ἐστι. τὰ δὲ περιβόλαια ταῦτα ἀέρες εἰσίν οἱ ἐν ἡμῖν. ὅταν οὗτοι ὦσι λεπτοὶ καὶ ἀραιοὶ καὶ διαυγεῖς, (das ist spezifisch stoisch gedacht) τότε συνετὴ ἡ ψυχή ἐστιν· ὅταν δὲ τοὐναντίον πυκνοὶ καὶ παχεῖς καὶ τεθολωμένοι, τότε ὡς ἐν χειμῶνι ἐπὶ μακρὸν οὐ βλέπει (*Fr. Extr. de Stobée*, éd. A.J. Festugière, Fr. XXIV, 10, vgl. auch XXIV, 9: ἀὴρ δὲ ψυχῆς ἐστιν αὐτὸ τὸ σῶμα ὃ περιβέβληται, ... Ed. Festugière-Nock, T. IV, 55; Stob. *ecl.* I, 888) und in wörtlicher Übereinstimmung CH VII, [? AFV] letzter Satz).

Setzen wir hier für ἀέρες πνεῦμα ein, so haben wir dieselbe Grundanschauung wie oben, nur daß sie hier wesentlich einfacher gestaltet

ist und der stoischen Naturalismus in der Auffassung der niederen
Seelenbestandteile noch stärker hervortritt. (Die gleiche Einsetzung von
ἀὴρ für πνεῦμα findet sich CH XII, 14 : ἔστιν οὖν τῆς μὲν ὕλης τὸ
λεπτομερέστατον ἀήρ, ἀέρος δὲ ψυχή, ψυχῆς δὲ νοῦς νοῦ δὲ θεός·)
Auch Poimandres Par. 17 leitet die niedere Natur des Menschen aus
den vier Elementen ab, da heißt es ἐκ δὲ αἰθέρος (hier gleich ἀήρ)
τὸ πνεῦμα ἔλαβε. Dann kommen die höheren Wesenselemente hinzu :
ὁ δὲ Ἄνθρωπος ἐκ ζωῆς καὶ φωτὸς ἐγένετο εἰς ψυχὴν καὶ νοῦν
(CH I, 17). Vgl. auch die Anthropologie im *Asklepios* (Ps. Apuleius)
c. 18 : Mundus nutrit corpora, animas spiritus (πνεῦμα) sensus (hier =
νοῦς) autem, quo dono caelesti sola felix sit humanitas. Auch in
dem hermetischen Stück Stob. *Eclog.* I, 810 wird das πνεῦμα in unmittelbarer Beziehung zum Soma und zum Sinnenleben gesetzt : τὸ
δὲ αἰσθητικὸν πνεῦμα ... διῄρηται δὲ εἰς τὰς ὀργανικὰς αἰσθήσεις
καὶ ἔστι τι μέρος αὐτοῦ πνευματικὴ ὅρασις καὶ πνεῦμα ἀκουστικὸν
καὶ ὀσφρητικὸν καὶ γευστικὸν καὶ ἁπτικόν. (*Fr. de Stobée*, éd. A. J.
Festugière, Fr. XIX, 5; T. III, 83). Wieder ist der Zusammenhang
dieser Phantasien mit der Stoa deutlich. Neben dem Pneuma kennt
natürlich auch dieses Stück die höhere Seele des Menschen.

222 R   Wenn wir außerhalb des Corpus Hermeticum nach Analogien
zu dieser singulären Psychologie suchen, so scheinen zunächst die
sogenannten *Oracula Chaldaica*, die auch sonst sich als ein dem *Corpus
Hermeticum* nahestehendes Geisteserzeugnis erweisen werden, gewisse
Parallelen zu liefern.

An einer Stelle dieser Fragmente wird wenigstens das Pneuma neben
νοῦς und ψυχή erwähnt : ψυχαῖον σπινθῆρα δυσὶν κράσας ὁμονοίαις
νῷ καὶ πνεύματι θείῳ, ἐφ᾽ οἷς τρίτον ἁγνὸν Ἔρωτα συνδετικὸν πάντων
ἐπιβήτορα σεμνὸν ἔθηκεν. (Lydus, *de mensibus*, IV. 20, vgl. Kroll,
De oraculis chaldaicis, Breslauer Philolog. Abh. VII, 1895, p. 26. [Ed.
des Places 44 liest „νεύματι" statt „πνεύματι"]). Ob freilich hier mit
dem Pneuma der niedere Seelenbestandteil des Menschen gemeint sei
muß zweifelhaft, ja unwahrscheinlich bleiben, man beachte das Beiwort πνεῦμα θεῖον.

Die Sache, die Annahme niederer Seelenbestandteile ist jedenfalls
vorhanden. Proclus, *In Tim.* 311a sagt von der Schule des Porphyrius :
καὶ δοκοῦσιν ἔπεσθαι τοῖς λογίοις ἐν τῇ καθόδῳ τὴν ψυχὴν λέγουσι
συλλέγειν αὐτὸ (sc. τὸ ὄχημα) λαμβάνουσαν „αἴθρης μέρος ἠελίου
τε σεληναίης τε καὶ ὅσ⟨σ⟩α ἠέρι συννήχονται" (Kroll *O.a.c.* 47,
vgl. auch die Verse Kroll, 33 : αἰθήρ ἥλιε, πνεῦμα σελήνης ἠέρος
ἀγοί (Ed. des Places 61⁶). Im engen Zusammenhang damit steht die

eschatologische Bemerkung bei Proclus, *in rem publicam*, 392, 1B
... ἵνα καὶ τὸ φαινόμενον ὄχημα διὰ τῆς ἐμφανοῦς αὐτῶν κινήσεως
τύχῃ τῆς πρεπούσης θεραπίας, καὶ τὸ τούτου θειότερον ἀφανῶς
καθαρθῇ καὶ εἰς τὴν οἰκείαν ἀποκαταστῇ λῆξιν, ὑπὸ τῶν ἀερίων
καὶ τῶν σεληναίων καὶ τῶν ἡλιακῶν αὐγῶν ἀνελκόμενον, ὥς πού
φησίν τις τῶν θεῶν, ... (ed. Kroll, I, 152, 14ff.).

Aus der Kombination dieser beiden Stellen ergiebt sich die Anschauung daß die menschliche Seele ein ὄχημα (Kroll will auch auf diesen
niederen Seelenbestand den Vers der Oracula beziehen, in welchem es von der Seele
heißt : καὶ ἴσχει ⟨κόσμου⟩ πολλῶν πληρώματα κόλπων. Ed. des Places, 96, Ed. Kroll,
47.) besitzt, dessen höherer Bestand (τὸ τούτου θειότερον) offenbar
neben dem Soma aus der Luft, ja wie es scheint auch von der Sonne und
dem Monde stammt (falls die Überlieferung und das Verständnis der
Oracula hier richtig ist) und mit dem Tode dorthin zurückkehrt. Ob
freilich das ὄχημα mit dem oben erwähnten πνεῦμα zu identifizieren ist,
steht allerdings dahin. Doch drängt sich zu dem seltsamen Terminus
ὄχημα der Satz der *Kleis*, par. 13 auf (s.o.) : ψυχὴ δε ἀνθρώπου
ὀχεῖται τὸν τρόπον τοῦτον. (Die sakramentale Vorstellung nach welcher das
göttliche Feuer diese niederen Bestandteile (τὰς ἐκ τῆς γενέσεως ἁπάσας κηλῖδος)
entfernt (Vgl. Kroll, S. 53) und die andere mythische, nach welcher Engelmächte die
ὕλη von der Seele abtrennen (Vgl. Kroll, *ebenda*), wird weiter unten im Zusammenhang besprochen werden.)

Endlich kommen noch zwei andere Stellen in den *Oracula* in Betracht. Zunächst das Rätselwort μὴ πνεῦμα μολύνῃς μηδὲ βαθύνῃς
τοὐπίπεδον (Ed. des Places 104) das Psellus 1137c (nach Proclus)
auf die zwei Kleider der Seele (abgesehen vom Leibe) bezieht. Kroll
(64) bemerkt dazu : at enim oracula unum noverunt ὄχημα, quod nun
πνεῦμα appellaverint dubito. (Vgl. *Or. Chald.* Ed. des Places p. 176 =
Texte Psellus 1137c) Fast ebenso rätselhaft ist eine zweite Stelle : οὐδὲ
τὸ τῆς ὕλης σκύβαλον κρημνῷ καταλείψεις, ἀλλὰ καὶ εἰδώλῳ μέρις
εἰς τόπον αμφιφάοντα (Ed. des Places, 158, Kroll, S. 61. nach Synesius,
de ins. 140e. Psellus 1125a, 1124a) Kroll bemerkt dazu — nicht ganz
in Übereinstimmung mit seiner oben zitierten Bemerkung —: umbrae
appellatio suadet ut Synesii probemus interpretationem ad πνεῦμα
i.c. ὄχημα haec revocantem (propterea igitur praeservibitur μὴ πνεῦμα
μολύνῃς). (Und zwar würde ich — bei Kroll wird das nicht ganz deutlich — τὸ
τῆς ὕλης σκύβαλον auf dem Leib, und das εἴδωλον auf das ὄχημα beziehen. Und
zu der letzteren Vorstellung wäre dann Plutarch, *de facie in Luna*, c. 30 p 945 A heranzuziehen, wonach die vom Nus verlassene, auf dem Mond allmählich verdämmernde
Psyche εἴδωλον genannt wird.)

Aus den wenigen Fragmenten vermögen wir kein sicheres Bild zu gewinnen. Namentlich wird sich die Frage nicht entscheiden lassen, ob die *Oracula* den Terminus πνεῦμα für den niederen Seelenbestand kennen. Der Sache nach finden wir in den Oracula jedenfalls eine enge Verwandtschaft mit den hermetischen Theorien. Vielleicht wird 224 sich weiter unten durch den Vergleich mit anderen gnostischen Theorien ein noch genaueres Resultat ergeben. (Schwer lesbare *Anmerkung* mit Bleistift : Augustin, *de civ.* X 27 spricht von einer Reinigung der spirituellen Seele. Chaldäische Lehre : Menschliche Schwäche z.d. ätherischen und empyräischen Höhen emporgetragen. Planetenlaster? Vgl. Hermes b. Stob. I 810 καὶ τὸ μὲν πνεῦμα τοῦ σώματος, ὁ δὲ λόγος τῆς οὐσίας· τοῦ καλοῦ θεωρητικός ἐστι, ... *Fr. de Stobée* XIX, 5, Ed. Festugière-Nock T. III, 83).

Nun gehören die *Oracula Chaldaica* aller Wahrscheinlichkeit nach dem zweiten nachchristlichen Jahrhundert an, aber ganz gesichert ist dieses Datum freilich nicht [AFV : Vgl. Ed. des Places S. 7ff.]. Da ist es um so willkommener, daß uns eine genaue Parallele zu der in Frage stehenden Theorie bei Maximus von Tyrus (Seine Wirksamkeit fällt in die zweite Hälfte des 2. Jahrhunderts. Zeller, III, 2, 219) überliefert ist. Im Kap. VI der IX. Abhandlung begegnen wir hier folgenden Ausführungen : ἐπειδὰν δὲ ἀποκάμῃ τὰ νεῦρα ταυτί, καί τὸ πνεῦμα, καὶ τὰ ἄλλα τὰ ὥσπερ καλώδια, ἐξ ὧν τέως προσώρμιστο τῇ ψυχῇ τὸ σῶμα, τὸ μὲν ἐφθάρη καὶ κατὰ βυθοῦ ᾤχετο, αὐτὴ δὲ ἐφ᾽ ἑαυτῆς ἐκνηξαμένη (vgl. CH X, 16) συνέχει τε αὐτὴν καὶ ἴδρυται. Καὶ καλεῖται ἡ τοιαύτη ψυχὴ δαίμων ἤδη, θρέμμα αἰθέριον, μετοικισθὲν ἐκ γῆς ἐκεῖ. Die Analogie ist unverkennbar. (R. Heinzes Vermutung — *Xenokrates*, S. 100 — einer rein stoischen Quelle — Poseidonius — in diesem Abschnitt erledigt sich damit. Ihr hat bereits Pohlenz (*vom Zorn Gottes*, S. 136[1]) mit durchschlagenden Gründen widerlegt.) Wieder haben wir die ausgeprägt naturalistische (stoische) Auffassung des πνεῦμα, wiederum trennt sich 224 R im Tode der höhere Seelenbestand vom niederen im Menschen und erlebt so seine Befreiung und Erhöhung. Zu Maximus von Tyrus gesellt sich dann weiter Mark. Aurel 12, 3 mit dem ganz klaren Satz : τρία ἐστίν, ἐξ ὧν συνέστηκας, σωμάτιον, πνευμάτιον, νοῦς. (Ich verdanke diese Stelle Pohlenz, *a.a.O.*).

In dem interessanten Auszug, in welchem Porphyrius die Weltanschauung und namentlich die Dämonologie früherer Stoiker weitergibt, *de abstinentia*, II, 38ff. kehrt dieselbe Anschauung wieder. Hier werden die κακόεργοι δαίμονες charakterisiert : ὅσαι δὲ ψυχαὶ τοῦ συνεχοῦς πνεύματος οὐ κρατοῦσιν, ἀλλ᾽ ὡς τὸ πολὺ καὶ κρατοῦνται, δι᾽ αὐτὸ τοῦτο ἄγονταί τε καὶ φέρονται λίαν, ὅταν αἱ τοῦ πνεύματος ὀργαί τε καὶ ἐπιθυμίαι τὴν ὁρμὴν λάβωσιν. Also den πνεῦμα gehöre selbstverständlich die ὀργαί und ἐπιθυμίαι an. Der Fall der bösen Geister rührt daher, daß sie ihr πνεῦμα nicht haben beherrschen 225 können. Die Anschauung kehrt bei Porphyrius in seiner Schrift περὶ τῆς ἐκ τῶν λογίων φιλοσοφίας (Euseb. *Pr. Ev.* IV, 23, 4) als auch hier wohl eine dem Porphyrius überkommene Anschauung wieder: ὅλως γὰρ ἡ ἐπίτασις τῆς πρός τε ἐπιθυμίας καὶ ἡ τοῦ πνεύματος τῆς ὀρέξεως ὁρμὴ ἀλλαχόδεν οὐ σφοδρύνεται ἢ ἐκ τῆς τούτων (sc. der Dämonen) παρουσίας).

Eine analoge Terminologie scheint endlich vorzuliegen, wenn Augustin, *de civitate*, X, 9 den Porphyr erklären läßt, daß er eine gewisse durch die Theurgie zu vollziehende „purgatio" des Geistes für notwendig halte: mundandae parti animae non quidem intellectuali (νοερᾷ), qua rerum intelligibilium percipitur veritas ... sed spirituali (πνευματικῇ) qua corporalium rerum capiuntur imagines. (Vgl. noch Porphyrius, *sent*, 29 ἐξελθούσῃ γὰρ αὐτῇ τοῦ στερεοῦ σώματος τὸ πνεῦμα συνομαρτεῖ, ὃ ἐκ τῶν σφαιρῶν συνελέξατο (wiederum eine Anspielung auf die Reise der Seele durch die Planeten) Kroll, *a.a.O.*, 47³. Porphyrius — (nach Proclus, *in Timaeum*, 311A, Zeller III, 2, 716⁴—): τὸ πνεῦμα ὃ ἐκ τῶν σφαιρῶν συνελέξατο.)

225 R Ich kann mir nicht versagen in diesem Zusammenhang noch eine interessante Parallele aus einem weit entlegenen Gebiet beizubringen, nämlich aus der spätgnostischen christlichen *Pistis Sophia*, die uns bekanntlich im koptischen erhalten ist. Hier begegnen wir im dritten Buch in den Kapiteln 111-116 einer sehr ausführlichen anthropologisch-eschatologischen Theorie, die wahrscheinlich einmal als eine kleine Abhandlung für sich bestanden haben mag. Sie beginnt (Schmidt, S. 182, 18ff.) mit der abrupten Einleitung: „Jetzt nun höre Maria inbetreff des Wortes, nach welchem Du noch gefragt hast (davon war vorher nirgends die Rede gewesen, W. Bousset), wer zwingt den Menschen, bis daß er sündigt". Sie hat ihre bereits mit späteren Vorstellungen verarbeitete sekundäre Dublette in den Kapiteln 131-133 und gehört ihrerseits zu den frühesten Partien der gesamten von Schmidt herausgegebenen koptisch gnostischen Literatur. (*Anmerkung*: Das Stück steht nämlich, wie wir noch genauer sehen werden im engsten Zusammenhang mit den Stücken in welchen die älteren Sakramente der gnostischen Sekte dargestellt werden, den Kapiteln 142, 143 im vierten Buch der *Pistis Sophia* und den Kapiteln 45-48 und 51ff. des von seinem Herausgeber sogenannten II *Jeubuches*. Charakteristisch für diese Stücke sind der Begriff des ἀντίμιμον πνεῦμα — außer in unseren Stücken nur noch einmal in einem Psalm der Sophia S. 39⁶⁰ — und die hier in Betracht kommenden Sakramente, auf die in den späteren Partieen als auf die in den *Jeubüchern* offenbarten „niederen"

Weihen zurückgewiesen wird — Schmidt 158, 10ff., 228, 30ff. —; vor allem die hervorragende Rolle, welche die Figur der „Lichtjungfrau" — neben dem ersten Menschen Jeu — als Richterin und Sakramentsspenderin spielt. Zitate nur aus dem neuen Testament, Synoptiker und Paulus, noch nicht aus dem alten Testament und dem vierten Evangelium.)

Das Wesen des Menschen zerfällt nach dieser Anthropologie in fünf Teile : die Kraft, die Seele, das ἀντίμιμον πνεῦμα (Der Kraft, der Seele und dem ἀντίμιμον πνεῦμα würde in der hermetischen Theologie genau die Trinität : νοῦς ψυχή πνεῦμα entsprechen), das Verhängnis und der Leib. Von den Spekulationen über das Verhängnis, die wohl platonischen Anregungen entsprechen, sehen wir in diesem Zusammenhang ab. Unsere Aufmerksamkeit richtet sich auf die Vorstellung vom
226   ἀντίμιμον πνεῦμα. In ihm sieht die gnostische Schrift, wie sie in der Kraft die Quelle aller Güte der menschlichen Seele sieht (vgl. übrigens eine ähnliche Psychologie in den merkwürdigen Phantasieen des ersten Buches der Pistis Sophia cap. 7 und 8), die Quelle aller Bosheit und Schlechtigkeit : „das ἀντίμιμον πνεῦμα sucht nach allen Bosheiten und Begierden und allen Sünden" (183[9f.]). Dies ἀντίμιμον πνεῦμα stammt von den Archonten der großen Heimarmene, d.h. von den Planeten (183[19]). (Die Parallelquelle cap. 131 S. 219[4] zählt auf : die fünf Archonten der großen Heimarmene, der Archon der Sonnenscheibe, der Archon der Mondscheibe). Es ist von den Siegeln und Banden die Rede, mit welchen die Archonten es an die Seele gebunden haben (185[32]). (Vgl. in der Parallelquelle cap. 131, S. 220, 18ff. die Beschreibung der Entstehung des Menschen : „und sie (die Archonten W.B.) legen das ἀντίμιμον πνεῦμα außerhalb der Seele ... und die Archonten binden es an die Seele mit ihren Siegeln und ihren Banden und siegeln es an sie, damit es sie zu jeder Zeit zwinge und alle ihre Ungerechtigkeit tue"). Es richtet die Befehle aus, welche die Archonten ihr mitgegeben haben und vollführt in ihrem Auftrag alle die Bosheiten (183[19], 185[35]). Ohne Mühe erkennen wir hier noch in dieser Verkleidung neben der Theorie vom πνεῦμα als dem niederen Seelenbestandteil noch die ältere von den Planeten (den Archonten der Heimarmene) als den Urhebern alles Bösen in der menschlichen Seele. Nach dem Tode spielt das ἀντίμιμον πνεῦμα nebst dem Verhängnis
226 R   geradezu die Rolle des Strafdämons. Es folgt der Seele, überführt sie wegen ihrer Sünde und liefert sie der Bestrafung aus (184[13f.], [20], 193[20]). Daher ist für die Gläubigen das „Mysterium der Auflösung der Siegel und aller Banden des ἀντίμιμον πνεῦμα" (185[30], 186[1.32] u.a.) von absoluter Notwendigkeit (Vgl. die Beschreibung des Mysteriums, das die Bosheit der Archonten beseitigt im II *Jeu Buch* cap. 48). Wenn die Seele welche dies Mysterium (Weihe) besitzt, gestorben ist, dann

entläßt sie ihr „Verhängnis" und ihr ἀντίμιμον πνεῦμα und spricht zu den Archonten : „Da habt ihr euer ἀντίμιμον πνεῦμα. Nicht komme ich zu eurem Ort von diesem Augenblick an, ich bin euch fremd geworden auf ewig" (187³³ff.). Jener Seele wachsen Lichtflügel (187¹⁰) und sie steigt zur Lichtjungfrau, der Richterin, und in die höheren Lichtwelten auf (188¹²ff.). [AFV : Vgl. Bousset, *Hauptprobleme*, 365.] In diesem Zusammenhang treten auch die den gnostischen Sekten eignenenden Taufmysterien. „Jetzt nun wer die Mysterien der Taufe"

(*Anmerkung* : Vgl. die drei Taufen — des Wassers, Feuers und Geistes — im II *Jeu-Buch* cap. 45-47, im IV Buch der *Pistis Sophia* wird nur eine Taufe näher beschrieben, cap. 142, die beiden anderen nur angedeutet, cap. 143. Daneben tritt dann noch das Mysterium der geistigen Salbung *Pistis Sophia* cap. 143, S. 245²⁴, *II Jeu* cap. 43, S. 305²⁴.) empfangen wird, so wird das Mysterium jener zu einem großen

227 sehr gewaltigen weissen Feuer und es verbrennt die Sünden und geht in die Seele im Verborgenen ein und verzehrt alle Sünden, die das αντίμιμον πνεῦμα an sie befestigt hat (193³²ff.) Es trennt das ἀντίμιμον πνεῦμα, das Verhängnis und den Körper einerseits, die Seele und die Kraft andererseits.

Und an diesem Punkt drängt sich uns nun wieder eine auffällige Parallele in den *Oracula Chaldaica* auf. Proclus, *in Tim.*, 331b (Kroll 53) berichtet (Ed. des Places 121): τὸ δὲ μέγιστον ... ἡ τελεστικὴ συμβάλλεται διὰ τοῦ θείου πυρὸς ἀφανίζουσα τὰς ἐκ τῆς γενέσεως ἁπάσας κηλῖδας, ὡς τα λόγια διδάσκει. (Vgl. dazu den Vers aus den *Oracula*, Proclus, *in Tim.* 65b, Kroll, 53 : τῷ πυρὶ γὰρ βρότος ἐμπελάσας θεόθεν φάος ἕξει). Wenn nicht alles täuscht war also auch in den Oracula von einem Feuersakrament (τελεστική, θεῖον πῦρ) die Rede, durch welche die von der Geburt stammenden Flecken der Seele beseitigt werden. Diese Vorstellung entspricht eigentlich dem Zusammenhang besser als die Vorstellung von einer Taufe, resp. Feuertaufe. Das sieht man deutlich an dem Satz der *Pistis Sophia* : „So wird das Mysterium der Taufe zu einem großen Feuer und es verbrennt die Sünden". Die koptisch gnostischen Schriften kennen drei Taufen, eine Wasser-, eine Feuer- und eine Geistestaufe. Es scheint als wenn hier Sakramente verschiedener Herkunft nebeneinander gestellt sind (auch sonst ist bekanntlich die „Feuertaufe" den Gnostikern bekannt).

An einer anderen Stelle ist von Engeln die Rede, welche die niederen Bestandteile der Seele abtrennen. Proclus, *in rem publ.*, 89, 8 : διὰ μέσων τῶν ἀποκοπτικῶν ἀγγέλων τῆς ὑλικῆς ζωῆς καὶ τοῦ ἡγεμόνος αὐτῶν τοῦ τῆς τμήσεως ἐξάρχοντος, ὡς τὸ λόγιον εἴρηκεν (εἶναι γάρ τινα τμήσεως ἀγὸν τῶν ἐκτεμνόντων τὴν ὕλην ἀπὸ τῶν ψυχῶν ἀγγέλων), ... (ed. Kroll, II, 296, 7ff.). Beide Vorstellungen sind in der Ausführung des Proclus, *exc. Vatic.*, 192[13] verbunden : ἡ δὲ τῶν ἀγγέλων μερὶς πῶς ἀνάγει ψυχήν; φέγγουσα, φησί, πυρὶ την ψυχήν, τουτέστι περιλάμπουσα αὐτὴν πανταχόθεν ... καὶ ἀμεγῆ ποιεῖ πρὸς τὴν ὕλην τῷ θερμῷ πνεύματι κουφίζουσα.

Dazu liegen keine ganz genaue Parallelen in der *Pistis Sophia* vor; immerhin heißt es auch hier : „Und die παραλῆμπται (Engelmächte) dagegen jener Seele, die zum Lichte gehören werden Lichtflügel für jene Seele und werden Lichtkleider für sie und führen sie" (187[9]), „es fliegen die παραλῆμπται des Lichtes mit ihr nach oben und führen sie" (187[29]). Als oberste Lichtwesen und Anführer der Engel könnten hier etwa Jeu der Urmensch (185[4]) und Melchisedek (188[33]) der große „Paralemptes" (188[33]) gelten. (*Anmerkung*: Vgl. 188[35], auch 212[6,10], 213[18], die παραλήμπτορες des Melchisedek besiegeln jene Seele und führen sie zum Lichtschatz. Vielleicht liesse sich auch die Figur der Lichtjungfrau mit der der Hecate in der *Oracula* vergleichen, die hier bekanntlich eine ganz hervorragende Stellung einnimmt.)

228   Wir überschauen das ganze. Jene Psychologie, nach welcher das Pneuma als niederer Seelenbestandteil aufgefaßt wird, ist eine in der zweiten Hälfte des zweiten nachchristlichen Jahrhunderts weitverbreitete gewesen (*Anmerkung*: Sollte diese Anschauung gar schon Hebr. 4[12] vorliegen? (ὁ λόγος τοῦ θεοῦ) διϊκνούμενος ἄχρι μερισμοῦ ψυχῆς καὶ πνεύματος, ἁρμῶν τε καὶ μυελῶν. Die Art, wie hier neben πνεῦμα die ἁρμοί und μυελοί genannt werden erinnert an die zitierten Stellen des *Corpus Hermeticum* X, 1 und des Maximus von Tyrus). Wir finden sie bei Maximus von Tyrus, in den *Oracula Chaldaica*, bei den Platonikern des Porphyrius, endlich in der ältesten Schicht der koptisch gnostischen Schriften wieder. Allerdings liegt in der betreffenden Stücken des *Corpus Hermeticum* diese Psychologie in einer etwas komplizierteren Form vor, da hier außerdem noch zwischen νοῦς (λόγος)-ψυχή geschieden wird. Aber auch diese Scheidung ist älteren Datums und wird uns noch in einem anderen Zusammenhang beschäftigen. Auch findet sich in dem „Quellenstück" des *Pistis Sophia* eine direkte Parallele dazu (Kraft, Seele, πνεῦμα ἀντίμιμον). Wir werden kaum stark fehlgehen, wenn wir die Partien, in denen jene Psychologie eine Rolle spielt dem Ausgang des zweiten Jahrhunderts zuweisen, falls

228 R   sonst keine wesentlichen Instanzen dagegen sprechen. Und dazu würde es dann wieder stimmen, wenn die älteren Partien des Corpus vor der Entstehung der großen gnostischen Systeme also etwa noch im ersten Jahrhundert zu liegen kämen.

[AFV : Vgl. aber S. 155 und die Anmerkung S. 188.]

S. [731], Anm. 3, Z. 2. (133, Anm. 3)

Über die Anthropologie des Philo

[AFV : Aus dem ausführlichen Referat im MS über Philos Anthropologie hier zwei charakteristische Fragmente. Das Ganze ist 12 zweiseitig beschriebenen Blätter groß, hier sind ungefähr 5 dieser Blätter veröffentlicht.]

173 ... „Denn so lange der Nus die Verstandeswelt und das Wahrnehmungsvermögen das sinnlich wahrnehmbare fest in der Hand zu haben meint... bleibt der göttliche Logos fern. Wenn aber beide ihre Schwachheit gestehen und in gewisser Weise „untergehen" und sich verbergen, dann begegnet gnädig sogleich der Aufseher der asketischen Seele" (de somm. I, 119). (Anmerkung : An einer Reihe von Stellen scheint es so, als wenn Philo nur das Aufgeben des menschlichen Selbstvertrauens ins Auge faßt und das Entstehen des absoluten Vertrauens auf Gott. Er geht aber weiter, wie weiter unten noch deutlicher werden wird und fordert tatsächlich das völlige Aufgeben des eigenen Ich im Sinne des Versinkens in die Gottheit.) Von Isaak, dem Symbol der heiligen Freude, die eigentlich nur Gott eignet heißt es : ἐξέρχεται ἀπολειπὼν ἑαυτὸν καὶ τὸν ἴδιον νοῦν· [AFV : Leg. Alleg., III, 43; vgl. auch u.a. q. rer. div. heres, 68ff.] Juda, „der Bekenner" ist seinem Wesen nach ἄϋλος καὶ ἀσώματος : Wann der Nus aus sich herausgeht und sich selbst Gott darbringt, wie Isaak das heilige Lachen, dann bekennt er sich zu dem wahrhaft Seienden (Leg. Alleg. I, 82). Und von Abraham heißt es noch einmal zusammenfassend : ὅτε γὰρ μάλιστα ἔγνω, τότε μάλιστα ἀπέγνω ἑαυτόν ... ὁ δ᾿ ἀπογνοὺς ἑαυτὸν γινώσκει τὸν ὄντα (de Somn. I, 60) (vgl. noch etwa De Cherubim, 115ff., de sacr. Ka. Ab. 97). Und deshalb wird jene Enthüllung und Selbstvereinfachung der Seele zugleich eine Vergottung derselben als deren Symbol

73 R Moses und dessen „Verlasser der Stadt" (Ex. 9²⁹) gilt : ὅταν μέντοι διὰ πάντων ἡ ψυχὴ καὶ λόγων καὶ ἔργων ἐξαπλωθῇ καὶ ἐκθειασθῇ (Leg. Alleg. III, 44).

Dieser ekstatischen Erfahrung entspricht die Anthropologie des Philo. Er scheint am menschlichen Wesen als solchen nichts Gutes zu lassen. Er spricht von einem φίλαυτος δὲ καὶ ἄθεος ὁ νοῦς (Leg. Alleg. I⁴⁹) von dem γήϊνος νοὺς ᾿Αδάμ (De Plantatione, 46, q.r. div. haer., 52) der aus dem Paradies verjagt ist. Er kennt einen φαῦλος νοῦς, welchen er dem σπουδαῖος νοῦς gegenüberstellt (de post. Cain, 107). Das ist wiederum diese, auf philosophischen Boden unerhörte Sprache und erinnert auf das genaueste an den νοῦς τῆς σαρκός bei

Paulus. Erst ein höheres göttliches Element muß zu dem natürlichen Wesen des Menschen (der menschlichen νοῦς eingerechnet) hinzukommen, um ihm seinen eigentlichen Wert zu verleihen. Dieses Höhere benennt Philo verschieden. Er kann es als Nus (den reineren, göttlichen Nus im Menschen) bezeichnen. Steht er unter dem Enfluß des alten Testaments so nennt er es — die Parallele mit Paulus ist bedeutsam — Pneuma. Besonders deutlich tritt seine Meinung in der Auslegung jenes Schöpfungsberichtes selbst hervor. Er stellt sich die Frage διὰ τί ἠξίωσεν ὁ θεὸς ὅλως τὸν γηγενῆ καὶ φιλοσώματον νοῦν πνεύματος θείου (*Leg. Alleg.* I, 33). Er spricht davon, daß Gott *dem menschlichen Nus* sein Pneuma einbläst: τούτῳ μόνῳ ἐμπνεῖ ὁ θεός, τοῖς δ᾽ ἄλλοις μέρεσιν οὐκ ἀξιοῖ (Bousset liest ἐμπνεῖ) (*Leg. Alleg.* I, 33). Freilich diese durch die Schöpfung dem menschlichen Geist mittgeteilte göttliche Gabe hat er nur in verdünnter und depotenzierter Weise erhalten, er bekam nur πνοή nicht πνεῦμα (*Leg. Alleg.*, I, 31-42). Gelegentlich der Wendung: ,,Mein Geist kann nicht für immer in den Menschen bleiben denn er ist Fleisch'', führt Philo unter leichter Polemik gegen die Stoa aus, dieser Gottesgeist sei nicht ὁ ῥέων ἀὴρ ἀπὸ γῆς, τρίτον στοιχεῖον ἐποχούμενον ὕδατι, sondern eben der göttliche Geist ἡ ἀκήρατος ἐπιστήμη ἧς πᾶς ὁ σοφὸς εἰκότως μετέχει. (*de Gigant.* 22). Aber das Verharren dieses Gottesgeistes in der menschlichen σάρξ ist mit großen Schwierigkeiten verbunden (αἴτιον δὲ τῆς ἀνεπιστημοσύνης μέγιστον ἡ σὰρξ καὶ ἡ πρὸς σάρκα οἰκείωσις (*de Gigantibus*, 22). Auch die besten haben diesen höheren Geist Gottes nur vorübergehend. Selbst der alttestamentliche Hohepriester habe nur einmal im Jahr zutritt. So bleibe bei den meisten der göttliche Geist nicht, μόνῳ δὲ ἀνθρώπων εἴδει ἑνὶ παραγίνεται, ὃ πάντα ἀπαμφιάσαμενον τὰ ἐν γενέσει καὶ τὸ ἐσωτάτω καταπέτασμα καὶ προκάλυμμα τῆς δόξης ἀνειμένη καὶ γυμνῇ τῇ διανοίᾳ πρὸς θεὸν ἀφίξεται. (*de Gigantibus*, 52-54 (29) vgl. *q.r. div. Heres*, 71, ἡνίκα τῆς σαρκὸς ἠλόγουν ἤδη; auch *q. deus sit immut.* 55; σαρκὸς περίβλημα, *Leg. Alleg.*, III, 152).

174 R   Ein Symbol dieser Menschenklasse ist ihm Moses der außerhalb des Lagers sein Zelt aufschlug, τούτῳ μεν οὖν τὸ θεῖον ἀεὶ παρίσταται πνεῦμα. (*Anmerkung*: Vgl. auch die Ausführungen, die allerdings nicht ganz so deutlich sind: *quod det. pot.* 79ff. zu Gen. 4¹⁰ (vor allem 90 der Nus: τῆς θείας καὶ εὐδαίμονος ψυχῆς ἐκείνης ἀπόσπασμα ἢ οὐ διαιρετόν.);

Ferner noch *de opificio mundi*, 144 (vom ersten Menschen): ἅτε δὴ πολλοῦ ῥυέντος εἰς αὐτὸν τοῦ θείου πνεύματος, de Plant. 18 (nach einer Polemik gegen die Gleichsetzung der Seele mit dem Aether): ὁ δὲ μέγας Μωυσῆς οὐδενὶ τῶν γεγονότων τῆς λογικῆς ψυχῆς τὸ εἶδος ὡμοίωσεν ἀλλ᾽ εἶπεν αὐτὴν τοῦ θείου καὶ ἀοράτου πνεύματος ἐκείνου δόκιμον εἶναι νόμισμα σημειῶθεν καὶ τυπωθὲν σφραγῖδι θεοῦ.

Über das Verhältnis zwischen πνεῦμα und νοῦς de plant. 24 τῇ δὲ τοῦ θείου πνεύματος καὶ πάντα δυνατοῦ καὶ τὰ κάτω νικῶντος φύσει κοῦφον ὁ νοῦς ὤν. *q. rer. div. Heres,* 55 (vgl. 50-64): ἐπειδὴ γὰρ ψυχὴ διχῶς λέγεται, ἥ τε ὅλη καὶ τὸ ἡγεμονικὸν αὐτῆς μέρος ... ἔδοξε τῷ νομοθέτῃ διττὴν καὶ τὴν οὐσίαν εἶναι ψυχῆς, αὗμα μὲν τῆς ὅλης, τοῦ δ' ἡγεμονικωτάτου πνεῦμα θεῖον (vgl. *quod det. pot.* 84: σαρκὸς μὲν ψυχήν φησι τὸ αἷμα ... ανθρώπου δὲ ψυχὴν πνεῦμα — nach Gen. 4¹⁰ —).

175   In der bisher zitierten Ausführungen bedient Philo sich wie wir sahen — offenbar unter starker Anlehnung an das alte Testament — des Begriffes πνεῦμα, um das supranaturale göttliche Element im Menschen zu bezeichnen. Für gewöhnlich folgt er bekanntlich dem philosophischen Sprachgebrauch und bezeichnet das Höhere im Menschen mit Nus, oder auch einfach mit Psyche, ohne auf dessen Herkunft und supranaturale Charakter zu reflektieren. Aber an einer Reihe von Stellen färbt die supranaturale Vorstellung vom Pneuma nun auch deutlich auf die Art ab, mit der Philo vom Nus redet: *(Anmerkung:* Vgl. *de somniis* I³⁴ νοῦς ἀπόσπασμα θεῖον ὤν. Man kann ja allenfalls diese supranaturalen Wendungen im Rahmen hellenischer Philosophie verstehen und hier platonisch-aristotelische Einflüsse annehmen, die namentlich durch Poseidonius sich dem Philo vermittelt hätten. Aber es ist doch richtiger, diese Äußerungen im Sinne des schrofferen Dualismus zu verstehen, den Philo namentlich in seiner — nur zum Teil vom alten Testament bedingten — Pneuma-Lehre vorträgt. M. Apelt (*de rationibus quibusdam, quae Philoni Alex. cum Posidonio intercedunt, Commentationes Philol. Jenenses,* VIII¹, 131-141) nimmt in ihrer Untersuchung den umgekehrten Weg. Sie glaubt die Ausführungen Philos über das Pneuma als vorübergehende Sondermeinungen hinstellen zu können unter den Hinweis darauf, daß Philo dasselbe was er vom Pneuma aussagt, auch dann und wann vom Nus aussage): ἀλλὰ γὰρ καὶ τῆς ψυχῆς τὸ μὲν ἀμιγὲς καὶ ἄκρατον μέρος. ὁ ἀκραιφνέστατος νοῦς ἔστω, ὃς ἀπ' οὐρανοῦ καταπνευσθείς δύωθεν, ὅταν ἄνοσος καὶ ἀπήμων διαφυλαχθῇ ... τῷ καταπνεύσαντι ... προσηκόντως ... εἰς ἱερὰν σπονθὴν ἀνταποδίδοται (*quis rer. div. heres,* 84). *(Anmerkung:* Man beachte noch beispielsweise wie Philo q.r.d. heres 125-132 dem menschlichen Besitzstand ψυχή, λόγος, αἴσθησις die in eine gute und schlechte Hälfte teilbar sind, die unteilbare göttliche Weisheit, die im Menschen weilt, gegenüberstellt).

176   In dieser starken Betonung von der Unvollkommenheit des natürlichen menschlichen Wesens, der Unerreichbarkeit des Göttlichen durch dieses, des supranaturalen Charakters des Göttlichen, das im Menschen ist, überschreitet Philo die Grenze hellenisch-philosophischen Denkens und Empfindens in aller Deutlichkeit. Mit feinem Stilgefühl ist neuerdings E. Norden von ganz anderen Beobachtungen aus zu demselben Resultat gekommen (Vgl. *Agnostos Theos,* 85f.). Bei seiner Untersuchung über den Begriff des θεὸς ἄγνωστος, den er als unhellenisch

nachweist, macht er die Beobachtung, daß bei Philo zwar nicht das Wort, aber wohl die Sache sich findet. Er verweist auf die charakteristischen Ausführungen Philos über die Unerkennbarkeit Gottes, *de Monarchia*, I, 32ff. : δυστόπαστος μὲν οὖν καί δυσκατάληπτος ὁ πατὴρ καὶ ἡγεμὼν τῶν συμπάντων ἐστιν [Ed. Colson, Loeb Classical Library : *De Specialibus Legibus* I, 32]. Er verweist ferner auf das dem entsprechende Theorem von der Unerkennbarkeit der menschlichen Seele, *de mut. nomin.*, § 7ff. : καὶ τὶ θαυμαστόν, εἰ τὸ ὂν ἀνθρώποις ἀκατάληπτον, ὁπότε καὶ ὁ ἐν ἑκάστῳ νοῦς ἀγνωστός ἡμῖν; (§ 10). (*Anmerkung* : Vgl. die langen skeptischen Auführungen Philos, *de somn.*, I, 21-24; 30-33. Überhaupt über den mit religiöser Tendenz verbundenen Skeptizismus Philos :

176 R   Bréhier, *Les idées de Philon d'Alexandrie*, 209ff.) Norden urteilt mit Recht (86) : Da trotz des wiederholten gebrauchs der Bezeichnung ἀόρατος und νοητός für Gott die Möglichkeit vernunftgemäßer Erkenntnis Gottes negiert wird, so stehen wir hier doch bereits mit einem Schritt jenseits der hellenischen Spekulation. Das ist durchaus richtig, die auf eine starke Skepsis aufgebaute Offenbarungsgläubigkeit Philos ist orientalisch (alttestamentlich) und doch auch wieder nur halb orientalisch, weil sie mit starker hellenischer Reflexion durchdrungen ist. Jedenfalls aber sind wir jenseits der Grenzen hellenischer Philosophie. Und mit diesem starken Gefühl von der Unerkennbarkeit Gottes hängt ja nun wiederum die lebhafte Empfindung für die Unzulänglichkeit des menschlichen Wesens bei Philo zusammen (*Anmerkung* : Vgl. die charakteristische Stelle : de somn. I, 60 : ὅτε γὰρ μάλιστα ἔγνω, τότε μάλιστα ἀπέγνω ἑαυτόν ... ὁ δε ἀπογνοὺς ἑαυτόν γινώσκει τὸν ὄντα, — und dazu was Norden S. 87ff. über den Begriff γινώσκειν τὸν θεόν ausführt.).

Und so finden sich denn nun auch bei Philo die auf diesem Bodem sich immer einstellende Theorie von den doppelten Menschenklassen, denen die das höchste Ziel erreichen und denen die das versagt bleibt. (...)

179   Überhaupt mag schon in diesem Zusammenhang darauf hingedeutet werden, daß hinter allen diesen Äußerungen Philos, wie dies in den hermetischen Schriften und bei Paulus der Fall ist, Erlebnisse mysteriöser Frömmigkeit stehen. (...)

179 R   Das ist letztlich der Boden, in welchem die supranaturale Psychologie Philos und seine Theorie von einen doppelten Geschlecht der Menschen wurzelt.

180   Von einer genuinen Weiterentwicklung späterer eklektischer hellenischer Philosophie kann der Hauptsache nach hier keine Rede sein. Hier flutet ein ganz neues Element ein, das nichts mit Philosophie zu

tun hat. (*Anmerkung*: M. Apelt in ihrem vortrefflichen Aufsatz über Philo und Posidonius (*l.c.*) hat diesen Abstand und diese Grunddifferenz in der Gesamtanschauung nicht gesehen. Ihre Abhandlung wird unfreiwillig Zeuge für unsere Anschauung. Denn überall, wo Philos Weltanschauung diese spezifisch supranaturale Wendung nimmt, muß sie sich mit sehr dürftigen Parallelen aus Posidonius begnügen, wobei die beigebrachten nicht einmal alle als posidonianisch erwiesen sind — namentlich nicht die Zitate aus Maximus von Tyrus —, auch die aus Plutarch, *de gen. Socr.* sind zum Teil fragwürdiger Natur. Vgl. 104, 116, 126, 139ff. Sehr oft muß z.B. das ἕπεσθαι τῷ ἐν αὐτοῖς δαίμονι συγγενεῖ (Galen 469) des Posidonius herhalten. Aber der συγγενὴς δαίμων ist doch nichts anderes als der im Menschen wohnende ὀρθὸς λόγος, den auch Philo kennt. Aber diese Vorstellung ist doch himmelsweit noch verschieden von dem prinzipiellen Supranaturalismus und Dualismus in den Anschauungen Philos.) Man braucht sich jene postulierte Zusammenhänge nicht so vorzustellen, als wenn Philo direkt irgendwie von hellenistischer Mysterienfrömmigkeit und ihrer Kultpraxis berührt gewesen wäre. Allerdings liegt die Vermutung nicht so ganz fern, daß Philo in seiner Zeit und seiner 180 R Umgebung jüdische Mysterienvereine nach hellenischem Muster organisiert, gekannt haben könnte. Das wenige, was er uns an wirklichem Material über die Therapeuten beibringt, deutet daraufhin, daß wir uns diese als einen derartigen Mysterienverein zu denken haben. Aber es genügte auch, daß wir uns Philo abhängig denken von einer Literatur, die vielleicht gar nicht einmal direkt mit Mysterienpraxis und Kultus zusammenhängt, aber die doch die Sprache, Gedanken und Vorstellungen jenes Religionswesens bereits in verdünnter und vergeistigter Form in sich aufgenommen hat, wie die Literatur, deren Abgrenzung und Charakterisierung das Thema unserer Untersuchung bilden.

Freilich tritt das alles bei Philo nicht so deutlich und einheitlich heraus wie in den hermetischen Schriften, bei Paulus und in der christlich gnostischen Literatur. Die Auffassung Philos ist keine einheitliche. Er ist überhaupt kein Mann der einheitlichen Konzeption.

S. [736], Anm. 3, Z. 2. (138, Anm. 3.)

MS ausführlicher:

219 R   Dieser Hinweis auf die Pythagoräer ist außerordentlich lehrreich. Schon mehrfach sind wir neben der Autorität der hermetischen Offenbarungen auch in diesem Abschnitt der Autorität des Pythagoras begegnet. Ich verweise (noch einmal) auf die Einführung der „Gegner" bei Arnobius II, 13 — Arnobius beginnt seine Polemik mit dem Satz: Vos vos appello, qui Mercurium Platonem Pythagoram sectamini ...

— als Anhänger des Mercurius Plato Pythagoras. Bei Macrobius *Somnium Scipionis* (I, 12?) werden als Gewährsmänner eingeführt, „qui primum Pythagorum et qui postea Platonem secuti sunt". In diesem Kapitel zählt Macrobius nicht weniger als drei platonisch-pythagoräische Lehrmeinungen kosmologischer und eschatologischer Art auf. Hermetismus und Neupythagoreismus gehören eben auf das engste zusammen.

S. [739], Z. 30. (142)

203 R   Endlich begegnet uns im Κρατήρ (IV) sogar ein direktes Sakrament der Taufe. Die Mysten werden durch einen Heroldsruf ermahnt zum Krater zu kommen und sich taufen zu lassen: βάπτισον σεαυτὴν ἡ δυναμένη εἰς τοῦτον τὸν κρατῆρα (IV, 4). Es ist von denen die Rede, welch die Botschaft verstanden haben καὶ ἐβαπτίσαντο τοῦ νοός, οὗτοι μετέσχον τῆς γνώσεως καὶ τέλειοι (zu dem Terminus „τέλειος" vgl. R. Reitzenstein, *Mysterienreligionen*, 165f., 171, auch 141f., 145) ἄνθρωποι, τὸν νοῦν δεξάμενοι. (IV, 4). Also eine Taufe mit dem Nus! Man kann freilich zweifelhaft sein, ob hier noch ein ernsthaftes Sakrament vorliegt (ἥ τε λύπη καὶ ἡ ἡδονή, εἰς ἃς ἐμβᾶσα ἡ ψυχὴ βαπτίζεται, CH XII, 2), oder nur ein Bild. Aber das Bild führt schließlich auf die Sache zurück (vgl. Poimandres § 29: καὶ ἔσπειρα αὐτοῖς τοὺς τῆς σοφίας λόγους καὶ ἐτράφησαν ἐκ τοῦ ἀμβροσίου ὕδατος. Vgl. § 32 auch das sacrale Wort: φωτίσω τοὺς ἐν ἀγνοίᾳ) Und E. Norden hat uns neuerdings (*Agnostos Theos* 102)
204   auf eine interessante Parallele aufmerksam gemacht die uns direkt in die Welt der Gnosis und ihre Sakramente hineinführt. Im Krater wird die Seele, die sich taufen läßt charakterisiert als ἡ πιστεύουσα ὅτι ἀνελεύσῃ πρὸς τὸν καταπέμψαντα τὸν κρατῆρα, ἡ γνωρίζουσα ἐπὶ τί γέγονας (CH IV, 4). Ja es handelt sich hier direkt um mysteriöse Vergottung: ὅσοι δὲ τῆς ἀπὸ τοῦ θεοῦ δωρεᾶς μετέσχον ... κατὰ σύγκρισιν τῶν ἔργων ἀθάνατοι αντὶ θνητῶν εἰσι, (CH IV, 5). Die aber nicht zum Sakrament kommen werden als solche bezeichnet, die nicht wissen ἐπὶ τί γεγόνασιν καὶ ὑπὸ τίνων, (CH IV, 4). Dazu vergleicht nun Norden *Excerpta ex Theodotou* 78: ἔστιν δὲ οὐ τὸ λουτρὸν μόνον τὸ ἐλευθεροῦν. ἀλλὰ καὶ ἡ γνῶσις, τίνες ἦμεν, τί γεγόναμεν ποῦ ἦμεν ἢ ποῦ ἐνεβλήθημεν. ποῦ σπεύδομεν, πόθεν λυτρούμεθα· τί γέννησις, τί ἀναγέννησις. (Vgl. CH IV, 5: καταφρονήσαντες πάντων τῶν σωματικῶν καὶ ασωμάτων ἐπὶ τὸ ἓν καὶ μόνον σπεύδουσιν. CH IV, 8 ἵνα πρὸς τὸν ἕνα καὶ μόνον σπεύσωμεν; CH XIII, 15: καλῶς σπεύδεις λῦσαι τὸ

σκῆνος. Weitere Belege für diese mystischen Formeln (z.B. *Acta Thomae* c. 15) auch aus philosophischen Kreisen bringt Norden *a.a.O.* Aber bei den letzten Zeugnissen fehlt natürlich jeglicher Hinweis auf ein Sakrament der Taufe. Daher glaube ich auch nicht, daß mit der etwaigen Zurückführung auf Posidonius die hier vorliegende Frage gelöst ist [AFV: Anders: E. Norden, *Agnostos Theos*, 104ff.]. Sind die Nachweise für Posidonius richtig, so steht eben auch Posidonius im allgemeinen Strom, ist aber nicht als der Ursprung und Quelle derartiger Überzeugungen anzusehen). Und dazu ist nun wiederum die Zosimuspredigt, die R. Reitzenstein (nach Bertholet, *Alchymistes grecques* I, 244 und 84) als einen Nachhall der Ausführungen des Krater bereits herangezogen hat (*Poimandres* S. 214[1]) ὅταν ἐπιγνῷς σαυτὴν τε λειωθεῖσαν τότε ... καταδραμοῦσα ἐπὶ τὸν Ποιμένανδρα καὶ βαπτισθεῖσα τῷ κρατῆρι ἀνάδραμε ἐπὶ τὸ γένος τὸ σόν (Poimandres Par. 26 u. 29 : καθοδηγὸς εγενόμην τοῦ γένους; XIII, 2 : τοῦτο τὸ γένος).

204 R   Wir werden nach alledem mit der Möglichkeit zu rechnen haben, daß ein Taufsakrament in irgend einer Form auch in Kreisen rein hellenischer Gnosis geübt wurde, und daß wir zum mindestens Spuren dieses kultischen Brauches auch im *Corpus Hermeticum* vor uns haben und dazu könnte man endlich vielleicht die Sitte gemeinsamer heiliger Mahlzeiten stellen. „haec optantes convertimus nos ad puram et sine animalibus cenam. *Asc.* 41 (Schlussatz des ganzen Werkes). (Endlich verweise ich auf die zahlreichen Stellen, in welchen im Mysterienton die Geheimhaltung der Lehre befohlen wird, XIII, 13, 22 : ἵνα μὴ ὡς διάβολοι λογισθῶμεν; XIII, 16 : κρύπτεται ἐν σιγῇ, XV, 2, Ascl. 32, 72[2] — ursprünglicher Schluß des Dialogs — Stobaeus *ecl.* I, 710 u.ä. Doch das kann immerhin einfach Stil und Manier sein).

S. [743], Z. 15. (146)

Vgl. S. [739], Anmerkung*. → 186

S. [743], Z. 20. (146).

210   Denn das ist richtig, Mysterienfrömmigkeit und Sakramentswesen tritt uns hier bereits in sehr verblaßter und abstrakter Form entgegen. Sie erscheinen in der Tat in geistiger Nähe jener markosischen Gnostiker „die unter Ablehnung aller Sakramente in der bloßen Erkenntnis der göttlichen Transcendenz die Erlösung fanden" (Irenäus I, 21[4]). Man könnte auch noch zur Charakterisierung dieser Gnosis die schon oben zitierten Stelle aus den *Excerpten ex Theodoto* beibringen (c. 78). Immerhin würde mit dieser Charakterisierung doch wieder nicht ganz das richtige getroffen. Die Bedeutung welche die kultische Praxis und das

210 R   Sakramentswesen in den hermetischen Schriften haben ist doch ein wenig größer. Überall schimmern noch die Umrisse eines einigermaßen greifbaren Kultus hindurch.

S. [745], Z. 5. (148)

207 R   Und als das Endziel (*Leg. Alleg.* III, 44, *quis rer. div. her.* 69, *de somniis* I, 36 — paßt in diesen Zusammenhang nicht ganz, da es sich hier um die Vergottung durch heilige Musik handelt — *de post Ca.* 123 (ἀπανθανατίζεσθαι) *de decal.* 73. *de sacrif. Abel, Ca* 10, *de oppificio* 144 (ἡ πρὸς τὸν γεννήσαντα θεὸν ἐξομοίωσις) gilt schließlich auch Philo bereits an vielen Stellen die Vergottung des

208   Menschen. Diese Zusammenhänge sind auch deshalb so wichtig, weil sie uns einen Blick in die Zusammenhänge der johanneischen Frömmigkeit gestatten. „Geliebte, jetzt sind wir Kinder Gottes und es ist noch nicht kund geworden was wir sein werden. Wann es aber kund geworden sein wird, werden wir ihm gleich sein, denn wir werden ihn schauen wie er ist" (I Joh. 3²). Wir brauchen den Vers nur in diesen Zusammenhang hineinzustellen, um zu sehen, der Schreiber lebt und webt in derselben Welt mysteriöser Frömmigkeit, auch hier handelt es sich um jene wunderbare Mystik : Vergottung durch Gottesschau (Hier und da schlägt auch Paulus bereits diesen Ton an — vgl. namentlich II Kor. 3¹⁸ —, aber das geschieht nur nebenbei). Von hier eröffnet sich dann ein weiter Weg bis zur Mystik eines Irenäus und der Alexandriner.

S. [746], Z. 23. (149)

(Nicht Poseidonios sondern orientalisierter Hellenismus Quelle der Überzeugung von der Unzulänglichkeit alles menschlichen Handelns und der dem entsprechenden Ethik)

192 R   Wir haben andrerseits guten Grund allen obigen Stellen dem Poseidonios positiv abzusprechen. Daß die zweite Quelle des Maximus von Tyrus IX (XV) 5-6 (auch VIII (XIV) 8) nicht wie Heinze (*O.a.c.* 100) ausführt posidonianisch ja nicht einmal stoisch sei hat Pohlenz (*Vom Zorn Gottes*, 136¹) mit guten Gründen bewiesen.

In Philos Dämonenlehre wird man, wenn überhaupt irgendwo, am sichersten posidonianisches Gut wiederfinden. Aber die markante Stelle *de somniis* I 146-148 (vgl. auch 228ff.) wird sich gerade nicht auf ihn zurückführen lassen. Denn es scheint mir gesichert zu sein, daß Philo in dem Abschnitt I 134-145 im wesentlichen Poseidonios als seine

Quelle folgt. (*Anmerkung*: Par. 145 — über die Natur des Mondes — scheint geradezu ein Zitat aus Poseidonios zu sein (Vgl. Diogenes Laert. VII, 145, Plutarch, *de facie in luna*, c. 5. 921F, M. Apelt, S. 103) Auch der Beweis für die Existenz der Dämonen Par. 135f. ist spezifisch posidonianisch (Heinze 97). Man beachte daß Philo seine Theorie von gewissen im Feuer lebenden Tieren, die er *de plant*. 12, *de gigant*. 7 u.d. vorträgt (vgl. Apuleius, *de genio Socratis* c. 13, *Korè Kosmou*, Stob. I, 996) hier *nicht* vorbringt.) Dann aber bricht mit Par. 146 diese Quelle deutlich ab und es folgt eine zweite Ausführung, von der wir zunächst nur sagen können daß sie wahrscheinlich nicht aus Poseidonios stamme.

193 　Was endlich Plutarchs Theanorrede in „*de genio Socratis*" betrifft, so hat Heinze selbst darauf hingewiesen, daß hier mehrere Quellenstücke unausgeglichen neben einander stehen. Was er aber für eventuellen posidonianischen Ursprung des ersteren Stückes der Theanorrede beibringt (S. 105) spricht eher gegen als für die These der Zurückführung des zweiten Stückes auf Poseidonios. Entscheidend gegen diese Annahme aber ist der Umstand, daß gerade hier die Identifikation von Dämonen und abgeschieden Seelen vorkommt, die *nicht* posidonianisch ist. (*Anmerkung*: Zum Beweis führe ich an: 1. die oben zitierten Stelle Diog. Laert. VII, 151, wo die abgeschiedenen Seelen ausdrücklich Heroen genannt werden. 2. Der Stelle entspricht die Notiz, daß Poseidonios περὶ ἡρώων καὶ δαιμόνων geschrieben habe. 3. Wenn es bei Sextus, *adv. mathematicos*, IX, 71 von den reinsten Seelen heißt εἰ οὖν διαμένουσιν δαίμοσιν, αἱ αὐταὶ γίνονται, so setze das eine begriffliche Trennung von Dämonen und Seelen voraus (Daß *einzelne* der menschlichen Seelen sich ausnahmsweise zum Rang der Dämonen erheben scheint Poseidonios gelehrt zu haben (Heinze 133), das ist aber ganz etwas anderes als die Lehre von der Identität der ψυχαί und δαίμονες). 4. Dem entspricht, daß Varro — wohl nach Poseidonios — Augustin, *de civit. dei*, VII, 6 zwischen aethereae animae und aereae animae unterscheidet und letztere ausdrücklich *Heroen*, nicht Dämonen nennt. 5. Endlich sagt uns Philo in einem Zusammenhang in dem er, wie nachgewiesen, am getreuesten Poseidonios folgt, daß die höchste Klasse von seelischen Wesen niemals wie die beiden anderen vorher erwähnten nach dem Irdischen streben und ins Irdische hinabsinken; vielmehr ὕπαρχοι ποῦ πανηγεμόνους seien. ταύτας δαίμονας μὲν οἱ ἄλλοι φιλόσοφοι ὁ δὲ ἱερὸς λόγος ἀγγέλους εἴωθε καλεῖν. Poseidonios lehrte also, wenn wir Philos Excerpt trauen dürfen die Seelenwanderung (Vgl. Heinze 132), aber eben die Verschiedenheit von Seelen und Dämonen. (Von hier aus ergiebt sich, daß Philo, *de plant.*, 14, wo die höchste Klasse der ψυχαί den Namen ἥρωες bekommt und *de gigant.* 6 — Identifikation von ψυχαί, δαίμονες ἄγγελοι, — ἀγαθοὶ καὶ κακοὶ δαίμονες — nicht posidonianisch sind. 6. Mit dem allen stimmt nun endlich die Nachricht des Macrobius, *Saturn.*, I, 23: Nach Poseidonios habe Plato die θεοῖ mit den δαίμονες zusammengestellt quia ex aetherea substantia parta ac divisa qualitas illis est.))

193 R   Es ist letztlich auch kaum anzunehmen, daß dies starke Gefühl für
die moralische Schwäche und Hilfsbedürftigkeit des Menschen und
dieser supranaturale Charakter der Ethik, schon der mittleren Stoa
resp. Poseidonios geeignet haben könnte. Imgrunde ist diese Stimmung
den genuinen Vertretern der Stoa bis in ihre Ausläufer überhaupt
fern geblieben. (*Anmerkung*: Was man für deren Vorhandensein anführen könnte
ist höchstens der Ausspruch des Poseidonios (Diogenes Laert. VII, 91) von der Unerreichbarkeit des Ideals des Weisen — Auch Sokrates nur in der Annäherung an das
Ideal — Vgl. Seneca, ep. 42 : Der Weise so selten wie der Vogel Phoenix, und die Sehnsucht nach einer solchen Idealgestalt des Weisen *ep*. 41.)
Wir werden m.E. mit allen diesen Ausführungen in eine spätere
Zeit versetzt. Neupythagoräer, Philo, Plutarch, Maximus von Tyrus —
das alles sind ja Quellen die uns in unserer Untersuchung immer auf's
neue begegnet sind. Auch hier zeigen sie eine dem *Corpus Hermeticum*
durchaus verwandte Stimmung. Es ist der Boden des orientalisierten
Hellenismus auf welchem diese Überzeugung von der Unzulänglichkeit
alles menschlichen Handeln und die dem entsprechende supranaturale
Ethik gedeiht.

S. [751], Z. 31. (155)

88 R   *Anders MS* : „So hat sich uns ein wichtiges Ergebnis herausgestellt.
Wir konnten in der hermetischen Sammlung deutlich zwei Schichten
voneinander scheiden, eine mit dualistisch-pessimistischer Grundhal-
tung und deutlichem kultisch-sakramentalem Einschlag, eine zweite
81 *   mit ausgesprochen optimistischem Pantheismus und relativ reinerer
philosophischer Haltung. Die letztere Schicht ist sichtlich die jüngere,
die erstere die ältere, welche das charakteristische „Hermetische" enthält. Wir fanden zahlreiche ursprünglich dualistische Ausführungen
vom Standpunkt der späteren Hermetik überarbeitet und bis zur Un-
kenntlichkeit entstellt, während sich der umgekehrte Fall, soweit ich
sehe, nicht beobachten läßt.

S. [752], Z. 11 (155)

81   *Anders MS* : Vielleicht ließe sich für die jüngere [dh. die optimistische
vgl. S. [751], Anm. Z. 31] Schicht eine Zeitbestimmung gewinnen. Es
kommt hier (...) Kapitel XIV in Betracht. Hier wird offenbar die

[* Hier liegt ein Fehler der Numerierung vor. AFV.]

„gnostische" Anschauung bekämpft, welche aus Frömmigkeit den Gedanken der Weltschöpfung als nicht mit Gottes Wesen verträglich ablehnt (XIV, 8.). In diesem Zusammenhang wird ausgeführt, so es einem Maler (ζώγραφος) möglich sei Himmel, Götter und Erde, Meer und Menschen zu bilden, wie das alles dann Gott unmöglich sein sollte. [Vgl. S. 742 (145, Z. 37ff.)]. Das Bild ist ziemlich merkwürdig. Wir erinnern uns aber daran daß, nach dem Bericht des Clemens Alexandrinus (Stromat. IV, 13, 22) der Gnostiker Valentin die niedere demiurgische Macht (Clemens deutet hier auf die Sophia. A. Hilgenfeld, *Ketzergeschichte*, 300 sieht hier ein Mißverständnis und möchte lieber auf den Demiurgen deuten) den ζώγραφος genannt habe. In Valentins Schule begegnet, soweit wir sehen, diesen Ausdruck nicht wieder. Dann liege hier eine Polemik gegen den Gnostiker Valentin vor, und da der Ausdruck immerhin ein singulärer ist und doch in der Anspielung als bekannt vorausgesetzt wurde, so dürfen wir uns vom Zeitalter Valentins nicht allzuweit entfernen und kommen so mit der zweiten Schicht der hermetischen Literatur in die Mitte oder die zweite Hälfte des zweiten Jahrhunderts.

81 R

DER GOTT AION*

I

In seinem „*Poimandres*" hat Reitzenstein über den Gott Aion gehandelt und sich besonders das Verdienst erworben, ein verhältnismäßig frühes Datum für die Existenz dieser eigentümlichen Gestalt nachgewiesen zu haben.

Es handelt sich hier um die parallelen Ausführungen, die uns gleicherweise bei Lydus, *de mensibus*, IV, 1 (ed. Wünsch 64₄) und bei Macrobius, *Saturnal.* I 9 begegnen. Als die gemeinsame Quelle dieser Stücke scheint Cornelius Labeo[1] gesichert zu sein. Nun finden wir einerseits bei Lydus *l.c.* nach einem Zitat aus Longinus über den Monatsnamen Ianuarius und nach zwei Etymologien den Namen Ianus betreffend, durch welchen dieser mit dem Gott Aion gleichgestellt wird, den Satz: ὅθεν ὁ Μεσσαλᾶς τοῦτον εἶναι τὸν Αἰῶνα νομίζει[2]. Dem entspricht es, daß Macrobius in demselben Zusammenhang ein Zitat aus Messalla über den Gott Ianus aufbewahrt hat, welchem die Identifikation dieses Gottes mit Aion zu Grunde zu liegen scheint: qui cuncta fingit, eademque regit, aquae terraeque vim ac naturam gravem atque pronam in profundam dilabentem ignis atque animae levem in immensum sublime fugientem copulavit, circumdato caelo, quae vis caeli maxima duas vis dispares colligavit[3].

Nach alledem scheint es durch das Zeugnis Labeos festzustehen, daß bereits Messalla (53 a. Chr.) über den Gott Aion vorgetragen hat[4].

Ferner erfahren wir aus Lydus, *de mensibus*, IV 2, daß Gavius Bassus (zur Zeit des Kaisers Claudius) den Ianus als den Himmelsraum faßte, der zwischen den Menschen und Gott liegt. Auch das mag mit Spekulationen über den Gott Aion zusammenhängen.

---

* Aus dem unveröffentlichten Nachlaß (ca. 1912-1919).

[1] Kahl, *Philologus Supplement*, V, 730ff., 744.

[2] Reitzenstein (277) scheint geneigt zu sein, das ganze betreffende Stück auf Messalla zurückzuführen. Die Berufung auf die Pythagoraeer, die sich in diesem Zusammenhang findet, könnte dafür sprechen. Vgl. auch 274.

[3] Reitzenstein wollte später (Anhang Z, *Poimandres*, 362) nach den Forschungen Plasbergs diese ganze Schilderung lieber auf den Urgott beziehen, welche die zwei Kräfte des κόσμος in den einen Ianus zusammenfasse. Der Aion-Ianus würde hier dann als δεύτερος θεός erscheinen.

[4] Über weitere Nachwirkungen der Messalla-Ausführungen siehe J. Kroll, S. 69 und die dort angegebene Literatur.

Ein weiteres datierbares allerdings schon relativ späteres Zeugnis bietet uns Philo von Byblos (Zeit Hadrians), in seiner phönizischen Kosmogonie (Sanchuniathon), in der er sicher ältere Tradition weitergegeben hat. Hier beginnt eine der verschiedenen komplizierten kosmogonischen Quellen — Eusebius, *Praep. Evang.*, I 10, 35 — mit dem merkwürdigen Urpaar Κολπίας ἄνεμος[5] καὶ ἡ γύνη Βααύτ (= בֹהוּ?) (Migne P.Gr. 21, 76 : Κολπία ἀνέμος, γύναιξ βαάν). Ihnen folgen sofort Αἰών und Πρωτόγονος[6]. Beide werden hier als θνητοὶ ἄνδρες charakterisiert und von Aion bemerkt εὑρεῖν δὲ τὸν Αἰῶνα τὴν ἀπὸ τῶν δένδρων τροφήν.

Diesem verhältnismäßig frühen Vorkommen der Spekulationen über den Gott Aion entspricht es andrerseits wenn man in der christlichen Gnosis Aion ein gebräuchlicher Allgemein-Name für himmlische dem Pleroma angehörige Geistwesen gehalten hat. Nur selten findet sich hier noch die konkrete Figur des Aion. In dem „Apokryphon Joannis" jener koptisch gnostischen Quelle, deren nächste Parallele der Bericht des Irenaeus über die Barbelognosis ist (*adv. haeres.* I 29), scheint der Terminus der Barbelo, der ersten Emanation der höchsten unbekannten Gottheit in ganz besonderer Weise zuzukommen. Es heißt von ihr : „die vollkommene Kraft, die Barbelo, der vollkommene Aion der Herrlichkeit". „Sein Aion ist ein unvergänglicher, befindlich in Ruhe, ausruhend in Schweigen"[7]. In den Spekulationen der Naassener begegnen wir dem Gott Aion einmal innerhalb eines christlich überarbeiteten, alttestamentlich beeinflußten Zusammenhanges αὕτη γάρ ἐστιν ἡ παρθένος ἡ ἐν γαστρὶ ἔχουσα καὶ συλλαμβάνουσα καὶ τίκτουσα υἱὸν οὐ ψυχικὸν οὐ σωματικὸν ἀλλὰ μακάριον Αἰῶνα Αἰώνων[8].

Viel häufiger gebrauchen, wie gesagt, die Gnostiker den Terminus „Aionen" im Plural. Soweit ich sehe beschränkt sich dieser Sprachgebrauch auf gewisse Schalen oder tritt hier wenigstens besonders häufig auf. Abgesehen von den Barbelognostikern kommen hier vor

---

[5] Vgl. die gnostische Kosmogonie bei Epiphanius, *Haer*. 25, 5 (= Philastrius H. 33). Uranfänglich sind σκότος, βυθός, ὕδωρ. Dann heißt es : τὸ δὲ πνεῦμα (= ἄνεμος) ἀνὰ μέσον τούτων διορισμὸν ἐποιήσατο αὐτῶν. Dann wird die Erzeugung einer μήτρα erwähnt. πνεῦμα und μήτρα erzeugen vier Αἰῶνες. Hier scheinen Nachklänge phönizischer Kosmogonie vorzuliegen. (Migne, *Gr. Pr.* 41).

[6] Beiwort des Phanes in der orphischen Kosmogonie.

[7] C. Schmidt, *Philotesia, Kleinert gewidmet*, 322. Vgl. Irenaeus I 29 : Aeonem quendam numquam senescentem, quem Barbelon nominant.

[8] Hippolyt, *Ref*. V, 8[45], ed. Duncker, p. 166[92]. Vgl. Reitzenstein, *Poimandres*, 96. Ed. Wendland, *GCS*, Hippolyt, Bd III, S. 97.

allen Valentin[9] und seine Schüler, ferner die Doketen in Hippolyts *Refutatio* die ebenfalls valentinianisches Gepräge zeigen[10].

Einen merkwürdigen nachträglichen Aufschluß über diese Terminologie der Gnostiker gibt der Neuplatoniker Damaskios[11], wenn er freilich in diesem Zusammenhang offenbar nicht die Gnostiker, sondern die Orphiker nennt: ἐπεὶ καὶ ἐν τοῖς ἑξῆς οἱ θεολόγοι[12] τοὺς πολυμόρφους θεοὺς Αἰῶνας καλοῦσι διὰ τήνδε τὴν φύσιν τοῦ πρώτου Αἰῶνος.

Ist somit in der christlichen Gnosis der Gott Aion nur noch eine herübergenommene Schattengestalt, deren Namen auf eine Mehrheit von Götterwesen übertragen erscheint, so hat die Bewegung, die ich als „hellenistische Gnosis" bezeichnen möchte, diese merkwürdige (wie wir noch genauer sehen werden) halb philosophischer Spekulation, halb religiöser Phantasie entstammende Figur besser bewahrt[13].

Zu den Zeugnissen der hellenistischen Gnosis rechne ich in erster Linie die Fragmente der *Oracula Chaldaica*. Diese kennen die konkrete Figur des Aion, obwohl wir dessen Stellung im Gesamtsystem nicht deutlich zu erkennen vermögen. Er wird dort πατρογενὲς φάος (Edition E.d. Places, Fr. 49, 79.) ἑνοποιὸν φῶς (?) genannt, er scheint in enger Beziehung zu der Hypostase des πατρικὸς Νοῦς zu stehen. Von ihm als dem unermüdlichen Beweger des Alls empfangen alle Quellen und Prinzipien des Seins ihren Nus:

⟨καὶ νόον⟩ ἐνδιδόναι πάσαις πηγαῖς τε καὶ αρχαῖς
καὶ δινεῖν ἀεί τε μένειν ἀόκνῳ στροφάλιγγι[14].

---

[9] Vgl. Hilgenfeld, *Ketzergeschichte* (die Stellen im Register s.v. Aeon); ferner die Spekulationen der schon oben erwähnten Gnostiker.

[10] Auch von Tatian heißt es: Αἰῶνας τινὰς, ἀοράτους ὁμοίως τοῖς ἀπὸ Οὐαλεντίνου μυθολογήσας (Fragm. IV, ed. J.C.Th. Otto, 168, AFV: Nicht in Migne, *PG*, 6.).

[11] Die Stelle bei W. Kroll, *Oracula Chaldaica* (s.o.) 27.

[12] Sollte hier doch eine Verwechselung zwischen Gnostikern und Orphikern stattgefunden haben? Bei letzteren finden sich nur dürftige Spuren für das Vorhandensein der Figur des Aion. Unter den vielen Götternamen der εὐχὴ πρὸς Μουσαῖον (Prooemium der Hymnen, Abel, *Orphica* p. 57) steht allerdings K. 28 auch der Name Aion. Die Ausführungen des Proclos in *Plato Tim.* 240 (Abel, 174), lassen darauf schließen, daß dieser über einen orphischen Aion nicht viel zu sagen wußte. Ein Beweis für eine Identifikation von Phanes Protogonos und Aion ist vorläufig nicht erbracht.

[13] Vielfach ist man noch immer geneigt, den Gott Aion auch in der Mithrasreligion in dem löwenköpfigen Schlüsselhalter zu finden. Doch wird man nach Cumonts Forschungen hier zunächst den persischen Zerwan zu sehen haben. Zerwan und Aion sind allerdings verwandte Gestalten. Darüber s.u., 215f., [auch Einleitung, 21ff.]

[14] Proclus, *in Timaeum*, 242d. Vgl. die Parallelstellen und überhaupt zum Ganzen Kroll, *Oracula Chaldaica* (Breslauer philol. Abhandl. VII 1895) 27. [AFV: Text: „καὶ τὸ νοεῖν" statt: „δινεῖν".]

Zu der hellenistischen Gnosis sind weiter sämtliche hermetische Schriften zu rechnen und diese bieten uns nun ein viel reicheres Material an Spekulationen über den Gott Aion. Einer der hermetischen Traktate erhält geradezu seine spezifische Signatur dadurch daß bei ihm der Gott Aion [15] im Zentrum seiner Anschauung steht. Es ist der elfte Traktat, der auch insofern eine Ausnahmestellung unter den hermetischen Traktaten einnimmt, als in ihm nach der Überschrift Νοῦς πρὸς Ἑρμῆν Hermes nicht wie in den übrigen Stücken als der Lehrer und Offenbarer eines jüngeren Gottes auftritt, sondern selbst als der Schüler des Nus (vielleicht identisch mit dem ägyptischen Offenbarungsgott Agathodaimon-Chnuphis) erscheint [16].

Representiert der Traktat seiner Einkleidungsform nach vielleicht eine ältere und eigentümliche Schicht innerhalb der hermetischen Literatur, so gesellt er sich seinem Gehalt nach zu der m.E. spätere Gruppe von Traktaten, die im Gegensatz zu den älteren Stücken des Corpus mit ihrer ausgesprochenen dualistischen Haltung stehen. An Stelle dieses Dualismus ist hier eine stark optimistische nahezu monistische Haltung getreten. Diese erweist sich auch dadurch als die spätere, weil in ihr gegen jenen (gnostischen) Dualismus ausdrücklich polemisiert wird. Es wird bestimmt die Meinung verworfen, daß es mehrere Weltschöpfer geben könne, und daß der eine die unsterbliche, der andere die veränderliche und unsterbliche Welt schaffe (§ 9), auch wird die Auffassung der Weltschöpfung als eine geschlechtliche Zeugung und jeder Gedanke an einen sinnlichen Vorgang, auch die Annahme eines συνεργὸς τοῦ θεοῦ abgelehnt! (§ 14). Das sind eben die Fundamentalsätze gnostischer Grundanschauung. [AFV: Vgl. aber Boussets Standpunkt in „Die Lehren des Herm. Trism." oben 155.]

Aber bei alledem wird freilich eine gewisse Transcendenz Gottes als einer ἀσώματος ἰδέα festgehalten (c. 17f.). Als Mittelwesen, welches

---

[15] Allerdings tritt die Figur auf weiten Strecken des Traktats wieder zurück; es fragt sich ob nicht auch dieses hermetische Stück wieder bearbeitet ist. Vgl. das unvermittelte Auftreten der Begriffsreihe § 4: θεὸς νοῦς, ψυχή, σῶμα, auch die Spuren von Sonnentheologie § 15: Αἰών, κόσμος, ἥλιος, ἄνθρωπος; die Erwähnung der σοφία § 2f.

[16] Dieselbe Vorstellung findet sich XIII 15 (Hermes spricht von Offenbarungen, die ihm Ποιμάνδρης ὁ τῆς αὐθεντιάς Νοῦς mitgeteilt habe). Ob man von hier aus auch den Traktat I ebenfalls als eine Offenbarung des Nus-Poimandres an Hermes aufzufassen habe, ist mir trotz Zielinski (Hermes u.d. Hermetik, Archiv f. Religionswissensch., VIII 323) zweifelhaft. Vielleicht gehört auch der Krater (IV) hierher als eine ursprüngliche Offenbarung des Nus, wenigstens nach der Überlieferung des Zosimos (bei Reitzenstein Poimandres S. 214) καὶ καταδραμοῦσα ἐπὶ τὸν Ποιμένανδρα καὶ βαπτισθεῖσα τῷ κρατῆρι.

die Einheit zwischen Gott und der Welt vermittelt, gilt der Aion. Mit
dieser Idee lehnt sich der Verfasser sichtlich an Platons Vorstellung im
Timaios an. Die Aufzählung der von ihm angenommenen Grund-
wesen θεὸς, αἰών, κόσμος, χρόνος, γένεσις stammt einfach aus Platon
und dessen bekannter Auffassung von dem Aion als Urbild des Chronos
(Timaios 37 D) (AFV: 38 B). Auch sonst klingen eine Reihe von
Wendungen mehr oder minder an den *Timaios* an[17]. Aber die farblose Schattengestalt des Aion ist hier doch andrerseits zu einer Hypostase, ja zu einer Art δεύτερος θεός dem wesenhaften Mittler zwischen
Gott und der Welt geworden[18].

Ich hebe einige Sätze, die für den späteren Gang der Untersuchung
von Wert sein dürften heraus. § 2: καὶ ὁ μὲν αἰὼν ἔστηκε περὶ τὸν
θεόν, ὁ δὲ κόσμος κινεῖται ἐν τῷ αἰῶνι, ...

§ 3: δύναμις δὲ τοῦ θεοῦ ὁ αἰών, ἔργον δὲ τοῦ αἰῶνος ὁ κόσμος ...
διὸ οὐδὲ φθαρήσεταί ποτε (αἰὼν γὰρ ἄφθαρτος).

§ 5: συνέχει δὲ τοῦτον (sc. τὸν κόσμον) ὁ αἰών, εἴτε δι᾽ ἀνάγκην
εἴτε πρόνοιαν εἴτε φύσιν[19].

Besonders charakteristisch aber ist der Schluß des Traktats § 20:
Hier wird der Gläubige zur ekstatischen Vereinigung mit der Gottheit
aufgefordert. Er soll das ganze All gleichsam in sich aufnehmen, alle
Elemente und alle Zeiten (Lebensalter) in sich zusammenfassen und
sich so dem ἓν καὶ τὸ πᾶν gleichfühlen. Ja noch mehr er soll sich über
alles bestimmte Sein in Raum und Zeit erheben: συναύξησον σεαυτὸν
τῷ ἀμετρήτῳ μεγέθει, παντὸς σώματος ἐκπηδήσας, καὶ πάντα χρόνον
ὑπεράρας Αἰὼν γενοῦ, ...

Der Aion spielt bei der Ekstase, ähnlich wie der Logos in dem
System des Alexandriner Philo, eine vermittelnde Rolle. Der Ekstatiker
wird in der Ekstase zwar nicht eins mit der überweltlichen Gottheit,
aber doch mit deren Hypostase, dem das All durchdringenden immanenten Aion.

Nun aber läßt sich weiter nachweisen, daß die Gestalt des Aion
nicht nur dem elften Traktat, sondern überhaupt der hermetischen

---

[17] So wenn dem Aion die ταυτότης διαμονή und ἀθανασία zugesprochen wird, wenn
die Welt § 6 als σῶμα μὲν ἀκήρατὸν καὶ οὐ παλαιότερον οὐδὲν ..., διὰ παντὸς δὲ
ἀκμαῖον καὶ νέον καὶ μᾶλλον ἀκμαιότερον genannt wird. Direkte Herübernahme der
Aionidee auch bei Philo *de mutat. nominum*, § 267 (αἰὼν δὲ ἀναγράφεται τοῦ νοητοῦ
βίος κόσμου, ὡς αἰσθητοῦ χρόνος).

[18] Vgl. J. Kroll, S. 68: „Doch erklärt die Benutzung der begrifflichen Fassung
Platos längst nicht alles".

[19] Die Aufzählung kehrt genau XII 14 wieder. Vgl. auch XII 8: ζῶμεν δὲ δυνάμει
καὶ ενεργείᾳ καὶ Αἰῶνι.

Literatur angehört. Auf die Parallelen im Traktat XII wurde bereits oben hingewiesen.

Vor allem wichtig ist es, daß sich in dem Gebet XIII, 20 der Satz findet: ἀπὸ σοῦ Αἰῶνος εὐλογίαν εὗρον καί, ὅ ζητῶ, βουλῇ τῇ σῇ ἀναπέπαυμαι. Scharfsinnig hat endlich Kroll auch im lateinischen Text des Asklepios (c. 31) in der Figur der Aeternitas den Aion wieder entdeckt: Deus ergo stabilis fuit <semper> semperque similiter cum eo Aeternitas constitit, mundum non natum, quem recte sensibilem[20] dicimus, intra se habens. huius dei imago hic effectus est mundus, Aeternitatis imitator. c. 32: omnium ergo, quae sunt, primordia Deus est et Aeternitas.

Zu den Zeugnissen der hellenistischen Gnosis gesellen sich aber drittens eine Reihe von liturgischen Texten, die uns in der Zauberliteratur aufbewahrt sind. Es ist das Verdienst einer Reihe von Forschern, ich nenne in erster Linie Dieterich, Reitzenstein, Wünsch, auf die große Bedeutung dieser Texte für die Religionsgeschichte aufmerksam gemacht zu haben. Sie sind durch die Umgebung, in der sie zufällig geraten sind, heillos diskreditiert. Es gilt, sie aus dem niederen Milieu, in das sie zum Teil unverdienter Weise geraten sind, wieder hervorzuziehen und sie an ihren richtigen Platz zu stellen und in ihnen eine wenn auch synkretistisch krause und bunte, so doch immerhin religiöse Literatur zu erkennen.

So darf es nicht wundernehmen, wenn wir gerade in diesen Texten wieder und wieder der Gestalt des Aeon begegnen, ja daß gerade sie uns in das innere Wesen der hier vorliegenden merkwürdigen Spekulation noch hineinschauen lassen.

Es gilt also, diese Texte zunächst einmal zu sammeln. Auch hier kann die Untersuchung im Anschluß an die Ausführungen Reitzensteins erfolgen, der auf eine Reihe derselben bereits in seinem Poimandres die Aufmerksamkeit gelenkt hat. Ich bemerke im Voraus, daß man bei diesem und jenem Text zweifeln kann, ob er hierher gehört, und ob nicht der in ihm sich findende Terminus ,,Aion" aus einem Eigennamen bereits ein ganz abstraktes Beiwort geworden ist. Doch wird die große inhaltliche Übereinstimmung der mit dem Gottesnamen Aion sich verbindenden Vorstellungen schließlich diese Zusammenstellung rechtfertigen.

---

[20] mundus sensibilis ist Übersetzung von κόσμος νοητός. Denn der lateinische Übersetzer gibt seltsamer Weise νοῦς mit sensus wieder. Im Schlußgebet c. 41 entspricht die Wendung ,,condonans nos sensu ratione intellegentia" genau dem griechischen Text (Reitzenstein, *Hellen. Myst. Rel.*, 113) χαρισάμενος ἡμῖν νοῦν λόγον γνῶσιν.

1) Einer der wichtigsten Texte, der hier in Betracht kommt ist das
Stück des großen Pariser Zauberpapyrus (P IV) 1168-1225, dessen Text
Dieterich, *Abraxas*, 25f. hergestellt hat und das bereits Reitzenstein,
Poimandres, 279f. in diesem Zusammenhang besprochen hat. Es scheint
den Forschern im großen und ganzen entgangen zu sein, daß eine
genaue Parallele, ja in vielen Stücken ein fast identischer[21] Text zu
diesem Stück im Berliner Papyrus Parthey I (P I) 198ff vorliegt.
Und zwar ist dieser letztere Text der unsprünglichere. Das zeigt
sich auch daran, daß eine Reihe von Erweiterungen des Textes spezifisch
jüdischen alttestamentlichen Einfluß[22] zeigen. Für uns ist es wichtig,
daß sich im Berliner Papyrus die Anrufung des Gottes Aion in einer
viel charakteristischeren Gestalt erhalten hat : σὲ ἐπικαλοῦμαι, [προπ]-
άτωρ, καὶ δέομαί σου, αἰωναῖε Αἰών, ἀκινοκράτωρ, αἰωνοπολοκράτωρ,
ἐπὶ τοῦ ἑπταμερ[ί]ου σταθείς (P I, 200-204; Im Pariser Papyrus nur :
σέ, τὸν ἕνα καὶ μάκαρα τῶν Αἰώνων πατέρα τε κόσμου κοσμικαῖς
κλῃζω λιταῖς. P IV, 1170-1173).

Sehr wichtig wäre es, wenn wir zu Beginn der ersten großen (beiden
Texten gemeinsamen) Zauberformel mit Dieterich, sicher Ἰαλδαβαωθ
lesen dürften[24]. Denn damit wäre doch wohl die „gnostische" (freilich
nicht die christlich-gnostische) Herkunft erwiesen. Noch näher an uns
bekannte Erscheinungen der christlichen Gnosis scheint unser Text
heranzurücken durch die Wendung 1205 καὶ ὁ κύριος ἐπεμαρτύρησέ
σου τῇ Σοφία, ὅ ἐστιν Αἰών, καὶ εἶπέν σε σθένειν, ὅσον καὶ αὐτὸς
σθένει. (P IV, 1206f.) Leider ist der Zusammenhang und damit das
gegenseitige Verhältnis der genannten mythischen Personen hier nicht

---

[21] An der Identität kann kein Zweifel sein. Viele Sätzen decken sich wörtlich. Die
große hier erhaltene Zauberformel, die mit der Anrufung Ialdazao's (Ialdabaoth's)
beginnt und die Zauberformel des „hundertbuchstabigen" Namens sind identisch (siehe
Anmerkung 34).

[22] Die Schilderung des Ἄνθρωπος, mit dem sich der Zauberer Paris 1177 identifiziert als πλάσμα κάλλιστον, γενόμενον ἐκ πνεύματος καὶ δρόσου καὶ γῆς (P IV, 1177ff.)
zeigt entschiedene Beeinflussung durch Gen. 2. Zum Schluß wird sogar Jerusalem und
der Leuchter des dortigen Tempels im Pariser Text 1218ff. erwähnt. Übrigens ist auch
der ältere Text nicht frei von alttestamentlicher Beeinflussung. Vgl. übrigens zu Paris
1218ff. : Papyrus Leyden W, Dieterich, *Abraxas* 203₁₈ : ὁ μέγας, μέγας Αἰών ... καὶ τὸ
μέγα ὄνομα τὸ ἐν Ἱεροσολύμοις (P XIII, 998).

[23] Man beachte den Übergang in den Plural.

[24] Paris ιαλδαζάω, Berlin ιαλλωαο. [Preisendanz : P I, 204, P IV, 1196 anders!]
Die Formel ist noch an einer dritten Stelle (aus der Ἀρχαγγελική des Moses) im
Papyrus Leyden W, Dieterich, *Abraxas*, 203, erhalten und beginnt dort mit αλδαζαω
(P XIII, 972) : Vgl. Ἰαλδαβαείμ in der Kosmogonie dieses Papyrus Dieterich 182₂₂
(vgl. 177₃), vgl. P XIII, 154.

ganz klar[25]. Auch geht aus der Parallele des Berliner Papyrus, dessen
Text hier vollständig verdorben ist, nicht mit Sicherheit hervor, ob
die Erwähnung der Sophia hier dem ursprünglichen Text oder der
Bearbeitung angehörte.

2. Unmittelbar vor der „Kosmogonie" des Papyrus Leyden W findet
sich unter Berufung auf eine apokryphe Schrift des Moses mit Namen
κλεῖς[26] eine längere Anrufung eines Gottes, der zunächst als Schöpfergott eingeführt und gefeiert wird. Diesem ist alles unterworfen, keiner
der Götter kann seine wahre Gestalt schauen. Er ist ὁ μεταμορφούμενος εἰς πάντας, ἐν ταῖς ὁράσεσιν ἀόρατος Αἰὼν Αἰῶνος (P XIII,
70f., 581f.). Er wird angerufen als βασιλεῦ βασιλέων, τύραννε τυράννων ... δαίμων δαιμόνων ... ἅγιε ἁγίων (P XIII, 604ff.). Bemerkenswert ist, daß sein Name (κυνοκεφαλιστί) Ἀλδαβαειμ (P XIII, 84f.,
597) laute, daß wir also auch hier wie es scheint auf den gnostischen
Ialdabaoth stoßen. Außerdem finden sich in den Zauberformeln dieses
Stückes noch die Namen „Sabaoth Iao", „Adonai", „Abrasax". Endlich wird der Gott Aion hier als der ägyptische *Serapis* eingeführt:
ἐπικαλοῦμαί σε, κύριε, ἅγιε, πολυύμνητε, μεγαλότιμε, κοσμοκράτωρ
Σαραπι (P XIII, 619, vgl. 638f.: τὸ αὐθεντικὸν ὄνομα ... Σάραπι)[27].
Der Gott der als der höchste Himmelsgott gedacht wird soll den
Gläubiger vor dem *Heimarmene* bewahren: διαφύλαξόν με ἀπὸ πάσης
τῆς ἰδίας μου ἀστρικῆς, ἀνάλυσόν μου τὴν σαπρὰν εἱμαρμένην ...
(P XIII, 634f.).

3. Noch an einigen anderen Stellen des Leydener Papyrus W findet
sich die Erwähnung des Αἰὼν Αἰῶνος. So in dem interessanten Spruch,
mit dem man verschlossene Türen öffnet (Dieterich, 192₁₉): ὁ κύριος
τῆς οἰκουμένης ἐκπορεύεται. χαίρουσιν ἀρχάγγελοι δεκάνων, ἀγγέ-
λων· Αὐτὸς γὰρ ὁ Αἰὼν Αἰῶνος, ὁ μόνος καὶ ὑπερέχων, ἀθεώρητος
διαπορεύεται τὸν τόπον. (P XIII, 328-331). Das war sicher ursprünglich ein *Sonnenhymnus*. Auf eine solche Herkunft deutet auch der
verwandte Spruch, der Feuer zum Erlöschen bewegen soll: αὐτὸς
γάρ ἐστιν ὁ Αἰὼν ὁ ἐπιβαλόμενος πῦρ ὡς ἀμίαντον. (P XIII, 299f.).

4. Auch das Gebet des Papyr. XLVI des Mus. Brit. 473-501 beginnt mit einem Lobpreis des Schöpfergottes (τὸν κτίσαντα γῆν καὶ
ὀστᾶ καὶ πᾶσαν σάρκα καὶ πᾶν πνεῦμα). (P V, 460ff.). Dieser bekommt

---

[25] Αἰών und Σοφία scheinen hier auf das engste zusammenzugehören und gleichsam eine Person zu bilden. Vgl. übrigens die Erwähnung der Σοφία im Corpus Hermet. XI.

[26] Dieterich, *Abraxas*, 176₁ (P XIII, 60ff.).

[27] Daraus geht hervor daß Reitzenstein dieses Stück (*Poimandres*, S. 22) wohl kaum
mit Recht unter die Hermesgebete aufgenommen hat.

die Beinamen : ὁ μέγας Νοῦς, ἔ[νο]μος τὸ πᾶν διοικῶν, αἰωνόφθα[λ]μος, δαίμων δαιμόνων, θεὸς θ[ε]ῶν, ὁ κύριος τῶν πνευμάτων, ὁ ἀπλάνη-τος Αἰών[28]. (P V, 465ff.). Er wird mit Formeln, die als Συριστὶ und Ἑβραϊστί eingeführt werden (vgl. die Namen Ablanatanalba Iao Sabaoth Adonai) angerufen. Mit Recht urteilt Reitzenstein (*Poimandres*, 279₂), daß hier der ὁ ἀπλάνητος Αἰών, der stoische Νοῦς, der syrische Lichtgott (?) und der Jahve der Juden identifiziert seien.

5. Eine Litanei im Pariser Codex 2194ff. lautet : ἧκέ μοι, ὁ ὑπὲρ γῆς καὶ ὑπὸ γῆν δεσπότης ὑπάρχων, δύσιν καὶ ἀνατολὴν ἐφορῶν καὶ μεσημβρίαν καὶ ἄρκτον ἀποβλέπων, ὁ τῶν ὅλων δεσπότης, ὁ Αἰὼν τῶν Αἰώνων· σὺ εἶ ὁ κοσμοκράτωρ, ... (P IV, 2194ff.)[29].

6. Eine „Στήλη ἀπόκρυφος" (P IV, 1115-1166) hat bereits Reitzenstein, *Poimandres*, 277 textlich hergestellt und ausführlich besprochen. Man kann allerdings im Zweifel sein, ob der Text wirklich unter die eigentlichen Aiongebete gehört, da der betreffende Gott hier als θεὸς τῶν αἰώνων eingeführt wird, also einfach alttestamentlicher Sprachgebrauch vorliegen würde. Doch zeigt das Stück so viele charakteristische Wendungen die in der „Theologie" des Gottes Aion ständig wiederkehren, daß wir es hier unbedenklich hersetzen können[30].

Der Text ist besonders wichtig, weil er sich an eine Gemeinde von Verehrern des Gottes Aion wendet, die mit der (Mysterien-) Anrede „fromme Brüder und fromme Schwestern angeredet werden : Χαίρετε, οἷς τὸ χαίρειν ἐν εὐλογίᾳ δίδοται, ἀδελφοῖς καὶ ἀδελφαῖς, ὁσίοις καὶ ὁσίαις ... (P IV, 1136ff.). Wir gewinnen hier also ein Stück, das im praktischen liturgischen Gebrauch einer frommen Sekte vielleicht einmal eine Rolle gespielt hat.

7. Im Vorbeigehen möge darauf hingewiesen werden, daß auch in der sogenannten Mithrasliturgie, die Dieterich einst so gewinnbringend hergestellt und behandelt hat, der Myste zu Beginn sich rühmt : ἐπεὶ μέλλω κατοπτεύειν σήμερον ... τὸν ἀθάνατον Αἰῶνα καὶ δεσπότην

---

[28] Sollte nicht auch Paris Pap. 1752 σὲ τὸν ἄπλατον (cj. : ἀπλάνητον) καὶ ἀμέτρητον (P IV, 1752) (gemeint ist der orphische Phanes) zu lesen sein, ebenso London CXXI 510 ὁ πατὴρ τοῦ παλιγγενοῦς Αἰῶνος ... ὁ πατὴρ τῆς ἀπλανητοῦ (statt : ἀπλάτου) Φύσεως (P VII, 510f.). Beachte nachher die Erwähnung der 5 Planeten.

[29] Vgl. das Agathodaimon Gebet Par. Pap. 1598ff. Reitzenstein, 28 : ἐπικαλοῦμαί σε, τὸν μέγιστον θεόν, ἀέναον κύριον, κοσμοκράτορα, τὸν ἐπὶ τὸν κόσμον καὶ ὑπὸ τὸν κόσμον (P IV, 1598ff.).

[30] Vgl. die Wendungen : σύστημα τοῦ ἀερίου πνεύματος (P IV, 1115) τὸ πνεῦμα τὸ διῆκον ἀπὸ οὐρανοῦ ἐπὶ γῆν (P IV, 1118); ἀρχὴ καὶ τέλος τῆς ἀκινήτου φύσεως (P IV, 1125, vgl. ἀπλάνητος Αἰών). στοιχείων ἀκοπιάτου λειτουργίας δίνησις (P IV, 1128). Zum Schluß vgl. den Hymnus auf die Schöpfertätigkeit des Gottes.

τῶν πυρίνων διαδημάτων (P IV, 517ff.) (Dieterich, *Mithrasliturgie*, 4, 21).

8. Fraglich ist, ob ein Text hierher zu stellen ist, den Reitzenstein S. 184f. in einem anderen Zusammenhang behandelt. Es handelt sich um das Stück des Pap. Mus. Bart. XLVI (P V); eine Dämonenaustreibung des Schreibers Ieu. Hier führt sich der Zauberer zum Schluß mit der Formel ein ἐγώ εἰμι ἡ Χάρις τοῦ Αἰῶνος (P V, 158)[31]. Im Text selbst spielt der Gott Aion eigentlich gar keine Rolle. Und wir haben es auch hier zunächst mit der jüdischen Überarbeitung eines älteren Textes zu tun. Dieser ältere Text liegt in zwei Exemplaren, London CXXI 236ff. (P VII, 236ff.) und London CXXII 92ff., (P VIII, 92ff.) vor. Es handelt sich hier ursprünglich um eine Anrufung des *Gottes Osiris*, des Gottes, der auf der Bahre liegt (ὁ ἐπὶ σορῷ κατακείμενος), der als weltschöpferische Potenz und als das die Welt durchwaltende Feuer gepriesen wird. Es ist interessant in der Vergleichung der Texte zu sehen, wie hier in dem Zauberspruch des Ieu die Identifikation des Osiris mit Jahve (Ἰάβας, Ἰάπως), die Erwähnung des Moses, eine Reihe alttestamentlicher Reminiscenzen, endlich auch die Verwendung des heiligen Textes zum Dämonenaustreiben[32] erst in einem älteren Zusammenhang eingedrungen sind. Wir sehen vor unseren Augen den Synkretismus entstehen[33].

---

[31] Cod. λάρις, Dieterich λάτρις, Reitzenstein χάρις [Preisendanz: χάρις].

[32] Dämonenaustreibungen kommen in den uns vorliegenden Zauberpapyri selten vor und sind vielleicht immer Anzeichen speziell jüdischer resp. christlicher Beeinflussung. Die einzigen Texte, in denen sich der Name Iesus findet Par. Papyr. 1225-1263 (P IV, 1225ff.) (vgl. 1234 Ιησ.χρ.) und P IV, 3006-3085 (3019 ὁρκίζω σε κατὰ τοῦ θεοῦ τῶν Ἑβραίων Ἰησοῦ. P IV, 3019) sind tatsächlich Exorcismustexte.

[33] s. die Vergleichung der Texte. Dazu stellt sich noch eine mir durch Norden, *Agnostos Theos*. 227 bekannt gewordene Gemme, auf welche der löwenköpfige Gott (Schu) von Leontopolis in ganz ähnlichen Wendungen gepriesen wird:
[Folgendes ist Zusatz des Bearbeiters]
κλῦθί μοι
    ὁ ἐν Λεοντωπόλι τὴν κατοικίαν κεκληρωμένος
    ὁ ἐν ἁγίῳ σηκῷ ἐνιδρυμένος
    ὁ ἀστράπτων καὶ βροντῶν καὶ γνόφου καὶ ἀνέμων κύριος
    ὁ τὴν ἐνουράνιον τῆς ἐωνίου φύσεως κεκληρωμένος ἀνάγκην.

Hier folgen die Texte nach Preisendanz:

P V, 99-170

σὲ καλῶ τὸν ἀκέφαλον, τὸν κτίσαντα γῆν καὶ οὐρανόν, τὸν κτίσαντα (100) νύκτα καὶ ἡμέραν, σὲ τὸν κτίσαντα φῶς καὶ σκότος. σὺ εἶ Ὀσορονννωφρις, ὅν οὐδεὶς εἶδε πώποτε, σὺ εἶ Ἰαβας, σὺ εἶ Ἰαπως, σὺ διέκρινας τὸ δίκαιον καὶ τὸ ἄδικον, σὺ (105) ἐποίησας θῆλυ καὶ ἄρρεν, σὺ ἔδειξας σποράν καὶ καρπούς, ἐποίησας τοὺς ἀνθρώπους

9. Ein merkwürdiges Stück bietet weiter der Londoner Papyrus CXXI 506 (P VII, 506ff.). Die wichtigsten Sätze derselben lauten : Χαῖρε, τὸ περιέχον, ὅ ἐστιν γῆ καὶ οὐρανός. Χαῖρε, Ἥλιε· σὺ γὰρ

ἀλληλοφιλεῖν καὶ ἀλληλομισεῖν. εγώ εἰμι Μοϋσῆς ὁ προφήτης σου, ᾦ (110) παρέδωκας τὰ μυστήριά σου τὰ συντελούμενα Ἰστραήλ, σὺ ἔδειξας ὑγρὸν καὶ ξηρὸν καὶ πᾶσαν τροφήν. ἐπάκουσόν μου. ἐγώ εἰμι ἄγγελος τοῦ Φαπρω Ὀσοροννωφρις. (115) τοῦτό ἐστιν σοῦ τὸ ὄνομα τὸ ἀληθινὸν τὸ παραδιδόμενον τοῖς προφήταις Ἰστραήλ. επάκουσόν μου, Ἀρβ[α]θιαω ρειβετ. αθελεβερσηθ. ἀ[ρα]βλαθα, ἀ(λ)βευ. ἐβενφ(χ)ι· χιτασ(γ)οη · Ἰβ[αω]θ (120) Ἰαω· εἰσάκουσόν μου καὶ ἀπόστρεψο[ν] τὸ δαιμόνιον τοῦτο ἐπικαλοῦμαί σε, τὸν ἐν τῷ κενῷ πνεύματι δεινὸν καὶ ἀόρατον θεόν· αρογογοροβραω· σοχου· μοδοριω· φαλαρχαω· οοο, (125) ἅγιε Ἀκέφαλε, ἀπάλλαξον τὸν δεῖνα ἀπὸ τοῦ συνέχοντος αὐτὸν δαίμονος, ρουβριαω μαρι ωδαμ· βααβναβαωθ· ασς Ἀδωναί· αφνιαω· ιθωληθ Ἀβρασάξ· αηοωϋ, ἰσχυρὲ (130) Ἀκέφαλε, ἀπάλλαξον τὸν δεῖνα ἀπὸ τοῦ συνέχοντος αὐτὸν δαίμονος, μαβαρραϊω Ἰωήλ κοθα αθορηβαλω· Ἀβραώθ· ἀπάλλαξον τὸν δεῖνα. Ἀώθ· Ἀβαώθ, βασυμ Ἰσάκ, Σαβαώθ, Ἰάω. οὗτός ἐστιν ὁ κύριος τῶν θεῶν, οὗτός ἐστιν ὁ κύριος τῆς οἰκουμένης, οὗτός ἐστιν, ὃν οἱ ἄνεμοι φοβοῦνται, οὗτός ἐστιν ὁ ποιήσας φωνῆ(ς) προστάγματι ἑαυτοῦ πάντα. κύριε, βασιλεῦ, δυνάστα, βοηθέ· σῶσον ψυχὴν Ιεου, πυρ ιου, πυρ Ἰαώτ ιαηω ιοου Ἀβρασάξ σαβριαμ οο υυ ευ οο υυ Ἀδωναῖε ηδε εδε, εὐάγγελος τοῦ θεοῦ ανλαλα λαϊ γαϊα απα (145) διαχαννα χορυν. ἐγώ εἰμι ὁ ἀκέφαλος δαίμων ἐν τοῖς ποσὶν ἔχων τὴν ὅρασιν, ἰσχυρός, ⟨ὁ ἔχων⟩ τὸ πῦρ τὸ ἀθάνατον. ἐγώ εἰμι ἡ ἀλήθεια, ὁ μισῶν ἀδικήματα γίνεσθαι ἐν τῷ κόσμῳ. ἐγώ εἰμι ὁ ἀστράπτων καὶ βροντῶν. ἐγώ εἰμι, οὗ ἐστιν (152) ὁ ἱδρὼς ὄμβρος ἐπιπίπτων ἐπὶ τὴν γῆν, ἵνα ὀχεύῃ. ἐγώ εἰμι, οὗ τὸ στόμα καίεται δι᾽ ὅλου. ἐγώ (155) εἰμι ὁ γεννῶν καὶ ἀπογεννῶν. ἐγώ εἰμι ἡ Χάρις τοῦ Αἰῶνος, ὄνομά μοι καρδία περιεζωσμένη ὄφιν. ἔξελθε καὶ ἀκολούθησον.᾽ τελετὴ τῆς προκειμένης ποιήσεως· (160) γράψας τὸ ὄνομα εἰς καινὸν χαρτάριον καὶ διατείνας ἀπὸ κροτάφου εἰς κρόταφον σεαυτοῦ ἐντύγχανε πρὸς βορέαν τοῖς ς᾽ ὀνόμασι λέγων· ῾ὑπόταξόν μοι πάντα (165) τὰ δαιμόνια, ἵνα μοι ἦν ὑπήκοος πᾶς δαίμων οὐράνιος καὶ αἰθέριος καὶ ἐπίγειος καὶ ὑπόγειος καὶ χερσαῖο[ς] καὶ ἔνυδρος καὶ πᾶσα ἐπιπομπὴ καὶ μάστιξ ἡ (170) θεοῦ.᾽ καὶ ἔσται σοι τὰ δαιμόνια πάντα ὑπήκοα. ἔστιν δὲ τὸ ἀγαθὸν ζῴδιον· >

P VII, 233-250 :
„Ἐπικαλοῦμαί σε τὸν ἀκέφαλον θεόν, τ[ὸ]ν ἐπὶ τοῖς ποσὶν ἔχοντα τὴν ὅρασιν· ὁ ἀστράπ⟨τ⟩ων, ὁ βροντάζων, σὺ εἶ, ⟨οὗ⟩ τὸ στόμα διὰ παντὸς προσχέεται, (236) σὺ εἶ ὁ ἐπὶ τῆς Ἀνάγκης Αρβαθιαω, σὺ εἶ ὁ ἐπὶ σορῷ κατακείμενος καὶ πρὸς κεφαλῆς ἔχων ὑπαγκώνιον ῥητίνης καὶ ἀσφάλτου, ὃν λέγουσιν Ἀνούθ. ἀ[ν]άστα, δαίμων· οὐκ εἶ ἐλάμων, ἀλλὰ τὸ ⟨αἷμα⟩ τῶν β᾽ ἱεράκων (240) τῶν πρὸς κεφαλῆς τοῦ Οὐρανοῦ λαλούντων καὶ ἀγρυπνούντων. ἔγειρόν σου τὴν νυκτερινὴν μορφήν, ἐν ᾗ πάντα ἀναγορεύεις. ὁρκίζω σέ, δαίμων, κατὰ τῶν β᾽ ὀνομάτων σου Ἀνορθ, Ἀνούθ : σὺ εἶ ὁ ἀκέφ[α]λος θεός, ὁ ἐν τοῖς ποσὶν ἔχων κεφαλὴν καὶ τὴν ὅρ[α]σιν, (245) Βησᾶς ἀμβλυωπός. οὐκ ἀγνοοῦμεν· σὺ εἶ, οὗ τὸ στόμα [δ]ι[ὰ] π[αν]τὸς καίεται· ὁρκ[ίζω σὲ κατὰ] τῶν β᾽ ὀνομάτων σου Ἀνούθ : Ἀνούθ : μ........ορα φησαρα η... ἐλθέ, κύριε, χρημάτισόν μοι περ[ὶ] τοῦ δεῖνα πράγματος ἀψεύστως, ἀσκανδ[α]λίστως, ἤδη, ἤδη, ταχύ, ταχύ.᾽᾽ τὸ δὲ ζῴδιον γέγραπτα[ι] ἐν τῇ ἀρχῇ τῆς βίβλου.

P VIII, 92-109 :
ἐπικαλοῦμαί σε, τὸν ἀκέφαλον θεόν, σοῖς παρὰ τοῖ⟨ς⟩ ποσὶν ἔχοντα τὴν ὅρασιν, τὸν ἀστράπτοντα καὶ βροντάζοντα. σὺ εἶ, οὗ τὸ στόμα διὰ παντὸς πυρὸς γέμει, ὁ ἐπὶ τῆς Ἀνάγκης τεταγμένος. ἐπικαλοῦμαί (95) σε, τὸν ἐπὶ τῆς Ἀνάγκης τεταγμένον θεὸν Ἰαεω Σαβαώθ· Ἀδωναι : Ζαβαρβαθιάω : σὺ εἶ ὁ ἐπὶ τῇ ζ(μ)υρνίνη σορῷ κατακείμενος, ἔχων ὑπαγ⟨κ⟩ώνιον ῥητίνην καὶ ἄσφαλτον, ὃν λέγουσιν· Ἀνούθ :

εἶ ὁ ἐπὶ τοῦ ἁγίου στηρίγματος σεαυτὸν ἱδρύσας ἀοράτῳ φάει[34]. σὺ εἶ ὁ πατὴρ τοῦ παλινγενοῦς Αἰῶνος *, σὺ εἶ ὁ πατὴρ τῆς ἀπλάτου (cj. : ἀπλανήτου) Φύσεως *. σὺ εἶ ὁ ἔχων ἐν σεαυτῷ τὴν τῆς κοσμικῆς φύσεως σύγκρασιν (vgl. Weinreich, *ARW*, XIX, 87[2]) καὶ γεννήσας τοὺς ἑ πλανήτας ἀστέρας, οἵ εἰσιν οὐρανοῦ σπλάγχνα καὶ γῆς ἔντερα καὶ ὕδατος χύσις καὶ πυρὸς θράσος *. Wer mag in diesem Zusammenhang der wiedergeborene Aion sein? Wenn wirklich der Zusammenhang richtig überliefert ist, und die Sonne als Vater des Aion gilt, so würden hier wohl Aion und Chronos einfach zusammenfallen, und der Text für uns kaum weiter in Betracht kommen. Er mag hier dennoch wegen seiner interessanten Naturanschauungen seinen Platz behalten.

10. Noch einige kleinere Stücke sind endlich in diesem Zusammenhang zu erwähnen. So wäre zu verweisen auf den Hymnus auf einen

---

Ἀνούθ : ἀνάστα, δαίμων· οὐκ εἶ δαίμων, ἀλλὰ τὸ αἷμα (100) τῶ⟨ν⟩ δύο ἱεράκων τῶν πρὸς κεφαλῆς τοῦ Ὀσίρεως λαλούντων καὶ ἀγρυπνούντων. σὺ εἶ ὁ χρησμῳδὸς θεὸς Σαλβαναχαμβρη : Ἀνούθ : Ἀνούθ : Σαβαώθ : Ἀδωναί : ιη ιε ιη ιε (κοινόν)." κοιμῶ δὲ ἐπὶ θρυῖνη⟨ς⟩ ψιάθου ἔχων πρὸ⟨ς⟩ κεφαλῆς σου πλίνθον ὠμήν. ἔστιν δὲ (105) ὃ γράφεις, τοιοῦτο· ἄνθρωπος γυμνός, ἑστώς, ἔχων βασίλειον ἐπὶ τῆσ κεφαλῆς, ἐν δὲ τῇ δεξιᾷ χειρὶ ξίφος καμπῇ ἐπὶ τὸν τράχηλον κείμενον καὶ ἐν τῇ εὐωνύμῳ ῥάβδον. ἐὰν δὲ χρηματίσῃ σοι, ῥοδίνῳ μύρῳ ἀπάλειψόν σου τὴν χεῖραν. ἔστι δὲ ζῴδιον (110) τῆς πράξεως·

Hier folgt das Bild, Preisendanz II, Tafel I, Abb. 6.

[34] Hier begegnet uns die Zauberformel Ορκορηθαρα, der dann an den durch * oben angemerkten Stellen die Worte Ζαραχθω, θορχοφανω, αζαμαχαρ, αναφανδαω folgen. Das erste Wort erinnert an den Aeon Zorokothora (= Melchisedek), der in der koptischen Pistis Sophia eine gewisse Rolle spielt (s. C. Schmidt, *Koptisch gnostische Schriften*, Register s.v.; dazu meine *Hauptprobleme der Gnosis*, 348f.). In der Pistis Sophia begegnet (Schmidt, 232[11], vgl. 244[4]) ein Zauberspruch : νεφθομαωθ νεφιομαωθ μαραραχθα θωβαρραβαυ θαρναχαχαν ζαροκοθορα ιεου σαβαωθ. Dieser Spruch ist identisch mit Papyrus Leyden W (Dieterich 20[2][24]) ᾽νεθμομαω μαρχαχθα ... θαρνμαχαχ ζαροκοθαρα ... ηεου θωβαρραβαυ· P XIII, 959ff.) (mit der Überschrift ὡς δ᾽ ἐν τῇ πρὸς Ὄχον βασιλέα προσφωνούμενον ἅγιον ὄνομα ὑπὸ Θφὴ ἱερογραμματέως· P XIII, 958f.). Damit ist weiter ein Gebet zu vergleichen, in dem ein μέγιστε θεὲ κόμμης angerufen wird (Papyrus Parthey II 118ff. = P II, 118ff.). τὴν ἡμέραν φωτίζων, ναθμαμεωθ· ὁ νήπιος ἀνατέλλων μαϊραχαχθα· ὁ τὸν πόλον δι[οδ]εύων θαρχαχαχαν· ὁ ἑαυτῷ συνγινόμενος καὶ δυ[ν]αμούμενος, προσαυξητὰ καὶ πολύφω⟨τε, κ⟩τίστα σεσενγενβαρφαραγγης ὑδάτων, φέριστε θεὲ Κόμμη. Und damit fast identisch ist Papyrus Mimaut 153 : ὁ τὴν ἡμ[έρα]ν φωτίζων νεθμομαω· ὁ νήπιος, ὁ ἀνατέλ[λ]ων οροκοτοθρο, πυρὸς αὐξητὰ καὶ πολλοῦ φωτ[ὸς] σεσενγεν βαρφαραγγης (P III, 153ff.). Die oben angeführte Formel der Pistis Sophia beginnt mit ψινωθεν νωψιθερ θερνωψιν, dazu die genau identische Formel Dieterich, *Mithrasliturgie*, 21[2]. Wir haben es hier nicht mit beliebigen individuellen Einfällen zu tun, sondern mit heiligen Formeln von weitverzweigtem Einfluß. Persischer Einfluß scheint vorzuliegen. Nach einer Besprechung mit meinem Kollege, Herrn Professor Andreas, möchte ich sogar die Vermutung wagen, daß in dem Ζαροκοθορα eine Verstümmelung des Namens des persischen Religionsstifter Zoroastres, Zaratusthra vorliegen könnte.

Schöpfergott den Dieterich (*Kl. Schriften*, 34) aus Pap. Leyden W VII 33-VIII 5 (P XII, 238ff.) hergestellt hat. In ihm findet sich der Vers

τίς δὲ Αἰὼν Αἰ⟨ῶ⟩να τρέφων Αἰῶσιν ἀνάσσει;

εἷς θεὸς ἀθάνατος· πάντων γεννήτωρ σὺ πέφυκας. (P XII, 246f.)

Ferner kommt die Erweiterung des Hymnus auf Apollo[35] Parthey I 296ff. (P I, 296ff.) in Betracht, 308ff. :

ὀρκίζω κρητῆρα θεοῦ πλοῦτον κατέχοντα,

ὀρκίζω θεὸν αἰώνιον Αἰῶνά τε πάντων,

ὀρκίζω Φύσιν αὐτοφυῆ, κράτιστον Ἀδωναῖον, (P I, 308ff.).

Und zuletzt verweise ich auf das kleine Gebet Par. 3165-3171, in welchem Agathodaimon als πλουτοδότα Αἰών (vgl. Weinreich, *ARW*, XIX, 175) (P IV, 3170)[36] ἱερὲ Ἀγαθὲ Δαίμων (P IV 3171) angerufen wird (Reitzenstein, *Poimandres*, 29)[37].

Wir haben bei diesem Überblick bereits gesehen, daß in den angeführten Gebetstexten hier und da Einfluß der jüdischen griechischen Bibel bereits deutlich sichtbar wurde. Das kann bei dem synkretistischen Milieu, auf dessen Boden wir uns befinden, nicht wundernehmen. So läßt es sich nun auch begreifen, wenn wir zum mindesten einer Spur der Aiongestalt auch in einer spezifisch jüdischen Schrift, nämlich in der Kosmogonie des slavischen Henochbuches[38] begegnen. Hier heißt es c. 25 :

„Ich (Gott spricht) gebot, daß in dem Untersten herabkomme (B : hervorgehe) von dem Unsichtbaren das Sichtbare. Und es kam herab

---

[35] Der ursprüngliche Hymnus liegt Paris 438ff. (P IV, 438ff.) = Paris 1957ff. (P IV, 1957ff.) = Parthey I 315ff. (P I, 315ff.) vor. Parthey 296-314 (P I, 296-314) sind vorgeschoben. Die Hexameter und der Synkretismus sind gleich schrecklich. Ich weiß nicht, ob man an beidem viel korrigieren darf. Apollo wird eingeführt als ἄγγελε πρῶτε ⟨θε⟩οῦ, Ζηνὸς μεγάλοιο, Ἰάω (P I, 300). Es finden sich nebeneinander Michael, Gabriel Adonai, Abrasax erwähnt (P I, 300ff.).

[36] Von ihm wird gesagt: σοῦ γάρ ἐστιν, ὁ ἀγαθοφόρος ἄγγελος παρεστὼς τῇ Τύχῃ (P IV, 3166). Dazu wäre der Text Pap. Leyden W (s.o. Nr. 2) zu vergleichen, wo ein ἄγγελος (der nachher auch Φόβος (P XIII, 74) heißt) des Αἰὼν Αἰῶνος eingeführt wird (P XIII, 74, 586.).

[37] Ich verweise hier auch auf das an Agathodaimon (= Hermes?) gerichtete Gebet Papyrus Leyden W (Dieterich, *Abraxas*, 195[4]ff. = Reitzenstein 15ff. (P XIII, 762ff.)), das in seiner pantheistischen Schilderung des weltumfassenden Gottes vielfache Anklänge an die von uns besprochene Literatur zeigt. Auch das Gebet an Kmaph-Agathodaimon (Par. 1598ff. (P IV, 1598ff.) = Reitzenstein S. 28ff.; vgl. die dorther angeführte Parallele unter Nr. 5) mag hier herangezogen werden.

[38] Übers. v. Bonwetsch, *Abhandl. d. Ges. d. Wissensch. Göttingen*, N. F I, 3. Das slavische Henochbuch setzt den Bestand des Tempelkultus noch voraus, wird also vor 70 geschrieben sein. Ich gebe den Text nach Rec A bei Bonwetsch und notiere einige Varianten der Rec B (ebenfalls dort).

(B : ging hervor), der überaus große Adoel (B : Idoel?). Und siehe er hatte im Leibe ein großes Licht (B : einen großen Stein).

Und ich sprach zu ihm : birst aus einander, o Adoel, und es werde Sichtbares aus dir. Und er barst aus einander und es ging hervor ein sehr großes Licht (B : ein großer Stein)[39] und ich war inmitten des großen Lichtes und wie (hervor) gebracht wird Licht vom Licht, *so ging hervor ein großer Aion* (und) offenbarend die ganze Schöpfung, welche ich gedachte zu schaffen. Und ich sah daß es gut". Ich habe diese ganze Stelle auch deshalb hierher gesetzt, weil sie so merkwürdig und lebhaft an die Geburt des Gottes Phanes aus dem Weltenei in der orphischen Kosmogonie erinnert! Und wie es in der orphischen Kosmogonie weiter heißt, daß der Gott Phanes sich zum höchsten Gipfelpunkt des Kosmos erhebt[40], so fährt diese Kosmogonie fort : „Und zu dem Licht sprach ich : Gehe Du höher hinauf und befestige Dich über dem Thron und werde die Grundveste dem Oberen[41].

Es wäre nicht verwunderlich, wenn in diesem interessanten Wirrwarr von alttestamentlichem Schöpfungsbericht und orphischer Kosmogonie auch der Gott Aion als δεύτερος θεός und ausführender Demiurg[42] erschiene. Doch ist die Kombination nicht ganz gesichert, da Rec A, ein „großer Aion" liest und B ganz versagt. Möglicherweise könnte hier schon der allgemeine appellative Gebrauch des Aion-Namens wie in der christlichen Gnosis vorliegen.

---

[39] B hat offenbar von dem ersten zum zweiten „ging hervor" alles per Homoiotel weggelassen und liest : Es ging aus ihm hervor ein großer Stein und dorthin brachte man (?) alle Kreatur, welche ich machen wollte.

[40] Clement. Homil. VI, 6 (vgl. dazu noch περὶ κόσμου 6 u. Anmerk.) : αὐτὸς δὲ ὥσπερ ἐπ' ἀκρωρείας οὐρανοῦ προκαθέζεται, καὶ ἐν ἀπορρήτοις τὸν ἄπειρον περι-λάμπων αἰῶνα (Migne PG 2, 160 A). Derartige orphische Motive liegen auch in dem von Hippolyt (VII 22ff.) überlieferten basilidianischen System vor. Vgl. das Aufstreben der drei Sohnschaften, c. 22. Vgl. das markante Bild vom Pfauenei Hippolyt VII 21[3], (Wendland 197) mit Clement. Hom. VI 4 und die Wendung ἀπὸ τῆς ἀκρωρείας ἄνωθεν Hippol. 374[61], Ref. VII, 26[9], Wendland p. 205.

[41] Eine gewisse Parallele im sogenannten 8. Buch Moses (Papyrus Leyden W., Dieterich, *Abraxas*, 184[99]) : ὁ δὲ θεὸς κάτω βλέπω εἰς τὴν γῆν ἔφη Ἰάω καὶ πάντα ἐστάθη καὶ ἐγεννήθη ἐκ τοῦ ἤχους μέγας θεὸς μέγιστος, ὅς πάντων ἐστὶν κύριος, ὅς τά τε προόντα ἐν τῷ κόσμῳ καὶ τὰ μέλλοντα ἔστησεν καὶ οὐκέτι οὐδὲν ἠτάκτησεν τῶν ἀερίων (vgl. P XIII, 200ff., 539ff.) (Reitzenstein, *Poimandres*, 279 Handschr. ἀέρων). Vgl. die Phantasien über die Zauberformel Iao des Gottes Horos bei den Valenti-nianern (Irenaeus Haer. I 4, 1). [AFV : Bousset folgt Dieterichs „Wiederherstellung" des Schöpfungsmythus aus P XIII, 200ff. und P XIII, 539ff.]

[42] Eine weitere Parallele zu den Vorstellungen die mit dem Gott Aion zusammen-hängen ist es, wenn es Henoch 24 heißt : O Henoch, so viel Du siehst, so viel ist *Stehendes, Vollendetes.* Über den Begriff der στάσις s. weiter unten. Vgl. auch das πάντα ἐστάθη und ἔστησεν in der vorigen Anmerkung.

II

Die genannten Texte reichen aus, um uns ein ziemlich klares Bild
von dem Wesen des Gottes Aion zu gestatten. Es ist allerdings zunächst
zu konstatieren, daß seine eigentliche Bedeutung als die eines Zeit- und
Jahresgottes wesentlich zurücktritt. Im elften Stück des Corpus Hermeticum fanden wir allerdings die Reihen — und Rang — Folge : ⟨ὁ⟩ θεός,
ὁ αἰών, ὁ κόσμος, ὁ χρόνος, ἡ γένεσις (CH XI, 2). Häufiger findet
sich auch das bekannte Wort Ἀβρασαξ[1], das ja bekanntlich die
Jahreszahl 365 in sich enthält, in den in Betracht kommenden Texten
z. B. London XLVI (P V) 129.143, CXXI (P VII) 521 u. ä. Im
Papyrus Leyden W. findet sich ziemlich unmittelbar hinter der langen
Anrufung des Aion Serapis eine Erwähnung der 365 Götter (Dieterich,
Abraxas, 179$_{12}$; P XIII, 99; P XIII, 656). Der Gott Ianus, der, wie wir
sahen, schon von Messalla dem Aion gleichgestellt wurde, ist ein aus-
gesprochener Jahresgott. Weiter bekannt und vielbesprochen ist das
Standbild dieses Gottes, dessen Finger die Zahl 365 darstellen (vgl.
u.a. Plinius, *Nat. Hist.*, 34, 33)[2]. Reitzenstein hat bereits (*Poimandres*,
276) auf die (allerdings späte) Stelle des Nonnos (Dionys. VII 73)
hingewiesen, der den Aion als ἀενάων ἐτέων ἀυτόσπορε ποιμήν feiert[3].
Demgegenüber überwiegt die plastisch räumliche Auffassung des Gottes
Aion. Er ist der höchste Gott, d.h. er thront hoch oben auf dem
Zenith des Himmelsgewölbes und leitet und verursacht von dort die
große Weltbewegung, die δίνησις τοῦ κόσμου.

Es heißt von ihm z.B. ὁ Αἰὼν Αἰῶνος, ὁ μόνος καὶ ὑπερέχων
(P XIII, 329; Dieterich, 192, 21). Und dieses Ehrenprädikat das ihm
beigelegt wird, ist in erster Linie räumlich gedacht. Der Aion ist der
oben am Zenith oberhalb der sieben Planetensphären thronende Pol-
beherrscher, der von seinem hohen Himmelsthron über die Welt schaut.

---

[1] Die Beziehungen des Wortes Ἀβρασάξ sind noch ganz deutlich erhalten in dem
Hymnus auf Hermes Lond. CXXII τὸ δὲ δεύτερο⟨ν⟩ ὄνομα ἔχον ἀριθμὸν ζ΄ τῶν κυ-
ριευόντων τοῦ κόσμου, τὴ⟨ν⟩ ψῆφον ἔχον τξε΄ πρὸς τὰς ἡμέρας τοῦ ἐνιαυτοῦ. ἀληθῶς·
Ἀβρασάξ. (P VIII, 45ff.)
(Reitzenstein, *Poimandres*, 20$_{10}$).

[2] Reitzenstein, *Poimandres*, 275f. Dort auch noch andere Stellen römischer Dichtung,
aus welchen dessen Charakter als Jahresgott und seine Gleichstellung mit Αἰών hervorgeht.

[3] Vgl. noch das unten über den (Baal) — Saeculum Frugifer beigebrachte. Auch die
Inschrift des Ζεὺς Ἐπικάρπιος von Herek am Pontus : οὗ ἐστιν ἡ ψῆφος τξε! Reitzenstein, *Poimandres*, 273. Macrobius, *Saturnal*, I, 9 : inde et simulacrum eius plerumque
fingitur manu dextera trecentorum et sinistra sexaginta et quoque numerum retinens.

Daher heißt er αἰωναῖε, αἰωνακ⟨τ⟩ινοκράτωρ, αἰωνοπολοκράτωρ, επὶ τοῦ ἑπταμερ[ί]ου σταθείς (P I, 200). Der mit dem Aion eng verwandte Balsames (Bainchooch) wird genannt : ὁ ἐπὶ τῆς τοῦ κόσμου κεφαλῆς καθήμενος καὶ κρίνων τὰ πάντα, περιβεβλημένος τῷ τῆς ἀληθείας καὶ πίστεως κύκλῳ (P IV, 1012ff.); ὁ ἐντὸς τῶν ζ' πόλων καθήμενος, ὁ ἔχων ἐπὶ τῆς κεφαλῆς στέφανον χρύσεον ... (P IV, 1026ff.)[5].

Dem entspricht es weiter, wenn es vom dem dem Αἰών gern verglichenen Ianus (s.o.) heißt : δύναμιν αὐτὸν εἶναί τινα βούλεται ἐφ᾽ ἑκατέρας Ἄρκτου τεταγμένην (Praetextatus bei Lydus, de mens., IV, 2).

Von hier aus versteht es sich wenn der Αἰών den Beinamen ἀπλανήτος bekommt. Selbst unbewegt schaut er von oben auf das sich schwingende und drehende Weltall (P V, 460ff.; 481)[6]. Mit Recht bemerkt Reitzenstein, daß somit der Gott Αἰών als der Ἑστώς gelte (Poimandres, 279₂). So heißt es von ihm Corpus Hermeticum XI₂, ὁ μὲν αἰὼν ἔστηκε περὶ τὸν θεόν, ὁ δὲ κόσμος κινεῖται ἐν τῷ αἰῶνι (CH, XI, 2)[7].

---

[4] Den genaueren Nachweis s.u. Vgl. Numenios bei Euseb., Pr. Ev., XI 18, 24 : ὁ δημιουργός τὴν ὕλην ... ἁρμονιᾷ ξυνδησάμενος, αὐτὸς μὲν ὑπὲρ ταύτης ἵδρυται, οἷον, ὑπὲρ νεὼς ἐπὶ θαλάττης, τῆς ὕλης· τὴν ἁρμονίαν δὲ ἰθύνει ταῖς ἰδέαις οἰακίζων (Migne, P. Gr. 21).

[5] Ähnliche Prädicate bekommt übrigens die ἀρκτικὴ θεά die Göttin des Bärengestirnes : ἄρκτε, θεὰ μεγίστη, ἄρχουσα οὐρανοῦ, βασιλεύουσα πόλου ἀστέρων, ὑπερτάτη (P IV, 1301ff.); ἐπικαλοῦμαί σε, τὴν μεγίστην δύναμιν (...) τὴν ἐν τῇ ἄρκτῳ ὑπὸ κυρίου θεοῦ τεταγμένην ἐπὶ τῷ στρέφειν κραταιᾷ χειρὶ τὸν ἱερὸν πόλον (P IV, 1276ff.); ἡ ἐπὶ τοῦ πόλου ἐφεστῶσα, ἥν ὁ κύριος θεός ἔταξε κραταιᾷ χειρὶ στρέφειν τὸν ἱερὸν πόλον (P IV 1305ff.). Der Sonnengott Lond. Papyrus CXXI, P VII, 506ff., der als Vater τοῦ παλινγενοῦς Αἰῶνος angeredet wird, heißt : ὁ ἐπὶ τοῦ ἁγίου στηρίγματος σεαντὸν ἱδρύσας ἀοράτῳ φάει (P VII, 509) (vgl. die Parallele Berlin. Pap. II 120 ὁ τὸν πόλον δι[οδ]εύων (P II, 120). Vgl. auch die interessante Charakterisierung des jüdischen Gottes bei Joh. Lydus, de mensibus, IV 53. καὶ Σαβαὼθ δὲ πολλαχοῦ λέγεται, οἷον ὁ ὑπὲρ τοὺς ἑπτὰ πόλους, τουτέστιν ὁ δημιουργός vgl. Macrobius Saturn. I 18, 19 φράζεο τὸν πάντων ὕπατον θεὸν ἔμμεν Ἰαώ.

[6] Vgl. oben die Vermutung zu London CXXI 51 τῆς ἀπλανήτου Φύσεως (statt : ἀπλάτου) (P VII, 511). Par. Pap. 1752 (Phanes) τὸν ἀπλανήτον (statt : ἀπλάτου) καὶ ἀμέτρητον (P IV, 1752).

[7] Die Wendungen ἔστώς, ἑστάναι, στάσις sind überhaupt in den hermetischen Schriften sehr beliebt II 12 (von Nus und Logos) αὐτὸς ἐν ἑαυτῷ ἑστώς, χωρητικὸς τῶν πάντων καὶ σωτήριος τῶν ὄντων (CH II, 12). Vgl. II 6, 7, 8, VI, 1 : στατικὴ ἐνέργεια; X, 11 : νοητὴ στάσις, ὑλικὴ κίνησις; X, 14 : τὸ δὲ ἕν μόνον ἔστηκεν, οὐ κινεῖται; XII, 17. Asklepios (Ps. Apuleius) c. 30. κόρη κόσμου Stobaios Ekl. I, 940. Die weiteren Parallelen sind bei J. Kroll zumeist trefflich hervorgehoben. Vor allem kennt Philo den ἑστὼς θεός : de post. Ca. § 19, § 23ff. τὸ μὲν οὖν ἀκλινῶς ἑστὼς ὁ θεός ἐστιν, τὸ δὲ κινητὸν ἡ γένεσις (de post. Caini 23). Leg. Alleg. II 83 (89), III 38; de gigant. 48; de plantatione, 135. Der bekannte Beiname des Simon Magus ὁ Ἑστώς gehört natürlich auch hierher. Dann Numenius bei dem übrigens der erste Gott als der ἑστώς erscheint und der zweite als der κινούμενος. Euseb., Pr. Ev., XI,

In dem Hymnus der Aiongemeinde wird der Gott begrüßt: χαῖρε, ἀρχὴ καὶ τέλος τῆς ἀκινήτου φύσεως (P IV, 1126). Als der unbewegte und unbewegt thronende Gott ist der Aion zugleich ferner der Allbeweger.

Und an diese Vorstellung vom Thronen des Gottes am Zenithpunkt des Himmels schließt sich die andere an, daß durch die von den Polen aus geleitete Drehung des Himmelsgewölbes alles Leben und Werden in der Welt erzeugt werde. So heißt es in dem Lied der „Gemeinde" des Aions (P IV, 1115ff. Στήλη απόκρυφος): χαῖρε στοιχείων ἀκοπιάτου λειτουργίας δίνησις (P IV, 1127)[8]. Besonders deutlich liegt diese Vorstellung in den Aussagen der Oracula Chaldaica über den Gott Αἰών vor, wo es von ihm heißt: ⟨καὶ νόον⟩ ἐνδιδόναι πάσαις πηγαῖς τε καὶ ἀρχαῖς καὶ δινεῖν ἀεί τε μένειν ἀόκνῳ στροφάλιγγι (Edition des Places, 49)[9]. Dazu wäre etwa noch der Hymnus auf den Aion im Papyrus Leyden W (Dieterich, Kl. Schrift, 34) zu vergleichen: σῇ δυνάμει στοιχεῖα πέλει καὶ φύεται πάντα (P XII, 250). Die Vorstellung ist überhaupt in dem für uns in Betracht kommenden Milieu weit verbreitet. Ich erinnere an die Kosmogonie des Poimandres, in welcher der Demiurgos-Nus ὁ περιίσχων τοὺς κύκλους καὶ δινῶν ῥοίζῳ (CH I, 11) durch diese Drehung der Planetenkreise die Entstehung aller Lebewesen in den Elementen der Physis verursacht.

In den orphischen Versen bei Macrobius, Sat., I 18, 12 (vgl. Diodor I 11, 3, Abel Nr. 167f.), in denen Phanes mit Dionysus gleichgesetzt wird, finden wir die wunderliche Spielerei: πρῶτος δ' ἐς φάος ἦλθε, Διώνυσος δ' ἐπεκλήθη οὕνεκα δινεῖται κατ' ἀπείρονα μάκρον Ὄλυμπον. Und in der Naassenerpredigt wird der Beiname des Attis-Papas: „αἰπόλος" in „ἀεὶ πολῶν" umgedeutet: τουτέστιν ὁ ἀεὶ πολῶν καὶ στρέφων καὶ περιελαύνων τὸν κόσμον ὅλον στροφῇ ... οὕτων ... ⟨καὶ⟩ οἱ Φρύγες αἰπόλον τοῦτον καλοῦσιν τὸν πάντοτε ⟨πάντα⟩

18, 22. (Vgl. oben zu II, 12 ἀφ' ἧς ἥ τε τάξις τοῦ κόσμου καὶ ἡ μόνη αΐδιος καὶ ἡ σωτηρία ἀναχεῖται εἰς τὰ ὅλα). Dazu noch die orphische Kosmogonie des Hieronymos und Damaskios: ταύτην ⟨δὲ⟩ οἶμαι λέγεσθαι τὴν τρίτην ἀρχὴν κατὰ τὴν οὐσίαν ἐστῶσαν (Damascius, de principiis, § 123bis). Endlich die oben ausgehobene Stelle des slavischen Henoch, c. 25. Als Lehre der chaldäischen Theorie wird Hippolyt Refut. p. 182₇₅ αἰώνων στάσις erwähnt (Ed. Wendland, 33, Ref. IV, 2[1]).

[8] Vgl. oben (Anm.) den Hymnus auf die ἀρκτικὴ θεά. Pap. Par. 1276 und 1305f. (P IV, 1275ff.).

[9] Proclus, in Timaeum 242d, vgl. über die Herstellung des Textes Kroll, Oracula Chaldaica, 27,1. Und dazu Proclus, Theol. plat., ed. Aemilius Portus, 149, 17: ..., καὶ τῆς ἀόκνου κατὰ τὸ λόγιον ἐνεργείας, ὁ Αἰών, besonders in Parm., ed. Cousin, 1161, 28: τὰ δὲ λόγια πάσας πηγὰς ἀποφαίνεται (sc. τὸν Αἰῶνα) καὶ ἀρχὰς δινεῖν ἀεί τε μένειν ἀόκνῳ στροφάλιγγι.

πανταχῇ στρέφοντα καὶ μεταβάλλοντα πρὸς τὰ οἰκεῖα (*Ref.* V, 8, 34ff.)[10].

So gilt denn nun auch der poldrehende und dadurch alle Bewegung und alles Leben schaffende Aion ganz insbesondere als der Schöpfergott. Der Hymnus auf den Gott Aion Pap. Par. 1168ff. beginnt: σέ, τὸν ἕνα καὶ μάκαρα τῶν Αἰώνων πατέρα τε κόσμου, κοσμικαῖς κλῄζω λιταῖς. δεῦρό μοι, ὁ ἐνφυσήσας τὸν σύμπαντα κόσμον, ὁ τὸ πῦρ κρεμάσας ἐκ τοῦ ὕδατος καὶ τὴν γῆν χωρίσας ἀπὸ τοῦ ὕδατος (P IV, 1168ff.) ... ὁ κτίσας θεοὺς καὶ ἀρχαγγέλους καὶ δεκανούς (P IV, 1202f. = P I, 207f.). Oder man vergleiche den Anfang des Stückes im Londoner Papyrus XLVI 460ff. : ἐπικαλοῦμαί σε τὸν κτίσαντα γῆν καὶ ὀστᾶ καὶ πᾶσαν σάρκα καὶ πᾶν πνεῦμα καὶ τὸν στήσαντα τὴν θάλασσαν καὶ ⟨πασ⟩σαλεύ[σαντα] τὸν οὐρανόν, ὁ χωρίσας τὸ φῶ[ς ἀ]πὸ τοῦ σκότους (P V, 460ff.)[11]. Die Vorstellung ist so häufig, daß wir hier der Mühe überhoben sind, einzelnes aufzuzählen. Nur dies mag noch hervorgehoben werden, daß nach Lydus, *de mensibus*, IV, 17 von den beiden Dioscuren der eine (männlich gedachte) als Aion aufgefaßt wurde : τὸν μὲν Αἰῶνα ὥσπερ μονάδα, τὴν δὲ φύσιν ὡς δυάδα καλέσαντες[12]. Auch hier gilt der Aion als die aktuelle kosmogonische Potenz, welcher die Physis (Hyle) als das passive weibliche Element zur Seite tritt. Beide aber sind anscheinend als Hypostasen einer höchsten Gottheit gedacht, so wie die Dioscuren neben der Gottheit des Himmels (Caelus) erscheinen[13].

---

[10] Hippolyt, *Ref.*, 162₁₉. Ich erinnere an die polbeherrschenden Götter in der sog. Mithrasliturgie und den höchsten Gott, der das Bärengestirn in der Hand hält. Dieterich. *Mithrasliturgie.*

[11] Vgl. den Schöpfungshymnus Papyrus Leyden V. Dieterich, *Kl. Schriften*, 33f. (P XII, 238ff.) Papyrus Leyden W, Dieterich, *Abraxas*, 176f. (Hymnus auf Αἰών-Σάραπις), P XIII, 62ff. und P XIII, 571ff. Das Lied der ὅσιοι ἀδελφοί der Aiongemeinde P IV, 1115ff. Reitzenstein, *Poimandres* 277f. Das verwandte Stück (Hymnus auf Jahve Osiris) der στήλη des Schreibers Ieu London XLVI 96ff. σὲ καλῶ τὸν ἀκέφαλον, τὸν κτίσαντα γῆν καὶ οὐρανόν, τὸν κτίσαντα νύκτα καὶ ἡμέραν, σὲ τὸν κτίσαντα φῶς καὶ σκότος (P V, 96ff.). Vgl. noch den Lobpreis des Sonnengottes der als Vater τοῦ παλινγεννητοῦ Αἰῶνος eingeführt wird, London CXXI 506ff. (P VII, 506ff.) und der Paralleltext Berl. Pap. II 118 (P II, 89ff.); ferner die Schilderung des Ianus-Aion (? s.o.) bei Macrobius, *Saturn.*, I 9,11 : qui cuncta fingit eademque regit.

[12] Lydus führt die Meinung auf οἱ περὶ Ἐπιμενίδην zurück. Wir haben es hier wohl sicher mit einem gefälschten Zitat zu tun. Vgl. dazu aber Athenagoras, *Apologie*, c. 22, p. 24 B : ἢ περὶ τῆς Ἴσιδος, ἥν φύσιν Αἰῶνος, ἐξ ἧς πάντες ἔφυσαν, καὶ δι ἧ πάντες εἰσὶ λέγουσιν (Migne, *P.Gr.* 6, 299 A).

[13] Vgl. dazu Cumont, *Archiv f. Religionswissenschaft*, IX 328.

Wie dem Aion die schöpferische Macht zugesprochen wird, so ist er auch das weltregierende und welterhaltende Element. In dieser Beziehung erscheint er vorwiegend immanent als die weltdurchdringende, alles tragende [14], durch alles hindurchgehende Macht : ἧκέ μοι, ὁ ὑπὲρ γῆς καὶ ὑπὸ γῆν δεσπότης ὑπάρχων, δύσιν καὶ ἀνατολὴν ἐφορῶν καὶ μεσημβρίαν καὶ ἄρκτον ἀποβλέπων, ὁ τῶν ὅλων δεσπότης, ὁ Αἰὼν τῶν Αἰώνων. σὺ εἶ ὁ κοσμοκράτωρ, ... (P IV, 2194ff.) [15]. Besonders beliebt ist in dieser Beziehung für den Gott das aus der Stoa stammende Beiwort τὸ πνεῦμα τὸ διῆκον. So beginnt der Hymnus der Aeongemeinde χαῖρε, τὸ πνεῦμα τὸ διῆκον ἀπὸ οὐρανοῦ ἐπὶ γῆν καὶ ἀπὸ γῆς τῆς ἐν μέσῳ κύτει τοῦ κόσμου ἄχρι τῶν περάτων τῆς ἀβύσσου (P IV, 1115ff.). Dem entsprechend wird der ἀπλάνητος Αἰὼν. Lond. Pap. XLVI, 468 (P V, 468) angeredet : ὁ μέγας Νοῦς, ἔν[νο]μος τὸ πᾶν διοικῶν, αἰωνόφθα[λ]μος, δαίμων δαιμόνων. An Stelle des πνεῦμα tritt sehr oft in diesen Wendungen das ὄνομα, das als göttliche Potenz und Hypostase gedacht wird : P IV, 1209f. ἐπικαλοῦμαί σου τὸ ἑκατονταγράμματον ὄνομα τὸ διῆκον ἀπὸ τοῦ στερεώματος μέχρις τοῦ βάθους τῆς γῆς· und in der Parallele P I, 216f. ναί, κύριε, ὅτι ἐπικαλοῦμαί σου τὸ κρυ[π]τὸν ὄνομα τὸ διῆκον ἀπὸ τοῦ στερεώματος ἐπὶ τὴν γῆν· [16]. Eine ähnliche Wendung ist es wiederum wenn

---

[14] Vgl. die Wendungen : Χαῖρε τὸ πᾶν σύστημα τοῦ ἀερίου πνεύματος (P IV, 1115f.). διὰ σὲ συνέστηκεν ὁ πόλος καὶ ἡ γῆ (P XIII, 75; 586). Dazu vgl. P IV, 1301ff. : ἄρκτε, θεὰ μεγίστη (...) στοιχεῖον ἄφθαρτον σύστημα τοῦ παντός, πανφεγγής, ἁρμονία τῶν ὅλων. In dieser Beziehung mag es vom Aion auch heißen : μετ' ἐσοῦ γάρ ἐστιν ὁ ἀγαθοφόρος ἄγγελος παρεστὼς τῇ Τύχῃ. διὸ δὸς πόρον (...) πλουτοδότα Αἰὼν (P IV, 3166ff.).

[15] Ähnlich lautet der Hymnus auf den weltschöpferischen ἀγαθὸς δαίμων : ἐπικαλοῦμαι σὲ τὸν μέγιστον θεόν, ἀέναον κύριον, κοσμοκράτορα, τὸν ἐπὶ τὸν κόσμον καὶ ὑπὸ τὸν κόσμον, θαλασσα-κράτορα [Bousset erwähnt die Stelle nicht).

[16] Dazu zahlreiche Parallelen vgl. Papyrus Leyden W in der sogenannten κλεῖς des Moses (Dieterich 194, 18f., vgl. 46) : ὅ ἐστιν Ὀγδοάς, θεὸς ὁ τὰ πάντα διοικῶν τὰ κατὰ τὴν κτίσιν (P XIII, 753). Porphyrius nach Euseb., Pr.Ev., III, 11 : ὁ δὲ ἐντεταμένος Ἑρμῆς δηλοῖ τὴν εὐτονίαν, δείκνυσι δὲ καὶ τὸν σπερματικὸν λόγον τὸν διήκοντα διὰ πάντων (Migne, P.Gr. 21, 206). Corpus Hermeticum II, 11. Akylinos (ἐν τῷ ὑπομνήματι τῶν ἀριθμῶν) bei Lydus, de mens. IV 76 (Wünsch, 128₁₀) : ἡ Μαῖα ἀντὶ τῆς εἰς τοὐμφανὲς προόδου ἐστί, κυρίου μὲν τοῦ λόγου τοῦ διὰ πάντων πεφυκότος διατακτικοῦ τῶν ὄντων, διὸ δὴ καὶ Ἑρμοῦ μητέρα φασί. Zu der Formel mit ὄνομα wäre zu vergleichen Iamblichus de myster., VIII 5 (Hermesoffenbarung des Bithys) : τό τε τοῦ θεοῦ ὄνομα παρέδωκε τὸ διῆκον δἰ ὅλου τοῦ κόσμου. Vgl. Reitzenstein, Poimandres 17⁶ und dazu die von Reitzenstein ebend. 281 beigebrachte Rede des Menander auf Apollo Sminthios, in welcher der Rhetor letzteren nennt : ἤ νοῦν, ὡς ὁ τῶν θεολογούντων λόγος, διήκοντα μὲν διὰ τῶν οὐρανίων, ἰόντα δὲ δι' αἰθέρος ἐπὶ τὰ τῇδε; (Merkwürdig ist die Charakterisierung dieses Begriffes als τῶν θεολογούντων λόγος, d.h. orphisch). Eine Inschrift auf eine Kupfermünze bei King, Gnost. Remains p. 312 lautet : ὁ διὰ πάντων Νοῦς αἰθὴρ πῦρ πνεῦμα Ἐλωείν, Ἐλωείν.

es P IV, 1018 heißt: ἐγώ εἰμι ὁ πεφυκὼς ἐκ τοῦ οὐρανοῦ ὄνομά μοι Βαλσάμης.

Dieser immanenten Auffassung des Gottes entspricht die andere, nach welcher er bei dem Hindurchgehen durch alle Dinge zugleich sein Wesen verwandelt. Er ist der Vielgestaltige, der sich in immer neuen Gestalten offenbart und doch in keiner greifbar ist: οὗ οὐδεὶς θεῶν δύναται ἰδεῖν τὴν ἀληθινὴν μορφήν, ὁ μεταμορφούμενος ἐν ταῖς ὁράσεσιν, Αἰὼν Αἰῶνος· (P XIII, 580ff.; vgl. P XIII, 69ff.). Ganz ähnlich lautet übrigens die Anrede an einem unbekannten Gott [17] in dem Gebet eines Mystagogen das uns im Papyrus Mimaut (Louvre) erhalten ist: ὁ τύπος [τ]ὸ σύνολον τοῦ κόσμου, ὅ⟨ς⟩ κατ[α]κριθεῖς … (P III, 539) [18].

Dieser allesdurchdringende Gott Aion wird endlich im elften Buch des Corpus Hermeticum in höchst lebendiger Weise geschildert. Der Myste bekommt hier die Anweisung, wie er in der Ekstase dem Gotte gleich werden kann (c. 20): ἐὰν οὖν μὴ σεαυτὸν ἐξισάσῃς τῷ θεῷ, τὸν θεὸν νοῆσαι οὐ δύνασαι· (…) συναύξησον σεαυτὸν τῷ ἀμετρήτῳ μεγέθει, παντὸς σώματος ἐκπηδήσας, καὶ πάντα χρόνον ὑπεράρας Αἰὼν γενοῦ, (…) πάσας δὲ τὰς αἰσθήσεις τῶν ποιητῶν σύλλαβε ἐν σεαυτῷ, πυρός, ὕδατος, ξηροῦ, καὶ ὑγροῦ, καὶ ὁμοῦ πανταχῇ εἶναι, ἐν γῇ, ἐν θαλάττῃ, ἐν οὐρανῷ, μηδέπω γεγενῆσθαι, ἐν τῇ γαστρὶ εἶναι, νέος, γέρων, τεθνηκέναι, τὰ μετὰ τὸν θάνατον· καὶ ταῦτα πάντα ὁμοῦ νοήσας, (…) δύνασαι νοῆσαι τὸν θεόν (CH XI, 20). Dementsprechend wird in der Naassenerpredigt der Anthropos (= Aion s.u.) der zugleich Adonis Osiris Attis ist, einmal charakterisiert durch die Rätsel-Worte γίνομαι, ὃ θέλω καὶ εἰμὶ ὁ εἰμί und ein ähnliches Wort wird in einer Schrift des Zosimos (Reitzenstein, *Poimandres*, 105) als ein Offenbarungswort des (hermetischen) Νοῦς zitiert: φησὶ γὰρ ὁ Νοῦς ἡμῶν ὁ δὲ υἱὸς τοῦ θεοῦ πάντα δυνάμενος καὶ πάντα γινόμενος ὅτι θέλει ὡς θέλει φαίνει ἑκάστῳ [19]. (s. Reitzenstein, *Hist. Laus.*, 200. Ferner: W. Bousset, *Kyrios*, 1. Aufl., 255, Anm. 1.)

Nach alledem ist es natürlich, wenn der Gott Aion einen hohen Rang in der Götterwelt einnimmt. Der ἀπλάνητος Αἰών (P V, 470ff.) wird gepriesen als δαίμων δαιμόνων, θεὸς θ[ε]ῶν, ὁ κύριος τῶν πνευμάτων. Es

---

[17] Vgl. darüber Reitzenstein, *Poimandres* 146ff. (P III, 496ff.).

[18] Vgl. P VII, 511f. (London CXXI) … ἔχων ἐν σεαυτῷ τὴν τῆς κοσμικῆς φύσεως σύγκρασιν … Mit Recht fühlt sich Reitzenstein bei der Wendung des Papyrus Mimaut (P III) an den gnostischen Horos erinnert.

[19] Vgl. 103: θεάσῃ τὸν θεοῦ υἱὸν πάντα γινόμενον τῶν ὁσίων ψυχῶν ἕνεκεν, ἵνα αὐτὴν ἐκσπάσῃ ἐκ τοῦ χώρου τῆς Εἱμαρμένης ἐπὶ τὸν ἀσώματον.

heißt dort 473 : ἐπικαλοῦμαί σε, τὸν δυνάστην τῶν θεῶν, ὑψιβρεμέτα Ζεῦ, Ζεῦ τύραννε. Ähnlich lauten die Formeln in dem Gebet an Aion Serapis im Papyrus Leyden W : ἐπικαλοῦμαί σε, κύριε, ὡς οἱ ὑπό σου φανέντες θεοί ... (P XIII, 587f.) σε, βασιλεῦ βασιλέων, τύραννε τυράννων, ἔνδοξε ἐνδοξοτάτων δαίμων δαιμόνων, ἄλκιμε ἀλκιμωτά- των, ἅγιε ἁγίων (P XIII, 605ff.)[20].

Daneben aber gilt der Αἰών sichtlich als ein der höchsten Gottheit untergeordneter Gott, er ist auch als Schöpfungsgott, wie Reitzenstein richtig erkannt hat, ein δεύτερος θεός Diese Unterordnung tritt deut- lich heraus in dem Stück Pap. Par. (P IV) 1168ff. (vgl. auch das Parallelstück Berlin. Pap. (P I) 198ff.). Wo es von dem Αἰών ⟨'Ιαλ- δαβαωθ?⟩ heißt : ὁ κύριος ἐπεμαρτύρησέ σου τῇ Σοφίᾳ (P IV, 1206) und wo der Zauberer, der sich offenbar mit diesem Beinamen seinem Gott gleichstellen will, sich ῎Ανθρωπος θεοῦ nennt, πλάσμα κάλλιστον, γενόμενον ἐκ πνεύματος καὶ δρόσου καὶ γῆς (P IV, 1179f.). Ebenso deutlich wird der Αἰών in der elften Abhandlung des Corpus Hermeti- cum dem höchsten Gott untergeordnet. Bei Philo von Byblos (s.o.) erscheint Αἰών neben Protogonos als eine Emanation der höchsten Gottheiten, deren menschlicher Charakter hier noch besonders betont wird. Der Anthropos-Aion der Naassenerpredigt ist, obwohl die Spe- kulation hier sehr zu monistischer Auffassung drängt, doch deutlich der in die Materie eingehende δεύτερος θεός. Dem entspricht es wenn Ianus-Aion bei Lydus, *de mensibus*, IV. 2 nach Gavius Bassus als vermittelnde Gottheit zweiten Ranges geschildert wird : δαίμονα αὐτὸν εἶναι νομίζει τεταγμένον ἐπὶ τοῦ ἀέρος καὶ δι' αὐτοῦ τὰς τῶν ἀνθρώπων εὐχὰς ἀναφέρεσθαι τοῖς κρείττοσι[21].

Es wird sich darum handeln das Milieu dieser merkwürdigen Vor- stellungen von dem Gotte Aion noch ein wenig genauer abzugrenzen.

---

[20] Vgl., was oben über den ὕψιστος θεός gesagt ist.

[21] Die Idee, daß gerade die weltschaffende Gottheit nicht die höchste sei, sondern nach dieser den zweiten Rang habe ist ja überaus weit verbreitet (vgl. Reitzenstein, *Zwei religionsgeschichtliche Fragen*, passim). Man braucht nur an die Gestalt des Logos bei Philo, an die Stellung des Osiris und der Isis bei Diodor I 13f., an die von Reitzenstein l.c. behandelte Straßburger Kosmogonie, an die Kosmogonie des Papyrus Leyden W, den Δημιουργὸς Νοῦς des Poimandres im Corpus Hermeticum (vgl. die Stellung des Αἰών Corp. Hermet. XI), an die Speculationen des Numenius v. Apamea an den Demiurgen der Gnostiker und anderes noch zu erinnern. In der von Reitzen- stein, *Poimandres*, 281 zitierten Rede des Menander ist Helios (wie so oft) δευτερεύουσα δύναμις und weltschöpferische Potenz. Auch in das palästinensische Judentum gewin- nen diese Vorstellungen Eingang, s.o. Slav. Henochbuch c. 24f. und dazu die Stelle aus dem 8. Buch Mosis (P XIII, 200f., 539f.). Im Henochbuch c. 69 wird Michael eine weltschöpferische Potenz.

Und da ist es bedeutsam, daß sich die nächste Parallele zu dieser Vorstellung von dem am Zenith thronenden, poldrehenden und weltbewegenden Himmelsgott in einer philosophischen Schrift etwa des ersten christlichen Jahrhunderts findet, nämlich in dem pseudo-aristotelischen περὶ κόσμου. Die Parallele ist so deutlich, daß es genügt die Hauptstellen einfach hierherzustellen: Σεμνότερον δὲ καὶ πρεπωδέστερον αὐτὸν μὲν (sc. τὸν θεόν) ἐπὶ τῆς ἀνωτάτω χώρας ἱδρῦσθαι, τὴν δὲ δύναμιν[22] διὰ τοῦ σύμπαντος κόσμου διήκουσαν ἥλιόν τε κινεῖν καὶ σελήνην, καὶ τὸν πάντα οὐρανόν περιάγειν, αἴτιόν τε γίνεσθαι τοῖς ἐπὶ τῆς γῆς σωτηρίας (Περὶ κόσμου, ed. Bekker, cap. 6, 398).

Ferner heißt es: Τὴν μὲν οὖν ἀνωτάτω καὶ πρώτην ἕδραν αὐτὸς ἔλαχεν, ὕπατός τε διὰ τοῦτο ὠνόμασται, καὶ κατὰ τὸν ποιητὴν ἀκροτάτῃ κορυφῇ[23] τοῦ σύμπαντος ἐγκαθιδρυμένος οὐρανοῦ (o.a.c. 397).

Die Schrift περὶ κόσμου ist das Erzeugnis eines späteren Eklektizismus. Einerseits ist vielfach die aristotelische Grundlage nicht zu verkennen; doch in ihrem weitaus größten Bestand ist die Schrift ein Kompendium stoischer Physik; die fast wörtliche Benutzung des Posidonius ist auf weiten Strecken sichergestellt. Doch zeigt sich hier und da auch wieder spezifisch Nicht-Stoisches in dem Maße, daß es auch einem Posidonius nicht zuzutrauen ist. Das zeigt sich auch bei der Konzeption des Gottesbegriffs. Auch in ihm ist ein Gemenge von Aristotelischem und Stoischem, dazu kommt noch ein starker Einschlag einer rein astronomischen orientalischen Auffassung. Cumont[24] urteilt treffend (unter Hinweis auf Capelle): „L'on a fait observer, que la position assignée par lui au dieu suprême est en contradiction avec le panthéisme stoicien et doit être considérée comme une concession faite aux croyances populaires". Er verweist hier und im folgenden mit Recht auf Einflüsse der siderischen chaldäischen Theologie.

---

[22] Es scheint, als wenn hier die Dynamis bereits von Gott getrennt erscheint, wie denn in περὶ κόσμου betont wird, daß die Gottheit nicht in allem niedrigen selbst gegenwärtig sei (vgl. Capelle, Die Schrift von der Welt. N. Jahrb. f. d. klass. Altert. VIII, 28).

[23] Zu dem charakteristischen Ausdruck ἀκροτάτῃ κορυφή vgl. das oben über das orphische ἀκρωρεία gesagte. Ferner Asklepius c. 27: Deus supra verticem summi coeli consistens. In der Naassenerpredigt wird der Name Κορύβας erklärt ὅτι ἀπὸ τῆς κορυφῆς ἄνωθεν (...) τὴν ἀρχὴν τῆς καταβάσεως λαμβάνων ... (Hippolyt, Ref. V, 8,13, Ed. Wendland, GCS Bd III, 91).

[24] Vgl. hier und zum folgenden Cumont, Archiv f. Relig. wiss., IX 323-336, Jupiter summus exsuperantissimus (bes. 329ff.).

In der Übersetzung dieser Schrift in Apuleius, *de mundo*, sind die in Betracht kommenden charakteristischen Züge ein wenig verwischt. Es heißt hier c. 27, 126, 15: Summus exsuperantissimusque divum ... Si ipse in alto residat altissimo eas autem potestates per omnes partes mundi dispendat, quae sint penes solem ac lunam cunctumque caelum. (cf. c. 25, p. 125$_{2f.}$; Asklepios c. 3, c. 19)[25].

Auf Grund dieser Parallelen können wir die Vorstellungen vom Gotte Aion in einen größeren Zusammenhang einreihen. Die Idee des alles bewegenden Gottes ist letztlich peripatetisch; daneben aber sahen wir in der starken Betonung des immanenten Charakters des Aion (πνεῦμα, ὄνομα διῆκον) spezifisch stoisches Gemeingut. Wiederum nicht stoisch[26] aber ist es, wenn der Gott Aion auf der höchsten Höhe des Himmels lokalisiert gedacht wird. Andrerseits ist natürlich diese grobe und materielle Auffassung von dem poldrehenden Gott, weit entfernt von der aristotelisch-peripatetischen Auffassung eines rein geistigen transcendenten Urhebers. Wir haben tatsächlich hier populäre Anschauungen auf astronomischer Grundlage, einen Versuch einheitlicher Auffassung auf Grund wissenschaftlicher astronomischer Theorien, deren Herkunft im Orient zu suchen ist[27]. So entstand die greifbare populär eindrucksvolle Vorstellung eines poldrehenden, alles Leben und alles Schicksal bestimmenden Gottes, der mit seinen Kräften (seinem Namen) doch überall die Weltwirklichkeit durchdringt. Und diese Vorstellung verband sich dann mit dem Zeit- und Jahresgott Aion. Denn die Bewegung der Welt um ihre Achse ruft ja zugleich den Wechsel des Jahres hervor und schafft die Zeit. Und so sind die poldrehende Gottheit und der Aion identisch. Und indem man diesen Gott dann wieder doch gern für den δεύτερος θεός erklärte, ließ man

---

[25] Cumont verweist auch (l.c. S. 330) auf parallele Auffassung in Apuleius, *de Platone*, I 11: Deorum trinitas nuncupat species, quarum est prima unus et solus summus ille ultramundanus et incorporeus, quem patrem et architectum huius divini orbis superius ostendimus (I 12 providentiam esse summi exsuperantissimique deorum omnium, quem patrem et architectum huius divini orbis superius ostendimus). Vgl. übrigens auch die Inschrift C.I. Cat. VI 406 = 30758 Ex praecepto Iovis optimi maximi Dolicheni conservatori totius poli et numini praestantissimo.

[26] Etwas ganz anderes ist es, wenn Cicero, *de republica*, VI 17 der höchste Gott als die höchste Himmelssphäre selbst erscheint: summus ipse Deus arcens et continens ceteros. Hier haben wir wesentlich die stoische Immanenz der Gottheit.

[27] Weitere Beweise für den Einfluß chaldäischer Theorien s. bei Cumont, *l.c.*, 330f. Jetzt auch dessen zusammenfassendes Werk, *Atsrology a. Religion*, passim.

[28] Die damit eng zusammenhängende Vorstellung von dem ὕψιστος (ὑπέρτατος ὕπατος), Deus exsuperantissimus ist Cumont in dem genannten Artikel nachgegangen. Vgl. die Art. von Schürer, *Die Juden im bosporanischen Reich, Sitzungsber. d. Berl.*

Raum für eine geistigere transcendente Gottesanschauung, für den platonisch aristotelischen κόσμος νοητός.

Man wird sich nach alledem über die weite Verbreitung dieser so eindrucksvollen und greifbaren Vorstellung kaum wundern können[28].

III

Es bleibt noch übrig, die Frage zu erheben, ob sich der Figur des Aion verwandte Göttergestalten nachweisen lassen. Als erste Parallele drängt sich hier die Gestalt des Chronos auf. Bekannt ist die Gleichsetzung Κρόνος — Χρόνος in griechisch — stoischen Kreisen[1]. Wir dürfen jedoch nicht annehmen, daß aus einem derartigen allegorischen Spiel die Gestalt des Kronos hervorgegangen sei. Sondern jene gelehrte Identifikation setzt ihrerseits die Auffassung des Kronos wie eines syrischen Baal[2] als eines Zeitgottes bereits voraus. Es ist sehr wahrscheinlich, daß diese Spekulation über einen Gott der Zeit von der persischen Religion ausgegangen ist. Die spätere persische Religion deren Weiterbildung übrigens wahrscheinlich im babylonischen Tiefland und unter der Beeinflussung babylonischer Astrologie vor sich gegangen ist, setzt die unendliche Zeit Zerwân-Akerena an die Spitze des Pantheons und läßt aus dieser Zeitgottheit erst den Ormuzd und Ahriman hervorgehen. Und diese persischen Spekulationen — es ist

---

Akad. 1897, 200ff. und Cumont, *Hypsistos* (*Suppl. à la Revue de l'instr. publ. en Belg.* 1897); auch Cumont *La Mystère, de Sabazius et le Judaisme. Extr. des Comptes rendues des séances de l'Acad. des Inscr. et belles lettres,* 1906 p. 63.

Ich kann in diesem Zusammenhang auf diese Artikel verweisen, obwohl die ganze Frage eine erneuten und zusammenfassenden Untersuchung bedarf. Nur das eine möchte ich hervorheben, daß Cumont bei der Verbreitung des Gottesnamens Hypsistos dem Judentum einen zu breiten Einfluß einzuräumen geneigt ist. Ein Satz wie folgender: Le nous de Zeus Hypsistos ou Hypsistos, c'est un fait maintenant démontré, désigne en dehors Syrie Jéhova (*l.c.* 334), — erscheint mir zum mindestens gewagt. Doch ist die Differenz nicht erheblich da Cumont letzten Endes wiederum die Bezeichnung Hypsistos nicht aus dem Judentum, sondern eben aus syrisch chaldäischen (astronomischen) Theorien ableitet. Ich hebe übrigens hervor, daß schon Schürer den Kult des Zeus Hypsistos in Syrien auf eigene Wurzeln (nicht auf das Judentum) zurückführt. Er verwies mit Recht auf Philo v. Byblos: Μημροῦμος, ὁ Ὑψουράνιος und: Ἐλιοῦν καλούμενος Ὕψιστος (Eusebius, *Praep. Ev.* I, 10, 36; 10, 38 Migne *P.Gr.* 21), vgl. Baudissin, *Adonis u. Esmun.*

[1] Roschers *Lexikon der Mythologie,* s.v. Kronos. Sp. 1546f.

[2] Macrobius Saturnal I 22[8]: Saturnus ipse, qui auctor est temporum et idea a Graecia immutata litera Κρόνος quasi Χρόνος vocatur.

[3] Die Zerwanitische Richtung in der persischen Religion ist viel älter als man gewöhnlich anzunehmen pflegt.

das ein außerordentlich wichtiges Datum für die Religionsgeschichte — [3]
war den Griechen bereits am Anfang des Diadochen-Zeitalters bekannt.
Nach einem Zeugnis des Damaskios, an dessen Zuverlässigkeit zu
zweifeln wir keinen ersichtlichen Grund haben, kannte bereits der
Aristoteles-Schüler Eudemos die Spekulationen der „Magier" und des
Ἄρειον γένος über den Urgott Chronos[4]: ἐξ οὗ δια κριθῆναι ἢ
θεὸν ἀγαθὸν καὶ δαίμονα κακόν, ἢ φῶς καὶ σκότος πρὸ τούτων.
Cumont[5] hat bekanntlich die Vermutung aufgestellt, daß die in den
Mithrasheiligtümern sich so vielfach findende Figur des von einer
Schlange umwundenen löwenköpfigen und schlüsseltragenden Gottes
der Zeitgott Zerwan sei[6]. Über allen Zweifel erwiesen ist diese Ver-
mutung nicht, doch läßt sich ihr eine große Wahrscheinlichkeit nicht
absprechen[7]. Besteht die glänzende Kombination Cumonts zu Recht,
so liefert also auch die Mithrasreligion einen Beweis für das frühe
Aufkommen der Vorstellung eines Gottes der Zeit in der persischen
Religion.

Von hier aus führen nun mehrere Linien zum Gotte Aion wieder
zurück. Macrobius sagt von dem Zeitgott, wahrscheinlich dem Aion,
da er ihn mit Ianus identifiziert[8] : hinc et Phoenices in sacris imaginem
eius exprimentes, draconem finxerunt in orbem redactum, caudamque

---

[4] Eudemus sagt genauer (Damaskios c. 125, ed. Kopp 384): οἱ μὲν τόπον, οἱ δὲ
χρόνον καλοῦσι τὸ νοητὸν ἅπαν καὶ τὸ ἡνωμένον. Auch das stimmt zu der späteren
persischen Theologie, die nicht nur eine unendliche Zeit, sondern auch einen unendlichen Raum annimmt. Eudemos erscheint auch Diogenes Laert., Prooem., 6 als Gewährsmann für die Nachrichten über persische Religion. Vgl. noch Philo, quaestio in Gen.,
I 100 (II 72) Tempus (ut Cronus s. Chronus) ab hominibus pessimis putatur deus,
volentibus eus essentiale abscondere. [vgl. Philo, Supplement I, Loeb Class. Libr. 1953,
p. 67f., 104f.]

[5] Textes et Monum. rel. aux mystères de Mithra I 76ff. [vgl. auch die Beschreibung
der Figur P IV, 2112ff. „Die auf die Hand gemalte Figur ist ein löwenköpfiges
Männerbild mit einem Gürtel, in der Rechten einen Stab haltend, an dem eine Schlange
sein soll; um seine ganze linke Hand aber winde sich eine Schlange, und aus dem
Löwenmaule schlage Feuer heraus" (Übersetzung Preisendanz, Bd I, 137). Es handelt
sich hier aber nicht um Aion sondern um einen unterirdischen Dämon. AFV.]

[6] Früher pflegte man, aber ohne daß ein wirklicher Grund zu dieser Kombination
nachzuweisen wäre, von dem mithräischen Aion zu sprechen.

[7] C. beruft sich in erster Linie auf den Mythographus Vaticanus (A. Mai Classic.
Ant. Tom. III p. 162) a.d. 13. Jahrh. § 8. Hier wird der Zeitgott Saturnus als eine
kombinierte Gestalt aus Drache, Löwe und Eber (cum aprinis dentibus) geschildert.
Vgl. die Schilderung des Dämon Taricheas Sohn des Sabaoth (II Buch Ieu, Schmidt,
Kopt. Gnost. Schr. I 304$_{23}$ff.) mit der kombinierten Gestalt des Löwen und des Wild-
schweines). Ferner den Hymnus Χαῖρε, δράκων ἀκμαῖέ τε λέων, φυσικαὶ πυρὸς αρχαί, ...
(P IV, 939).

[8] Saturnal, I 9. Vgl. auch I 17, 59.

suam devorantem, ut appareat mundum ex se ipso ali et in se revolvi[9].
Mit dieser hier geschilderten, allerdings viel weiter verbreiteten und
lange nicht so charakteristischen Darstellung des Zeitgottes (Aion)
befinden wir uns doch zum mindesten in demselben Umkreis phan-
tastischer Vorstellungen.

Es mag ferner darauf hingewiesen werden, daß auf den von Wünsch
herausgegebenen sethianischen Verfluchungstafeln (vgl. vor allem Nr.
17. 34. 23), auf denen eine Mumie (Darstellung des Gottes Osiris)
oder ein Mensch von einer Schlange umringt erscheint, Darstellungen,
welche in der Tat lebhaft an die eben erwähnten mithräischen Figuren
erinnern[10]. Wünsch[11] spricht hier ohne weiteres mit Bezug auf diese
Darstellung von Aionen, eine Kombination, welche eben nicht sichergestellt ist. Doch kann Wünsch in diesem Zusammenhang auf ein
Goldtäfelchen hinweisen, das die Inschrift trägt: Αἰὼν ἑρπετὰ κύριε
Σάραπε, δὸς νείκην etc.[12]. Hier wird offenbar der κύριος Serapis
zugleich als schlangenförmiger Aion angesprochen.

Vielleicht reiht sich letztlich in diesen Zusammenhang ein Bild des
Utrechter Psalters[13] ein, auf welchem die Gottheit Saeculum (Aion)
unter der Gestalt eines (nackten) Menschen der eine Schlange in der
Hand hält, dargestellt wird.

Doch das mögen alles etwas unsichere und im ganzen nur wenig
weiterführende Daten sein. Für wichtiger möchte ich den Hinweis
halten, daß auch der orphische Herakles jenes phantastische Urwesen
in der Theogonie des Hieronymos und Hellanikos[14] unter diese orientalischen Zeitgottheiten einreiht. Wenn hier der Χρόνος ἀγήρατος
zugleich den Namen Herakles bekommt, so ist das eben ein Beweis,
daß hier eine Kombination zwischen einem (orientalischen) Zeitgott

---

[9] Zu den vielen Gemmen auf welchen dieses Bild dargestellt ist, vgl. Dieterich,
Abraxas 52³. Über Schlangenkult in Syrien, vgl. Baudissin, *Adonis u. Esmun*, 325ff.
Philo Byblios bei Euseb., *Pr. Ev.*, I 10, 46, daß der ägyptische Ταυτός (Thot) den
Schlangenkult in Phönizien und Aegypten eingeführt habe.

[10] Vgl. auch King, *The Gnostics a. their Remains* 2, 1887, Plate F. 3.

[11] *Sethianische Verfluchungstafeln*, 1898. 100. Vgl. auch Dieterich, *Abraxas*, 53 (im
Anschluß an Zoega's nicht bewiesene Behauptungen).

[12] Von Sechi, *Bullet. dell' Iustit.* 1852 p. 151 ediert Weinreich, *A.R.W.* XIX 189.

[13] Cumont, *Mithra* I 77 (auch Anm. 1) Holl, 433. Vgl. d. von Wünsch *A.R.W.*,
1909 S. 32ff. veröffentlichten Stellen m.e. Aion-Darstellung (Weinreich *l.c.*, 175, 187
alter Mann, Menschenleib m. Löwenfüßen Schlange haltend, vgl. Holl, 433.

[14] Damaskius c. 123 ed. Kopp 387. Abel, *Orphica*, § 36. Hieronymos ist vielleicht
identisch mit dem H. bei Ioseph. Ant. I 3, 6 (ὁ τὴν ἀρχαιολογίαν τὴν Φοινικὴν
συγγραψάμενος) vgl. *ib.*, I 3, 9. Vgl. die bis aufs Wort parallele Schilderung bei Athenagoras, *Leg.*, c. 18.

und einer syrischen Baal-Molochgestalt[15] vorliegt. Denn daran, daß
Herakles hier den syrischen Melkart vertritt, dürfte keine Zweifel sein.
Herakles-Chronos erscheint hier in Drachengestalt κεφαλὰς ἔχοντα
προσπεφυκυίας ταύρου καὶ λέοντος ἐν μέσῳ δὲ θεοῦ πρόσωπον. An
den Schultern ist er geflügelt, er ist endlich ἀρσενόθηλυς[16].
Die Drachengestalt des Zeitgottes bedarf nach dem vorhergehenden
keiner Erklärung. Merkwürdig sind die drei Häupter des Gottes:
Löwenhaupt, Stierhaupt und in der Mitte ein Menschenantlitz. Sollte
es zu kühn sein, diese Schilderung des Gottes mit der Tatsache zu
verbinden, daß er als mannweiblich erscheint und daß in vorder-
asiatischer Kultur die männliche Hauptgottheit als Stier, die weibliche
als Löwe[17] erscheint. Die mannweibliche Gottheit hat die Embleme
der Göttergestalten behalten, aus denen sie zusammengewachsen ist[18].
    Eng verwandt mit der orphischen Kosmogonie ist eine phönizische
Kosmogonie unter dem Namen des Mochos (τὴν Φοινίκων κατὰ
Μῶχον μυθολογίαν), die uns wiederum Damaskios in demselben
Zusammenhang[19] aufbewahrt hat. Und hier heißt es zu Beginn ὁ
Αἰθὴρ ἦν τὸ πρῶτον καὶ ᾿Αήρ αἱ δύο αὗται ἀρχαί[20], ἐξ ὧν γεννᾶται
ὁ Οὐλωμός. Aus diesem mannweiblich gedachten Ulomos (ἐξ οὗ
ἑαυτῷ συνελθόντας) soll dann die (rätselhafte) Gestalt des Chusoros

---

[15] Dussaud, Notes de Mythol Syrienne (*Rév. archéol. IV. Sér.*, T. III 210) ist eine
Inschrift (228 p. Chr.) erwähnt, auf der ein Askalonit dem höchsten Gott Serapis
eine Statue seines Gottes: θεὸν πάτριόν μου Ἡρακλῆ Βῆλον ἀνείκητον weiht. Für die
Kombination Kronos-Bel vgl. Damaskios, *Vita Isidori*, 115, Ed. Zintzen, 156: ὅτι
Φοίνικες καὶ Σύροι τὸν Κρόνον Ἦλ καὶ Βῆλ καὶ Βωλαθὴν ἐπονομάζουσιν. Dazu
Servius, *in Verg. Aen.*, I 729: Saturnus ... lingua punica Deus dicitur, apud Assyrios
autem Belus dicitur et Saturnus et Sol.
[16] Gegenüber dieser Behauptung nimmt es sich eigentümlich aus, daß dem Herakles
doch wieder eine weibliche Gestalt die Anagke-Adrasteia zur Seite tritt. Hier scheint
eine noch spätere Phantasie vorzuliegen: die ᾿Αδράστεια ἀσώματος διωργυιωμένη ἐν
παντὶ τῷ κόσμῳ τῶν περάτων αὐτοῦ ἐφαπτομένη erinnert etwa an die Figur der
Hekate in den *Oracula Chaldaica*.
[17] Vgl. Lucian, *Dea Syria*, c. 31f., Standbild der Atargatis von Löwen, ihres Paredros
(des Hadad) von Stieren getragen. Vgl. Dussaud, *Rév. archéol. IV Sér.*, IV 1903, p. 225-
260 (Lion et taureau).
[18] Über die Idee der Mannweiblichkeit handelt J. Kroll, 51ff. Sie begegnet außer
in orphischen, namentlich in hermetischen Spekulationen, vor allem auch bei den
Gnostiker. Vor allem beachtenswert ist hier der Hymnus der Naassener: ἀπὸ σοῦ πατὴρ
καὶ διὰ σὲ μήτηρ τὰ δύο ἀθάνατα ὀνόματα αἰώνων γονεῖς, πολῖτα οὐρανοῦ, μεγαλώνυμε ἄνθρωπε. Zwei konkrete Göttergestalten verwachsen hier zu einer mannweiblichen Einheit. (Hippolyt, *Ref.* V, 6, 5; Ed. Wendland, III, 78.) Vgl. oben 160ff.
[19] c. 125 ed. Kopp p. 385; die Nachwelt wird als ἔξωθεν Εὐδῆμον bezeichnet.
[20] Αἰθήρ (neben Chaos) wird in der orphischen Kosmogonie freilich umgekehrt von
Herakles-Chronos abgeleitet.

(ἀνωγεὺς πρῶτος) und darauf das Weltenei (vgl. die orphische Kosmogonie) entstanden sein. Ulomos ist offenbar hebräisch-aramäisch עלמא
העולם entsprechend, der Zeitgott, Chronos-Aion. Diese Kombination
erhält ihre Bestätigung durch das, was Damaskios ebendort über die
Kosmogonie von Sidon nach Eudemos berichtet, Erste Weltwesen
sind danach Χρόνος (Πόθος, Ὀμίχλη), aus den beiden letzteren ent-
sprungen Ἀήρ und Αὔρα. Die Reihenfolge der Gottheiten ist allerdings
geändert, aber an der Verwandschaft der Kosmogonien und damit
an der Gleichung : Ulomos-Chronos kann kaum gezweifelt werden.
Nun erinnern wir uns an die am Anfang erwähnten Spekulationen
der Kosmogonie des Sanchuniaton (Philo v. Byblos): Aus Kolpia-
Anemos (!) und der γύνη βααύτ entsprangen Αἰών und Πρωτόγονος.
Es kann nach alledem kaum ein Zweifel sein : die sämtlich aufgezählten
orphischen und phönizischen Kosmogonien gehören demselben Milieu
an. Sie sind auf dem Boden des südlichen Vorderasiens (Syrien, Phönizien) erwachsen. Sie tragen bereits alle den gelehrten greisenhaften
und reflektierten Charakter. In ihnen allen steht die Zeitgottheit (Κρό-
νος-Χρόνος, Ἡρακλῆς-Βῆλος, Οὐλωμός Αἰών) im Zentrum. Parallel
diesen Spekulationen aber laufen die Zerwanspekulationen der späteren
persischen Religion, die schon im Anfang des Diadochenzeitalters bekannt sind und von der Mithrasreligion bereits übernommen wurden.
Welche von den verschiedenen Religionen hier die Originalität zukommt, kann nicht mehr entschieden werden [21]. Babylonische Astronomie und auf dieser beruhende Weltanschauung wird bei allen der
wirksame Faktor sein. Auch griechisch-philosophische Spekulationen
(Αἰών, Χρόνος) mögen dabei ihren Einfluß ausgeübt haben, wie denn
andrerseits das alles auf scheinbar griechische Spekulationen zurück-
wirkte. Und so entstand dieses unerquickliche und doch interessante
Durcheinander von volkstümlicher Mythologie, gelehrter halb philosophischer Reflexion und einer auf astronomischer Basis ruhenden Natur-
Spekulation.

---

[21] Es mag noch darauf hingewiesen werden, daß Χρόνος (neben Ζάς und Χθονίη)
in der Kosmogonie des „Syrers" Pherekydes als eines der drei Urwesen erscheint (Damaskios c. 124) vgl. Diogenes Laert. I 119). Die Theogonie des Pherekydes ist ein späteres
apokryphes Erzeugnis. Dem Aristoteles, nach dessen Urteil Φερεκύδης καὶ ἕτεροί τινες
τὸ γεννῆσαν πρῶτον ἄριστον τιθέασω (*Metaph* 1091ᵇ4), war sie offenbar noch unbekannt.

IV

Eine weitere dem Aion eng verwandte Gestalt ist die Figur des syrischen Baalšamin in ihrer späteren Ausprägung. Über diesen Gott hat am gründlichsten und umfassendsten Lidzbarski (*Semitische Epigraphik*, I 3, 243-260 „Balsamem") gehandelt. Er konnte freilich in dieser Abhandlung noch die Meinung vertreten, diese syrische Gottesgestalt sei aus dem alttestamentlichen und spätjüdischen Gott des Himmels (der Himmel) entstanden. Diese Vermutung ist mittlerweile durch die einfache Tatsache hinfällig geworden, daß der Gottesname bereits in altphönizischer Überlieferung vorkommt[1]. Wir haben es also hier mit einer alten phönizischen oder aramäischen Gottheit zu tun, wenn wir deren ursprüngliche Heimat auch nicht mit Bestimmtheit nachweisen können[2]. Für die Bestimmung der Wesensbeschaffenheit des Gottes ist eine bilingue Inschrift von Et-Taijibe bei Palmyra (134 p. Chr.) wichtig, auf der die Worte „dem Baalsamin, dem guten und belohnenden Gott" im griechischen durch : Διὶ μεγίστῳ κεραυνίῳ[3] wiedergegeben sind. Wir haben also wahrscheinlich in B. einen ursprünglichen Donnergott zu sehen. Dem entspricht es, wenn es in der ursprünglichen heidnischen Achikarlegende von B. heißt (nach den armenischen Text)[4] : Mein Herr Sanherib gleicht dem Belshim und seinen Großen den Blitzen, die in den Wolken sind. Wenn er will, bildet er Regen und Tau und Hagel. Wenn er donnert, hindert er die Sonne zu scheinen und deren Strahlen gesehen zu werden und hindert den Bel ein — und aus — zu gehen und seine Genossen gesehen zu werden. Und hindert den Mond zu scheinen und seine Sterne, gesehen zu werden[5].

---

[1] Vgl. den Vertrag zwischen Assarhaddon und Baal v. Tyrus mit den Namen : Ba'alsameme, Ba'almalagie, Baalsapunn, Miilkart, Iasumunn (Eschmun). Saussaye *Lehrbuch d. Rel. Gesch.*[3] I 368. Cumont (*Orient. Religionen* übers v. Gehrich 296) verdanke ich den Hinweis auf das Vorkommen des Namens in der Inschrift von Ben-Hadad (9. Jahrh.) (Pognon, *Inscr. Sémitiques*, 1907, 165ff.).

[2] Dies Beispiel mag zur Vorsicht mahnen weitverbreitete semitische Gottesbezeichnungen allzu schnell aus jüdischer Literatur abzuleiten. Ich denke an Namen wie Hypsistos (Eljon), Mar' Olam, παντοκράτωρ. ἅγιος. Deus aeternus (auf lateinischen Inschriften syrischer Herkunft).

[3] Cumont, *RO*, 246, Anm. 69.

[4] Wenn die markante Szene in dem neu-entdeckten Achikartext des Papyrus von Elephantine vielleicht sich gar nicht findet (E. Meyer, *Der Papyrusfund v. Elephantine*, 1912, S. 113₂), so könnte das auf eine alte jüdische Bearbeitung des Romans, möglicherweise aber auch auf eine Erweiterung der ursprünglich einfacheren Wundererzählung natürlich auf heidnischem Gebiet deuten.

[5] Vgl. Lidzsbarski, 254. Das weist deutlich auf einen Antagonismus zwischen dem

Über die Verbreitung des Kultus dieses Gottes in hellenistischer und römischer Zeit sind die einschlägigen Notizen von Lidzbarski[6] und Cooke[7] zusammengestellt. Die ältesten in Betracht kommenden Inschriften gehören dem 3-2. vorchristlichen Jahrhundert an. Wir finden sie in Carthago (Nordafrika), Phönizien (Umm - el - ʿAwamîd in der Nähe von Tyrus), im Houran (Liʾa bei Kanatha, Bosra)[8] in der Ṣafa, in Palmyra und dem benachbarten Et-Taijibe. Der Kult des Gottes hat sich also von Carthago im Westen bis Palmyra im Osten ausgebreitet. Allmählich scheint sich das Wesen des ursprünglichen Donnergottes bedeutend erweitert und gesteigert zu haben. Er wächst zu einem höchsten, allumfassenden Himmelsgott heran.

Wenn Nestle[9] mit seiner schönen Vermutung Recht hat, daß das Danielische שׁקוּץ שׁמם (Da 12₁₁) eine beabsichtigte Entstellung für בעלשׁמם sei, so wäre der Gott also hier mit dem Zeus Olympios, dessen Kult nach II Makk. 6[2] Antiochus Epiphanes in Ierusalem hat einführen wollen, identifiziert und damit würde es trefflich stimmen, daß (nach Lidzsbarski)[10] in späteren syrischen Texten Bʾ geradezu Übersetzung von Ζεὺς Ὀλύμπιος, Ζεὺς ξένιος (II Makk 6[2]) ist. Auch in dem Sanchuniathon des Philo von Byblos wird Βεελσάμην (ὅ ἐστι παρὰ Φοίνιξι κύριος οὐρανοῦ) mit Zeus identifiziert (Eusebius, *Pr.Ev.*, I, 35; Migne *P.Gr.* 21). Mit der Erweiterung des Wesens des Gottes hängt es auch wohl zusammen, daß er auf einer palmyrenischen Inschrift[11] und auf derjenigen von Et-Taijibe (s.o.) den Beinamen מרא עלמא bekommt. Ob man diese Wendung nun mit „Herr der Welt"

---

aramäisch-phönizischen Bʾ und dem nach Westen vorwärtsdringenden Bel hin. Von Palmyra wissen wir, daß hier die eigentlichen einheimischen Götter Bel, Schemesch (als Malʾak Bel) und Aglibol waren (Lidzbarski, 255, 257). Daneben findet sich auch Bʾ, oder in der Nähe. Hier etwa könnte der Boden gegeben sein für einen derartigen Antagonismus.

[6] *l.c.*, 247, 254f., 257.

[7] *North-Semitic Inscriptions*, 45, 295.

[8] Schürer, *Gesch. d. jüd. Volkes*[4], 43 u. Anm. 69.

[9] *Ztschr. f. alttestam. Wissensch.*, 1884, S. 248.

[10] Mit Recht erinnert Lidzsbarski auch an die Notiz des Dios (Josephus, *Antiq.*, VIII 5, 3; *c. Ap.*, I 17, vgl. Menander, *Antiq.* ib. *c. Ap.*, I 18), nach welchem der Tempel mit der goldenen Säule (Herodot. II 44) in Tyrus dem Zeus Olympios (= Bʾ) geweiht war. Ein alter Kult des Bʾ läßt sich freilich hier nicht nachweisen (doch s.o. den Vertrag zwischen Assarhaddon und Baal von Tyrus). In der syrischen Legende wird übrigens der Gott, der den Geliebten der Baltîn den Tammuz tötet, Beʾelšemin genannt (Baudissin, *Adonis u. Esmun*, 116).

[11] 114 p. Chr. de Vogue, 73, Lidzsbarski, 257.

oder „Herr der Ewigkeit" übersetzt[12], sie bleibt in jedem Fall gleich bedeutsam und zeigt, wie man jenem ursprünglichen Donnergott allmählich die Ehrenprädikate des höchsten Gottes beilegte.

Cumont, welcher der Bedeutung dieses Gottes für den Synkretismus des hellenistischen Zeitalters besondere Aufmerksamkeit zugewandt hat, nimmt für die Entwicklung seiner Gestalt in erster Linie persischen Einfluß an. „Ohne Zweifel hat in der Zeit der Achämeniden eine Berührung mit dem persischen Ahura Mazda, dem alten Gott des Himmelsgewölbes, der zur höchsten physischen und ethischen Macht geworden war, die Umwandlung des ursprünglichen Donnerdämons gefördert"[13]. Auch mit der in der Römerzeit vielfach nachweisbaren Verehrung des Gottes Caelus bringt C. diese Mischgestalt Ahura-Mazda-Baalšamin in Zusammenhang[14]: „Man fuhr fort in ihm den materiellen Himmel anzubeten, er wird noch unter den Römern ebensowohl einfach Caelus genannt, wie der himmlische Jupiter (Jupiter Caelestis, Ζεὺς οὐράνιος)".

---

[12] Lidzsbarski, *Ephemeris* I 158, II 297 empfiehlt wenigstens für die palmyrenischen Inschriften die erstere Übersetzung. Vgl. die abwägenden und erschöpfenden Bemerkungen Nöldeckes bei Cumont, *Orientalische Relig.*, 298. C. hebt wohl mit Recht hervor, daß in späterer Zeit beide Bedeutungen in einander übergehen. Die letztere führt hinüber zu dem auf lateinischen Inschriften syrischer Herkunft vielfach nachweisbaren Deus aeternus (Cumont, *R.E. von Pauly-Wissowa*, s.v.). Die erstere Bedeutung wurde etwa griechischem παντοκράτωρ entsprechen (wörtlich übrigens κύριος τοῦ αἰῶνος!). Lidzsbarski ist wiederum geneigt die Wendung auf jüdischen Einfluß zurückzuführen: רבון של עלם׳ רבון העולמים. Doch muß auch hier vor zu schneller Entscheidung gewarnt werden. Vgl. noch Baudissin, *Adonis u. Esmun*, 487f. B. möchte alttestamentliches El'Olam Elohe 'Olam Gen. 21₃₃, LXX θεός αἰώνιος 40₂₈ als „Gott der Urzeit" auffassen. Hinzuweisen wäre noch auf das Vorkommen von Mar 'Olam in den spätjüdischen Apokryphen (Henoch etc. Bousset, *Rel. d. Judent.²* 358₂).

[13] *Orientalische Relig.*, 150ff., 296, Anm. 70, *Mon. Myst. Mithra*, 87. Inschrift Antiochus IV. Kommagene: Ζεὺς-Ὠρομάσδης (= Iupiter Dolichenus) Cumont, *RO*, 173, 305, Anm. 29.

[14] Vgl. Cumont *l.c.* 296, Artikel Caelus *R.E. von Pauly-Wissowa*, s.u. Ich weise besonders darauf hin, daß der alttestamentliche Jahwe ebenfalls in den Umkreis dieser Anschauungswelt hineingehört. Jedenfalls haben hellenistische Schriftsteller die Verehrung des jüdischen Gottes in diesem Sinn verstanden. Hecataeus v. Abdera (Diodor XL 3): ἄγαλμα δὲ θεῶν τὸ σύνολον οὐ κατεσκεύασε (d.h. Moses), διὰ τὸ μὴ νομίζειν ἀνθρωπόμορφον εἶναι τὸν θεόν, ἀλλὰ τὸν περιέχοντα τὴν γῆν οὐρανὸν μόνον εἶναι θεὸν καὶ τῶν ὅλων κύριον. (Mar 'Olam!) Vielleicht im Anschluß daran Strabo XVI 2, 35 εἴη γὰρ ἓν τοῦτο μόνον θεὸς τὸ περιέχον ἡμᾶς ἅπαντας καὶ γῆν καὶ θάλασσαν, ὃ καλοῦμεν οὐρανὸν καὶ κόσμον καὶ τὴν τῶν ὄντων φύσιν. Celsus bei Orig. V 6, Petronius fragm. 37 ed. Bücheler (et caeli summas advocat auriculas). Iuvenal, *Sat.*, XIV 96. Es ist das alles aber nicht nur böswilliges Mißverständnis. Das Judentum hat sich hier dem Sprachgebrauch seiner Umgebung akkommodiert und tatsächlich von Gott als dem Himmel weithin gesprochen. Bousset, *Rel. d. Judent.²*, 361.

In dieser späteren Ausgestaltung rückt nun diese Gestalt des Baalsamin (Caelus, Deus aeternus, Mar 'Olam) in unmittelbare Nähe des
Aion[15]. Hier wie dort bekommt die Gottesvorstellung philosophischen
Gehalt. Hier wie dort verwächst sie auf das engste mit der Anschauung
vom Weltall, das bald als eine räumliche Einheit (Caelus), bald als
eine zeitliche (Aion, 'Olam, Herr der Ewigkeit, Deus aeternus), bald
als beiden mit einander (Mar 'Olam) aufgefasst wird.

Es ist daher kein Wunder, wenn nun auch der Gott Baalsamin in
späteren spezifisch gnostischen Kreisen, wie auch in der Zauberliteratur
begegnet. Zu verweisen ist hier auf die beachtenswerte und interessante
Notiz des Hieronymus[16], wo zu dem Abraxas des Basileides bemerkt
wird, daß die Ethnici dieselbe Zahl (365) in Mithras (d.h. Μείθρας)
wiederfinden und daß dieser Mithras von den einfältigen Iberern unter
dem Namen Balsamus oder Barbelus verehrt werde[17].

So begegnet uns denn auch der Name Balsamus in einer Reihe von
Gebeten und Anrufungen in den Zaubertexten. Besonders interessant
ist hier ein Text, in welchem die Schilderung des Gottes Balsames in
so enger Verwandtschaft mit den sonst üblichen des Gottes Aion
steht, daß Reitzenstein dessen Zeugnis unbedenklich bei der Besprechung des Aion-Problems verwenden konnte (*Poimandres*, 280). Es
handelt sich hier um einen Lichtzauber[18], in welchen der Licht- und
Sonnengott Horus-Harpokrates angerufen und um sein Erscheinen
gebeten wird. Zum Schluß des Zaubers wird dann Horos mit Βαλσάμης

---

[15] Ich verweise auf Cumonts Ausführungen, *Arch. f. Rel. wiss.* IX, 327, über die
Inschrift von Vaison (*C.I.L.* XII 1227): Belus fortunae rector mentisque magister:
Εὐθυντῆρι τύχης βήλῳ. Auch hier möchte C. die Gestalt des Baalsamin wiederfinden.
Vgl. die von C. besprochenen Inschriften auf den I.O. de Dolichenus mit dem Beinamen
conversatori totius poli et numini praestantissimo (*C.I.L.*, III 406-30758) und: divina-
rum humanarumque rerum rector, fatorumque arbiter (*C.I.L.*, III 1090).

[16] *Commentar zu Amos*, III (39-10) *Migne P.G.* 6, 1068, vgl. dazu auch den Ketzer-
katalog im Nachtrag der *Acta Archelai*, ed. Beeson, p. 98. Vgl. Hilgenfeld s.v. Abraxas,
dazu d. Stell. aus Traubes *Acta Archelai* am Schluß.

[17] Die Gleichung Mithras-Balsamus ist religionsgeschichtlich interessant. Das Barbelus (Barbelo) beruht wohl auf einem Mißverständnis. Vgl. Hieronymus 75₃ (*Ad Theo-
doram, Migne P.G.* 1, 687): Armagil (Irenaeus I 29,2?), Barbelos (!), Abraxas, Balsamus und Leusiboras (ridiculum Leusiboram). Vgl. C. Vigilantium c. 6 (*Migne II* 360).
Ein letzter Nachklang des Namens B' bietet die Theologie der Mandäer, die einen
himmlischen Aion יונסין kennt (Lidzsbarski, 260).

[18] P IV 930ff., Reitzenstein hat umfangreiche Partien des Textes hergestellt und
besprochen.

Βαϊνχωωωχ [19] identifiziert (P IV, 1060f.). Und ganz dasselbe bedeutet es, wenn vorher der mit dem Gott sich identifizierende Zauberer spricht : ὄνομά μοι Βαϊνχωωωχ· ἐγώ εἰμι ὁ πεφυκὼς ἐκ τοῦ οὐρανοῦ, ὄνομά μοι Βαλσάμης· (P IV, 1017f.) [20]. Die Attribute die dieser Gott bekommt, sind im Vorhergehenden bereits besprochen; Ich zähle deshalb nur noch einmal kurz auf : ὁ ἐπὶ τῆς τοῦ κόσμου κεφαλῆς καθήμενος (P IV, 1012). ὁ ἐντὸς τῶν ζ᾽ πόλων καθήμενος αεηιουω (Zeichen für die 7 Planeten, P IV, 1026) ὁ ἐν πυρὶ τὴν δύναμιν καὶ τὴν ἰσχὺν ἔχων σεσενγεν βαρφαραγγης (P IV, 1025) (ὁ) κρίνων τὰ πάντα περιβεβλημένος τῷ τῆς ἀληθείας καὶ πίστεως κύκλῳ (P IV, 1014 [21]) ὁ μέγας ζῶν θεός, ὁ εἰς τοὺς αἰῶνας τῶν αἰώνων, ὁ συνσείων, ὁ βροντάζων, ὁ πᾶσαν ψυχὴν καὶ γένεσιν κτίσας (P IV, 1038ff.). Eigentümlich und singulär ist die Wendung, die sich in unmittelbarem Zusammenhang mit der Einführung des Balsames-Namens findet : τῷ πρὸ πυρὸς καὶ χιόνος προόντι καὶ μετόντι, ὅτι ὄνομά μοι Βαϊνχωωωχ (…), ὄνομά μοι Βαλσάμης (P IV, 1016ff.).

Reitzenstein, *Poimandres*, 280 hat bereits dazu auf die interessante Parallele des Pap. Brit. Mus. XLVI 1ff. hingewiesen : ἀναφάνηθι καὶ δὸς ἐντροπὴν τῷ φανέντι πρὸ πυρὸς καὶ χιόνος Βαϊνχωωωχ· σὺ γὰρ εἶ ὁ καταδείξας φῶς καὶ χιόνα … (P V, 16ff.) [22]. Reitzenstein deutet die Wendung wohl mit Recht auf den Charakter des Jahresgottes, der Sommer und Winter schafft, und ist der Meinung, daß die Wendung nach Persien weise, wo man nur Sommer und Winter als Jahreszeiten kannte [23].

---

[19] Das ist ein in den Papyri häufig wiederkehrender Name, der bisher keine Erklärung gefunden hat. Bemerkenswert ist sein Vorkommen in der Pistis Sophia (s. Register bei C. Schmidt s.o.).

[20] Vgl. Reitzenstein, 273.

[21] Vgl. die drei Hypostasen in den *Oracula Chaldaica* : πίστις, ἀλήθεια, ἔρως. W. Kroll, *l.c.*, 26.

[22] Im Anfang des Textes werden Zeus, Helios, Mitras, Serapis angerufen. Auch hier identifiziert sich der Zauberer mit dem Gott (ἀναφάνηθι … τῷ φανέντι … P V, 17). Bemerkenswert ist auch hier die Anrede Bainchoooch.

[23] Zu Balsames vgl. noch Dieterich, *Abraxas*, der den Namen βααλσαμης Papyrus Leyden X 7, 9 nachweist. (AFV : Nicht im Preisendanz P XII und P XIII gefunden.) Kopp, *Palaeographica critica*, § 106 berichtet über eine Münze, welche nebst der Abbildung eines „galea cum clypeo et gladio" die Inschrift *Balsamo* trägt (Winckelmann, *Catalogus 181*, Nr. 1051). Offenbar eine ähnliche Figur wie die beschriebene findet sich Kopp § 719 mit der Umschrift Βαϊνχωωωχ; unter den Füssen des Monstrums finden sich sieben Sterne (die 7 Planeten). (Rätselhaft bleibt eine Inschrift die Kopp § 106 nach Gruter 1067₂ bringt : Minervae Belisamae). Wiederum also ein Hinweis auf die merkwürdige Verwandtschaft der beiden Gestalten. Sollte im Papyrus Leiden

V

In einigen in den Abschnitten I und II besprochenen Texten schien der Gott Aion, wie wir oben sahen, in unmittelbarer Verbindung mit dem gnostischen Gotte Ialdabaoth, der aus den gnostischen Überlieferungen bekannt ist, zu stehen.

Im dritten Abschnitt fanden wir hier und da das Symbol des Löwen für den Zeitgott. Es ist nun immerhin beachtenswert, daß auch in der gnostischen Spekulation Ialdabaoth als löwenköpfig, löwengestaltig erscheint.

In erster Linie steht hier das Zeugnis des Origenes VI 31 φασὶ δὲ τῷ λεοντοειδεῖ ἄρχοντι (nämlich Ialdabaoth) συμπαθεῖν ἄστρα τὸν φαίνοντα. Hier hätten wir also die Gleichung λεοντοειδὴς ἄρχων = Ialdabaoth = Planet Saturn (κρόνος) (Aus Origenes VI 30 ergibt sich noch weiterhin die Identifikation des Löwengestaltigen mit dem Erzengel Michael). Auch in der „*Pistis Sophia*" wird Ialdabaoth (der Sohn der gefallenen Sophia) als ein Archon der Unterwelt, dessen eine Hälfte Feuer und dessen andere Hälfte Finsternis ist, geschildert (c. 31. Schmidt, 28, 17ff.). Endlich wird in dem von Schmidt (*Philotesia, Kleinert gewidmet*, 1907) zum größten Teil übersetzten *Apocryphon Ioannis*, (die Quelle für Irenaeus Schilderung der Barbelognostiker I 29), Ialdabaoth (auch hier das Erzeugnis der gefallenen Sophia) als ein Dämon geschildert „habend Schlangengesicht und Löwengesicht und leuchtend im Feuer". Hier werden wir also sogar das doppelte Symbol Löwe und Schlange wiederfinden.

Die Auffassung des Ialdaboth als des Löwenköpfigen oder Löwengestaltigen innerhalb der Gnosis steht also fest. Nun ist aber andrerseits ziemlich sicher, daß die Bewegung der „Gnosis" in ihrem älteren Bestande wenigstens in Syrien (Phönicien) ihren heimatlichen Boden hat. Suchen wir auf diesem Boden nach einem löwenköpfigen Gott,

---

W. (Kosmogonie, *Abraxas*, 182[11]): οὗτοί εἰσιν οἱ πρῶτοι φανέντες ἄγγελοι· Ἀραθ · Ἀδωναῖε· Βασημμ Ἰάω. (P XIII, 146f.). Vgl. P. XIII, 767 β Βααλσαμὴν· πτιδαιου Ἀρνεβουατ· ein verstümmeltes Βαλσαμην stecken? Die Formel wiederholt sich *Abraxas*, 176₂₃ Σαβαώθ, Ἀρβαθιάω, Ζαγουρῆ, ὁ θεὸς Ἀραθ, Ἀδωναί, Βασυμμ, Ἰάω. (P XIII, 591ff.). Vgl. Paris 1735, 1803 Ἀδωναῖε βασμα (P. IV, 1735, 1803). Brit. Mus. XLVI 135 ἀβαωθ βασυμ Ἰσὰκ Σαβαώθ (P V, 135). Das rätselhafte Βαινχωωωχ ist viel häufiger. Pap. CXXIII lernen wir gar seine Familie kennen; der Vater soll Ἀναβαινχωωωχ (P IX, 1) heissen, die Mutter Χεχφιω (P IX, 2). Es werden sogar seine zwei δορυφόροι (P IX, 2) erwähnt P IX, 1ff. In der Pistis Sophia wird er uns als einer der 3 Dreimalgewaltigen (im 13ten Aeon?) vorgestellt, der zu dem Planeten Hermes in Beziehung gesetzt wird (C. Schmidt, 234, 37 vgl. mit 252, 4).

so stoßen wir auf interessante Parallelen. Wir wissen[1], daß zu Baalbek-Heliopolis die einheimische Gottheit (Stadtgottheit) unter dem Namen des Γενναῖος in Gestalt eines Löwen verehrt wurde. Sein Bild (in Gestalt des Löwen) stand im Tempel der höchsten Gottheit des Iupiter Heliopolitanus Ἡλιουπολῖται τιμῶσιν ἐν Διὸς ἱδρυσάμενοι μορφήν τινα λέοντος (Damascius Vita Isidori 242, Migne CIII 1292, Ed. Zintzen § 203, S. 276). Dussaud[2] hat die Vermutung ausgesprochen, daß der Löwenkopf, der sich auf der Vorderseite der Darstellung des Iupiter Heliopolitanus auf einem Bas Relief von Avignon befindet, auf diesen Löwengott Gennaios hindeute. Vielleicht ist dieser Löwengott die dritte Person in der heliopolitanischen Göttertrias[3], die uns unter den Namen Iupiter Venus Merkur überliefert ist. Doch führt uns die hieraus sich eventuell ergebende Gleichung Merkur-Gennaios kaum weiter[4].

Eine weitere bemerkenswerte Parallele finden wir in der merkwürdigen Inschrift von Kefar Nebo (Nordsyrien, in der Nähe von Aleppo): Σειμίῳ καὶ Συμβετύλῳ καὶ Λέοντι. Wieder haben wir hier die Löwengottheit im dritten Gliede neben einer männlichen und einer wie es scheint weiblichen Gottheit[5].

War ein derartiger löwenköpfiger Baal in Phönicien heimisch[6], so werden wir vielleicht vermuten dürfen, daß wir dieser Figur auch im punischen Nordafrika wiederbegegnen. Und wir finden in der Tat

---

[1] Vgl. Robertson Smith, *Rel. d. Semiten*, übers. von R. Stübe 1899, 100, 135. Dussaud, *Notes de Mythologie Syrienne, Revue archéologique IV Sér.*, 1904, T. 4. p. 229.

[2] *Notes de Myth. Syrienne Rev. archéol.* 1904, T. 1. p. 350f. Dussaud verweist ferner auf eine Inschrift eines weiteren syrischen Monument, das einen Sonnengott darstellt: θεῷ Γεννέᾳ πατρῴῳ und denkt auch hier an den Γενναῖος *ib.*, 374. Über das Wort γενναῖος und seine eventuellen Beziehungen zu arabischen djinn: Vgl. Dussaud *ib.*, IV 229f.

[3] Vgl. Dussaud, *l.c.* IV 258, Baudissin, *Herzogs Real. Encycl.* II p. 174.

[4] Man beachte noch, daß der Gott Gennaios sich zu Emesa unter der Gestalt eines Baitylions offenbarte. Vgl. Damascius, *Vita Isidori*, *l.c.* [AFV: *Vita Isidori* ed. Zintzen, 138: Asklepiades habe in Heliopolis in Syrien viele „baityloi" gesehen, er erzählte darüber Wundergeschichten. Ed. Zintzen par. 203, S. 274 und 276: ein bewegender „baitylos", der dem Gotte Gennaios angehört. Nach R. Asmus, *Das Leben des Philosophen Isidorus*, Leipzig 1911, 166 handelt es sich um beseelte Steinfetische vom meteorem Charakter. Das Wort sei nach Asmus vermutlich Syrisch und gleich dem biblischen Bet El. Vgl. auch Th. Hopfner, *Griechisch-Aegyptischer Offenbarungsglaube*, Leipzig 1924, § 95, 96; Stud. z. Paleographie und Papyrusk. XXIII.]

[5] Über den Gott Simios und dessen weiblichen Begleiterin Simia, die wahrscheinlich mit Συμβετύλῳ gemeint sein wird, vgl. Dussaud *l.c.* IV 251. Les dieux symbétyles Simios et Simia.

[6] Ich notiere noch, daß in der Umwallung der Tempelruine von Baitohaike sich zwei Basreliefs finden: einen Löwen und einen Löwen vor einer Zypresse darstellend.

hier auch einen Saturnus Frugifer in Begleitung eines Löwen oder gar mit dem Antlitz eines Löwen dargestellt[7]. Und es kann kaum ein Zweifel sein, daß sich unter diesem löwengestaltigen Saturnus ein syrischer Baal-Kronos verbirgt. Auf die Darstellung dieses Gottes wird sich der Ausspruch des Arnobius, *adv. nat.*, VI 10 beziehen : inter deos videmus vestros leonis torvissimam faciem mero oblitam minio et *nomine frugiferio* nuncupari[8].

Es mag hervorgehoben werden, daß die gnostische Gottheit Ialdabaoth mit der syrischen Löwengottheit einen markanten und charakteristischen Zug teilt. Denn wie jene Löwengottheit an beiden erwähnten Orten nur als der dritte neben einer übergeordneten männlichen und einer weiblichen Gottheit erscheint, so ist auch Ialdabaoth eine Gottheit niederen Ranges, eine Sohnesgottheit, die ständig neben der mütterlichen Gottheit und von ihr abhängig erscheint.

Schwerer ist es nun wieder die Beziehungen zwischen dieser löwenköpfigen Gottheit und dem Gotte Aion, der uns ja eigentlich interessiert und beschäftigt, herzustellen. Reitzenstein (*Poimandres*, 277) urteilt freilich unbesehen : „der löwenköpfige Gott ist ja eben dasjenige Wesen, welches griechisch als Αἰών bezeichnet wird". So einfach und zweifelsohne liegen nun allerdings die Dinge nicht. Doch läßt sich auch abgesehen von der schon nachgewiesenen Beziehung zwischen Αἰών und Ialdabaoth allerlei für diese Identification beibringen. Das wichtigste ist wohl dieses, daß Arnobius (VI 7, p. 219$_{26}$) den löwenköpfigen Gott als Frugifer bezeichnet. Dem entspricht nun aber in Nordafrika (namentlich Hadrumetum) die weit verbreitete sonderbare Gestalt des Saeculum Frugifer[9], unter welcher sich ebenfalls ein nur halbwegs romanisierter syrischer Baal verbirgt. Saeculum aber ist, wie wir bereits sahen die genaue lateinische Wiedergabe von Αἰών[10].

---

[7] I. Toutain, *De Saturni Dei in Africa cultu*, 43. Fig. 2, 45-46; Roscher, *Lexicon der Mythologie*, 1496 (Relief aus Nord-Afrika, Kronos Saturn auf einem Löwen von Strahlen umgeben).

[8] Über Darstellungen von Sonnengottheiten unter der Gestalt eines Löwen, vgl. Dussaud *l.c.* IV 234ff. Namentlich kommen hier Darstellungen auf Münzen aus Kittiom auf Cypern seit dem 5. Jahrh. und aus Tarsos seit dem vierten Jahrh. auch aus Byblos (ca. 360) (Löwe einen Stier oder einen Hirsch zerfleischend) in Betracht. Ob wir es freilich bei den oben erwähnten Gottheiten durchaus mit Sonnengottheiten zu tun haben, muß dahingestellt bleiben, ja erscheint unwahrscheinlich.

[9] Rénan, *Mémoires de l'Académie des inscriptions et belles lettres*, XXIII, p. 258. Vgl. Cumont, *Mithra*, I 78. ebenda I 78$_2$ die Beschreibung seiner Gestalt auf zahlreichen Münzen. Allerdings scheint sich hier ein Emblem, das auf eine Löwengestalt des Gottes hinwiese, nirgends zu finden.

[10] Der Saeculum Frugifer wurde etwa einem Ζεὺς Ἐπικάρπιος entsprechen. Nach

Vielleicht darf man weiter mit dem allen die Andeutung eines geheimnisvollen Bildes des Gottes Aion verbinden, die sich bei Damascius,
Vita Isidori, findet[11] : τὸ ἄρρητον ἄγαλμα τοῦ Αἰῶνος ὑπὸ τοῦ θεοῦ
κατεχόμενου, ὅν Ἀλεξανδρεῖς ἐτίμησαν Ὄσιριν ὄντα καὶ Ἄδωνιν
ὁμοῦ. Über diesen Gott Aion bemerkt Damascius weiterhin : ὅν ἔχων
εἰπεῖν ὅστις ἐστὶν ὅμως οὐ γράφω (Ed. Zintzen, 75, Fr. 100). Sollte
es sich etwa bei dem geheimnisvollen ἄγαλμα des Aion um den löwenköpfigen Gott handeln?
Gesichert ist die Kombination nicht. Vielmehr beschreibt uns Epiphanius, *Haer.*, 51, 21 ein ganz anderes Standbild des Gottes Aion in
Alexandria und somit erscheint jene Kombination einigermaßen gewagt.

Wiederum andere Kombinationen ergeben sich, wenn wir der Gestalt
des Saturnus (Frugifer) Kronos nachgehen. Kronos kommt dann hier
nicht als die planetarische Gottheit, auch nicht als Sonnengottheit in
Betracht, sondern als Gott der Zeit. Daß Kronos[12] in diesem Sinn
aufgefaßt wurde, beweist die in der Stoa weitverbreitete Spielerei mit
dem Namen Κρόνος = Χρόνος.

VI

Zum Schluß sei noch auf einen späten Nachtrieb der Verehrung des
Gottes Aion hingewiesen. Der Kirchenvater Epiphanios berichtet von
einem Kult des Gottes Aion (*Haer.*, 51, 22) in Alexandria. Er beschreibt
uns das hölzerne Standbild dieses Gottes : es sitze nackt auf der Trag-
bahre, habe ein goldenes Kreuzeszeichen auf der Stirn und je zwei
weitere Zeichen derselben Gestalt auf den Händen und auf den Knien[1].

Reitzenstein begegnet ein Ζεὺς Ἐπικάρπιος besonders häufig in der Provinz Pontus u.
Umgegend. Eine Inschrift aus Herek am Pontus lautet : Διὶ Ἐπικαρπίῳ Βωμὸς ἱδρυμένος
... πρὸς ἀπόκρουσιν, ὀνόματι οὗ ἐστιν ἡ ψῆφος τξε' (R. Reitzenstein, *Poimandres*, 273.)
(vgl. Cumont, *Revue des études grecques*, XV, 314). Die Zahl 365 deutet in dem nicht
mit voller Sicherheit zu erklärenden Text jedenfalls auf eine Beziehung der Gottheit
zum Jahreslauf hin. Reitzenstein verweist überdies auf Philo v. Byblos, I 10₇, wo der
Gott Αἰών als Erfinder der Baumkultur auftritt (εὑρεῖν δὲ τὸν Αἰῶνα τὴν ἀπὸ τῶν
δένδρων τροφήν).
    [11] *Cod.* 242, p. 343a 20 ed. Bekker, *Migne P.G.* CIII 1292. Ed. Zintzen, S. 147;
175. Cumont, *Mithra*, II, 11.
    [12] Vgl. dazu Roschers, *Lexicon der Mythologie*, s.v. Kronos, Sp. 1546f.
    [1] Daß die Kreuzeszeichen nicht auf christlich-gnostischen Kult zu deuten brauchen,
wie noch Usener, *Weihnachtsfest*², 28f., annahm, dürfte wohl bei der weiten Verbreitung,
die jenes Zeichen nachgewiesenermaßen hat, zugestanden werden.

In der Nacht vom 5. auf den 6. Januar wird zu Ehren dieses Gottes ein großes Fest bestehend in einer „Nachtfeier" gefeiert. Das Bild wird siebenmal um den Tempelraum unter dem Klang von Flöten, Handpauken und unter Hymnen herumgetragen und dann wieder in den unterirdischen Raum herabgetragen, in dem es sich gewöhnlich befindet. Zur Erklärung der geheimnisvollen Feier pflegt man zu rufen : (ταύτῃ τῇ ὥρᾳ) σήμερον ἡ Κόρη (τουτέστιν ἡ παρθένος) ἐγέννησε τὸν Αἰῶνα. (Epiphanius, *GCS*, Ed. Holl, Bd II, 286, *Panarion Haer.*, 51, 22[11].)

Eine ausführliche Behandlung dieser seltsamen Notiz und eine Erörterung der interessanten Fragen, die sich von hier aus für den christlichen Kult ergeben, würde in diesem Zusammenhang zu weit führen. Es möge hier nur auf einiges, was zur Erklärung der Stelle beitragen kann, hingewiesen werden. Ich erinnere zunächst an die Notiz des Suidas : τὸ ἄρρητον ἄγαλμα τοῦ Ἀιῶνος ... ὃν Ἀλεξανδρεῖς ἐτίμησαν Ὄσιριν ὄντα καὶ Ἄδωνιν ὁμοῦ[2]. Es ist immerhin wahrscheinlich, daß wir bei dem ἄρρητον ἄγαλμα des Gottes Aion in Alexandria an das uns von Epiphanios beschriebene Bild zu denken haben. Ferner ist als Parallele die verwandte Stelle bei Damaskios in der *Vita Isidori* heranzuziehen[3], in der Attis mit Adonis und Osiris gleichgesetzt wird : ὃν Ἀλεξανδρεῖς ἐτίμησαν Ὄσιριν ὄντα καὶ Ἄδωνιν κατὰ τὴν μυστικὴν θεοκρασίαν. In dieser allerdings wunderlichen μυστικὴ θεοκρασία ist also der Zeit- und Jahresgott Aion mit den „sterbenden und auferstehenden" Göttern Attis, Adonis, Osiris identifiziert. In der gnostischen Naassenerpredigt deren ganzen Gedankengang gerade durch die Gleichsetzung dieser Götter bestimmt ist, treffen wir bemerkenswerter Weise wiederum auf die wunderbare Geburt des Gottes Aion. Allerdings ist die Darstellung hier bereits durchsetzt mit christlich alttestamentlichen (Jesaia 7, 14) Einflüssen : αὕτη γάρ ἐστιν ἡ παρθένος ἡ ἐν γαστρὶ ἔχουσα καὶ συλλαμβάνουσα καὶ τίκτουσα υἱὸν οὐ ψυχικὸν οὐ σωματικὸν ἀλλὰ μακάριον Αἰῶνα Αἰώνων. (Hippolyt, *Ref.* V, 8[45], Ed. Wendland, *GCS*, III, 97.)

In dieses synkretistische Gemenge ist dann endlich noch eine vierte Gottesgestalt hineingezogen, nämlich Dionysos, an und für sich in

---

[2] Suidas s.v. Heraiscos I 872 ed. Berenh. *Vita Isidori*, Ed. Zintzen, 147. Die Stelle hat man früher zum Anlaß genommen, um von hier aus das schlüsselhaltende löwenköpfige Ungeheuer der Mithrasdenkmäler, auf den Gott Aion (ἄρρητον ἄγαλμα) zu beziehen. Die Kombination ist ganz willkürlich.

[3] Damask. b. Photius, *Vita Isidori* c. 242 ed. Bekker, p. 343a 2V *Migne P.G. CIII* 1292. Ed. Zintzen S. 146.

unserem Zeitalter und im alexandrinischen Milieu der griechische
Doppelgänger des Osiris (ebenfalls ein sterbender und auferstehender
Gott). Epiphanius berichtet uns ebenfalls *Haer.*, 51, 22 von einer
ähnlichen Feier in Petra und Elusa an demselben Datum die zu Ehren
des wunderbar geborenen arabischen Dusares (= μονογενὴς τοῦ δεσπό-
του) und seiner jungfräulichen Mutter abgehalten wird.

Der arabische Dusares aber ist bekanntlich wiederum mit dem
griechischen Dionysos gleichgesetzt. Sollte es damit außer Zusammenhang stehen, daß wiederum die Naassenerpredigt die Feier einer
wunderbaren Geburt für die eleusinischen Mysterien gegenüber aller
älteren Überlieferung behauptet? Nach deren Bericht soll der Priester
nachts bei Fachelschein das große und unsagbare Geheimnis verkünden : ἱερὸν ἔτεκεν ποτνία κοῦρον Βριμὼ Βριμόν[4].

So wird denn der Aion letztlich noch ein jungfräulich geborener
Gott wie das denn zu seinem Charakter als Zeit- und Jahresgott gar
nicht so übel passt. Die Naassenerpredigt ermöglicht uns eventuell
diese merkwürdigen Zusammenhänge bis in das zweite nachchristliche
Jahrhundert zurückzuverfolgen. Attis-Adonis-Osiris-Dionysos[5]-Aion,
immer verworrener und wunderlicher wird das Gewebe der μυστικὴ
θεοκρασία.

---

[4] Hippolyt, *Refut.*, V 8. Sollte es sich hier vielleicht um eine Rückübertragung
eines mystischen Dionysos-kultes etwa in Alexandria, auf die Mysterien in Eleusis
handeln?

[5] Dazu notiere ich noch Diodor, I 11, 3 die Gleichstellung von Dionysos-Phanes,
an derselben Stelle an der auch Dionysos mit Osiris identifiziert wird : Ὀρφεὺς δὲ
τοὔνεκα μιν (sc. Osiris) καλέουσι Φάνητά τε καὶ Διόνυσον.

EINE JÜDISCHE GEBETSSAMMLUNG IM SIEBENTEN BUCH
DER APOSTOLISCHEN KONSTITUTIONEN*

(Vorgelegt in der Sitzung vom 20. November 1915)

I

Hinter die Bearbeitung der Zwölfapostellehre ist am Schluß des
siebenten Buches der apostolischen Konstitutionen (VII 33ff.) eine
Gebetssammlung angehängt, die religions- und liturgie-geschichtlich
das allerhöchste Interesse verdient, wie die folgende Untersuchung erweisen soll. Ich beginne mit dem dritten Gebet c. 35.

Dieses Gebet wird mit einem Preis Gottes des κτίστης und σωτήρ
eröffnet, der wegen seiner sündenvergebenden Barmherzigkeit gepriesen
wird : φύσει γὰρ ἀγαθὸς ὑπάρχεις, φείδῃ δὲ ἁμαρτανόντων εἰς μετάνοιαν προσκαλούμενος. Dann wird die gesamte Kreatur οὐρανοί, γῆ
und θάλασσα zu seinem Lobpreis aufgeboten, der mit den Worten
Ps. 103_{24} formuliert wird. Und nun lautet die Fortsetzung :

καὶ στρατὸς ἀγγέλων φλεγόμενος καὶ πνεύματα νοερὰ[1] λέγουσιν
— „εἷς ἅγιος τῷ Φελμουνί" (Da. 8_{13}) — καὶ Σεραφὶμ ἅγια ἅμα τοῖς
Χερουβὶμ τοῖς ἑξαπτερύγοις σοι τὴν ἐπινίκιον ᾠδὴν ψάλλοντα ἀσι-
γήτοις φωναῖς βοῶσιν·

ἅγιος ἅγιος ἅγιος, κύριος Σαβαώθ, πλήρης ὁ οὐρανὸς καὶ ἡ γῆ
τῆς δόξης σου (Jes. 6_5)·

καὶ τὰ ἕτερα τῶν ταγμάτων πλήθη, ἀρχάγγελοι θρόνοι κυριότητες
ἀρχαὶ ἐξουσίαι δυνάμεις, ἐπιβοῶντα λέγουσιν·

εὐλογημένη ἡ δόξα κυρίου ἐκ τοῦ τόπου αὐτοῦ (Ez. 3_{12}).

Was wir hier vor uns haben, ist gar nichts anderes als die charakteristische Form der Keduscha in der jüdischen Liturgie, deren
in Betracht kommende Texte ich einfach zum Vergleich und Beweis
nun daneben stelle. In der noch heute geltenden, offiziellen Gebetsliturgie steht diese Keduscha an drei Orten[1a]. Einmal im Jozer, ge-

---

* Aus : Nachrichten von der Gesellschaft der Wissenschaften zu Göttingen, Phil.-
hist. Kl. 1915, S. 435ff.

[1] Vgl. VII 42,3 (Ölweihe) βασιλέα πάσης αἰσθητῆς καὶ νοητῆς φύσεως; VIII 12,
7. 49 κύριος (θεός) π. νοητῆς κ. αἰσθ. φυσ. 37, 2 (Abendgebet) ὁ τῶν νοητῶν καὶ
αἰσθητῶν βασιλεύς.

[1a] Vgl. J. Elbogen, der jüdische Gottesdienst in seiner geschichtlichen Entwickelung.
1913. S. 61.

nauer in der Einleitung zum Sch'ma (zwischen den Gebeten הַמֵּאִיר
und אַהֲבָה רַבָּה), dann im Schmone Esre als Zusatz zur dritten Bitte
(,,Du bist heilig"), endlich als Keduscha de Sidra [2] ziemlich am Schluß
des Morgengottesdienstes. Für uns kommen nur die beiden Formen im
Jozer und in Schmone Esre in Betracht. Sie leuten im Jozer [3] :

,,Sei gesegnet unser Fels, unser König und unser Erlöser, Schöpfer [4] von Heiligen, es sei dein Name für immer gepriesen, unser
König, Schöpfer von dienstbaren Wesen ...

Und seine Diener stehen alle auf der Höhe des Weltalls ... alle
geliebt, alle auserwählt, alle stark ... und alle öffnen ihren Mund ...
mit Lied und Gesang und segnen und preisen und verherrlichen ...
den Namen Gottes ..., heilig ist er. Und alle nehmen auf sich das Joch
der himmlischen Herrschaft (,,Malkut Schamajim") einer von dem
andern [5], und fordern einer den andern [5] auf, ihren Schöpfer zu heiligen.
... Einmütig sprechen sie alle die Heiligung aus und sagen in Ehrfurcht :
Heilig, Heilig, Heilig ist Jahve Zebaoth, voll ist die ganze Erde seiner
Herrlichkeit (Jes. 6₃).

Und die Ophanim und die heiligen Chajjoth erheben sich mit starkem
Getöse den Seraphim gegenüber, ihnen gegenüber preisen sie und
sprechen :
Gesegnet sei die Herrlichkeit Jahves an seinem Ort! (Ez. 3₁₂)."

Etwas einfacher ist der Wortlaut im Achtzehnbittengebet :

437 (Vorbeter) : ,,Wir wollen deinen Namen in dieser Welt heiligen, wie
sie ihn im hohen Himmel heiligen, wie durch deinen Propheten geschrieben ist : Und es ruft einer dem andern zu und spricht (Gemeinde
und Vorbeter) : ,,Heilig, Heilig, Heilig ist Jahve Zebaoth, voll ist die
ganze Erde seiner Herrlichkeit".

(Vorbeter) : ,,Zu einander gewendet sprechen sie : Gesegnet".

(Gemeinde und Vorbeter) : ,,Gesegnet sei die Herrlichkeit Jahves
an seinem Ort!" [1]

---

[2] Über deren Entstehung, vgl. Elbogen 79.

[3] Ich zitiere nach dem germanischen Ritus, J. R. Hirsch, Israels Gebete (S. 108 und
S. 134).

[4] Konstit. VII 35 (Anfang): μέγας εἶ κύριε παντοκράτορ ... κτίστα σωτὴρ
πλούσιε ἐν χάρισιν.

[5] Dieser aus Jes. 6 stammenden Wendung entspricht in den Konstit. 35,3 die aus
Da. 8₁₃ entlehnte : εἷς ἅγιος τῷ φελμουνί. Das hebräische Wort (= τῷ δεῖνα) ist, wie
in den LXX, stehen geblieben. Doch hat sich der Sinn des φελμουνί hier noch ganz
deutlich erhalten : λέγουσιν εἷς τῷ φελμουνί, während LXX töricht übersetzen : καὶ
εἶπεν ὁ ἕτερος ἅγιος τῷ Φελμουνί (Eigenname) τῷ λαλοῦντι.

[1] An dieser Stelle folgt noch das Zitat Ps. 146₁₀ (Ewig soll Jahwe dein Gott herrschen,
Zion — Geschlecht für Geschlecht, Halleluja!).

Ich glaube, durch die Zusammenstellung der Texte ist die These, die ich oben aufstelle, bewiesen. Die Übereinstimmung in der nicht naheliegenden Kombination der beiden Sprüche Jes. 6₃, Ez. 3₁₂ ist schlagend und kann nicht dem Zufall zugesprochen werden, ebensowenig wie die Verteilung der beiden Lobsprüche auf den Wechselgesang verschiedener Engelchöre. Dabei ist zu bemerken, daß die Parallele in der Jozer-Keduscha noch stärker hervortritt als in der Keduscha des Achtzehnbittengebets. Aber die Übereinstimmung aller drei Texte ist frappant. Auf einige hinzukommende Einzelheiten ist bereits in den Anmerkungen zu den Texten aufmerksam gemacht. Auch eine interessante Abweichung ist zu notieren. Während der jüdische Text den Chor der Ophanim und Chajjot den Seraphim entgegenstellt, stellt der christliche den Seraphim und Cherubim die sechs aus dem neuen Testament bekannten Engelklassen gegenüber. Hier mag man christlichen, neutestamentlichen Einfluß und Überarbeitung vermuten. Sicher ist das nicht, denn die sechs (oder) sieben Engelklassen waren schon der jüdischen Theologie[2] bekannt, und es wäre ebenso gut möglich, daß man bereits auf dem Boden der jüdischen Diaspora die schwer zu übersetzenden Ophanim und Chajjot durch die geläufigeren Wendungen ersetzt hat.

Man könnte höchstens eines noch gegen die hier vorgetragene Kombination einwenden. Sind die Texte der (modernen) jüdischen Gebetsliturgie wirklich so alt, daß sie als Quelle für die Konstitutionen angesprochen werden können? Könnte das Verhältnis nicht das umgekehrte sein? Wir sind in der glücklichen Lage, / das Bedenken widerlegen und gerade für die Hauptsache das Alter der eigentümlichen Form der Keduscha durch unzweifelhafte Zeugnisse beweisen zu können.

Tosephta Berachot I 9b wird uns überliefert: „Man stimmt nicht ein mit dem Vorbeter (הַמְּבָרֵךְ). — R. Jehuda (etwa 130-160 v. Chr.) stimmte ein mit dem Vorbeter: ‚Heilig, Heilig, Heilig iśt Jahve der Heerschaaren, die ganze Erde ist voll seiner Herrlichkeit'. Und ‚gepriesen sei Jahves Herrlichkeit an seinem Ort'. All das sprach J. Juda mit dem Vorbeter".

---

[2] Vgl. äthiop. Henochbuch 61₁₀: Cherubim, Seraphim, Ophanim, Engel der Gewalt (ἀρχαί), Herrschaften (κυριότητες), auserwählte Mächte (ἐξουσίαι); Slavisches Henochbuch c. 20 (Rec. A u. B): Erzengel, Kräfte (δυνάμεις); Herrschaften (κυριότητες), Prinzipe (ἀρχαί), Mächte (ἐξουσίαι), Cherubim, Seraphim, Throne (θρόνοι); Vieläugige (Ophanim). Vgl. Testament Adams (Renan, Journal Asiat. V. Série II 1853, 458f.), Bousset, Relig. d. Judent. ²376.

Hier haben wir die Bestätigung, daß die jüdische Keduscha ihre Grundform (Kombination von Jes. 6_3 und Ezech. 3_{12}) bereits in der ersten Hälfte des zweiten Jahrhunderts erhalten haben muß.

Unsicher bleibt freilich leider dabei, an welchem Ort in der jüdischen Liturgie die Keduscha damals ihre Stelle hatte. Doch weist der hier betonte antiphonische Charakter (Wechselgespräch von Vorbeter und Gemeinde) auf das Achtzehnbittengebet hin [1]. Denn dort ist die Keduscha noch heutigen Tages antiphonisch stilisiert. Auch der ungewöhnliche [2] Name des Vorbeters (המברק) würde sich in diesem Zusammenhang erklären. Denn der Vorbeter spricht nach dem heutigen Ritus „Gesegnet", worauf die Gemeinde mit Ez. 3_{12} einfällt.

Weiter hat Elbogen (S. 62) durch Verweis auf Talmud Jer. Berachoth V 4 nachgewiesen, daß zur Zeit R. Abbuns (vor 354) auch der die beiden Bibelstellen verbindende Text mit der charakteristischen Erwähnung der Ophanim bekannt war. Und schon dieser terminus ad quem genügt, um die Abhängigkeit des Redaktors der Konstitutionen (resp. seiner Quelle) sicher zu stellen [3]. Diese Notiz ist um so wichtiger, als die oben gegebene Zusammenstellung zeigt, daß gegenwärtig nur die Keduscha im Jozer, nicht die im Achtzehnbittengebet, eine volle Parallele zu den Konstitutionen bietet, und andrerseits aller Wahrscheinlichkeit nach der alte Standort der Keduscha nicht Jozer, sondern das Achtzehnbittengebet [4] war. Das Rätsel löst sich durch den Hinweis **439** / Elbogens (62), daß jener verbindende Text (mit der Erwähnung der Ophanim) sich auch im Achtzehnbittengebet an einzelnen ausgezeichneten Tagen erhalten habe [1a]. Kürzerer und längerer Übergangstext stammen also beide aus der dritten Bitte der „Thephila", wobei es für uns unwesentlich ist, welches der ältere war [2a].

Nach dem üblichen (germanischen) Text (Hirsch S. 136) schließt die Keduscha: „Geschlecht für Geschlecht wollen wir Deine Größe

---

[1] Die Sitte, mit dem Vorbeter zu sprechen (antiphonisch), scheint sich erst zur Zeit Judas eingebürgert zu haben. Sie war damals, wie die Stelle deutlich zeigt, umstritten.

[2] Vgl. Elbogen 61.

[3] Schwartz, Schriften der wissensch. Ges. Straßburg VI S 12. Die Konstitutionen „kennen das Weihnachtsfest, das nicht vor den siebenziger Jahren des vierten Jahrhunderts im Orient bekannt wurde".

[4] Elbogen 66 ist der Ansicht, daß die Keduscha des Jozer erst eine Schöpfung der Mystiker der gaonäischen Zeit sei.

[1a] Genaueres Elbogen 65 unter 1b.

[2a] Der kürzere Text der gewöhnlichen „Thephila" scheint schon wegen seiner abrupten Fassung: „Zu einander gewendet sprechen sie (wer?)" der sekundäre zu sein.

verkünden und in alle Ewigkeit Deine Heiligung vollziehen, und Dein Preis, unser Gott, soll von unserm Mund in alle Ewigkeit nicht weichen, denn Gott, ein großer König und heilig bist Du, gesegnet seist Du Jahve, heiliger Gott".

Und nun wird uns die weitere Fortsetzung des Gebetes in den Konstitutionen (35, 4) ganz klar:

Ἰσραὴλ δὲ ἡ ἐπίγειός σου ἐκκλησία [ἡ ἐξ ἐθνῶν] ταῖς κατ' οὐρανὸν δυνάμεσιν ἁμιλλωμένη νυκτὶ καὶ ἡμέρᾳ, ἐν καρδίᾳ πλήρει καὶ ψυχῇ θελούσῃ (II. Makk. 1₃)³ ψάλλει (folgt Ps. 67₁₈). Ganz analog dem Aufbau der noch heute geltenden jüdischen Liturgie⁴ schloß sich an den Lobpreis der Engel die Aufforderung an die Gemeinde Israels, dem himmlischen Lobgesang den irdischen hinzufügen. Der christliche Bearbeiter hat den Passus wörtlich übernommen, nur fügte er zu Ἰσραὴλ⁵ ἡ ἐπίγειος ἐκκλησία einfach das ἡ ἐξ ἐθνῶν hinzu.

An diesen Bestand des Gebetes schließt sich dann noch ein langer Lobpreis⁶, bei dem zunächst im einzelnen jüdische Grundlage und **440** etwaige christliche Bearbeitung nicht leicht gesondert / werden können. Spezifisch christliche Wendungen sind darin sehr wenige, zu notieren sind die Zusätze 35, 6 διὸ καὶ ὀφείλει πᾶς ἄνθρωπος ἐξ αὐτῶν τῶν στέρνων σοὶ [διὰ Χριστοῦ] τὸν ὑπὲρ πάντων ὕμνον ἀναπέμπειν und natürlich in der Doxologie (35₁₀): ὁ τοῦ Χριστοῦ θεὸς καὶ πατήρ ... δι' οὗ σοι καὶ ἡ ἐπάξιος προσκύνησις ὀφείλεται παρὰ πάσης λογικῆς¹ καὶ ἁγίας φύσεως. Neutestamentliche Reminiszenzen sind fast gar nicht vorhanden; die einzige etwa erwähnenswerte wäre ἀνεξιχνίαστος κρί-μασιν 35, 9 (Rö. 11₃₃)². Bemerkenswert jüdisch klingen die Wendungen

---

³ Das Zitat auch VIII 6,12 (Katechumenengebet) und 16,5 (Presbytergebet).

⁴ Aus dem Vergleich geht hervor, daß der dritte Spruch der Keduscha Ps. 146₁₀, der sich in der Keduscha der Thephila (auch in der Keduscha de Sidra), aber nicht in der Keduscha des Jozer findet, wahrscheinlich nicht zum alten Bestand der Keduscha gehört.

⁵ Vgl. die Erwähnung Israels im Gebet VII 36,2 (hier die Formel: τὸν ἀληθινὸν Ἰσραὴλ ... τὸν ὁρῶντα θεόν) und ähnlich VIII 15,7.

⁶ Der auf den obigen Abschnitt folgende § 5 ist zunächst eine Wiederholung von § 2; die ganze Kreatur wird zum Lobpreis Gottes aufgefordert: οὐρανός, γῆ, ὕδωρ, ἀήρ, πῦρ (also die fünf Elemente), ἀστέρες, ζῶα (Berührungen mit VII 34 sollen unten notiert werden). Dann § 6 (= 4) διὸ καὶ ὀφείλει πᾶς ἄνθρωπος ... ὕμνον ἀναπέμπειν. Darauf folgt § 7-10 der Gotteshymnus. Vgl. übrigens die Anordnung der Lobgesänge Apk. Joh. 5₈ (Cherubim), 5₁₁ (Engel), 5₁₃ (die gesamte Kreatur).

¹ λογικός in unseren Gebeten noch 34,6 und 38,5, dann in den Gebeten des achten Buches: 9,8; 12,17; 15,7; 37,5.6; 41,4. Im ganzen übrigen Buch nur II 19,1 (VI 11,7), VI 30,10 (λογικὰ τάγματα = Engel).

² ἀπρόσιτος ἡ κατοικία 35,9 und μισθαποδότης 35,10 brauchen nicht aus I. Tim. 6₁₆ resp. Hebr. 11₆ zu stammen. Drews, Untersuch. über die sog. Clementinische

35, 7 : τὸ γὰρ σὸν αἰώνιον κράτος καὶ φλόγα καταψύχει καὶ λέοντας φιμοῖ καὶ χήτη καταπραΰνει καὶ νοσοῦντας ἐγείρει καὶ δυνά- μεις μετατρέπει καὶ στρατὸν ἐχθρῶν καὶ λαὸν ἀριθμούμενον ἐν τῷ ὑπερηφανεύεσθαι (II. Reg. 24) καταστρώννυσιν. Dazu vergleiche man den Schluß der Keduscha im Jozer (Hirsch 110) „Denn er ist allein der Vollbringer großer Taten, der neues Schaffende, der Herr der Schlachten, der Wohltaten säet, der Heil sprossen läßt, der Heilungen bringt ... der Herr der Wunder[3].

Unmittelbar vor der christologisch bestimmten Doxologie finden wir endlich die bemerkenswerte Wendung 35, 10 : σὺ γὰρ εἶ ὁ σοφίας πατήρ, ὁ δημιουργίας τῆς διὰ μεσίτου κτίστης ὡς αἴτιος, ὁ προ- νοίας χορηγός, ὁ νόμων δοτήρ. Natürlich hat der Redaktor die σοφία auf Christus bezogen, aber die ganze Wendung ist aus jüdi-
441 schem Milieu viel besser und unmittelbarer verständlich[4]. Doch / über die σοφία in unsern Gebeten und über den Gebrauch von νόμος im Plural kann erst weiter unten im Zusammenhang gehandelt werden.

Wenn auch in der zweiten Hälfte ein jüdisches Gebet vorliegen sollte, was durch diese Erwägungen wahrscheinlich gemacht ist, so setzt uns hier die Betonung des Begriffs γνῶσις in Erstaunen : 35, 9 κύριος θεὸς γνώσεων (I. Kön. 2, 3); ἄναρχος ἡ γνῶσις. — Es wäre von höchstem Interesse, wenn auch das jüdisch wäre. Diese Betonung des mysteriösen Begriffes der γνῶσις ist noch nicht einmal bei Philo häufig. Er gebraucht den terminus, soweit ich sehe, nur äußerst selten, unendlich viel häufiger redet er von ἐπιστήμη, σοφία, φιλοσοφία etc. Wir hätten in diesem Gebet dann ein außerordentlich stark helleni- siertes Judentum. Und dieses hellenisierte Judentum hätte noch in nachchristlichen Jahrhunderten existiert und eine Liturgie in hellenischer

---

Liturgie S. 33, legt starkes Gewicht auf das Vorkommen des Wortes μισθαποδότης Hebr. 11₆ und Konst. VIII 12,22, um seinerseits die Abhängigkeit des Hebräerbriefs von christlicher Liturgie zu beweisen (s. u.). Er betont die außerordentliche Seltenheit des Wortes, es finde sich erst wieder bei Gregor von Nazianz. Unsere Stelle hat er übersehen; auch V 6,10, wo Abhängigkeit vom Hebräer anzunehmen ist. Es wird aber weiter unten bewiesen werden, daß die Übereinstimmungen von VIII 12,22 und unserer Stelle aus der jüdischen Liturgie stammen. In irgend einer Weise wird dann auch der Verfasser von Hebr. 11 aus derartigen (jüdischen?) Quellen geschöpft haben.

[3] Vor jenen Wendungen steht (s. o.) in den Konstitutionen (35,5f.) ein Preis des Schöpfergottes, der (neben anderm) die Gestirne geschaffen. In der Keduscha des Jozer heißt es : Er ist es, der mit seiner Güte jeden Tag stets wie am Anfang sein Werk treibt, wie geschrieben steht : Preist Ihn, der große Lichter schafft! Immerdar währt seine Gnade.

[4] Freilich paßt dazu die unmittelbar vorhergehende Wendung (§ 9) : ἀμεσίτευτον τὸ ἔργον (vgl. auch ἀδιάδοχος ἡ μοναρχία) nicht sehr gut.

Sprache besessen. Das wäre eine erstaunliche Tatsache. Doch auf diese wichtigen Fragen kann ebenfalls erst weiter unten im Zusammenhang eingegangen werden.

Was aber als sicheres Resultat sich ergeben hat, ist, daß Gebet Konstit. VII 35 ein umfangreiches Stück der jüdischen Keduscha in sich enthält.

Das ist, nebenbei bemerkt, ein Resultat, das auch für die Geschichte der altchristlichen Liturgie im allgemeinen von Wichtigkeit sein dürfte. Man hat ja bereits seit langem die Vermutung aufgestellt, daß das christliche Dreimal-Heilig in der Anaphora der Abendmahlsliturgie aus der jüdischen Liturgie stammen könnte. Allein der nähere Beweis fehlte. Die Verwendung der Stelle Jes. 6₃ zu liturgischem Gebrauch liegt in der Tat so nahe, daß sie unabhängig in christlicher und jüdischer Liturgie vorgenommen sein könnte. Außerdem wurde die spezifische Struktur der Keduscha (Jes. 6₃ und Ezech. 3₁₂) bisher in der christlichen Liturgie nicht nachgewiesen. Für diese ist vielmehr — vielleicht schon seit Clemens (Brief an die Kor. c. 34) eine Kombination von Da. 7 mit Jes. 6₃ charakteristisch. — Nun können wir den Beweis führen, daß an einer Stelle die jüdische Keduscha tatsächlich in einer vom Christentum übernommenen Gebetssammlung erscheint. Das macht ihren Einfluß auf die eucharistische Liturgie wahrscheinlicher, zumal da in beiden Liturgien die charakteristische Anlage vorherrscht, daß nach der Schilderung des Lobgesanges der Engel die Gemeinde aufgefordert wird, sich diesem Lobgesang anzuschließen (s.o.). Ganz wie es VII 35 heißt Ἰσραὴλ δὲ ἡ ἐπίγειός σου ἐκκλησία u.s.f. steht in der clementinischen Liturgie: καὶ πᾶς ὁ λαὸς ἅμα / εἰπάτω (VIII 12,27). Im Codex Dêr-Balyzeh [1] heißt es: ἀλλὰ μετὰ πάντων τῶν σε ἁγιαζόντων δέξαι καὶ τὸν ἡμέτερον ἁγιασμὸν λεγόντων σοι· ἅγιος. ... In der Serapionliturgie (Funk, Didaskalia et Constit. apost. II 174₃): μεθ᾽ ὧν δέξαι καὶ τὸν ἡμέτερον ἁγιασμὸν λεγόντων· ἅγιος ... [2].

Mit unserer Untersuchung erhalten also die bisherigen Vermutungen in dieser Richtung eine neue und wesentliche Stütze; eine enge Beziehung zwischen jüdischer und altchristlicher eucharistischer Liturgie an einem wichtigen Punkt wird sich kaum mehr leugnen lassen.

---

[1] Scherman, der liturg. Papyrus von Dêr-Balyzeh 1900 (Texte u. Unters. 36,1) S. 12.
[2] Vgl. I Clemens 34 (hinter dem Seraphimgesang Jes. 6₃) καὶ ἡμεῖς οὖν ἐν ὁμονοίᾳ ἐπὶ τὸ αὐτὸ συναχθέντες ... ὡς ἐξ ἑνὸς στόματος βοήσωμεν πρὸς αὐτὸν ἐκτενῶς.

Auch wird sich die Vermutung kaum abweisen lassen, daß bei der
Schilderung des himmlischen Gottesdienstes in der Apokalypse des
Johannes die jüdische resp. die altchristliche Liturgie bereits eingewirkt habe. Auch hier haben wir (4₈) das dreimal Heilig (von den
Cheruben angestimmt), auch hier schließt sich die himmlische Gemeinde, vertreten durch die 24 Ältesten, dem Lob der Engel (4₁₁) an[3].
Es wird auch kein Zufall sein, daß die drei Hymnen Apk. 4₁₁, 5₉.₁₂
mit ἄξιος beginnen. Man hat ja bekanntlich seit langem darauf hingewiesen, daß das christliche ἄξιον καὶ δίκαιον dem jüdischen אֱמֶת וְיַצִּיב
(hinter der Rezitation des Sch'ma) entsprechen dürfte.

II

Doch ich kehre zum Thema zurück. Es gilt nunmehr die Umgebung unseres Gebetes, das ja in einer Sammlung von Gebeten
steht, abzusuchen und zu sehen, ob sich hier noch mehr Beobachtungen, die in die Richtung der obigen Untersuchung deuten, machen
lassen. Unsere Vermutung täuscht uns nicht. Gleich das folgende
Gebet, das uns VII 36 begegnet, ist ein — Sabbatgebet. Wir fassen den
Anfang ins Auge :

Κύριε παντοκράτορ, κόσμον ἔκτισας [διὰ Χριστοῦ][4] καὶ σάββατον
ὥρισας εἰς μνήμην τούτου, ὅτι ἐν αὐτῷ κατέπαυσας ἀπὸ τῶν ἔργων εἰς
μελέτην τῶν σῶν νόμων[5], καὶ ἑορτὰς διετάξω εἰς εὐφροσύνην τῶν
ἡμετέρων ψυχῶν, ὅπως εἰς μνήμην ἐρχώμεθα τῆς ὑπὸ σοῦ κτισθείσης
σοφίας.

Daß der Sabbat vor allem εἰς μελέτην τῶν σῶν νόμων[5] (zum
443 / Plural vgl. 35,10, 38,5 und weiter unten) von Gott gegeben sei (vgl.
36,5 σάββατον ... νόμων ζήτησις) und damit zur Seelenfreude, ist
echt spätjüdische Überzeugung; man lese etwa Philo's Ausführungen
de spec. leg. II 59-62. Von hier aus läßt sich auch die Wendung
begreifen ὅπως εἰς μνήμην ἐρχώμεθα τῆς ὑπὸ σοῦ κτισθείσης σοφίας.

---

[3] Vgl. noch das schon oben 439,6 zu 5₈₋₁₄ Bemerkte.

[4] Vgl. die Interpolation derselben Worte in 35,6; s. o. S. 440.

[5] Eine Reminiszenz an unser Gebet liegt Konst. VI 23,3 vor : ὁ σαββατίζειν δι'
ἀγρίας νομοθετήσας διὰ τὴν τῶν νόμων μελέτην. Aber dort wird der alttestamentliche Kult mit dieser Formel dem christlichen Gottesdienst als minderwertig gegenübergestellt : νῦν καθ' ἡμέραν ἐκέλευσεν ἡμᾶς, ἀναλογιζομένους δημιουργίας καὶ
προνοίας νόμον, εὐχαριστεῖν τῷ θεῷ (vgl. übrigens auch II 36,2 σαββατισμὸν μελέτης
νόμων οὐ χειρῶν ἀγρίαν; 61,4 σχολάζοντες τοῖς τοῦ θεοῦ νόμοις; VI 27,7 μελέτα
τοὺς αὐτοῦ νόμους). Das hier vorliegende literarische Problem wird weiter unten gelöst
werden.

Das Gesetz beginnt ja mit der Weltschöpfung, zur frommen Betrachtung der weltschöpferischen, von Gott geschaffenen Weisheit
soll der Sabbat Gelegenheit bieten. Auch ist das ganze Gesetz ja
nur der Wohnort und die Unterkunft der göttlichen Weisheit (Sirach
1_{15}, 24_7f., Apok. Baruch 17ff., 59), durch die Beschäftigung mit ihm
erkennt man die Weisheit Gottes. Bis dahin glauben wir das Gebet
zu verstehen. Aber nun hören wir mit einem Mal, daß diese κτισθεῖσα
σοφία — selbst für den Verfasser der Konstitutionen ist das eigentlich
eine Ketzerei[1] — Christus sein soll: ὡς δι᾽ ἡμᾶς γένεσιν ὑπέστη τὴν
διὰ γυναικός, ἐπεφάνη τῷ βίῳ ἀναδεικνὺς ἑαυτὸν ἐν τῷ βαπτίσματι, ὡς
θεός ἐστι καὶ ἄνθρωπος ὁ φανείς[2], ἔπαθεν δι᾽ ἡμᾶς σῇ συγχωρήσει[3]
καὶ ἀπέθανεν καὶ ἀνέστη σῷ κράτει[3].

Was nun der Sabbat und die μελέτη τῶν νόμων eigentlich gerade
mit Christus und seinen Taten zu tun haben soll, bleibt völlig im
Dunkeln. Geradezu verblüfft aber sind wir, wenn es in dieser christologischen Partie des Sabbatgebetes nun weiter heißt: διὸ καὶ τὴν
ἀναστάσιμον ἑορτὴν πανηγυρίζοντες τῇ κυριακῇ χαίρομεν ἐπὶ
τῷ νικήσαντι μὲν τὸν θάνατον „φωτίσαντι δὲ ζωὴν καὶ ἀφθαρσίαν”.
Wie kommt die ἀναστάσιμος ἑορτή und die κυριακὴ ἡμέρα in diesen
Zusammenhang eines Sabbatgebetes hinein?

Und weiter ist es erstaunlich, daß wir mit § 3 — also nach diesem
christologischen Exkurs — wieder in der Zeit der Auswanderung Israels
aus Ägypten sind: σὺ γὰρ κύριε καὶ τοὺς πατέρας ἡμῶν ἐξήγαγες ἐξ
Αἰγύπτου! Es steht m. E. außer allem Zweifel, daß in einen ur-
444 sprünglichen Zusammenhang eines (jüdischen) Sabbatgebets / die
christologische Partie (= § 2) erst eingeschoben ist. Zweifelhaft kann
man nur über den Satz sein, mit dem § 2 schließt (hinter „ἀφθαρσίαν”
s.o.): δι᾽ αὐτοῦ γὰρ προσηγάγου τὰ ἔθνη ἑαυτῷ εἰς λαὸν περιούσιον,
τὸν ἀληθινὸν Ἰσραήλ, τὸν θεοφιλῆ, τὸν ὁρῶντα θεόν[1a]. Sollte hier
vielleicht ursprünglich etwa gestanden haben: δι᾽ αὐτῆς (sc. τῆς σοφίας
s. § 1) γὰρ προσηγάγου ἡμᾶς ἑαυτῷ εἰς λαὸν περιούσιον, τὸν Ἰσραήλ,
τὸν θεοφιλῆ, τὸν ὁρῶντα θεόν[2a]?

---

[1] Vgl. 41_5 τὸν πρὸ αἰώνων εὐδοκίᾳ τοῦ πατρὸς γεννηθέντα οὐ κτισθέντα.

[2] Die Taufe ist bemerkenswerter Weise als wirkliche Theophanie aufgefaßt. Der
Verfasser der Konstitutionen kennt seinerseits bereits das Weihnachtsfest V 13,1, VIII
33,6. Sollte diese Bearbeitung des jüdischen Textes von ihm stammen?

[3] Man beachte die charakteristischen subordinatianischen Formeln, die in den Konstitutionen häufig wiederkehren II 24,3; V 5,3; VII 25,2; 41,5; VIII 1,10 (hier überhaupt eine beachtenswerte Parallele); VIII 5,5; VIII 12,30. 33. Vgl. E. Schwartz a.a.O.
16 und den Zusatz zum 50. apost. Kanon bei Schwartz S. 14.

[1a] Dazu eine Parallele VIII 15,7.

[2a] Auf diese Deutung Israels legt bekanntlich Philo in seinen Allegorien zu immer
wiederholten Malen das stärkste Gewicht.

Doch davon abgesehen, mit § 3 sind wir jedenfalls im ursprünglichen Zusammenhang. Es wird nun der Auszug aus Aegypten beschrieben, und mit § 4 gewinnt das Gebet sein acumen : νόμον αὐτοῖς
ἐδωρήσω δέκα λογίων σῇ φωνῇ φθεχθέντα καὶ χειρὶ σῇ καταγρα-
φέντα· σαββατίζειν ἐνετείλω, οὐ πρόφασιν ἀγρίας διδούς (vgl. Philo
spec. leg. II 60), ἀλλ᾽ ἀφορμὴν εὐσεβείας (ib. II 61-63), εἰς γνῶσιν
τῆς σῆς δυνάμεως (s.o. S. 441), εἰς κώλυσιν κακῶν ὡς ἐν ἱερῷ
καθείρξας περιβόλῳ³, διδασκαλίας χάριν εἰς ἀγαλλίαμα ἑβδομάδος.

Dann werden neben dem Sabbat noch das Siebenwochenfest, der
heilige siebente Monat, das siebente und das fünfzigste Jahr als göttliche Einrichtungen erwähnt, genau so wie Philo in seiner Abhandlung
de septenario alle diese Kulteinrichtungen zusammenstellt⁴.

Und dann eilt das Gebet zum Schluß : ὅπως μηδεμίαν ἔχωσιν
πρόφασιν ἄνθρωποι ἄγνοιαν (s.o. γνῶσις!) σκήψασθαι, τούτου χάριν
πᾶν σάββατον ἐπέτρεψας ἀργεῖν (nämlich zum Zweck des Gesetzes-
unterrichtes, der die ἄγνοια ausschließt). Auch kein Zorneswort soll
am Sabbat aus jemandes Munde gehen : σάββατον γάρ ἐστιν κατά-
παυσις δημιουργίας, τελείωσις κόσμου, νόμων (36,1 ; 35,10), ζήτησις,
αἶνος εἰς θεὸν εὐχάριστος, ὑπὲρ ὧν ἀνθρώποις ἐδωρήσατο.

Nun aber setzt in einer fast verblüffend ungenierten Weise der
christliche Redaktor wieder ein : ὧν ἁπάντων ἡ κυριακὴ προὔ-
χουσα, αὐτὸν τὸν μεσίτην, τὸν προνοητήν, τὸν νομοθέτην, τὸν ἀναστάσεως αἴτιον, τὸν πρωτότοκον πάσης κτίσεως, τὸν θεὸν λόγον
(folgt ein Glaubensbekenntnis) ὑποδεικνύουσα ὡς κυριακὴ παρακε-
λεύεταί σοι δέσποτα τὴν ὑπὲρ πάντων εὐχαριστίαν προσφέρειν. αὕτη
γὰρ ἡ ὑπό σου παρασχεθεῖσα χάρις, ἥτις διὰ μέγεθος πᾶσαν εὐερ-
γεσίαν ἐκάλυψεν.

445   Ich glaube, der Sachverhalt ist nun ganz klar. Ein altes jüdisches
Sabbatgebet — man vergleiche etwa das Kidduschgebet¹ oder die

---

³ Vgl. Ps. Aristeas § 139 ὁ νομοθέτης, ὑπὸ θεοῦ κατεσκευασμένος εἰς ἐπίγνωσιν
τῶν ἁπάντων περιέφραξεν ἡμᾶς ἀδιακόποις χάραξι καὶ σιδηροῖς τείχεσιν,
ὅπως μηθενὶ τῶν ἄλλων ἐθνῶν ἐπιμισγώμεθα κατὰ μηδέν, ἁγνοὶ καθεστῶτες.
⁴ Spec. leg. II § 71ff. das Erlaßjahr; § 110ff. das Jubeljahr; § 176ff. das Siebenwochenfest; § 188ff. der siebente Monat.
¹ Hirsch, Israels Gebete 292 (Kiddusch); 326 (Einlage im Schmone Esre im Sabbat-
morgengebet); 362ff. (Einlage im Sabbat-Musaphgebet). Ich stelle beispielsweise das
Sabbatabendgebet (272) zum Vergleich hierher : „Du hast den siebenten Tag Deinem
Namen geheiligt, das Ziel der Schöpfung des Himmels und der Erde, hast ihn gesegnet
vor allen Tagen und geheiligt vor allen Zeiten, und so steht in Deiner Thora geschrieben
(Gen. 2₁₋₃). Unser Gott und Gott unsrer Väter, habe Wohlgefallen an unsrer Ruhe,
heilige uns durch Deine Gebote, und gib uns Anteil an Deiner Thora".

Einlage im Schmone-Esra des Sabbatgottesdienstes — ist von einem Christen herübergenommen und keck mit einem kurzen Schluß über die Heiligung der κυριακή verbunden. Man wende nicht ein, daß ein solches Gebet mit doppeltem acumen auf den Sabbat und den Sonntag in einem Milieu denkbar sei, wo es Sitte war, beide Tage neben einander zu heiligen. Denn niemals ist es zu erklären, wie aus derartigen Kultsitten ein Gebet entstehen konnte[2], in welchem der Betende zunächst den Sabbat in langer Ausführung als die höchste Gabe seines Gottes feiert, um dann in einem kurzen Nachsatz zu bemerken, der Sonntag stehe doch noch höher als der Sabbat — ganz abgesehen von dem an ganz unpassender Stelle eingeschobenen christologischen Exkurs und der Vorwegnahme der ἀναστάσιμος ἑορτή in § 2!

III

Danach wird man nun auch geneigt sein, in dem Stück c. 37 ein überarbeitetes jüdisches Gebet anzuerkennen. Es ist eine Bitte um freundliche Aufnahme des Gebets von seiten Gottes unter Berufung auf alle die Erhörungen alttestamentlicher Frommen von Abel an bis zu den Makkabäern, Mattathias und seinen Söhnen, in etwa historischer (alttestamentlicher) Reihenfolge. Zum Schluß ist die Ordnung etwas in Verwirrung geraten, Esra steht vor Daniel von Nehemia getrennt, zwischen ihnen finden wir (neben Jonas und den drei Männern im Ofen) an ganz unpassender Stelle Hanna (I. Kö.)[3] und ganz zum **446** Schluß gar Jael (Ri. 5_{24}). Dadurch ist / es etwas verwischt, daß die Liste der Frommen ursprünglich charakteristischer Weise von Abel bis in die Zeit der Makkabäer, die letzte Gnadenzeit des jüdischen Volkes, reicht.

Das Gebet beginnt in seiner jetzigen Form mit einem Lobpreis, daß Gott die Verheißungen der Propheten erfüllt und sich Zions und Jerusalems erbarmt habe dadurch, daß er den Thron Davids seines Knechtes in ihrer Mitte aufrichtete. Daran hat sich die Bearbeitung

---

[2] Für den Verfasser der Konstitutionen (oder seine Quelle) sind in der Tat Sabbat und κυριακή heilige Ruhetage VIII 33, während die Didaskalia dem Sabbat in scharfer Polemik jede besondere Würde abspricht VI 18 (Funk = Flemming-Achelis c. 26, S. 136). In der gänzlich abweichenden Parallele VI 23,3 stellt der Verfasser der Konstitutionen (s. o. 442_5) den Sabbatdienst des Judentums dem täglichen christlichen Gottesdienst gegenüber.

[3] Sollte der Einschub vom christlichen Redaktor stammen, der dabei der Hanna des neuen Testaments Lk. 2_{36} gedacht?

angeschlossen und ich glaube, daß es genügt, den Text mit den nötigen Klammern herzusetzen :

ὁ τὰς ἐπαγγελίας τὰς διὰ τῶν προφητῶν πληρώσας καὶ ἐλεήσας τὴν Σιὼν καὶ οἰκτειρήσας τὴν Ἱερουσαλήμ τῷ τὸν θρόνον Δαυὶδ τοῦ παιδός σου ἀνυψῶσαι ἐν μέσῳ αὐτῆς ¹ [τῇ γενέσει τοῦ Χριστοῦ τοῦ ἐκ σπέρματος αὐτοῦ τὸ κατὰ σάρκα γεννηθέντος ἐκ μόνης παρθένου] αὐτὸς καὶ νῦν, δέσποτα ὁ θεός, πρόσδεξαι τὰς διὰ χειλέων δεησεις τοῦ λαοῦ σου [τοῦ ἐξ ἐθνῶν² τῶν ἐπικαλουμένων σε ἐν ἀληθείᾳ (Ps. 144₅,₈)], καθὼς προσεδέξω τὰ δῶρα τῶν δικαίων ἐν ταῖς γενεαῖς αὐτῶν (folgt die Liste). Und zum Schluß (nach der Aufzählung) heißt es dann : καὶ νῦν οὖν πρόσδεξαι τὰς τοῦ λαοῦ σου προσευχὰς μετ᾽ ἐπιγνώσεώς σοι [διὰ Χριστοῦ]³ προσφερομένας [ἐν τῷ πνεύματι].

Welcher Christ hätte wohl von sich aus ein solches Fürbittengebet formuliert?! Wer wäre auf den Gedanken gekommen, die Reihe der alttestamentlichen Frommen und Beter gerade mit den Makkabäern schließen zu lassen, ohne am Ende das Gebet neutestamentlicher Frommer oder das Gebet Jesu zu erwähnen!

Diese Vermutung verstärkt sich durch die Analyse des folgenden
447 Gebets (VII 38). Wieder wird hier Gott⁴ gedankt für das / Erbarmen, das er in jeglichem Geschlecht den Seinen hat zuteil werden lassen.

---

¹ Es ist freilich zuzugeben, daß ein derartiges unbefangenes Zurückblicken auf die Aufrichtung des Thrones Davids in einem späteren jüdischen Gebet (nach der Zeit der Zerstörung) seltsam anmutet. Vielleicht hat der christliche Bearbeiter auch die Erwähnung des Davidsthrones erst hereingebracht. Unmöglich scheint es mir nicht, daß hier eine Wendung aus älterer Zeit im jüdischen Gebet stehen geblieben sein könnte.

² Vgl. den ganz ähnlichen Zusatz, oben 35,4.

³ Vgl. das διὰ Χριστοῦ 35,6 und 36,1 und unten 38,4.

⁴ Die Anrede ist δέσποτα παντοκράτορ. δεσπότης ist in diesem jüdischen Gebete besonders häufig: 34,2. 7; 35,8; 37,1; 38,1. Sie steht freilich auch in den christlichen liturgischen Stücken 39,4; 43,1 (36,6 Bearbeitung); ferner VII 25,3; 26,3 (veranlaßt durch den Paralleltext der Didache) und häufig in den Gebeten des achten Buches (darüber s. u.). Außerhalb der Gebetsliturgie findet sich die Anrede in den Konstitutionen nicht (!) (48,4 ist Zitat). — παντοκράτωρ ist ebenfalls in unsern Gebeten häufig: 33,2; 35,1.7; 36,1; 38,1, findet sich auch sonst in liturgischen Stücken VII 25,3; 26,3 (an beiden Stellen durch den Paralleltext der Didache veranlaßt); 45,3; 47,2; in den Gebeten des VIII. Buches (Funk notiert VIII 5,1.7; 6,11; 9,7 etc.). Der Verfasser der Konstitutionen übernimmt das Wort aus der Didaskalia I 8,1; II 28,6; IV 5,4; V 7,1; VI 30,9; aus den LXX VII 30,2 (II 22,12 Gebet Manasses gegen Didaskalia); aus dem Glaubensbekenntnis : VI 10,1; 11,1; 14,2; 26,1; VII 41,4; 43,2. Er gebraucht es selbst in der Doxologie am Eingang und Schluß seiner Bearbeitung der Didaskalia (Prooem. u. VI 30,10); außerdem von sich aus V 15,3. — Ich habe bereits in meinem „Kyrios" 360 [2. und spät. Aufl. : 292⁴] darauf hingewiesen, daß diese — im neuen Testament sehr seltenen — Prädikate wahrscheinlich aus der jüdischen Liturgie in die christliche Sprache eingedrungen sind.

Und nun folgt eine ähnliche Aufzählung wie im vorhergehenden Gebet. Diese beginnt mit Enos und Henoch und endet mit Esther, Mardochai, Judith, Judas Makkabaeus und seinen Brüdern! Zum zweiten Male haben wir hier eine Aufzählung alttestamentlicher Frommer, die mit den Makkabäern schließt. Und ein wie starker jüdischer Geist atmet in dieser Aufzählung! Dann freilich heißt es hier — einen solchen speziell christlichen Abschluß vermißten wir im früheren Gebet : καὶ ἐν ταῖς ἡμέραις ἡμῶν ἀντελάβου ἡμῶν διὰ τοῦ μεγάλου σου ἀρχιερέως Ἰησοῦ Χριστοῦ τοῦ παιδός σου. Was aber wird nun von Jesus ausgesagt? καὶ ἀπὸ μαχαίρας γὰρ ἐρρύσατο καὶ ἐκ λιμοῦ ἐξείλατο διαθρέψας, ἐκ νόσου ἰάσατο, ἐκ γλώσσης πονηρᾶς ἐσκέπασεν. Hier paßt zwar die Wendung ἐκ νόσου ἰάσατο, abgesehen von dem merkwürdigen Singular, auf Jesus, allenfalls auch die Errettung vom Hunger (Speisung der Fünftausend?). Aber was soll das ἐκ μαχαίρας ἐρρύσατο und die letzte rätselhafte Wendung? Man wird den Eindruck nicht los : hier war ursprünglich von Judas Makkabäus die Rede, er rettete Israel vom Schwerte, schützte das in die Wüste geflohene Volk vor Hunger (?), heilte es von seiner Krankheit [1], schirmte es vor der Lästerung oder der Drohrede seiner Feinde. Ist diese Vermutung richtig, so wird die ziemlich rohe christliche Bearbeitung des Textes wieder ganz deutlich [1].

Nun leitet der Dank zu den Schöpfertaten Gottes über (§ 4-5) : περὶ πάντων σοι [διὰ Χριστοῦ] εὐχαριστοῦμεν ὁ καὶ φωνὴν ἔναρθρον εἰς ἐξομολόγησιν δωρησάμενος καὶ γλῶσσαν εὐάρμοστον δίκην πλήκτρου [2] ὡς ὄργανον ὑποθείς, καὶ γεῦσιν πρόσφορον καὶ ἀφὴν κατάλληλον καὶ ὅρασιν θέας καὶ ἀκοὴν φωνῆς καὶ ὄσφρησιν ἀτμῶν καὶ χεῖρας εἰς ἔργον καὶ πόδας πρὸς ὁδοιπορίαν. καὶ ταῦτα πάντα ἐκ / μικρᾶς σταγόνος διαπλάσας ἐν μήτρᾳ καὶ ψυχὴν ἀθάνατον μετὰ τὴν μόρφωσιν χαρίζῃ καὶ προάγεις εἰς φῶς τὸ λογικὸν [1a] ζῷον τὸν ἄνθρωπον. Wendland [2a] hat bei der Besprechung eines anderen Gebetes unseres Kreises, das wir noch ausführlich behandeln werden, auf die Vorschrift bei Philo de leg. spec. I 211 (de victim. 6) hingewiesen : „Und wenn Du Gott für einen einzelnen Mann dankest, so

---

[1] Man könnte sich übrigens als Subjekt der Sätze (unter Änderung der dritten Person in die zweite) auch Gott denken. Natürlich ist dann hier die Rede von den Führungen des alttestamentlichen Volkes durch Gott. Ob wir so oder so erklären, die Erwähnung Christi erweist sich beide Male als ein störender Zusatz.

[2] Parallelen dazu s. im folgenden Abschnitt.

[1a] Über λογικόν s. o. 440,1.

[2a] Gött. gel. Nachrichten 1910 S. 333.

teile deinen Dank vernunftgemäß, freilich nicht nach den kleinsten
Teilen bis ins allerkleinste, sondern nach den Hauptteilen, zuerst Leib
und Seele, aus denen er zusammengesetzt ist, dann Vernunft, Verstand und Wahrnehmung; denn auch ein Dankgebet für jeden dieser
Teile wäre von Gott angehört zu werden nicht unwert". Man sieht,
daß hier das Schema, das Philo vorschwebt, wenn auch mit gewissen
Abweichungen — vielleicht würde Philo hier schon bei den Gliedern
des Leibes eine Aufzählung ins allerkleinste sehen und ein genaueres
Eingehen auf die Teile der ψυχή vermissen — befolgt ist.

Dann fährt der Lobpreis fort: νόμοις (35,10, 36,1, s.o. S. 442₅)
ἐπαίδωσας, δικαιώμασιν ἐφαίδρυνας· πρὸς ὀλίγον ἐπάγων διάλυσιν
τὴν ἀνάστασιν ἐπαγγείλω. Über Parallelen zu diesem Satz soll in dem
folgenden Abschnitt (über das Gebet c. 34) gehandelt werden. Vorläufig merken wir nur an, daß die gesamten letzten Ausführungen über
Schöpfung, Erziehung, Auferstehung ganz ohne Erwähnung Christi
gegeben werden.

Nach einem Satz, der die Unmöglichkeit Gott für seine Wohltaten
gebührend zu danken betont (§ 6), folgen (§ 7) die Worte: ἐρρύσω
γὰρ ἀσεβείας πολυθέων καὶ [χριστοκτόνων ³ αἱρέσεως ἐξείλω] πεπ-
λανημένης ἀγνοίας ἠλευθέρωσας. Diesen Passus möchte ich mit Ausnahme der eingeklammerten Worte der jüdischen Grundlage zuspre-
chen. Ich mache auf eine Parallele aufmerksam, die sich unmittelbar
hinter der Keduscha de Sidra in der jüdischen Liturgie des germanischen Ritus findet (Hirsch 204): „Gesegnet sei er, unser Gott, der
uns zu seiner Ehre geschaffen und uns geschieden hat von den
Irregehenden und uns die Lehre der Wahrheit gegeben und das
ewige Leben in uns gepflanzt hat". Aus dem ganz christologischen Schluß des Gebetes möchte ich versuchsweise die Worte ausscheiden: ἀγγέλους ἐπέστησας τὸν διάβολον ἤσχυνας· οὐκ ὄντας
ἐποίησας, γενομένους φυλάσσεις, ζωὴν ἐπιμετρεῖς, χορηγεῖς τροφήν,
449 μετάνοιαν ἐπηγγείλω, und verweise schon / hier auf die Parallele
VIII 12,30 μετὰ τὰς τῶν ἀγγέλων ἐπιστασίας. Der christliche Schluß
§ 8-9 ist zugleich Abschluß der ganzen Gebetsreihe.

III

Das Gebet, auf das wir nunmehr unsere Untersuchung richten, VII
34, steht beinahe am Anfang der ganzen Sammlung. Es ist ein Dank-

---

³ Zu χριστοκτόνον vgl. II 61,1; VI 25,1; χριστοκτονία VI 5,5.

gebet für die Wohltaten der Schöpfung, vor allem für die Schöpfung des Menschen und sein Geschick. Es erregt auch deshalb unser besonderes Interesse, weil es sich als auf das engste verwandt mit dem großen ἄξιον-καὶ-δίκαιον-Gebet der klementinischen Liturgie im achten Buch der Konstitutionen 12, 6ff. erweist.

Die beiden Gebete und namentlich VIII 12 sind bereits Gegenstand zahlreicher Untersuchungen gewesen. Nach dem Vorgange von F. Probst (Liturgie der drei ersten christlichen Jahrhunderte) hat namentlich Drews [1] das ἄξιον-καὶ-δίκαιον-Gebet der klementinischen Liturgie, sowie überhaupt einen guten Teil dieser Liturgie, durch Nachweis von Anspielungen und Parallelen bei den Kirchenvätern bis Justin und Clemens Romanus rückwärts — als seiner wesentlichen Grundlage nach im urchristlichen Zeitalter entstanden zu erweisen versucht. Dann hat Skutsch [2] den Nachweis zu führen unternommen, daß die Gebete, mit denen der Astrolog Julius Firmicus Maternus das fünfte und siebente Buch seines in seiner heidnischen Zeit geschriebenen Werkes „mathesis" eröffnete, von der christlichen Liturgie abhängig seien. Wendland, der die enge Verwandtschaft der in Betracht kommenden Gebete als durch Skutsch bewiesen betrachtete und durch neue Gründe erhärtete, hat das Resultat, zu dem Skutsch kam, doch offenbar als paradox empfunden. Er will wenigstens auf die andere Möglichkeit hinweisen, daß für beide Gebete eine gemeinsame Quelle anzunehmen sei und zwar ein stoisches auf die Theodicee von Poseidonios gegründetes nichtchristliches Gebet [3].

Ich kann gegen die ganze Art der Beweisführung, wie sie hier namentlich von Skutsch und Probst vorgenommen wird, meine starken Bedenken nicht unterdrücken. Die Methode ist dabei immer dieselbe : 450 man häuft Dutzende von Parallelen im einzelnen / an, deren jede für sich genommen nicht beweiskräftig ist, und meint, den Beweis durch Häufung und Addition zu erzwingen. Es ist charakteristisch, daß Skutsch (S. 295) von vornherein zugesteht, daß sein Beweismaterial nicht in allem einzelnen gültig sei. Er tröstet sich aber damit, daß sein Beweis „manchen Abstrich vertrage" und doch bestehen bleibe. Er sagt uns aber nicht, wo die sicheren Punkte seines Beweises liegen und verläßt sich auf die Massenhaftigkeit seines Materials. Aber

---

[1] Untersuch. z. Gesch. d. christl. Gottesdienstes II. III. Untersuch. üb. d. sogen. clementinische Liturgie 1905.

[2] Archiv f. Religionswissenschaft XIII 1910. S. 291ff.

[3] R. Reitzenstein und P. Wendland : Zwei angeblich christliche liturgische Gebete. Nachr. d. Ges. d. Wiss. Gött. 1910 330ff.

auch die größte Masse kann durch fortgesetzte Abstriche verschwinden.

Es soll ja gar nicht geleugnet werden, daß hier Berührungen im einzelnen massenhaft vorhanden sind. Aber man muß sich dabei immer vergegenwärtigen, daß es im Judentum, Christentum und auch im Hellenismus eine ausgedehnte und weitverbreitete Gebetsliteratur gab, von der uns nur noch Trümmer erhalten sind, daß in dieser Literatur die einmal geprägte Formel eine außerordentliche Zähigkeit besitzt, daß wir es ferner bei diesen Berührungen vielfach mit Allgemeinplätzen stoischer Theodicee zu tun haben, welche die einzelnen Beter kaleidoskopartig bald so bald so anwandten, daß endlich die griechische Bibel eine Fülle von derartigen geprägten Formeln in die Gebetssprache hineinwarf. So können sich, zumal bei gleichem Thema, eine Menge von scheinbar überraschenden Anklängen ganz harmlos auflösen. Es ist infolge dessen sehr prekär, hier überall sofort die Frage nach literarischer Abhängigkeit in den Vordergrund zu stellen; das hieße mit dem zerstreuten Flugsand allgemeiner Gebetstradition Burgen bauen. Es gibt freilich ein sicheres Mittel um hier weiterzukommen, auf das z.B. Skutsch und manchmal auch Drews gar kein oder nur geringes Gewicht legen, das ist die Reihenfolge, in der sich die Gedanken wiederkehren. Nur dann, wenn die Reihenfolge, in der sich die Parallelen wiederholen, in beiden Quellen dieselbe ist, kann in der Regel der Beweis mit Sicherheit geführt werden, abgesehen natürlich von den Fällen, wo es sich bei den Berührungen um völlige Singularitäten oder um den gleichen Wortlaut in längeren Sätzen handelt. Aber auch Drews, der dieser Regel z.T. Rechnung trägt und auf den Gedankengang und die größeren Zusammenhänge stärkeres Gewicht legt, ist doch der Gefahr vielfach nicht entgangen, Möglichkeiten und Wahrscheinlichkeiten zu häufen und daraus einen Beweis zu machen. Vor allem hat auch er sich von dem Phantom einer schon bis ins einzelne vorhandenen urchristlichen eucharistischen Liturgie bestechen lassen und hat darauf sein ganzes Beweisverfahren angelegt. Hier muß Schritt für Schritt von den späteren Quellen nach rückwärts gegangen werden.

451 Ich / werde im folgenden zu erweisen versuchen, daß allein schon der genaue Vergleich der in den Clementinen überlieferten Gebete (namentlich in Buch VII und VIII) derartige Resultate abwirft, daß die Drewsche Untersuchung von neuem unternommen werden muß und zwar mit einer andern Fragestellung, die weiter unten genauer herausgearbeitet werden wird.

Ich beginne meinerseits mit einer Untersuchung der beiden Gebete VII 34 und des großen ἄξιον-καὶ-δίκαιον-Gebets in VIII 12, deren

Parallelismus dem Forscher ja seit längerer Zeit bekannt ist. Ich stelle zu dem Zweck die beiden wichtigen Texte neben einander :

Konst. VII 34	Konst. VIII 12

1 εὐλογητὸς εἶ κύριε, βασιλεῦ τῶν αἰώνων, ὁ διὰ Χριστοῦ ποιήσας τὰ ὅλα καὶ δι᾽ αὐτοῦ ἐν ἀρχῇ κοσμήσας τὰ ἀκατασκεύαστα, ὁ διαχωρήσας ὕδατα ὑδάτων στερεώμασι καὶ πνεῦμα ζωτικὸν τούτοις ἐμβαλών, ὁ γῆν ἑδράσας καὶ οὐρανὸν ἐκτείνας καὶ τὴν ἑκάστου τῶν κτισμάτων ἀκριβῆ διάταξιν κοσμήσας. 2 σῇ γὰρ ἐνθυμήσει δέσποτα κόσμος πεφαίδρυται[1], „οὐρανὸς δὲ ὡς καμάρα" πεπηγμένος ἠγλάϊσται ἄστροις ἕνεκεν παραμυθίας τοῦ σκότους[2], φῶς δὲ καὶ ἥλιος εἰς ἡμέρας καὶ καρπῶν γονὴν γεγένηνται, σελήνη δὲ εἰς καιρῶν τροπὴν αὔξουσα καὶ μειουμένη, καὶ νὺξ ὠνομάζετο καὶ ἡμέρα προσηγορεύετο[3].

[7 ὁ τὰ πάντα ἐκ τοῦ μὴ ὄντος εἰς τὸ εἶναι παραγαγὼν διὰ τοῦ μονογενοῦς σου υἱοῦ] ... 9 σὺ γὰρ εἶ „ὁ τὸν οὐρανὸν ὡς καμάραν στήσας" καὶ „ὡς δέρριν ἐκτείνας" καὶ „τὴν γῆν ἐπ᾽ οὐδενὸς ἱδρύσας" γνώμῃ μόνῃ, ὁ πήξας στερέωμα καὶ νύκτα καὶ ἡμέραν κατασκευάσας, ὁ ἐξαγαγὼν φῶς ἐκ θησαυρῶν καὶ τῇ τούτου συστολῇ ἐπαγαγὼν τὸ σκότος εἰς ἀνάπαυλαν τῶν ἐν τῷ κόσμῳ κινουμένων ζώων, ὁ τὸν ἥλιον τάξας „εἰς ἀρχὰς τῆς ἡμέρας" ἐν οὐρανῷ καὶ τὴν σελήνην „εἰς ἀρχὰς τῆς νυκτὸς" καὶ τὸν χορὸν τῶν ἀστέρων ἐν οὐρανῷ καταγράψας[2] εἰς αἶνον τῆς σῆς μεγαλοπρεπείας.

VIII 12, 10 ὁ ποιήσας ὕδωρ πρὸς πόσιν καὶ κάθαρσιν, ἀέρα ζωτικὸν πρὸς εἰσπνοὴν καὶ ἀναπνοὴν καὶ φωνῆς ἀπόδοσιν διὰ γλώσσης πληττούσης[4] τὸν ἀέρα καὶ ἀκοὴν συνεργουμένην ὑπ᾽ αὐτοῦ ὡς ἐπαΐειν εἰσδεχο/μένην τὴν προσπίπτουσαν αὐτῇ λαλίαν· 11 ὁ ποιήσας πῦρ πρὸς σκότους παραμυθίαν[1], πρὸς ἐνδείας ἀναπλήρωσιν καὶ τὸ θερμαίνεσθαι ἡμᾶς καὶ φωτίζεσθαι ὑπ᾽ αὐτοῦ.

VII 34	VIII 12

στερέωμα δὲ διὰ μέσων τῶν ἀβύσσων ἐδείκνυτο „καὶ εἶπας συναχθῆναι τὰ ὕδατα καὶ ὀφθῆναι τὴν ξηράν".
3 αὐτὴν δὲ τὴν θάλασσαν πῶς ἄν τις ἐκφράσειεν; ἥτις ἔρχεται μὲν ἀπὸ

12 ὁ τὴν μεγάλην θάλασσαν χωρίσας τῆς γῆς καὶ τὴν μὲν ἀναδείξας

---

[1] Das seltenere Wort φαιδρύνω auch 38, 5 (τ. ανθρ. ... δικαιώμασιν ἐφαίδρυνας).

[2] S. u. VII 34, 4.

[3] Vgl. hier 4b (s. u.) παμφαεῖς δὲ φωστῆρες τούτων (der Pflanze) τιθηνοῖ, ἀπαράβατον σώζοντες τὸν δόλιχον καὶ κατ᾽ οὐδὲν παραλλάσσοντες τῆς σῆς προσταγῆς, ἀλλ᾽ ὅπῃ ἂν κελεύσῃς, ταύτῃ ἀνίσχουσι καὶ δύουσιν εἰς σημεῖα καιρῶν καὶ ἐνιαυτῶν, ἀμειβόμενοι τὴν τῶν ἀνθρώπων ὑπηρεσίαν.

[4] Dazu eine bemerkenswerte Parallele VII 38, 4 (s. o.) : ὁ καὶ φωνὴν ἔναρθρον εἰς ἐξομολόγησιν δωρησάμενος καὶ γλῶσσαν εὐάρμοστον δίκην πλήκτρου ὡς ὄργανον ὑποθείς. Wendland (S. 331) notiert als Parallele Diogenes Laertios VII 158 : ἀκούειν δὲ τοῦ μεταξὺ τοῦ τε φωνοῦντος καὶ τοῦ ἀκούοντος ἀέρος πληττομένου σφαιροειδῶς, εἶτα ... ταῖς ἀκοαῖς προσπίπτοντος.

πελάγους μαινομένη, παλινδρομεῖ δὲ
ἀπὸ ψάμμου τῇ σῇ προσταγῇ κωλυο-
μένη· εἶπες γὰρ „ἐν αὐτῇ συντριβή-
σεσθαι αὐτῆς τὰ κύματα, „ζώοις" δὲ
„μικροῖς καὶ μεγάλοις καὶ πλοίοις πο-
ρευτήν"² αὐτὴν ἐποίησας.

πλωτήν, τὴν δὲ ποσὶ βάσιμον ποιήσας, καὶ τὴν μὲν „ζώοις μικροῖς καὶ
μεγάλοις" πληθύνας, τὴν δὲ ἡμέροις
καὶ ἀτιθάσσοις πληρώσας, φυτοῖς τε
διαφόροις³ στέψας καὶ βοτάναις στε-
φανώσας καὶ ἄνθεσι³ καλλύνας καὶ
σπέρμασι πλουτίσας·
13 ὁ συστησάμενος ἄβυσσον καὶ
μέγα κῦτος αὐτῇ περιθείς, ἁλμυρῶν
ὑδάτων σεσωρευμένα πελάγη, „περι-
φράξας δὲ αὐτὴν πύλαις"⁴ ἄμμου λεπ-
τοτάτης.

VIII 12, 13 ὁ πνεύμασί ποτε μὲν αὐτὴν κορυφῶν εἰς ὀρέων μέγεθος, ποτὲ
δὲ στρωννύων αὐτὴν εἰς πεδίον, καί ποτε μὲν ἐκμαίνων χειμῶνι, ποτὲ δὲ
πραΰνων γαλήνῃ ὡς ναυσιπόροις πλωτῆρσιν εὔκολον εἶναι πρὸς πορείαν·
14 ὁ ποταμοῖς διαζώσας τὸν ὑπό σου διὰ Χριστοῦ (!) γενόμενον κόσμον καὶ
χειμάρροις ἐπικλύσας καὶ πηγαῖς ἀενάοις⁵ μεθύσας, ὄρεσι δὲ περισφίγξας
εἰς ἕδραν⁶ ἀτρεμῆ γῆς ἀσφελεστάτην.

453

Konst. VII 34

4 εἶτ' ἐχλοαίνετο γῆ παντοίοις ἄν-
θεσι¹ᵃ καταγραφομένη²ᵃ καὶ ποικιλίᾳ
δένδρων διαφόρων¹ᵃ (nach der Anordnung der Genesis ist hier der Lobpreis
der Gestirne — s.o. Anmerk. 451₃ —
eingeschoben, und dadurch eine Dublette herbeigeführt), 5 ἔπειτα διαφόρων ζώων κατεσκευάζετο γένη, χερ-
σαίων ἐνύδρων ἀεροπόρων ἀμφιβίων,
καὶ τῆς σῆς προνοίας ἡ ἔντεχνος σο-
φία³ᵃ τὴν κατάλληλον ἑκάστῳ πρόνοιαν δωρεῖται· ὥσπερ γὰρ διάφορα
γένη οὐκ ἠτόνησεν (!) παραγαγεῖν,
οὕτως οὐδὲ διάφορον πρόνοιαν ἑκάστου ποιήσασθαι κατωλιγόρησεν.
[7 καὶ ἐπὶ πᾶσι τούτοις, δέσποτα⁴ᵃ
κύριε, τίς ἐπαξίως διηγήσεται νεφῶν

Konst. VIII 12

15 ἐπλήρωσας γάρ σου τὸν κόσμον
καὶ διεκόσμησας αὐτὸν βοτάνοις εὐ-
όσμοις καὶ ἰασίμοις,

ζώοις πολλοῖς καὶ διαφόροις, ἀλκί-
μοις καὶ ἀσθενεστέροις, ἐδωδίμοις καὶ
ἐνεργοῖς, ἡμέροις καὶ ἀτιθάσσοις, ἑρ-
πετῶν συριγμοῖς, πτηνῶν ποικίλων
κλαγγαῖς,

ἐνιαυτῶν κύκλοις, μηνῶν καὶ ἡμερῶν
ἀριθμοῖς, τροπῶν τάξεσι, νεφῶν ὀμ-

---

¹ VII 35,5 πῦρ εἰς θάλπος καὶ σκότους παραμυθίαν.
² Hiob. 38₁₁ u. Ps. 103₂₅f.
³ S. u. VII 34,4.
⁴ Hiob 38₃.
⁵ Vgl. VII 33,3; 35,9 (ἀ. κάλλος, εὐπρέπεια).
⁶ S. o. 34,1 ἐδράζω.
¹ᵃ S. o. VIII 12,12.
²ᵃ S. o. VIII 12,9 καταγράψας.
³ᵃ S. o. zu 35,10; 36,1.
⁴ᵃ S. u. S. 454.

ὀμβροτόκων φοράν, ἀστραπῆς ἔκλαμ-
ψιν, βροντῶν πάταγον, εἰς τροφῆς
χορηγίαν καταλλήλου καὶ κρᾶσιν
ἀέρων παναρμόνιον; s. u.].

6 καὶ τέλος τῆς δημιουργίας τὸ
λογικὸν[5] ζῷον, τὸν κοσμοπολίτην, τῇ
σῇ σοφίᾳ διαταξάμενος κατεσκεύασας
εἰπών· „ποιήσωμεν ἄνθρωπον κατ᾽ εἰκόνα καὶ καθ᾽ ὁμοίωσιν ἡμετέραν,
κόσμου κόσμον[6] ἀυτον ἀναδείξας

ἐκ μὲν τῶν
τεσσάρων σωμάτων[7] διαπλάσας αὐτῷ
/ τὸ σῶμα, κατασκευάσας δ᾽ αὐτῷ τὴν
ψυχὴν ἐκ τοῦ μὴ ὄντος

αἴσθησιν δὲ πένταθλον αὐτῷ χαρισάμενος καὶ νοῦν τὸν τῆς ψυχῆς ἡνίο-
χον ταῖς αἰσθήσεσιν ἐπιστήσας.

7 καὶ ἐπὶ πᾶσι τούτοις, δέσποτα
κύριε, τίς ἐπαξίως διηγήσεται νεφῶν
ὀμβροτόκων φοράν, ἀστραπῆς ἔκλαμ-
ψιν, βροντῶν πάταγον, εἰς τροφῆς
χορηγίαν καταλλήλου καὶ κρᾶσιν
ἀέρων παναρμόνιον]

8 παρακούσαντα δὲ τὸν ἄνθρωπον

ἐμμίσθου ζωῆς ἐστέρησας,

βροτόκων διαδρομαῖς εἰς καρπῶν γο-
νὰς καὶ ζώων σύστασιν, „σταθμὸν
ἀνέμων" διαπνεόντων, ὅτε προσταχ-
θῶσιν παρὰ σοῦ, τῶν φυτῶν καὶ τῶν
βοτάνων τὸ πλῆθος.

16 καὶ οὐ μόνον τὸν κόσμον ἐδη-
μιούργησας ἀλλὰ καὶ τὸν κοσμοπολίτην ἄνθρωπον ἐν αὐτῷ ἐποίησας,
κόσμου κόσμον αὐτὸν[5] ἀναδείξας·
εἶπας γὰρ τῇ σῇ σοφίᾳ· „ποιήσωμεν
ἄνθρωπον κατ᾽ εἰκόνα ἡμετέραν καὶ
καθ᾽ ὁμοίωσιν, καὶ ἀρχέτωσαν τῶν
ἰχθύων τῆς θαλάσσης καὶ τῶν πε-
τεινῶν τοῦ οὐρανοῦ". 17 διὸ καὶ πεποίηκας αὐτὸν ἐκ ψυχῆς ἀθανάτου
καὶ σώματος σκεδαστοῦ, τῆς μὲν ἐκ
τοῦ μὴ ὄντος, τοῦ δὲ ἐκ τῶν τεσσάρων στοιχείων· καὶ δέδωκας αὐτῷ
κατὰ μὲν τὴν ψυχὴν τὴν λογικὴν[1]
διάγνωσιν, εὐσεβείας καὶ ἀσεβείας
διάκρισιν, δικαίου καὶ ἀδίκου παρατήρησιν, κατὰ δὲ τὸ σῶμα τὴν πένταθλον ἐχαρίσω αἴσθησιν καὶ τὴν
μεταβατικὴν κίνησιν.

18 σὺ γὰρ θεὲ παντοκράτορ[1] διὰ
Χριστοῦ „παράδεισον ἐν Ἐδὲμ κατὰ
ἀνατολὰς ἐφύτευσας" παντοίων φυτῶν ἐδωδίμων κόσμῳ καὶ ἐν αὐτῷ
ὡς ἂν ἐν ἑστίᾳ πολυτελεῖ εἰσήγαγες
αὐτόν, κἂν τῷ ποιεῖν νόμον δέδωκας
αὐτῷ ἔμφυτον[2], ὅπως οἴκοθεν καὶ
παρ᾽ ἑαυτοῦ ἔχοι τὰ σπέρματα τῆς
θεογνωσίας[3]. ... 20 ἀμελήσαντα δὲ
τῆς ἐντολῆς καὶ γευσάμενον ἀπη-
γορευμένου καρποῦ ἀπάτῃ ὄφεως καὶ
συμβουλίᾳ γυναικὸς τοῦ μὲν παρα-

---

[5] S. o. S. 440[1].
[6] Der Ausdruck κόσμου κόσμον auch in dem Bischofsgebet Konst. VIII 9,8 (s. u.).
[7] Ps. Ignatius Hero 4 : τοῦ γὰρ Ἀδὰμ τὸ σῶμα ἐκ τῶν τεσσάρων στοιχείων.
[1] S. o. S. 446[4].
[2] νόμος ἔμφυτος VII 33,3 (s. u.) u. VIII 9,8 (Bischofsgebet).
[3] θεογνωσία II 26,7, VIII 6,5 (Katechumenengebet).
[4] VII 43,4 (nach Erwähnung des Paradiesesgartens und des Verbots) ἁμαρτάνοντα
δὲ δικαιοσύνῃ ἐξώσας, ἀγαθότητι δὲ μὴ ἀπορρίψας εἰς τὸ παντελές (s. o. S. 448).

οὐκ εἰς τὸ παντελὲς ἀφανίσας⁴,

ἀλλὰ χρόνῳ πρὸς ὀλίγον κοιμίσας, ὅρκῳ εἰς παλιγγενεσίαν ἐκάλεσας, ὅρον θανάτου ἔλυσας, ὁ ζωοποιὸς τῶν νεκρῶν διὰ Ἰησοῦ Χριστοῦ τῆς ἐλπίδος ἡμῶν.

δείσου δικαίως ἐξῶσας αὐτόν, ἀγαθότητι δὲ εἰς τὸ παντελὲς⁴ ἀπολλύμενον οὐχ ὑπερεῖδες — σὸν γὰρ ἦν δημιούργημα — ἀλλὰ καθυποτάξας αὐτῷ τὴν κτίσιν δέδωκας αὐτῷ οἰκείοις ἱδρῶσιν καὶ πόνοις πορίζειν ἑαυτῷ τὴν τροφήν, σοῦ πάντα φύοντος καὶ αὔξοντος καὶ πεπαίνοντος· χρόνῳ δὲ πρὸς ὀλίγον αὐτὸν κοιμίσας ὅρκῳ παλιγγενεσίαν ἐκάλεσας, ὅρον θανάτου λύσας ζωὴν⁵ ἐξ ἀναστάσεως ἐπηγγείλω⁶.

455   Es kann keinem Zweifel unterliegen, daß diese beiden Gebete im VII. und VIII. Buch der Konstitutionen Redaktionen desselben Textes sind. Wenn man bei der ersten größeren Hälfte noch zweifelhaft sein und etwa annehmen kann, der Schein enger Verwandtschaft sei daraus entstanden, daß beidemal auf dem Grundgewebe des Genesisberichtes ein ähnlicher Einschlag hellenistischer (stoischer) Formeln eingewoben ist, so verschwinden alle Bedenken zum Schluß, denn hier fließen die Gebete wörtlich zusammen. Man sieht, es ist ein gemeinsamer Gedankenzug, der sich durch beide hindurchzieht : Weltschöpfung, Schöpfung des Menschen durch Gott und seine σοφία, Fall des Menschen und zum Schluß Hinweis auf die παλινγενεσία.

In den ersten Hälfte weichen die beiden Varianten, wie gesagt, stark von einander ab. Vielleicht kann folgendes Schema des Gedankenganges unter Heranziehung von Gen. 1 größere Klarheit verschaffen. Abweichende Reihenfolge, von dem Schema der Genesis in den Texten der Konstitutionen ist dabei durch Ziffern zum Ausdruck gebracht.

---

⁵ VII 25,2 ἐπηγγείλω ἡμῖν τὴν ἀνάστασιν νεκρῶν.

⁶ Der Text dieses Gebets schwebt dem Verfasser der Konstitutionen auch V 7, 18f. vor : (ἀλλὰ) βουλήσει μόνῃ, ἃ προσετάγη Χριστὸς (!), ταῦτα καὶ προσήγαγεν, λέγομεν δὴ οὐρανόν, γῆν, θάλασσαν, φῶς, νύκτα, ἡμέραν, φωστῆρας, ἄστρα, πετεινά, νηκτά, τετράποδα, ἑρπετά, φυτά, βοτάνας, τὸν αὐτὸν τρόπον καὶ πάντας ἀναστήσει ... καὶ τότε μὲν μὴ ὄντα τὸν ἄνθρωπον ἐκ διαφόρων ἐποίησεν, δοὺς αὐτῷ τὴν ψυχὴν ἐκ τοῦ μὴ ὄντος, νῦν δὲ ταῖς οὔσαις ψυχαῖς τὰ διαλυθέντα σώματα ἀποτίσει, dann weiter unten § 20 καὶ πάντας ἀνθρώπους ἀναστήσει αὐτοῦ ὄντας ποιήματα, καθὼς καὶ ἡ θεία γραφὴ μαρτυρεῖ λέγοντα τὸν θεὸν τῷ μονογενεῖ Χριστῷ (Christus tritt an die Stelle der Sophia) folgt Gen. 1₂₆. Die unterstrichenen Worte fügt der Verfasser der Konstitutionen der Didaskalia hinzu. Sie sind es gerade, welche die Parallele herstellen. Auch die kurzen Wendungen VII 35,2 sind zu vergleichen.

Gen. 1	Konst. VII 34	Konst. VIII 12
V. 1. οὐρανός — γῆ ἡ δὲ γῆ ἀκατασκεύαστος	4. (?) γῆ — οὐρανός 1. κοσμήσας τὰ ἀκατασκεύαστα	οὐρανός — γῆ
πνεῦμα θεοῦ V. 3. φῶς· ἡμέρα — νύξ	3. πνεῦμα ζωτικόν	3. ὁ ἐξαγαγὼν φῶς 2. κ. νύκτα κ. ἡμέραν κατασκεύασας
V. 6. στερέωμα ... ἀναχωρίζων ἀνὰ μέσον ὕδατος κ. ὕδατος	2. ὁ διαχωρίσας ὕδατα ὑδάτων στερεώματι	1. ὁ πήξας στερέωμα
V. 8. στερέωμα — οὐρανός	4. (?) γῆ — οὐρανός ἀστέρες φῶς ἥλιος σελήνη	ἥλιος σελήνη ἀστέρες
V. 10. συναχθήτω τὸ ὕδωρ. — καὶ ὀφθήτω ἡ ξηρά	στερέωμα διὰ μέσων τῶν ἀβύσσων Gen. 1₁₀ zitiert Schilderung des Meeres (u.a. nach Hiob 38₁₁, Ps. 103₂₅)	ὕδωρ, ἀὴρ ζωτικός, πῦρ (d.h. die Elemente) θάλασσαν χωρίσας τῆς γῆς Schilderung des Meeres (u.a. nach Hiob 38₈ und Ps. 64₈ (κῦτος θαλάσσης nach א RT); Winde in ihrer Wirkung auf das Meer, Flüsse, Quellen, Berge
V. 11f. Schaffung der Pflanzen	Schaffung der Pflanzen	Schaffung der Pflanzen
V. 14ff. Schaffung d. Gestirne, d. Zeiten und Jahreszeiten	Schaffung der Gestirne, der Zeiten und Jahreszeiten	
V. 20ff. Wassertiere } V.24ff. Landtiere }	Schaffung der Tiere 2. Die atmosphärischen Erscheinungen	Schaffung der Tiere (Erwähnung der ἑρπετά nach Gen. 1) Die atmosphärischen Erscheinungen
V. 26. Erschaffung des des Menschen.	1. Erschaffung des Menschen durch Gott und die σοφία.	Erschaffung des Menschen durch Gott und die σοφία.
Gen. 1	Konst. VII 34	Konst. VIII 12

456

Wir sehen jetzt deutlicher. Klar tritt die auch von Genesis 1 gemeinsam abweichende Grundlage heraus. Das zeigt sich namentlich in der Umstellung der Erschaffung der Gestirne von ihrem sonderbaren Ort in der Genesis an eine passendere Stelle, in der breiten

Schilderung des Meeres in Anschluß an Hiob 38, in der Zusammen-
ziehung der Schaffung der Wasser- und der Landtiere, in der Betonung der atmosphärischen Erscheinungen, zum Schluß in der Einführung der Figur der Sophia. — Zugleich zeigt sich, daß beide
Varianten den Text ihrerseits wieder der LXX angenähert haben.
Namentlich verrät sich der Bearbeiter in VII 34 dadurch, daß er genau
parallel mit der Genesis die Erwähnung der Gestirne noch einmal
bringt, nachdem er sie, der gemeinsamen Quelle folgend, schon vorher
erwähnt hat. Er hat wahrscheinlich auch die Parallele zur Genesis
457 am Anfang ὁ κοσμήσας τὰ ἀκα/σκεύαστα und die Erwähnung des
πνεῦμα erst eingebracht, ist aber andrerseits wieder mit dem Terminus πνεῦμα ζωτικόν von der Quelle abhängig, die weiter unten
echt stoisch von ἀὴρ ζωτικός redet. Er hat vielleicht auch am Schluß
die Erschaffung des Menschen unmittelbar auf die der Tiere folgen
lassen und die atmosphärischen Erscheinungen, die in seiner Quelle
standen, dann später nachgebracht. Umgekehrt wird es nun wahrscheinlich, daß in VIII 12 die Erschaffung des Lichtes, des Tages und
der Nacht (auch des στερέωμα) nach Gen. 1 erst hinzugefügt sind,
während in VII 34 die Erwähnung des φῶς ganz unorganisch mit der
der Gestirne verbunden ist. In der beiden gemeinsamen Quelle hatte
die Singularität und Abnormität der Erschaffung des Lichtes vor den
Gestirnen so wenig ihren Platz, wie die Erzählung von der Schaffung
der Gestirne am vierten Tage. Auch daß in VIII 12 an Stelle der
Reihenfolge ἀστέρες, φῶς, σελήνη die der Genesis entsprechende
ἥλιος, σελήνη, ἀστέρες steht, ist sekundär.

So tritt es deutlicher und deutlicher heraus : das Verhältnis von
VIII 12 und VII 34 ist nicht das einer Abhängigkeit des einen von
dem andern Texte, geschweige denn, daß anzunehmen wäre, daß der
Verfasser der Konstitutionen beide Gebete frei erfunden hätte[1]. Es
liegt vielmehr beiden eine gemeinsame Quelle zugrunde, ja es wird
sogar recht zweifelhaft, ja fast unmöglich, daß ein und derselbe Verfasser (der der Konstitutionen) die gemeinsame Grundlage zweimal
in einer derartig verschiedenen Weise umgearbeitet haben könnte.

Diese gemeinsame Quelle ist aber nach allem, was wir bis jetzt
festgelegt, eine jüdische. Es ist ferner hellenistisches Judentum, das
hier spricht. Das zeigt sich nicht nur negativ in der Zurechtstutzung des
Berichtes der Genesis und der Beseitigung ihrer Anstöße für eine
gereiftere Welterkenntnis, sondern auch positiv in einer Fülle stoischer

---

[1] Das Verhältnis hat bereits Drews S. 16 mit Scharfsinn erkannt.

kosmologischer Termini (s. Skutsch und Wendland), die sich in bestimmten Partien zu ganzen Nestern anhäufen. Auch hier verhalten
sich die beiden Rezensionen verschieden. VIII 12 hat mehr davon
bewahrt, so in der Einfügung der Erschaffung der Elemente in den
Genesisbericht (eine Parallele dazu im dritten Traktat des Hermes
Trismegistos), in der Beschreibung der Winde und ihrer Wirkung auf
das Meer, der Flüsse, Quellen, Berge. Aber auch VII 34 hat viel
davon erhalten, vgl. die Schilderung der Gestirne am Anfang, die der
Erschaffung der Pflanzen (ἐχλοαίνετο γῆ etc.), der atmosphärischen
458 Erscheinungen / (hier sogar manches ursprünglicher: ἀστραπῆς ἔκ-
λαμψιν, βροντῆς πάταγον), vor allem den Hymnus auf den Menschen
(σῶμα ἐκ τῶν τεσσάρων σωμάτων, ψυχὴ ἐκ τοῦ μὴ ὄντος, αἴσθησις
πένταθλος). Es kann gar kein Zweifel an dem hellenistischen Charakter
des Grundberichtes sein. Und dieses Urteil wird uns endlich auch dadurch bestätigt, daß unsere Quelle das ποιήσωμεν von Gen. 1₂₆ auf
Gott und seine σοφία deutet. Hier haben wir (vgl. auch die Erwähnung
der ἔντεχνος[1] σοφία III 34, 5) einen spezifischen Zug hellenistisch-
jüdischer Theologie. Dieser Zug aber eignet nun wieder unserer ganzen
Sammlung: 35, 10 σὺ γὰρ εἶ ὁ σοφίας πατήρ, 36, 1 (s.o.) ἡ ὑπὸ σοῦ
κτισθεῖσα σοφία[2].

Hier schält sich also mit Sicherheit eine wirkliche Quelle heraus.
Ich will bei Wege lang noch darauf hinweisen, daß bei dem Vergleich
mit den andern Stücken, die Skutsch und Drews hier anziehen, sich
bei weitem kein so sicheres Resultat erzielen läßt. Man braucht sich
nur mit einem Blick die beiden von Skutsch herangezogenen Gebete
des Firmicus Maternus mit ihrer ganz andersartigen Gesamtanlage
anzusehen, um sich zu überzeugen, daß hier von einem direkten
literarischen Zusammenhang gar keine Rede sein kann und alle Einzel-
beziehungen sich erklären, wenn wir annehmen, daß der jüdische
Hellenist, der die Grundlage der Gebete in Konst. VII und VIII schuf,
mit der Sprache stoischer Frömmigkeit vertraut war, vielleicht auch
eine stoisch gefärbte hellenistische Gebets- oder Erbauungsliteratur, von
der uns Firmicus Proben liefert, kannte.

Drews (S. 13f.) hat zu unserem Gebet namentlich die Parallelen I.
Clem. 20 und 33,2-6 herangezogen. Die Parallele I. Clem. 20 läßt

---

[1] Vgl. dazu Plato, Protagoras p. 321 und die stoische Definition (Aetios) plac.
philos. I 7 οἱ Στωικοὶ νοερὸν θεὸν ἀποφαίνονται, πῦρ τεχνικόν, ὁδῷ βασίζον ἐπὶ
γένεσιν κόσμου.
[2] In den Konstitutionen kommt die Hypostase der Sophia sonst nur noch in dem
Abendgebet VIII 37,5 (ὁ τῇ σοφίᾳ σου κατασκευάσας ἄνθρωπον) vor; darüber s. u.

sich sehr schnell erledigen. Drews gibt hier von vornherein zu, daß die beiden Parallelstücke vollständig anders orientiert seien. So läßt sich hier die erste Anforderung, die des Parallelismus im Gedanken-verlauf, überhaupt nicht erfüllen. Und nun die Beziehungen im ein-zelnen! Von den wörtlichen Berührungen, die Drews durch Unter-streichen anmerkt, können bei einem Hymnus, der die Ordnung in Gottes Schöpfung feiert, die Worte οὐρανοί, ἡμέραι τε καὶ νύξ, ἥλιος, σελήνη, ἀστέρων χοροί, γῆ, ζῷα natürlich nichts beweisen. Andere etwas charakteristischere Wendungen erklären sich aus der

459 / Sprache der LXX. κύτος θαλάσσης stammt aus Ps. 64₇; ἀνέμων σταθμοί aus Hiob 28₂₅. Das ganz singuläre οἱ μετ' αὐτὸν (sc. ὠκε-ανόν) κόσμοι (I Clemens 20₈) darf doch nicht unterstrichen werden, weil sich κόσμος (!) in den Gebeten der Konstitutionen findet, ebenso wenig διαταγή und διέταξεν (Clem. 20₃ u. ₆) und διάταξις 33₃ mit διάταξις Konst. VII 34, 1 verglichen werden; denn dort beziehen sich die Worte auf die befehlende und ordnende göttliche Tätigkeit — entsprächen also höchstens dem τάξας in VIII 12, 9 — hier aber steht διάταξις im Sinne von Ordnung (Klasse) der Geschöpfe (τὴν διάταξιν κοσμήσας). Die einzige scheinbar größere Übereinstimmung erzielt Drews durch Heranziehung von VIII 46, 1 — das ist methodisch, ehe die Sache für VIII 12 entschieden ist, nicht erlaubt — und auch hier handelt es sich nur um einen zitatenhaften Anklang aus Hiob 38₁₀f. Bleibt noch etwa als einzige zu erwähnende Berührung die doch immerhin nicht gerade ungeläufige Wendung ἀέναοι πηγαί (vgl. Sap. 11₇ ποταμὸς ἀεν. und die hellenischen Parallelen in der Zusammen-stellung bei Skutsch S. 298).

Etwas, aber auch nur etwas mehr der Überlegung wert ist die Parallele Clem. 33. Hier haben wir wirklich einen Lobpreis auf die Schöpfung Gottes, der mit Himmel und Erde beginnt und mit der Er-schaffung des Menschen — Zitat aus Gen. 1₂₆ — schließt. Aber die Ausführungen sind zu kurz, als daß die Vergleichung zu irgend einer Gewißheit führen kann. Ein gewisser Anklang ist es ja, wenn in Clem. 33₃ und Konst. VIII 12, 14f. sich die Ausdrücke γῆν ... ἥδρασεν ἐπί τὸν ἀσφαλῆ ... θεμέλιον und ἕδραν ... ἀσφαλεστάτην (neben γῆν ἑδράσας VII 34₁), sowie διεκόσμησεν — διεκόσμησας ent-sprechen. Dazu ließe sich noch zu Gunsten von Drews Annahme (Abhängigkeit des Clemensbriefes von der Liturgie des clementinischen Typus) anführen, daß in der Tat c. 34 eine Anspielung auf das Dreimal-Heilig in der Abendmahlsliturgie vorliegt. — Doch das ist alles, was sich zu Gunsten der Drewschen These sagen ließe. Demgegenüber muß aber darauf hingewiesen werden, daß sich hier fast gar nichts von dem spezifisch hellenistischen Charakter unserer Gebete und ihrer rethorischen Wortfülle wiederfindet. Man vergleiche nur einmal den Passus über die Schöpfung des Menschen, nichts findet sich hier von der σοφία Gottes, von dem Leibe aus den vier Elementen, der ψυχὴ ἐκ τοῦ μὴ ὄντος, der πένταθλος αἴσθησις, dem ἄνθρωπος κοσμοπολίτης und κόσμος κόσμου.

Noch etwas mehr der Erwägung wert sind Drews Ausführungen über Novatians de trinitate c. 1 (S. 108-122). Wieder haben wir hier einen Schöpfungshymnus, der mit Himmel und Erde beginnt und mit
460 der Schaffung des Menschen schließt. Der Lob/preis ist bedeutend ausführlicher. Allerdings vermag ich nicht (vgl. Drews 115) über ganz allgemeine Ähnlichkeiten hinaus, die sich natürlich einstellen müssen, einen Parallelismus in der Gesamtanlage zu entdecken. Der Hymnus bei Novatian beginnt z.B. mit Himmel, Erde und Meer; das ist eine starke Abweichung, die eher an den Anfang des Hymnus bei Firmicus Maternus (Skutsch 295) erinnert. Überhaupt kann man kaum mehr sagen, daß sich der Hymnus bei Novatian, wie doch die Gebete der Konstitutionen, mit seinem Grundschema an Gen. 1 anschließt. Auch die Schilderung der Schöpfung der himmlischen Welten mit ihren Bewohnern (die Erwähnung der Engel vor Beginn unseres Gebetsabschnittes Konst. VIII 12, 8 darf aus noch zu erwähnenden Gründen nicht als Parallele herangezogen werden) und der Unterwelt (nach der Erschaffung des Menschen) fällt aus dem Rahmen der Anlage von Konst. VII 34 und VIII 12 völlig heraus. Einzelne Berührungen sind nicht zu leugnen : lunae candens globus ad solatium noctis (I 7) erinnert in der Tat an πρὸς σκότους παραμυθίαν (s.o.; aber auch Firmicus Maternus bei Skutsch 297). Bei der Schöpfung des Menschen wird dessen Wesen etwas eingehender beschrieben : cuius etsi corporis terrena primordia, caelestis tamen et divini halitus inspirata substantia. Aber das ist freilich ganz und gar Gen. 2_7; und nichts ist vorhanden von dem Hellenismus der Konstitutionen. Besonders frappant und interessant sind die Anklänge in der Schilderung des Meeres I 18. 19 an Konst. VII 34. Neben gemeinsamen Reminiszenzen an Ps. 103_{25} liegen die Parallelen vor :

fines litoribus inclusit : quo cum	ἥτις ἔρχεται μὲν ἀπὸ πελάγους
fremens fluctus et ex alto sinu	μαινομένη, παλινδρομεῖ δὲ ἀπὸ
spumans [1] unda venisset, *rursum*	ψάμμου τῇ σῇ προσταγῇ κωλυο-

---

[1] Vgl. Hiob 38_8 ἔφραξα δὲ θάλασσαν πύλαις, ὅτε ἐμαίμασσεν ἐκ κοιλίας μητρὸς αὐτὴ ἐκπορευομένη.

in se rediret nec terminos conces-
sis excederet.

μένη· εἶπας γὰρ ἐν αὐτῇ συντρι-
βήσεσθαι αὐτῆς τὰ κύματα (Hiob.
38_{10}).

Hier mögen immerhin verborgene Beziehungen vorliegen. Möglich ist es, daß dem Novatian ein Hymnus über die Schöpfung aus irgend einem nicht näher zu bestimmenden, doch vielleicht mit dem der Gebete der Konstitutionen verwandten Milieu vorlag. Mehr wird man kaum sagen können. Und wir wenden uns lieber vom Unsicheren zum Sichern, zur gemeinsamen Quelle von Konstit. VII und VIII[2].

Wir hatten konstatiert, daß den beiden Gebeten eine gemeinsame jüdisch-hellenistische Quelle zu Grunde lag. Nur eine erfreuliche Be-stätigung ist nunmehr auch die Leichtigkeit, mit der alles spezifisch Christliche durch einfachen Vergleich aus den beiden Redaktionen ausscheidet, so in VII 34 das διὰ Χριστοῦ gleich am Anfang und zum Schluß die Wendung ὁ ζωοποιὸς διὰ Ἰησοῦ Χριστοῦ τῆς ἐλπίδος ἡμῶν, das διὰ Χριστοῦ in VIII 12, 14 u. 18.

Ja es läßt sich sogar für unser bisher erreichtes Resultat ein in-direktes Zeugnis gewinnen. Gebete, die derart angelegt waren wie das unsere, scheint bereits der jüdische Philosoph Philo zu kennen. Wir verdanken das Zeugnis Wendland, der bereits auch die Möglichkeit einer jüdisch-hellenistischen Herkunft der Gebete in Konst. VII 34, VIII 12 ins Auge faßte, indem er (wie schon erwähnt) auf de spec. leg. I 210 hinwies[1] : „Wenn du, o Seele, Gott für die Weltschöpfung danken willst, so statte Deinen Dank sowohl für das Ganze als für seine Hauptteile ab, die Glieder des vollkommensten Lebewesens, ich meine z.B. Himmel, Sonne, Mond, Planeten und Fixsterne, dann die Erde und die Tiere und Pflanzen auf ihr, ferner Meere und Flüsse — Quell-flüsse und Bergflüsse — und was sie füllt, endlich die Luft und Ver-änderungen in ihr. Und wenn Du Gott für einen einzelnen Mann dankst, so teile deinen Dank vernunftgemäß” (das weitere s.o.S. 448). Man kann kaum verkennen, daß hier ungefähr das Schema unseres Gebetes vorliegt, nur daß bei Philo alles noch etwas hellenistischer und freier von der LXX sich darstellt.

Und noch auf eine zweite Stelle hat uns Wendland hingewiesen, auf die Ausführungen über das Gebet des Hohenpriesters spec. leg.

---

[2] Die weiteren Ausführungen von Drews über Novatian c. 8 a. a. O. (die Füh-rungen des Menschengeschlechts durch Gott) muß ich vorläufig zurückstellen bis zu einer genaueren Untersuchung der Gesamtkomposition von Konst. VIII 12.

[1] Zwei angeblich christl. liturgische Gebete von Reitzenstein u. Wendland. Gött. gel. Nachr. 1910. S. 332.

I 97 : Der jüdische Hohepriester ... spricht seine Bitt- und Dankgebete nicht nur für das ganze Menschengeschlecht, sondern auch für die Teile der Natur, Erde, Wasser, Luft und Feuer, denn die ganze Welt betrachtet er als sein Vaterland (ἑαυτοῦ πατρίδα εἶναι νομίζων)".

Es ist im höchsten Grade beachtenswert, daß sich die Erwähnung der vier Elemente (wenigstens in VIII 12) wiederfindet, und andererseits der in beiden Redaktionen stehende terminus : κοσμοπολίτης bei Philo seine Parallele hat. Freilich wird man die Behauptung Philos, daß der Hohepriester in Jerusalem so gebetet habe, mit einigem Mißtrauen gegenüber stehen. Um so mehr aber ist anzunehmen, daß Philo **462** seine Behauptung sich nicht einfach / aus den Fingern gesogen hat, sondern daß ihm dabei ein in der Synagoge der Diaspora übliches Gebet vorschwebt.

Eines aber bleibt noch zur Besprechung übrig, das ist der merkwürdige, zum Glück in beiden Redaktionen uns fast wörtlich erhaltene Schluß des Gebetes. Er lautete, wenn wir deren gemeinsames Gut herausheben, etwa folgendermaßen :

παρακούσαντα δὲ τὸν ἄνθρωπον[1]
οὐκ εἰς τὸ παντελὲς ἀφανίσας[2]
ἀλλὰ χρόνῳ[3] πρὸς ὀλίγον αὐτὸν[4] κοιμίσας
ὅρκῳ εἰς παλιγγενεσίαν ἐκάλεσας,
ὅρον θανάτου λύσας
ζωὴν ἐξ ἀναστάσεως ἐπηγγείλω[5].

Auch hier haben wir aller Wahrscheinlichkeit ein jüdisches Gebet vor uns; jedenfalls deutet nichts mit Notwendigkeit auf christlichen Einfluß hin. Die Betonung des Auferstehungsgedankens hat in einem späten jüdischen Gebet der Diaspora nichts Auffälliges, im Gegenteil, wir erwarten dies Charakteristikum spätjüdischen Glaubens a priori (vgl. Schmone-Esre, Anfang : „Gott der du Tote erweckst"). Nur die eine Frage bedarf der Erörterung : woher mag die Wendung stammen, daß Gott Adam nach dem Fall und der Bestrafung mit einem Eide die Auferstehung verheißen habe? Neutestamentlich ist der Gedanke jedenfalls nicht. Wir werden von vornherein auf eine apokryphe Adamsage

---

[1] VIII ἀμελήσαντα τῆς ἐντολῆς.
[2] VIII εἰς τὸ παντελὲς ἀπολλύμενον οὐχ ὑπερεῖδες.
[3] VIII χρόνῳ δέ.
[4] > VII.
[5] VII ὁ ζωοποιὸς τῶν νεκρῶν διὰ I. Χρ. τῆς ἐλπίδος ἡμῶν.

als Quelle der Notiz schließen dürfen. Und die Vermutung bestätigt sich. In dem griechisch und lateinisch erhaltenen Leben Adams (βίος Ἀδάμ = ἀποκάλυψις Μωυσέως, und vita Adae) ist mehrfach davon die Rede, daß Gott Adam für das Ende der Dinge die Auferstehung und Unsterblichkeit verheißt (βίος Ἀδάμ § 28 § 37 = Vita 47, βίος 39. 41. 43 = Vita 51). Besonders erwünscht ist es, daß die Hinweise auf die Verheißung Gottes in beiden Redaktionen des Adamslebens erscheinen, also der Grundschrift angehören, die wir mit Sicherheit als jüdisch in Anspruch nehmen dürfen. Daß an diesen Stellen von einem Eidschwur Gottes nicht die Rede ist, dürfte irrelevant sein. Die wiederholten feierlichen Versicherungen konnten sehr wohl als ὅρκος aufgefaßt werden[6].

463   Und so wird sich endlich auch die seltsame Wendung erklären „Nachdem er ihn auf kurze Zeit zur Ruhe gebracht (κοιμίσας), hat er ihn mit einem Eide zur Wiedergeburt (παλιγγενεσία = Auferstehung) berufen". In der Vita Adams erfolgt die Verheißung Gottes, daß Adam auferstehen soll, gerade bei seiner Bestattung.

Zum Schluß drängt sich eine neue Frage auf. F. Probst hat (a.a.O. s.o.S. 449) unter Berufung auf Justin Apol. I 13 (und 65) behauptet, daß unserm eucharistischen Gebet im achten Buch der Konstitutionen eine alte Quelle, ein von jeher bei der Kommunion übliches Gebet, zu Grunde gelegen habe. Die Stelle bei Justin lautet : (die Christen hielten es für die allein Gott würdige Ehre) τὸ τὰ ὑπ' ἐκείνου εἰς διατροφὴν γενόμενα οὐ πυρὶ δαπανᾶν ἀλλ' ἑαυτοῖς καὶ τοῖς δεομένοις προσφέρειν, ἐκείνῳ δὲ εὐχαρίστους ὄντας διὰ λόγου πομπὰς καὶ ὕμνους πέμπειν ὑπέρ τε τοῦ γεγονέναι καὶ τῶν εἰς εὐρωστίαν πόρων πάντων, ποιοτήτων μὲν γενῶν καὶ μεταβολῶν ὡρῶν καὶ τοῦ πάλιν ἐν ἀφθαρσίᾳ γενέσθαι διὰ πίστιν τὴν ἐν αὐτῷ αἰτήσεις πέμποντες. Hier könnte in der Tat eine Anspielung auf ein Gebet von einem ähnlichen Gang wie des von uns rekonstruierten vorliegen. Besonderen Wert lege ich darauf, daß auch hier der Schöpfungsgedanke am Anfang mit dem der ἀφθαρσία am Schluß verbunden erscheint. Freilich sind auch wieder Differenzen vorhanden; die ποιότητες τῶν γενῶν (gelegentlich auch die μεταβολαὶ ὡρῶν) sind ja auch in unserem Gebet betont. Aber das alles ist doch nicht vorherrschend unter den Gesichtspunkt τῶν εἰς εὐρωστίαν πόρων gestellt, wie das

---

[6] Daß der Ausdruck ὅρον θανάτου λύειν besonders in der Schule des Apollinarius gebräuchlich gewesen sei (Funk in seiner Ausgabe zu VII 34,8), beweist natürlich für seine Herkunft nichts.

bei Justin, der offenbar von Gebeten der Christen bei ihren gemeinsamen Mahlzeiten (nicht bei der eucharistischen Feier) redet, nur zu natürlich ist.

Jedenfalls, sollten die Angaben Justins mit unserem Gebetstext irgendwie in Beziehung stehen, so handelt es sich dabei nicht um das eucharistische Gebet in Konst. VIII 12, sondern ersichtlich um die (jüdische) Grundlage von VIII 12 und VII 35, handelt es sich überhaupt nicht um eine Abendmahlsliturgie, sondern ein Gebet viel allgemeinerer Art, das zufällig in die Clementinsche Abendmahlsliturgie verschlagen ist (s.u.). — Daß bereits Justin ein unserm Gebet ähnliches, das dann auch in Rom die Kirche von der Synagoge übernommen hätte, kannte, liegt durchaus im Bereich der Möglichkeit. Nur freilich wird man auf Grund der Parallele bei Justin unser Gebet kaum als Tischgebet ansprechen können. Denn in seinem Inhalt deutet **464** nichts auf den Charakter / eines solchen hin. So bleibt leider dessen Charakter im Dunkeln; wir wissen nicht, was für eine Stellung, Sinn und Zweck es im jüdischen Gottesdienst und liturgischem Gebrauch gehabt hat. Am besten wird man es ein allgemeines synagogales Dankgebet nennen können.

IV

Es bleibt endlich noch ein Gebet zur Besprechung übrig, das erste in der Sammlung, VII 33. Ich setze seinen charakteristischen Anfang hierher :

Αἰώνιε σῶτερ ἡμῶν, ὁ βασιλεὺς τῶν θεῶν, ὁ ὢν μόνος παντοκράτωρ καὶ κύριος, ὁ θεὸς πάντων τῶν ὄντων καὶ θεὸς τῶν ἁγίων καὶ ἀμέμπτων πατέρων ἡμῶν τῶν πρὸ ἡμῶν, ὁ θεὸς Ἀβραάμ, Ἰσαὰκ καὶ Ἰακώβ, ὁ ἐλεήμων καὶ οἰκτίρμων, ὁ μακρόθυμος καὶ πολυέλεος.

Nach allem was bisher schon bewiesen ist, werden wir an dem synagogalen Charakter dieses Gebets kaum zweifeln. Mit seiner Erwähnung der Patriarchen erinnert es unmittelbar an das Achtzehnbittengebet. Wenn es im folgenden heißt : καὶ κατὰ πᾶν κλίμα τῆς οἰκουμένης τὸ διὰ προσευχῆς καὶ λόγων ἀναπέμπεταί σοι θυμίαμα, so ist das spezifisch charakteristisch für das hellenisierte Diasporajudentum, das hier redet. Über die Zusammenstellung der ἔμφυτος γνῶσις[1] (s.o.S. 441) und des νόμος (33₃) wird sogleich gehandelt

---

[1] ἔμφυτος νόμος nur noch VIII 12,18 (s. o. S. 454₂) u. VIII 9,8 (s. u.).

werden. Wenn bald nachher von der συνείδησις πίστεως ἀνύπουλος die Rede ist, so könnte in dieser ungewöhnlichen Zusammenstellung πίστις christlicher Einschub sein, es kann aber ebenso gut πίστις hier die (stoische) Bedeutung von Überzeugung haben. Auch in diesem Gebet klingt die eschatalogische Note stark an, es ist wie am Schluß von VII 34 von der ὑπόσχεσις τῆς παλινγενεσίας die Rede. Dann schließt das Stück mit einer Verherrlichung der drei Erzväter: ὑπέρμαχε γένους 'Αβραάμ, εὐλογητὸς εἰς τοὺς αἰῶνας. Der einzige christliche Zusatz findet sich bei der Erwähnung der Sendung Jakobs nach Mesopotamien: καὶ τοῦ πατρὸς ἡμῶν 'Ιακὼβ ἐπὶ Μεσοποταμίαν στελλομένου [δείξας τὸν Χριστὸν δι' αὐτοῦ]² ἐλάλησας εἰπών (Gen. 28₁₅ u. 48₄).

Nachdem ich die vorstehenden Untersuchungen bereits vollendet hatte, erhielten sie noch eine sehr erfreuliche weitere Bestätigung durch meinen Kollegen Rahlfs, dem ich von meinem Funde Mitteilung gemacht hatte.

465 Rahlfs Aufmerksamkeit fesselte der Satz in unserm Gebet § 4: ἐξ ὑπαρχῆς γὰρ τοῦ προπάτορος ἡμῶν 'Αβραὰμ μεταποιουμένου τὴν ὁδὸν τῆς ἀληθείας, ὁραματισμῷ ὡδήγησας. Er hatte seinerseits bereits die Überzeugung gewonnen, daß das seltsame Wort ὁραματισμός gar nicht griechisch sei, sondern wahrscheinlich eine Neubildung des jüdischen Bibelübersetzers Aquila. Aquila hat die Gewohnheit, ein hebräisches Wort mit einem ganz bestimmten griechischen Äquivalent zu übersetzen. So muß er, um dies System durchzuführen, oft zu seltsamen griechischen Bildungen greifen und so übersetzt er nur ראה „das Wort der gewöhnlichen Sprache" mit ὁρᾶν, dagegen חזה „das Wort der gehobenen Sprache" mit ὁραματίζεσθαι und verwendet demgemäß ὁραματισμός für die abgeleiteten Substantiva von חזה z.B. חָזוֹן ¹. Gegenüber der These Rahlfs, daß ὁραματισμός eine Eigenbildung Aquilas sei, bildete nun bislang unsere Stelle eine ihm schon bekannte scheinbare Gegeninstanz. Nun, mit der Erkenntnis, daß wir in unseren Gebeten jüdisches Gut haben, löst sich jegliche Schwierigkeit. Wir werden jetzt sagen dürfen, ὁραματισμός an dieser Stelle stammt aus Aquila, der Verfasser unseres Gebetes benutzte die Version Aquilas! Rahlfs wies mir weiter nach, daß ὁραματισμός an

---

² Ein ganz ähnlicher Zusatz wird weiter unten für das Gebet VIII 12,23 (καὶ ἐμφανίσας αὐτῷ sc. Abraam — τὸν Χριστόν) nachgewiesen werden.

¹ Vgl. hierzu die ausführliche Darlegung des Tatbestandes bei Rahlfs, Nachrichten d. Ges. d. Wissensch. Göttingen, Philol.-histor. Klasse 1915. Beiheft S. 30f.

dieser Stelle Übersetzung von מַחֲזֶה Gen. 15₁ ist. Wenn der Verfasser fortfährt: διδάξας ὅ τι ποτέ ἐστιν ὁ αἰὼν οὗτος, so bezieht sich das auf Gen. 15₅. Wenn es weiter in unserem Text heißt: καὶ τῆς μὲν γνώσεως αὐτοῦ προώδευσεν ἡ πίστις, τῆς δὲ γνώσεως [2] ἀκόλουθος ἦν ἡ συνθήκη so finden wir in der Tat die πίστις an der berühmten Stelle 15₆ erwähnt, darauf folgt 15₈ die Frage Abraams: κατὰ τί γνώσομαι ὅτι κληρονομήσω αὐτήν; und 15₁₃ γινώσκων γνώσῃ, ὅτι πάροικον ἔσται τὸ σπέρμα σου. Und 15₁₈ heißt es in dem uns geläufigen Text der LXX: ἐκεῖ διέθετο ὁ θεὸς τῷ Ἀβραὰμ διαθήκην. Unser Gebet spielt mit dem Satz ἀκόλουθος ἦν ἡ συνθήκη darauf an. Aber συνθήκη ist die charakteristische Übersetzung des Aquila! Wenn das Gebet dann freilich mit dem aus Gen. 15₅ und 13₁₆ gemischten Zitat — und zwar im Septuagintatext fortfährt: ποιήσω τὸ σπέρμα σου ὡς τοὺς ἀστέρας τοῦ οὐρανοῦ καὶ ὡς τὴν ἄμμον τὴν παρὰ τὸ χεῖλος τῆς θαλάσσης, — so scheint jene Beziehung unserer Stelle nicht mehr verstanden zu sein, und es ist wahrscheinlich, daß das LXX-Zitat erst vom Bearbeiter des Gebetes stammt.

466 Rahlfs hat auch die anderen alttestamentlichen Zitate unserer Gebete untersucht. Das Resultat enttäuscht etwas. Die wirklichen Zitate bieten alle LXX-Text. Andererseits gelang es ihm noch zwei Spuren der Aquilaübersetzung zu finden. In dem Zitat aus LXX Ps. 67₁₈ im Gebet 35₄ begegnet uns das Wort Σιναῖ, so aber transkribiert Aquila gegen LXX (Σινᾷ); und 37₃ findet sich die merkwürdige Transkription Φασσᾶ [1] (= פֶסַח), während LXX φασεκ (Symmachus φασεχ) bietet. Die Transkription Aquilas ist φησα!

Man wird also anzunehmen haben, daß entweder die wortechten alttestamentlichen Zitate unserer Gebete später nach LXX korrigiert wurden, oder daß die meisten dieser Zitate erst von dem (christlichen) Redaktor in den Text eingebracht sind. Für letzteren Ausweg sprach bereits die oben gemachte Beobachtung, es werden sich noch andere im Verlauf der Untersuchung hinzufinden!

Vorläufig machen wir hier halt und sehen, was wir gewonnen haben. In unserem Gebete ist die Übersetzung Aquilas benutzt! Damit haben wir von neuem eine Bestätigung unserer Hauptthese gewonnen.

---

[2] Man wird wahrscheinlich γνώσεως (statt πίστεως) mit a zu lesen haben. In a ist freilich der Text ganz verwirrt. Man könnte auch annehmen, daß πίστις im Text stand. Dann aber würde πίστις offenbar christliche Korrektur sein.

[1] Handschr. φάσσα, σαφφά.

Zugleich erhalten wir einen terminus a quo ihrer Entstehung, nämlich etwa die zweite Hälfte des zweiten nachchristlichen Jahrhunderts[2]. Danach war ein derartiges griechisch redendes, hellenisiertes Judentum, wie es in den Gebeten sich zeigt, noch vorhanden!

Aber wir haben noch mehr gewonnen. Gerade die Stelle 33_4f., von der wir ausgingen und die unlösbar mit der Bibelübersetzung Aquilas verbunden ist, zeigt jene bemerkenswerte Ausführung über πίστις und γνῶσις. Dieses Judentum kannte den Begriff der γνῶσις und hat über das Verhältnis von πίστις und γνῶσις bereits reflektiert, — eine sehr erstaunliche Beobachtung.

Und wir sehen weiter, daß γνῶσις überhaupt ein Grundbegriff unserer Gebete ist. Wir lesen 35_9 κύριος θεὸς γνώσεων (LXX I. Kö. 2_3 θεὸς γνώσεως κύριος) ἡ ἄναρχος γνῶσις VIII 12_7; VII 36_4 εἰς γνῶσιν τῆς σῆς δυνάμεως. Vor allem kommt VII 33_3 in Betracht: ὑποδείξας δὲ ἑκάστῳ τῶν ἀνθρώπων διὰ τῆς ἐμφύτου γνώσεως καὶ φυσικῆς κρίσεως(!) καὶ ἐκ τῆς τοῦ νόμου ὑποφωνήσεως — und dementsprechend VIII 12, 18: κἂν τῷ ποιεῖν νόμον δέδωκας αὐτῷ ἔμφυτον[3]. Endlich finden wir γνῶσις noch 39_2 τὴν περὶ θεοῦ τοῦ ἀγεννήτου γνῶσιν, und es soll sofort nachgewiesen werden, daß auch c. 39 wahrscheinlich noch in unseren Zusammenhang hineingehört.

467 / Machen wir die Gegenprobe, so zeigt sich, daß demgegenüber γνῶσις in den Konstitutionen gar nicht sehr häufig ist. Sehen wir zunächst einmal von den Stellen in den Gebeten des achten Buches ab (5,1; 11,2; 12,7; 37,6), die alle noch einer besonderen Untersuchung bedürfen, so bleiben nur folgende Stellen übrig: II 26,4 (der Bischof γνώσεως φύλαξ); V 1,4: εἰ γὰρ ὁ „τὰ ὑπάρχοντα πτωχοῖς δούς" τέλειος μετὰ τὴν περὶ τῶν θείων γνῶσιν[1], πολλῷ μᾶλλων ὁ ὑπὲρ μαρτύρων; und in den sicher übernommenen Taufgebeten VII 44,2 (τὴν ὀσμὴν τῆς γνώσεως τοῦ εὐαγγελίου ἐν πᾶσι τοῖς ἔθνεσιν εὔοσμον παρασχόμενος), 45, 3 (γνῶσιν ἀπλανῆ). Sonst findet sich γνῶσις nur an Stellen, wo alt- oder neutestamentliche Zitate benutzt sind oder anklingen[2a].

Damit ist von der anderen Seite erwiesen, daß die Betonung der Gnosis und die Ausführungen über diese schwerlich erst von dem

---

[2] Vgl. auch Rahlfs a. a. O. S. 32.

[3] νόμος ἔμφυτος findet sich nur noch in dem Bischofsgebet VIII 9,8, und mit dem hat es ebenfalls eine besondere Bewandtnis.

[1] Die Wendung ist nicht ganz klar. Der Sinn ist wohl der, daß der Barmherzige gleich hinter dem Gnostiker kommt. Für das Concretum tritt das Abstractum ein.

[2a] II 57; 28,7; V 7,22; VI 15,3; VIII 1,12; II 25,7 (Lk. 11_{52}); V 16,5 (Mt. 21_{43}). — VII 26,2 stammt aus der Didache.

Redaktor der Konstitutionen in unsere Gebete hineingebracht sein können. Stutzig machen könnte vielleicht nur die Beobachtung, daß der an die ἔμφυτος γνῶσις anklingende Begriff φυσικὸς νόμος ein Lieblingsbegriff desselben ist. Er verwendet ihn in der zweiten Hälfte des VI. Buches (s. Wortregister bei Funk) fortwährend und bringt ihn gewaltsam in das Gedankengefüge seiner Quelle, der Didaskalia, mit ihrer interessanten Unterscheidung von Dekalog und δευτέρωσις hinein. — Allein es muß beachtet werden, daß die Terminologie des Redaktors der Konstitutionen und die der Gebete, — bei vielleicht vorhandener Übereinstimmung in der Sache — total abweichen. Einerseits ist der Terminus ἔμφυτος γνῶσις (ἔμφυτος νόμος) bei dem Redaktor eben nicht nachweisbar, andererseits kennen die Gebete den Terminus φυσικὸς νόμος nicht, dagegen wohl φυσικὴ κρίσις (VII 33,3). Es ist wohl Verwandtschaft vorhanden, aber keine Identität, und es ist sogar möglich, daß der Redaktor der Konstitutionen sich durch die Gebetsquelle zu seinen Ausführungen über den Begriff des φυσικὸς νόμος hat anregen lassen.

Wir kehren noch einmal zurück. Was ist das für ein merkwürdiges Judentum, das sich uns hier zeigt! Es kennt den Begriff γνῶσις, es spekuliert über das Verhältnis von πίστις und γνῶσις, es prägt die Termini ἔμφυτος γνῶσις, φυσικὴ κρίσις, νόμος ἔμφυτος und stellt dieser natürlichen Erkenntnis und Sittlichkeit die ὑποφώνησις τοῦ νόμου, d.h. etwa den νομός γραπτός gegenüber. Einer seiner Lieblings-
468 termini ist ferner λογικός (34,6 38,5 (VIII 37,5) λο/γικὸν ζῷον; 35, 10 (vgl. VIII 37,6 15,7) πάση λογικῇ καὶ ἁγίᾳ φύσις; VIII 9,8 (s. u.) VIII 12,17 τὴν λογικὴν διάγνωσιν, εὐσεβείας καὶ ἀσεβείας διάκρισιν καὶ ἀδίκου παρατήρησιν. Sein Schöpfungshymnus ist ganz und gar von der Sprache der Stoa und von hellenistischer Frömmigkeit durchtränkt. Es fand in Gen. 1_{26} die Hypostase der Sophia angedeutet und spekuliert über diese Figur[1]. Ihm ist der Mensch κοσμοπολίτης und κόσμος κόσμου!

Namentlich aber fesseln die Aussagen dieses Judentums über γνῶσις und πίστις unsere Aufmerksamkeit. Es soll hier nicht eine Geschichte des Wortes γνῶσις (γινώσκειν τὸν θεόν) im jüdischen Hellenismus und in der alten christlichen Kirche gegeben werden. Eine solche Arbeit muß einmal in Anlehnung an Nordens anregende und einschneidende Untersuchung im „Agnostos Theos" geliefert werden.

---

[1] Daß auch Justin Dial. 62 (vgl. Iren. IV 20,1) die Spekulation kennt, kann nicht wundernehmen.

Nur auf einiges möge, um die Bedeutung des hier entdeckten hellenistischen Judentums ins Licht zu stellen, hingewiesen werden. — Es ist bemerkenswert, daß Philo den Terminus γνῶσις eigentlich noch nicht kennt; er redet unendlich oft von ἐπιστήμη, σοφία etc., auch da wo es sich ihm um eigentliche religiöse (offenbarte, auch visionäre) Erkenntnis handelt. Den Terminus γνῶσις habe ich nur für wenige Stellen notiert[2].

Es ist auch charakteristisch, daß im neuen Testament fast allein Paulus den Begriff γνῶσις terminologisch gebraucht (Eph. 3₁₉ und I Tim. 6₂₀ ἡ ψευδώνυμος γνῶσις eingeschlossen). Lukas spricht freilich auch einmal in charakteristischer Abwandlung eines älteren Herrenwortes von κλεῖς τῆς γνώσεως[3]. Auch die johanneischen Schriften, bei denen das γινώσκειν τὸν θεὸν eine solche Rolle spielt, kennen γνῶσις nicht.

Charakteristisch ist dagegen II Pt. 1₅f. die Reihenfolge πίστις ... ἀρετή ... γνῶσις ... ἐγκράτεια (vgl. auch 3₁₈ ἐν χάριτι καὶ γνώσει τοῦ κ. ἡ.)

Hier schließt sich der Barnabasbrief an : 1₅ ἵνα μετὰ τῆς πιστεως ὑμῶν τελείαν ἔχητε τῆν γνῶσιν; dann Barnabas 2₂ : πίστις ... φόβος ὑπομονή ... μακροθυμία ... ἐγκράτεια ... σοφία, σύνεσις, ἐπιστήμη, γνῶσις, eine Stelle, die offenbar dem Clemens Alexandrinus sein **469** Schema / der christlichen Tugenden im zweiten Buch seiner Stromata inspiriert hat[1].

Außerhalb des Barnabasbriefes ist der Begriff γνῶσις auch bei den apostolischen Vätern noch ein seltener[2a], nur im I. Klemensbrief etwas häufigerer. Doch ist man sich des Inhaltes des terminus γνῶσις, — nicht nur religiöse, sondern wunderbare, auf wunderbarem Wege erworbene Erkenntnis — wie es scheint, voll bewußt.

---

[2] q. deus. s. immut. 143 γνῶσις καὶ ἐπιστήμη θεοῦ. de somn. I 60 : ἵνα τοῦ πρὸς ἀλήθειαν ὄντος εἰς ἀκριβῆ γνῶσιν ἔλθῃ. migrat 42 wird von Gott gesagt, daß er εἴδησιν, γνῶσιν καὶ κατάληψιν seiner Werke gehabt habe. — Aber Philo sagt lieber (§ 40) ὁ μόνος ἐπιστήμων θεός.

[3] Die Wendungen Lk. 1₇₇ (γνῶσις σωτηρίας) und erst recht I Pt. 3₇ κατὰ γνῶσιν (= vernünftig) sind mehr zufälliger Art und kommen kaum in Betracht.

[1] γνῶσις besteht schon bei Barnabas z. T. in der kunstgemäßen allegorischen Ausdeutung der Schrift (5₄) 6₉ 9₈ 13₇. γνῶσις = ethische Lehre Didache 18₁ 19₁.

[2a] I Clem. 1₂ πίστις ... εὐσέβεια ... φιλοξενία ... γνῶσις. (48₅ Anlehnung an I Ko.) 40₁ ἐγκεκυφότες εἰς τὰ βάθη τῆς θείας γνώσεως (vgl. 41₄). 36₂ in dem mystischen (eucharistischen?) Hymnus : διὰ τούτου ἠθέλησεν ὁ δεσπότης τῆς ἀθανάτου γνώσεως ἡμᾶς γεύσασθαι. — Ignatius nur Ephes. 17₂ λαβόντες θεοῦ γνῶσιν, ὅ ἐστιν I. Χρ. Hermas nur Vis. 11 2₁ ἀπεπαλύφθη μοι ἡ γνῶσις, von der Offenbarung des Inhalts der geheimnisvollen Schrift! II Clemens nur 3₁. Dann in den Abendmahlsgebeten der Didache 9₃ 10₂ vgl. 11₂. Das sind, soweit ich sehe, alle in Betracht kommenden Stellen.

In unseren Gebeten spricht ein hellenistisches Judentum, dem dieser Begriff (allerdings wohl ein wenig intellektualistisch gewandt) vollkommen geläufig ist, das das 15. Kapitel der Genesis, aus dem Paulus die Lehre von der δικαιοσύνη ἐκ πίστεως nahm, dazu benutzt, um das Verhältnis von πίστις und γνῶσις darzulegen.

Wir haben hier dasjenige Judentum in authentischen Zeugnissen, an das Paulus Rö. 2_{20} sich wendet : ἔχοντα τὴν μόρφωσιν τῆς γνώσεως καὶ τῆς ἀληθείας ἐν τῷ νόμῳ, und dasjenige Milieu, aus dem seine Ausführungen über den νόμος γραπτὸς ἐν ταῖς καρδίαις verständlich werden[3].

V

Und so wäre denn nachgewiesen, daß die ganze Gebetssammlung in den Konstitutionen VII 33-38 der Synagoge entlehnt ist. Sie stellt wahrscheinlich bereits eine jüdische Gebetssammlung dar, die der Bearbeiter in sehr naiver und dankenswert geringer Umarbeitung in christliche Gebete verwandelt hat.

Vielleicht können wir noch einen Schritt weitergehen und den jüdischen Einschlag in den Konstitutionen um ein Kapitel weiter verfolgen. Der Kompilator des siebenten Buches wendet sich im folgenden dem Unterricht der Katecheten zu. Wie die getauften Christen leben müßten (c. 1-32), und wie sie Gott danken müßten (33-38) sei nunmehr gesagt : δίκαιον δὲ μηδὲ τοὺς ἀμυήτους καταλιπεῖν ἀβοηθήτους. Nun gibt er Anweisungen für den Katechumenenunterricht : ὁ μέλλων τοίνυν κατηχεῖσθαι τὸν λόγον τῆς εὐσεβείας παιδευέσθω πρὸ τοῦ βαπτίσματος τὴν περὶ θεοῦ τοῦ ἀγεννήτου γνῶσιν, τὴν / περὶ υἱοῦ **470** μονογενοῦς ἐπίγνωσιν, τὴν περὶ τοῦ ἁγίου πνεύματος πληροφορίαν[1]. An diesen Sätzen ist zunächst nichts zu beanstanden, wohl aber an der Fortsetzung. Man sollte doch meinen, daß hier die Unterweisung in der Trinität als Ende und Krönung des Katechetenunterrichts genannt wäre. Nun aber fährt die Anweisung fort : μανθανέτω δημιουργίας διαφόρου τάξιν, προνοίας εἱρμόν, νομοθεσίας διαφόρου δικαιωτήρια (eine Wendung, die geradezu einen Kommentar bietet zu νόμων δοτήρ 35,10, μελέτη νόμων 36,1,5. vgl. 38,5[2]) παιδευέσθω, διὰ τί

---

[3] Vgl. noch die συνείδησις πίστεως ἀνύπουλος (s. o.) mit Rö. 2_{15}.

[1] Es ist charakteristisch, wie hier γνῶσις (ἐπίγνωσις) und πληροφορία als Synonyma erscheinen. πληροφορία ist — hauptsächlich in der Mönchsmystik — vielfach die ganz sinnlich gedachte Erfülltheit mit der höheren Erkenntnis.

[2] Es muß allerdings hervorgehoben werden, daß auch der Verfasser der Konsti-

κόσμος γέγονεν καὶ δι᾽ ὃ κοσμοπολίτης (s.o.S. 468) ὁ ἄνθρωπος κατέστη· ἐπιγινωσκέτω τὴν ἑαυτοῦ φύσιν, οἷά τις ὑπάρχει, παιδευέσθω, ὅπως ὁ θεὸς τοὺς πονηροὺς ἐκόλασεν ὕδατι καὶ πυρί, τοὺς δὲ ἁγίους ἐδόξασεν καθ᾽ ἑκάστην ἡμέραν (folgt eine Aufzählung von Frommen, ähnlich wie die in Gebet 37 und 38 von Seth bis zu Pinehas), ὅπως τε προνοούμενος οὐκ ἀπεστράφη ὁ θεὸς τὸ τῶν ἀνθρώπων γένος, ἀλλ᾽ ἀπὸ πλάνης καὶ ματαιότητος εἰς ἐπίγνωσιν ἀληθείας (das braucht nicht aus I Tim. 2₄ zu stammen) ἐκάλει κατὰ διαφόρους καιρούς (in einem ursprünglich christlichen Zusammenhang würden wir hier die spezielle Erwähnung der Erlösung durch Christus stark vermissen) ἀπὸ τῆς δουλείας καὶ ἀσεβείας εἰς ἐλευθερίαν καὶ εὐσέβειαν, ἀπὸ ἀδικίας εἰς δικαιοσύνην, ἀπὸ θανάτου αἰωνίου εἰς ζωὴν αἰωνίου. ταῦτα καὶ τὰ τούτοις ἀκόλουθα μανθανέτω ἐν τῇ κατηχήσει ὁ προσιών.

Sollte der Schluß nach allem Vorhergegangenen ganz fehlgreifen, daß wir hier eine jüdische Anweisung für den Proselytenunterricht vor uns haben, dem der christliche Bearbeiter nur ein Bekenntnis zur Trinität (hinter der Erwähnung der περὶ θεοῦ τοῦ ἀγεννήτου γνῶσις) nebst dem Hinweis auf das βάπτισμα vorgeschoben hat? Der ursprüngliche Anfang ließe sich noch aus dem oben beigebrachten Satz konstruieren : ὁ μέλλων τοίνυν κατηχεῖσθαι τὸν λόγον τῆς εὐσεβείας παιδευέσθω τὴν περὶ θεοῦ τοῦ ἀγεννήτου γνῶσιν, ... μανθανέτω δημιουργίας διαφόρου τάξιν.

Wie gesagt, es mag das nur als Vermutung hingestellt werden. 471 / Aber es wäre nicht ganz unwichtig, wenn wir mit dieser Vermutung recht hätten. Sie würde zugleich ein Licht auf den Charakter der rekonstruierten jüdischen Gebetssammlung werfen. Auch diese können wir uns als für den Proselytenunterricht resp. den Unterricht überhaupt bestimmt denken. Der Unterricht in den Gebeten galt als ein Hauptstück des Judentums. Johannes der Täufer lehrt seine Jünger beten, Jesus wird gleichfalls von seinen Jüngern darum gebeten (Luk. 11₅f.). Jochanan ben Zakkai lehrte seine Schüler zunächst das Sch'ma, Sch'mone Esre und das Tischgebet. Der erste Traktat der Mischna

---

tutionen des öftern νόμοι im Plural gebraucht (vgl. seine Theorie vom νόμος φυσικός in der zweiten Hälfte von Buch VI). Aber es wurde bereits oben nachgewiesen, daß an den Stellen II 36,2, 61,4; VI 23,3; 27,7 ersichtlich eine Entlehnung aus dem Gebet VI 36,1 stattgefunden habe. Sonst steht der Plural, soweit ich sehe : II 49,5 ἐν τοῖς νόμοις Zitationsformel, ähnlich VI 28,4f. und II 61,2 VIII 22,4. Über VIII 12,30 s. u. Man kann also nicht verkennen, daß der Gebrauch des merkwürdigen Plurals νόμοι seinen Hauptsitz in unseren Gebeten hat.

ist der Traktat Berachot[1], III Makk. 2_{21} spricht von der ἔνθεσμος λιτανεία. Noch heutzutage besteht das Hauptstück des jüdischen Religionsunterrichts in dem Auswendiglernen des Gebetsbuches.

Das siebente Buch der Konstitutionen hat uns eine wertvolle Reliquie bewahrt. Eine alte Gebetssammlung der jüdischen Synagoge, die man vielleicht zu Unterrichtszwecken zusammengestellt, verbunden mit einer Anweisung für den Proselytenunterricht.

Dann verschwinden im VII. Buch der Konstitutionen die spezifisch jüdischen Einflüsse, was von VII 39,4 folgt, sind christliche Anweisungen für die Taufe. Doch erscheint innerhalb der Taufvorschriften noch wieder eine merkwürdige Stelle. Der Vorschrift über das Gebet bei dem Chrisma nach der Taufe wird 44, 3 hinzugefügt: ἐὰν γὰρ μὴ εἰς ἕκαστον τούτων ἐπίκλησις γένηται παρὰ τοῦ εὐσεβοῦς ἱερέως τοιαύτη τις, εἰς ὕδωρ μόνον καταβαίνει ὁ βαπτιζόμενος ὡς οἱ Ἰουδαῖοι καὶ ἀποτίθεται μόνον τὸν ῥύπον τοῦ σώματος, οὐ τὸν ῥύπον τῆς ψυχῆς. Der Verfasser schreibt in einem Milieu, in welchem die Proselytentaufe des Judentums noch eine Rolle spielte, der Vergleich mit ihr sich unmittelbar aufdrängte und das Bedürfnis vorhanden war, Christentaufe und Proselytentaufe im Prinzip voneinander zu unterscheiden.

VI

Wir können uns jetzt noch einen Schritt weiter vorwärts wagen. Es wurde bereits nachgewiesen, daß das Gebet VIII 34 und ein Stück des großen eucharistischen Präfationsgebetes VII 12, 9-20 nur Abkömmlinge eines und desselben (jüdischen) Gebetes seien. Des öftern sind wir bereits auf auffallende Berührungen der jüdischen Gebetssammlung mit diesem und mit andern der clementinischen Liturgie gestoßen. Jetzt soll der Beweis geführt werden, daß nicht nur das Präfationsgebet, sondern die gesamte Gebetsliturgie des achten Buches

472 von jüdischem Einfluß d.h. von unserer / Gebetssammlung beherrscht ist. Ich setze mit einer genauen Analyse der Präfation dieser Liturgie VIII 12, 6-27 ein.

Dieses Gebet beginnt nach dem ἄξιον καὶ δίκαιον mit einem langen Gotteshymnus, der durch seine vielen negativen Prädikate charakterisiert wird (ich merke die Wendungen ἄναρχος γνῶσις, ἀδίδακτος

---

[1] Vgl. Bousset, Rel. d. Judentums ²205.

σοφία[1] an)[2]. Dann folgt ein christologischer Abschnitt. Und dann wendet sich mit § 8 der Hymnus der Erschaffung der Seraphim und Cherubim zu. Wer die Anlage eines ἄξιον καὶ δίκαιον kennt, kommt sofort auf die Vermutung, daß die Erwähnung dieser Engelklassen zu keinem anderen Zweck erfolgt, als um mit ihr zu dem seraphischen Hymnus des dreimal-Heilig überzuleiten, mit dem jedes rechte ἄξιον-καὶ-δίκαιον-Gebet schließen muß. Aber das Gebet enttäuscht diese Erwartung gründlich; es setzt sich durch lange Paragraphen hindurch (9-26) weiter fort, bis endlich erst mit § 27 der Seraphimgesang anhebt.

Ich behaupte nun, daß diese Anlage des Gebetes und seine in der gesamten Liturgie beispiellose Länge daher rührt, daß §§ 9-26 inter-
poliert und zwar im wesentlichen aus unseren jüdischen Gebeten inter-
473   poliert sind[2]. Der Beweis ist ja zum Teil, nämlich / für § 9-20, schon erbracht. An dieses Stück schließt sich ein zweites Gebet, dessen Her-
kunft ebenfalls nachweisbar ist. Es beginnt § 21 : καὶ οὐ τοῦτο μόνον ἀλλὰ καὶ τοὺς ἐξ αὐτοῦ (sc. Adam) εἰς πλῆθος ἀνάριθμον χέας, τοὺς ἐμμείναντάς σοι ἐδόξασας, τοὺς δὲ ἀποστάντας σου ἐκόλασας. Wir erinnern uns jetzt der Anweisung in dem von uns vermuteten Proselyten-
gebet : παιδευέσθω, ὅπως ὁ θεὸς τοὺς πονηροὺς ἐκόλασεν ὕδατι καὶ

---

[1] Die Wendungen mögen bereits einen partiellen Einfluß der jüdischen Gebetsliturgie (s. o. S. 467) darstellen.

[2] Die aus II Makk. 7$_{28}$ stammende Wendung ὁ τὰ πάντα ἐκ τοῦ μὴ ὄντος εἰς τὸ εἶναι παραγαγών ist in der Tat in christlicher Gebetsliturgie, wie es scheint, uralt. Die erste Spur findet sich vielleicht bereits im Hirten des Hermas Mand I. 1. Vgl. Th. Schermann, d. liturg. Papyrus v. Dêr-Balyzeh, Texte u. Unters. 36, 1. 1910. S. 12-14.

[3] Das ist der Fehler in einem großen Teil der Untersuchung Drews, daß er diesen Tatbestand nicht gesehen hat. Er hat in der Tat bei seinem Bestreben, den Typus der klementinischen Liturgie bis in die christliche Urzeit zu verfolgen, sein Bemühen vielfach auf einen Text verwandt, der in dem großen eucharistischen Gebet eine sekundäre Interpolation ist. — Daher geht es auch nicht an, so wie Drews das S. 111 bei dem Vergleich von Novatian mit Konst. VIII 12 tut, gerade den § 8 mit 9ff. als eine Einheit zu behandeln, als begänne der Schöpfungshymnus mit der Erwähnung der Erschaffung der himmlischen Heerschaaren. § 8 hat eine völlig andere Struktur als § 9ff. Er ist ganz christologisch orientiert : σὺ γὰρ θεὲ αἰώνιε δι' αὐτοῦ τὰ πάντα πεποίηκας καὶ δι' αὐτοῦ τῆς προσηκούσης προνοίας τὰ ὅλα ἀξιοῖς· δι' οὗ γὰρ τὸ εἶναι ἐχαρίσω, δι' αὐτοῦ καὶ τὸ εὖ εἶναι ἐδωρήσω· ὁ θεὸς καὶ πατὴρ τοῦ μονογενοῦς υἱοῦ σου, ὁ δι' αὐτοῦ πρὸ πάντων ποιήσας τὰ Χερουβείμ etc. καὶ μετὰ ταῦτα πάντα ποιήσας δι' αὐτοῦ... Und damit vergleiche man nun den oben gegebenen Text des folgenden Teils des Gebetes! Der Abstand zwischen dem ursprünglichen eucharistischen Präfationshymnus und der (jüdischen) Einlage springt ins Auge. Drews bemüht sich S. 69ff. die Bekanntschaft Justins mit dem Präfationsgebet der clementinischen Liturgie zu erweisen. Was er an erwägenswerten Parallelen beibringt S. 75-78 bezieht sich auf die spezifisch christliche Partie § 7-8. Über die ver-
meintliche Parallele zu § 21 s. u.

πυρί, τοὺς δὲ ἁγίους ἐδόξασεν καθ᾽ ἑκάστην γενεάν. Und nun folgt an beiden Stellen etwa dieselbe charakteristische Reihe von alttestamentlichen Helden, nur daß VII 39 einfach die Namen aufzählt, VIII 12, 20ff. aber zu dieser Aufzählung eine längere Ausführung bietet. Ich stelle zunächst die beiden Namenlisten sich gegenüber.

VIII 12	VII 39
Abel, Kain, Seth, Enos, Henoch,	Seth, Enos, Henoch,
Noah, Lot, Abraham, Melchisedek,	Noah, Abraham, Melchisedek,
Hiob, Isaak, Jakob, Joseph,	Hiob,
Moses, Josua.	Moses, Josua, Kaleb, Pinehas.

Noch frappanter ist fast der Parallelismus mit einer zweiten Stelle der Liturgie im achten Buch, die ich an diesem Punkt hier gleich heranziehe. Im Bischofsgebet VIII 5, 3f. lautet die Liste: Abel, Seth, Enos, Henoch, Noah, Melchisedek, Hiob, Abraham, Moses, Aaron, Eleazar, Pinehas (!).

Und noch an einer vierten Stelle in den Konstitutionen, diesmal im zweiten Buche, die wiederum mit der hier mitgeteilten Skizze des Verlaufes des eucharistischen Gottesdienstes eng zusammenhängt, kehrt unsere Liste wieder II 55:

Abel, Sem, Seth, Enos, Henoch, Noah, Lot, Melchisedek, die (drei) Patriarchen, Hiob, Moses, Josua, Kaleb, Pinehas.

Die Übereinstimmung der Listen [1] fällt ins Auge und ihr Maß geht weiter über dasjenige Maß von Verwandtschaft hinüber, das Drews S. 24-31 in einer mühsamen und dankenswerten Zusammenstellung für diese Partie von VIII 12 mit I. Clem. 9-12, Hebräer 11, Justin Dialog 19. 138. 131. 111 herauszustellen sich bemüht hat. Wir gehen deshalb an diesen — doch immerhin ungesicherten [2] — Parallelen zunächst vorbei und folgen dem Faden unserer Untersuchung.

474   Aber auch in den Ausführungen, die VIII 12 zu den einzelnen Frommen gegeben werden, zeigen sich überraschende Parallelen zu unseren Gebeten. Zunächst ist § 22 ein Stück aus VII 35 aufgenommen. Ich stelle die Texte nebeneinander:

---

[1] Zu vergleichen wären etwa noch VI 12,13 (Darstellung des Apostelkonzils — in den Bericht der Didaskalia eingeschoben — Enos, Henoch, Noah, Melchisedek, Hiob). — VII 37,2 (Abel, Noah, Abraam, Is. Jak. Moses, Aaron, Josua, dann völlig abweichend); VII 38,1 (Enos, Henoch, Moses, Josua dann ebenfalls ganz anders) gehören kaum hierher.

[2] Auch Drews (Resultat S. 40) glaubt doch nur für Justin das sichere Ergebnis einer Verwandtschaft mit Konst. VIII 12 erreicht zu haben. Darüber soll weiter unten gehandelt werden.

VIII 12,22

σὺ γὰρ εἶ ὁ δημιουργὸς τῶν ἀνθρώπων
καὶ τῆς ζωῆς χορηγός
καὶ τῆς ἐνδείας πληρωτής
καὶ τῶν νόμων δοτήρ
καὶ τῶν φυλαττόντων αὐτοὺς
    μισθαποδότης [1]
καὶ τῶν παραβαινόντων αὐτοὺς ἔκδι-
κος.

VII 35,10

σὺ γὰρ εἶ ὁ σοφίας πατήρ, ὁ δημιουργίας τῆς διὰ μεσίτου κτίστης
ὡς αἴτιος,
ὁ προνοίας χορηγός,
2. ὁ ἐνδείας πληρωτής,
1. ὁ νόμων δοτήρ
καὶ τῶν δικαίων
2. μισθαποδότης [1]
1. ὁ τῶν ἀσεβῶν τιμωρός [2].

Das Verhältnis dieser beiden identischen Texte ist nicht uninteressant.
Der Text in VII 35,10 erweist sich als überlegen. Die Erwähnung der
σοφία, die den jüdischen Gebeten geläufig ist, ist in der christlichen
Liturgie vermieden, ὁ προνοίας χορηγός klingt ursprünglicher, als
das dem christlichen Arbeiter sich in die Feder drängende ζωῆς χορηγός. Andererseits könnte es sein, daß das τῆς διὰ μεσίτου, das auf die
σοφία bezogen, immerhin einen guten Sinn gäbe, (beachte das unmittelbar vorhergehende ἀμεσίτευτον τὸ ἔργον VII 35,9) ein Zusatz
sein könnte. Es wäre dann von dem christlichen Bearbeiter, der die
σοφία auf Χριστός deutete, hinzugefügt. Damit stießen wir wieder
auf einen VII 12 und VII 35 gemeinsamen Grundtext, der nach verschiedenen Richtungen hin überarbeitet wäre.

Für die Ausführungen im folgenden kann ich zunächst keine be-
475 stimmten Parallelen aus dem bisher Bekannten nachweisen [3]. / Von
dem Bearbeiter stammt sicher auch der einzige spezifisch christliche

---

[1] Man sieht, woher das seltene Wort μισθαποδότης des liturgischen Textes stammt.
Es mag auch Hebr. 11₆ aus jüdischer Sprache stammen.

[2] Sehr hübsch hebt sich durch diesen Vergleich der christliche Abschluß des Gebetes
in VII 35 (mit den Worten ὁ τοῦ Χριστοῦ θεὸς καὶ πατήρ u.s.w.) heraus. Das ursprüngliche Gebet wird mit den Worten geschlossen haben σοὶ ἡ ἐπάξιος προσκύνησις
ὀφείλεται παρὰ πάσης λογικῆς καὶ ἁγίας φύσεως.

[3] Drews in der oben erwähnten Zusammenstellung stellt einige interessante Beziehungen zwischen Justin und Konstitutionen fest. Daß die Zahl der Seelen in der
Arche auf acht angegeben wird (VIII 12,22 u. Justin Dial. 138) ist wegen I. Pt. 3₂₀
wenig beweisend. Charakteristischer sind die Berührungen VIII 12,22 (Noah: τέλος
μὲν τῶν παρῳχηκότων, ἀρχὴν δὲ τῶν μελλόντων) und Justin Dial. 19 Νωὲ ἀρχὴ
γένους ἄλλου (vgl. Dial. 138 Χριστὸς — ἀρχὴ πάλιν ἄλλου γένους). Ich will nicht
leugnen, daß Justin bei seinen Ausführungen den Text eines jüdischen Dankgebets für
die frommen Väter bei seinen Ausführungen vorgeschwebt haben könnte. Aber man
wird auch hier in der Annahme direkter literarischer Beziehungen sehr vorsichtig sein
müssen. Ich verweise auf Philo, Vita Moses II 60, wo es von Noah heißt: νομισθεὶς
γὰρ ἐπιτήδειος εἶναι μὴ μόνον ἀμοιρῆσαι τῆς κοινῆς συμφορᾶς, ἀλλὰ καὶ δευτέρας
γενέσεως ἀνθρώπων αὐτὸς ἀρχὴ γενέσθαι.

Passus in diesem Abschnitt καὶ ἐμφανίσας αὐτῷ (sc. Abraam) τὸν Χριστόν σου (vgl. VII 33, 5). Für den letzten § (26) dieses Gefüges aber können wir wiederum eine interessante Parallele nachweisen, diesmal freilich nicht aus unserer jüdischen Gebetssammlung, sondern an zwei Stellen der Didaskalia (beide Male auch von den Konstitutionen übernommen). Ich stelle die rekonstruierten Texte der Didaskalia mit VIII 12, 26 zusammen.

Didaskalia VI 2 Funk 304₁.	Didaskalia VI 16 Funk 350₆.	Konst. VIII 12, 25ff.
(καὶ ἐκακολόγουν Μωυσέα) τὸν πάντα ταῦτα παρὰ θεοῦ σημεῖα καὶ τέρατα τῷ λαῷ πεποιηκότα, τὸν τὰ ἔνδοξα καὶ θαυμαστὰ ἔργα εἰς εὐεργεσίαν αὐτῶν τετελεκότα, τὸν ἐπ᾽ Αἰγυπτίους δεκάπληγον πεπληρωκότα, τὸν τὴν ἐρυθρὰν θάλασσαν διῃρηκότα,	ἀπηρνήσαντο θεὸν τὸν διὰ Μωυσέως ἐπισκεψάμενον αὐτοὺς ἐν τῇ θλίψει αὐτῶν, τὸν τὰ σημεῖα ἐπὶ χειρὸς καὶ ῥάβδου ποιησάμενον,	Ἑβραίους ἁμαρτάνοντας ἐκόλασας, ἐπιστρέψοντας ἐδέξω,
	τὸν τοὺς Αἰγυπτίους δεκαπλήγῳ πατάξαντα, τὸν τὴν ἐρυθρὰν διελόντα θάλασσαν εἰς διαιρέσεις ὑδάτων,	τοὺς Αἰγυπτίους δεκαπλήγῳ ἐπιμωρήσω, θάλασσαν διελὼν
ἵνα ὡς τεῖχος τὰ ὕδατα ἔνθεν καὶ ἔνθεν στῶσι, καὶ ὡς δι᾽ ἐρήμου ξηρᾶς τὸν λαὸν ἀγηοχότα	τὸν διαγαγόντα αὐτοὺς ἐν μέσῳ ὕδατος ὡς δι᾽ ἐρήμου ξηρᾶς,	Ἰσραηλίτας διεβίβασας,
καὶ βυθίσαντα τοὺς ἐχθροὺς αὐτῶν καὶ ἐπιβούλους καὶ πάντας τοὺς μετ᾽ αὐτῶν,	τὸν τοὺς ἐχθροὺς αὐτῶν καὶ ἐπιβούλους βυθίσαντα,	Αἰγυπτίους ἐπιδιώξαντας ὑποβρυχίους ἀπώλεσας,
τὸν γλυκάναντα πηγὴν αὐτοῖς (Konst. + διὰ ξύλου)	τὸν εἰς Μερρὰν τὴν πικρὰν πηγὴν γλυκάναντα,	ξύλῳ πικρὸν ὕδωρ ἐγλύκανας,
476 / καὶ ἐκ πέτρας στερεᾶς (Konst. + ἀκροτόμου) προαγαγόντα αὐτοῖς ὕδωρ, ἵνα πίωσιν παὶ πλησθῶσιν,	τὸν ἐκ πέτρας ἀκροτόμου καταγαγόντα ὕδωρ εἰς πλησμονὴν αὐτοῖς,	ἐκ πέτρας ἀκροτόμου ὕδωρ ἀνέχεας,
τὸν ἐξ οὐρανοῦ μαννοδοτήσαντα αὐτοῖς καὶ ἅμα τῷ μάννα κρεωδοτήσαντα,	2. τὸν ἐξ οὐρανοῦ μαννοδοτήσαντα αὐτοῖς καὶ ἐκ θαλάσσης κρεωδοτήσαντα (Konst. + ὀρτυγομήτραν)	ἐξ οὐρανοῦ τὸν μάννα ὗσας, 4. τροφὴν ἐξ ἀέρος ὀρτυγομήτραν
τὸν στῦλον πυρὸς ἐν νυκτὶ εἰς φωτισμὸν καὶ ὁδηγίαν παρεχόμενον αὐτοῖς	1. τὸν στύλῳ νεφέλης	1. στῦλον πυρὸς τὴν νύκτα πρὸς φωτισμόν

καὶ στῦλον νεφέλης ἐν ἡμέρᾳ εἰς σκιασμόν,

καὶ στύλῳ πυρὸς σκιά-ζοντα αὐτοῖς (Konst. + διὰ θάλπος ἄμετρον καὶ φωτίζοντα) καὶ ὁδηγοῦν-τα

2. καὶ στῦλον νεφέλης ἡμέρας πρὸς σκιασμὸν θάλπους.

τὸν ἐν ἐρήμῳ χεῖρα ὀρέ-ξαντα αὐτοῖς εἰς νομο-θέτησιν καὶ παραδόντα τὰ δέκα λόγια τοῦ θεοῦ.

τὸν ἐν τῷ ὄρει νομο-θετήσαντα αὐτοῖς.

τὸν Ἰησοῦν στρατηγὸν ἀναδείξας. ...

Die Texte sind, wie die Zusammenstellung zeigt, identisch. Man könnte ja nun annehmen, daß der Redaktor der klementinischen Liturgie hier einfach die Didaskalia noch einmal benutzt hat. Und schlechthin widerlegen läßt sich die Vermutung nicht. Aber es sei doch darauf aufmerksam gemacht, daß auch in der Didaskalia der Abschnitt den Eindruck einer Interpolation macht. Er zeigt deutlich (man beachte die Form τόν ... τόν ... τόν) eine hymnologische Struktur. Wahrscheinlich ist hier, um die Größe des Abfalls Israels von Gott recht deutlich zu machen, ein alter Hymnus eingeschoben. Dann werden wir für Didaskalia und clementinische Liturgie eine gemeinsame Quelle[1] anzunehmen haben[2].

477   Und für diese Vermutung scheint auch noch eine auffällige Parallele bei Philo de decalogo 16 zu sprechen. Wir finden hier eine Aufzählung der Gnadengaben, die Jakob in der Wüste gefunden hat: οὐρανοῦ μὲν ὕοντος τροφὰς τὸ καλούμενον μάννα (sc. ἀνευρίσκουσιν), προσ-όψημα δὲ τροφῶν ἀπ᾽ ἀέρος ὀρτυγομήτρας φοράν, ὕδατος δὲ πικροῦ γλυκαινομένου πρὸς τὸ πότιμον, πέτρας δὲ ἀκροτόμου

---

[1] Diese Vermutung dürfte noch an Wahrscheinlichkeit gewinnen durch die Parallele, die bei Justin (Dialog. 131, Zusammenstellung bei Drews 28f.) vorliegt. Drews S. 35 hat gut auf das Auffallende dieser Parallele hingewiesen. Es ist in der Tat möglich, daß Justin, Didaskalia und Konstitutionen auf eine gemeinsame Quelle zurückgehen können. Diese wäre freilich nicht, wie Drews meint, ein eucharistisches Gebet vom klementinischen Typ, sondern ein synagogales Gebet, in dem die Taten Gottes in der Vorzeit gepriesen wurden. Nur ist es, glaube ich nicht erlaubt, für sämtliche der-artige historische Rückblicke, wie sie sich bei Justin Dialog 19. 111. 138, I. Apol. 53, Hebr. 11, I. Clem. 9-12 finden, eine gemeinsame Quelle zu konstruieren (vgl. Drews 24-31). Die von uns bereits herangezogenen Gebete Konst. VII 33. 37. 38. 39. Didaskalia VI 16. Konst. VIII 12 zeigen deutlich, daß eine Menge derartiger Gebete im Umlauf waren.

[2] Ich darf vielleicht daran erinnern, daß in der jüdischen Liturgie vor der Rezi-tation des Achtzehnbittengebetes die sogenannte Geulla (Dankgebet für die Befreiung aus Aegypten) steht, und daß diese Anordnung schon der Tosephtha Berachoth I 2 (auf daß an die Geulla sich reihe das Tagesgebet) bekannt ist. Was wir hier haben, könnte eine jüdische Geulla (vgl. Hirsch, a.a.O. 126ff.) sein.

πηγὰς ἀνομβρούσης. Man sieht, die Wohltaten Gottes sind hier nach den vier Elementen (οὐρανός, ἀήρ, ὕδωρ, πέτρα = γῆ) geordnet. Es scheint fast, als wenn eine derartige Anordnung auch der Überlieferung unseres Hymnus zu Grunde liegt. Auch hier scheint — die einzelnen Quellen weichen von einander ab — auf den Gedanken Wert gelegt zu werden, daß alle Elemente den Israeliten zu Dienst sind. Auch das Element des Feuers soll hier in dem στῦλος πυρός zu seinem Recht kommen. Sollten hier verborgene Beziehungen vorliegen? Etwa eine Beeinflussung unseres (jüdischen) Gebetes durch Philo oder gar eine Abhängigkeit Philos von einem älteren jüdischen Hymnus?

Damit ist die Komposition des großen ἄξιον-καὶ-δίκαιον-Gebetes in der klementinischen Liturgie deutlich geworden. Dem Redaktor lag ein älteres Gebet, das sich etwa über § 6-8 [1] und 27 erstreckte, vor. Er hat in dieses Gebet einen langen Abschnitt 9-26 eingewoben und entnahm das Material verschiedenen jüdischen Gebeten, vielleicht einer jüdischen Gebetssammlung. Ist dieser Tatbestand richtig gesehen, so **478** werden die Versuche, in dem Gebet / der klementinischen Liturgie eine uralte Reliquie der eucharistischen Liturgie finden zu wollen, bei Seite gelegt werden müssen. Was daran richtig sein könnte, wurde oben bereits erwogen.

VII

Es erhebt sich die Frage, ob sich nicht noch mehr derartige interessante Einarbeitungen jüdischer Gebete und Gebetsformeln in die sogenannte klementinische Liturgie nachweisen lassen. Unsere Vermutung trügt uns nicht. Ich beginne mit dem Nachweis eines beachtenswerten Parallelismus der zwischen dem Gebete nach empfangener Eucharistie VIII 15 und unserer Gebetssammlung vorliegt. Die Wendung des ersten Bischofsgebets VIII 15,2 (das übrigens mit δέσποτα ὁ θεὸς

---

[1] Aber auch von diesem Kern wird noch die größere Partie von § 6 und 7 mit den vielen charakteristischen hellenisierenden Wendungen der Überarbeitung zuzuweisen sein, wie weiter unten nachgewiesen werden soll. — Was dann übrig bleibt, wäre immer noch ein Präfationsgebet, das an Umfang kaum anderen Präfationsgebeten nachstünde. Wenn Justin Dial. c. 41 sagt : ἵνα ἅμα τε εὐχαριστῶμεν τῷ θεῷ ὑπέρ τε τὸν κόσμον ἐκτικέναι σὺν πᾶσι τοῖς ἐν αὐτῷ διὰ τὸν ἄνθρωπον καὶ ὑπὲρ τοῦ ἀπὸ τῆς κακίας ... ἠλευθερωκέναι ἡμᾶς καὶ τὰς ἀρχὰς καὶ τὰς ἐξουσίας καταλελυκέναι (vgl. Drews 72f.), so würde diese Inhaltsangabe noch immer durch VIII 12,6 a. 7b und 27. 28ff. gedeckt sein. — Daß Justin bereits dieses ganze Gebets-Ungeheuer VIII 12, 6ff. gekannt hätte, ist völlig ausgeschlossen.

ὁ παντοκράτωρ (s.o.) beginnt) ὁ τῶν μετ᾽ εὐθύτητος ἐπικαλουμένων σε ἐπήκοος, ὁ καὶ τῶν σιωπώντων ἐπιστάμενος τὰς ἐντεύξεις findet sich fast wörtlich VII 33,2 wieder. Besonders aber mache ich aufmerksam auf die enge Verwandtschaft, die zwischen dem zweiten Bischofsgebet 15,7 und VII 35 obwaltet. Ich stelle die Texte neben einander.

VII 35,8	VIII 15,7.
	ὁ θεὸς ὁ παντο-κράτωρ, ὁ ἀληθινὸς καὶ ἀσύγκριτος
σὺ εἶ ὁ ἐν οὐρανῷ, ὁ ἐπὶ γῆς,	ὁ πανταχοῦ ὢν καὶ τοῖς πᾶσι παρὼν
ὁ ἐν θαλάσσῃ	καὶ ἐν οὐδενὶ ὡς ἑνόν τι ὑπάρχων
[ἀπερίγραφος ἡ μεγαλειότης s.u.]	ὁ τόποις μὴ περιγραφόμενος
	ὁ χρόνοις μὴ παλαιούμενος
ὁ ἐν περατουμένοις ὑπὸ μηδενὸς πε-ρατούμενος	ὁ αἰῶσιν μὴ περατούμενος
	ὁ λόγοις μὴ παραγόμενος
	ὁ γενέσει μὴ ὑποκείμενος
(folgen LXX-Zitate Ps. 144₃, Dt. 4₃₉, Jes. 45₅ nebst Überleitung)	ὁ φυλακῆς μὴ δεόμενος
9. κύριος θεὸς γνώσεως ... ἅγιος ὑπὲρ πάντας ἁγίους (Dt. 33₃)	
ἀόρατος τῇ φύσει	5. ὁ τῇ φύσει ἀόρατος
ἀνεξιχνίαστος κρίμασιν,	
οὗ ἀνενδεὴς ἡ ζωή	2. ὁ τροπῆς ἀνεπίδεκτος
ἄτρεπτος καὶ ἀνελλιπὴς ἡ διαμονή	1. ὁ φθορᾶς ἀνώτερος
ἀκάματος ἡ ἐνέργεια	
ἀπερίγραφος ἡ μεγαλειότης	[ὁ τόποις μὴ περιγραφόμενος (s.o.)]
ἀέναος ἡ εὐπρέπεια	
ἀπρόσιτος ἡ κατοικία	4. ὁ φῶς οἰκῶν ἀπρόσιτον
/ ἀμετανάστευτος ἡ κατασκήνωσις	
ἄναρχος ἡ γνῶσις	
ἀναλλοίωτος ἡ ἀλήθεια	3. ὁ φύσει ἀναλλοίωτος
ἀμεσίτευτον τὸ ἔργον [1] ...	
σοὶ ἡ ἐπάξιος προσκύνησις ὀφείλεται παρὰ πάσης λογικῆς καὶ ἁγίας φύ-σεως	ὁ γνωστὸς πάσαις ταῖς μετ᾽ εὐνοίας ἐκζητούσαις σε λογικαῖς φύσεσιν
	ὁ καταλαμβανόμενος ὑπὸ τῶν ἐν εὐ-νοίᾳ ἐπιζητούντων σε
	ὁ θεὸς Ἰσραὴλ τοῦ ἀληθινῶς ὁρῶν-τος (VII 36,2) τοῦ [εἰς Χριστὸν πιστεύ-σαντος] λαοῦ σου.

479

Die Vergleichung ist in der Tat außerordentlich interessant. An der ursprünglichen Identität der Texte kann kaum ein Zweifel sein. Und

---

[1] Über das hier fortgelassene Stück u. seine Parallele in VIII 12 s. o. S. 474.

wieder stellt sich heraus, daß keinem von den beiden Varianten die Priorität zukommt. VII 35,8f. mit seinen viel reicheren Formeln ist nicht ableitbar aus VIII 15. Umgekehrt aber ist besonders Gewicht darauf zu legen, daß durch den Vergleich mit VIII 15 aus VII 35 sämtliche LXX-Zitate (s.o.S. 466!) verschwinden und die rhythmische Grundanlage des Gebets deutlich hervortritt. Man beachte auch den Parallelismus membrorum namentlich am Anfang und Schluß von VIII 15; beachte ferner, daß der Anklang an Rö. 11$_{33}$ ἀνεξιχνίαστος κρίμασι in VII 35, den wir oben beanstandeten, durch den Vergleich ausscheidet, während umgekehrt VIII 15 mit dem ὁ φῶς οἰκῶν ἀπρόσιτον wiederum eine neutestamentliche Reminiszenz eindringt. Genug, die beiden Gebete stellen sich wiederum als eine zweifache Redaktion eines älteren Textes dar, der noch einigermaßen herzustellen ist.

Ganz besonders zieht auch das Gebet, das die eucharistische Liturgie eröffnet, das Bischofsweihgebet (VIII 5), unsere Aufmerksamkeit auf sich. Es beginnt mit einem merkwürdigen Parallelismus zu der Partie des ἄξιον-καὶ-δίκαιον-Gebets, dessen Behandlung ich oben noch zugestellt habe. Die parallelen Texte lauten :

VIII 12,6f.	VIII 5,1
σὲ τὸν ὄντως ὄντα θεὸν τὸν πρὸ τῶν γενητῶν ὄντα (folgt Eph. 3$_{15}$)	ὁ ὤν, δέσποτα κύριε, ὁ θεὸς ὁ παντοκράτωρ
τὸν μόνον ἀγέννητον καὶ ἄναρχον καὶ ἀβασίλευτον καὶ ἀδέσποτον	ὁ μόνος ἀγέννητος καὶ ἀβασίλευτος
3. τὸν πάντοτε κατὰ τὰ αὐτὰ καὶ ὡσαύτως ἔχοντα	ὁ ἀεὶ ὢν καὶ πρὸ τῶν αἰώνων ὑπάρχων
1. τὸν ἀνενδεῆ, τὸν παντὸς ἀγαθοῦ χορηγόν	ὁ πάντη ἀνενδεής (VII 35,8 u. Par.)
2. τὸν πάσης αἰτίας καὶ γενέσεως κρείττονα,	καὶ πάσης αἰτίας καὶ γενέσεως κρείττων
ἐξ οὗ τὰ πάντα, καθάπερ ἔκ τινος ἀφετηρίας, εἰς τὸ εἶναι παρῆλθεν·	
2. ὁ πρῶτος τῇ φύσει καὶ μόνος τῷ εἶναι καὶ κρείττων παντὸς ἀριθμοῦ	ὁ μόνος ἀληθινός, ὁ μόνος σοφος ὁ ὢν μόνος ὕψιστος ὁ τῇ φύσει ἀόρατος (VII 35,8 u. Par.)
1. σὺ γὰρ εἶ ἡ ἄναρχος γνῶσις, ἡ ἀΐδιος ὅρασις, ἡ ἀγέννητος ἀκοή, ἡ ἀδίδακτος σοφία.	οὗ ἡ γνῶσις ἄναρχος (VII 35,9)
	ὁ μόνος ἀγαθὸς καὶ ἀσύγκριτος (VII 35,8 u. Par.) (Zitat aus Dan. 1$_{42}$) ὁ ἀπρόσιτος, ὁ ἀδέσποτος.

480

Es scheint auch hier, als wenn der Redaktor unserer Gebete wiederum zweimal dieselbe ihm vorliegende Grundlage bearbeitet hat. Schon ohne den Vergleich fällt uns die Fülle der charakteristischen, aus der Sprache der hellenistischen Frömmigkeit stammenden Ausdrücke in VIII 12,6f. auf. Nun aber läßt sich andererseits nachweisen, daß der Passus VIII 5,1 tatsächlich in eine ältere, uns noch erreichbare Grundlage eingearbeitet ist. Dieses Bischofsweihgebet ist bekanntlich eine Überarbeitung des Gebetes, das als ein Stück der sogenannten ägyptischen Kirchenordnung in äthiopischer und lateinischer Sprache erhalten ist[1], das aber auch griechisch in den Paralleltext des achten Buches der Konstitutionen (sonst eine Epitome dieser) verschlagen ist. Schwartz hat die Priorität dieses Gebets vor dem in den Konstitutionen erhaltenen schlagend erwiesen und bietet in seinem Werk über die apostolischen Kirchenordnungen S. 30 den griechischen, nach allen Zeugen rekonstruierten Text der Kirchenordnung neben dem erweiterten der Konstitutionen. Ein Blick in die Parallele zeigt, daß der ganze von uns ausgehobene Anfang tatsächlich ein Zusatz des Bearbeiters ist. Wir wissen jetzt, mit welchen Mitteln dieser seine Bearbeitung vorgenommen hat! Diese Bearbeitung setzt sich nun im folgenden fort. Es wird nötig sein, auch hier eine Gegenüberstellung der Texte vorzunehmen.

481

Konstit. VIII 5,3.	Kirchenordnung.
σὺ ὁ δοὺς ὅρους ἐκκλησίας διὰ τῆς ἐνσάρκου παρουσίας τοῦ Χριστοῦ (folgt eine Erwähnung der Apostel, wie sie beim Redaktor der Konstitutionen leicht erklärlich ist), ὁ προορίσας ἐξ ἀρχῆς ἱερεῖς εἰς ἐπιστασίαν λαοῦ σου, ῎Αβελ ἐν πρώτοις, Σὴθ καὶ ᾽Ενὼς καὶ ᾽Ενὼχ καὶ Νῶε καὶ Μελχισεδὲκ καὶ ᾽Ιώβ, 4. ὁ ἀναδείξας ᾽Αβραὰμ καὶ τοὺς λοιποὺς πατριάρχας σὺν τοῖς πιστοῖς σου θεράπουσιν Μωυσεῖ καὶ ᾽Ααρὼν καὶ ᾽Ελεαζάρῳ καὶ Φινεές, ὁ ἐξ αὐτῶν προχειρισάμενος ἄρχοντας καὶ ἱερεῖς ἐν τῇ σκηνῇ τοῦ μαρτυρίου, ὁ τὸν Σαμουὴλ ἐκλεξάμενος εἰς ἱερέα καὶ προφήτην, ὁ τὸ ἁγίασμά σου ἀλειτούργητον μὴ καταλιπών, ὁ εὐδοκήσας ἐν οἷς ᾑρετίσω δοξασθῆναι. αὐτὸς καὶ νῦν μεσιτείᾳ τοῦ Χριστοῦ σου δι᾽ ἡμῶν ἐπίχεε τὴν δύναμιν τοῦ ἡγεμονικοῦ σου πνεύματος.	σὺ ὁ δοὺς ὅρους ἐκκλησίας διὰ λόγου χάριτός σου ὁ προορίσας ἀπ᾽ ἀρχῆς γένος δικαίων ἐξ ᾽Αβραάμ ἄρχοντάς τε καὶ ἱερεῖς καταστήσας τό τε ἁγίασμά σου μὴ καταλιπὼν ἀλειτούργητον, εὐδοκήσας ἐν οἷς ᾑρετίσω δοξασθῆναι. καὶ νῦν ἐπίχεε τὴν παρὰ σοῦ δύναμιν τοῦ ἡγεμονικοῦ πνεύματος.

---

[1] S. den Text bei Funk, Didaskalia et Konstit. II 97ff.

Man sieht deutlich die große Interpolation in den Konstitutionen, die Aufzählung der alttestamentlichen Frommen. Die hier eingeschobene Liste aber ist uns bekannt. Sie wurde oben als aus jüdischer Gebetsliturgie stammend erwiesen. Verwandte Stoffe haben sich angezogen. Bei der Erweiterung seiner Quelle, hat der Redaktor, da wo diese auf das γένος der im alten Testament mit dem göttlichen Geist gesalbten ἄρχοντες und ἱερεῖς hinweist, die jüdische Liste eingefügt. Und diese paßt nun herzlich schlecht. Abel, Seth, Enos, Henoch, Noah, Hiob, Abraham und die Patriarchen sind doch eigentlich weder gesalbte ἄρχοντες noch ἱερεῖς! Von anderer Seite gewinnt die Untersuchung von Schwartz eine vorzügliche Bestätigung!

Wir werfen nunmehr noch einen flüchtigen Blick auf das Entlassungsgebet des Diakons für die Katechemenen VIII 12,6. Ich hebe einige Sätze heraus, die einen uns bekannten Klang zeigen, ohne zu viel Gewicht auf diese Beobachtung zu legen.

VIII 6,5: (ἵνα) δῷ αὐτοῖς τὰ αἰτήματα τῶν καρδιῶν αὐτῶν, …

φωτίσῃ αὐτοὺς καὶ συνετίσῃ

482 / παιδεύσῃ αὐτοὺς τὴν θεογνωσίαν[1]

διδάξῃ αὐτοὺς τὰ προστάγματα καὶ τὰ δικαιώματα

ἐγκαταφυτεύσῃ ἐν αὐτοῖς τὸν ἁγνὸν αὐτοῦ καὶ σωτήριον φόβον

διανοίξῃ τὰ ὦτα τῶν καρδιῶν αὐτῶν πρὸς τὸ ἐν τῷ νόμῳ αὐτοῦ καταγίνεσθαι ἡμέρας καὶ νυκτός

βεβαιώσῃ δὲ αὐτοὺς ἐν τῇ εὐσεβείᾳ καὶ ἐγκαταριθμήσῃ αὐτοὺς τῷ ἁγίῳ αὐτοῦ ποιμνίῳ (folgt die spezielle Erwähnung der Taufe)[2].

Hier ist kein Wort, das wir uns nicht auch in einer Fürbitte für jüdische Proselyten gesprochen denken könnten. Allein da stärkere

---

[1] Vgl. VIII 12,18, sonst nur II 26,7.

[2] Beinahe dasselbe Gebet ist auch bei Chrysostomus de incompr. Dei natura III 7 (vgl. den Text bei Brightman, Liturgies eastern a western 471) überliefert. Auch hier findet sich wie in den Konst. zum Schluß das tägliche Abend- oder Morgengebet Konst. VIII 6, 8 = VIII 36,3 u. 38,2 (darüber s. weiter unten). Sämtliche 9 mit ἵνα beginnende Sätze bei Chrysostomus finden sich in der Reihenfolge 1. 4. 3. 2. 5. 7. 6. 8. 9 im wesentlichen in den Konstitutionen wieder, die darüber hinaus noch einiges mehr haben. — Interessant sind einige Veränderungen (Christianisierungen) gerade der von uns herausgehobenen Wendungen. Chrysostomus fügt dem: ἵνα κατασπείρῃ τὸν φόβον αὐτοῦ ἐν αὐτοῖς hinzu: καὶ βεβαιώσῃ τὴν πίστιν αὐτοῦ ἐν ταῖς διανοίαις αὐτῶν. — Chrysostomus liest ferner: ἵνα διανοίξῃ τὰ ὦτα τῶν καρδιῶν αὐτῶν καὶ κατηχήσῃ αὐτοὺς τὸν λόγον τῆς ἀληθείας. Er kennt auch (Bitte 6) das ἐν νόμῳ αὐτοῦ καταγίνεσθαι ἡμέρας καὶ νυκτός (τὰς ἐντολὰς αὐτοῦ μνημονεύειν, τὰ δικαιώματα φυλάσσειν), bringt aber diese Worte an einer unverfänglicheren Stelle, an der es sich nicht gerade um die Bekerhrung handelt, unter. — Den Ausdruck θεογνωσία hat er nicht. Ich hatte den obigen Text bereits mit den Hervorhebungen niedergeschrieben, als ich auf diese Parallele aufmerksam wurde.

spezielle Anklänge an unsere jüdischen Gebete fehlen, soll kein bestimmter Schluß gezogen werden.

Auch aus dem Bischofsgebet für die Büßer stelle ich einige Sätze hierher (VIII 9,8):

παντοκράτορ θεὲ αἰώνιε

δέσποτα τῶν ὅλων

κτίστα (35,1) καὶ πρύτανι τῶν πάντων

ὁ τὸν ἄνθρωπον κοσμου κόσμον³ ἀναδείξας [διὰ Χριστοῦ]

καὶ νόμον δοὺς αὐτῷ ἔμφυτον⁴ καὶ γραπτὸν⁴

πρὸς τὸ ζῆν αὐτὸν ἐνθέσμως ὡς λογικόν

καὶ ἁμαρτάνοντι ὑποθήκην δοὺς πρὸς μετάνοιαν τὴν σαυτοῦ ἀγαθότητα

... ὁ Νινευιτῶν προσδεξάμενος τὴν μετάνοιαν.

483   Daneben stehen allerdings eine Reihe christlicher Formeln¹.

Vielleicht hat sich endlich der Einfluß jüdischer Gebetsliturgie auch auf diejenigen Gebete erstreckt, die im achten Buch der Konstitutionen außerhalb der eucharistischen Liturgie sich finden. Es handelt sich hier vor allem um das tägliche kirchliche Abend- und Morgengebet in VIII 35ff. und VIII 38ff. Auch die jüdische Gebetsliturgie beginnt ja seit alter Zeit mit dem Segensspruche zum Sch'ma, auch sie kennt spezielle Segenswünsche für den Morgen (Jozer-'Or) und für den Abend (Ma'arib)². Noch bedeutsamer ist es, daß in den Konstitutionen die Anweisungen für das Abendgebet vorausgehen. Das ist noch speziell jüdisch gedacht. Die Anordnung beginnt VIII 35,2 mit dem Satz ἑσπέρας γενομένης συναθροίσεις τὴν ἐκκλησίαν ὦ ἐπίσκοπε (also jeden Tag!) Dann soll der ἐπιλύχνιος ψαλμός (Ps. 140)³ᵃ gesungen

---

³ VIII 12,16; VII 34,6.

⁴ Zu ἔμφυτος νόμος s. VII 33,3 VIII 12,18. Die Gegenüberstellung zu dem νόμος γραπτός findet sich nur noch VIII 12,25 (s.o.S. 454₂. 466). Dort steht allerdings νόμος φυσικός der Lieblingsterminus des Redaktors der Konstitutionen.

¹ Ich verweise hier noch auf die schon oben berührte Parallele zwischen VII 38,7 und VIII 12,30 (in dem Überleitungsgebet nach dem Trisagion). — Der Passus μετὰ φυσικὸν νόμον, μετὰ νομικὴν παραίνεσιν, μετὰ προφητικοὺς ἐλέγχους καὶ τὰς τῶν ἀγγέλων ἐπιστασίας παραφθειρόντων σὺν τῷ θεῷ (nur hier s.o.) καὶ τὸν φυσικὸν νόμον bis ἀπολλύσθαι πάντων macht den Eindruck einer störenden und ungeschickten Interpolation und könnte aus einer Aufzählung göttlicher Gnadengaben in jüdischer Liturgie stammen.

² Vgl. Elbogen S. 16ff.

³ᵃ Psalmenrezitation in den Benedictionen des Sch'ma kennt die jüdische Liturgie etwa seit dem zweiten Jahrhundert (Zeugnis des R. Josua ben Chalafta vgl. Elbogen a.a.O. 82). Aber der Ps. 140 spielt hier keine Rolle, es werden Ps. 145-150 rezitiert. — Die tägliche Rezitation des Ps. 140 bestätigt Chrysostomus in seinem Kommentar in Psalm. 140 c. 1 (s. Funks Anm. zu VIII 35,2).

werden. Darauf wird vom Diakon τὰ τῆς πρώτης εὐχῆς gesprochen.
Daran, daß unter dieser πρώτη εὐχή das allgemeine Fürbittengebet
(Konst. VIII 10) zu verstehen ist, kann kein Zweifel sein. Denn das
Schlußwort dieses Gebets wird hier 36,2 wieder aufgenommen σῶσον
καὶ ἀνάστησον ἡμᾶς ὁ θεὸς, διὰ τοῦ Χριστοῦ σου (10,21 τῷ ἐλέει σου).
Dann werden eine lange Reihe von Gebeten gesprochen, von denen
uns die Konstitutionen hier nur die Anfänge aufbewahrt haben[4].

ἀναστάντες αἰτησώμεθα·
τὰ ἐλέη τοῦ κυρίου καὶ τοὺς οἰκτιρμοὺς αὐτοῦ·
τὸν ἄγγελον τὸν ἐπὶ τῆς εἰρήνης·
τὰ καλὰ καὶ τὰ συμφέροντα·
Χριστιανὰ τὰ τέλη·
τὴν ἑσπέραν καὶ τὴν νύκτα εἰρηνικὴν καὶ ἀναμάρτητον·
[καὶ] πάντα τὸν χρόνον τῆς ζωῆς ἡμῶν ἀκατάγνωστον [αἰτησώμεθα]·
484 ἑαυτοὺς καὶ ἀλλήλους τῷ ζῶντι θεῷ διὰ τοῦ Χριστοῦ αὐτοῦ παρα-
θώμεθα[1].

Die Auflösung dieser Gebetsformeln zu den meisten dieser Gebete
kann man noch heute im Text der Jakobusliturgie vgl. Brightman
eastern and western liturgies p. 39 finden (vgl. auch die Chrysostomos-
liturgie ib. p. 381).
Nun folgt das erste Bischofsgebet (VIII 37):

ὁ ἄ ν α ρ χ ο ς[2] θεὸς καὶ ἀτελεύτητος
ὁ τῶν ὅλων ποιητὴς (διὰ Χριστοῦ) καὶ κηδεμών,
[3] ὁ τοῦ πνεύματος[4] κύριος καὶ τῶν ν ο η τ ῶ ν κ α ὶ α ἰ σ θ η τ ῶ ν (vgl.
VIII 12,7. 49) βασιλεύς
ὁ ποιήσας ἡμέραν πρὸς ἔργα φωτός
καὶ ν ύ κ τ α ε ἰ ς ἀ ν ά π α υ σ ι ν τῆς ἀσθενείας ἡμῶν (... Ps. 73_{16})[5]
αὐτὸς καὶ νῦν, δ έ σ π ο τ α φιλάνθρωπε καὶ πανάγαθε

---

[4] Sowie man das auch für den Schluß von Didache 10 vermutet hat.

[1] Diesen Morgen- resp. Abendsegen hat das Katechumenengebet VIII 6,8 übernommen (s.o.S. 481). Es fügt noch zwei weitere Formeln hinzu ἵλεω καὶ εὐμενῆ τὸν
θεὸν — ἄφεσιν πλημμελάτων. Das Gebet ὑπὲρ πλημμελάτων ebenfalls in der Jakobusliturgie Brightman p. 39_{13-16}, Chrysostomus (s.o.) hat diese Zusätze nicht.

[2] Vgl. VIII 11,2; 12,7; über ἄναρχος γνῶσις s.o. Der Verfasser kennt den Ausdruck in der Polemik gegen Häretiker VI 8,2; 10,2 (τρεῖς ἄναρχοι) und im Bekenntnis
VI 11,1 (vgl. VIII 47,49 in den Canones).

[3] Dazwischen noch πρὸ δὲ πάντων αὐτοῦ θεὸς καὶ πατήρ.

[4] Vielleicht geht der Ausdruck zurück auf ein ὁ τῶν πνευμάτων κύριος.

[5] XII 8,9 τὸ σκότος εἰς ἀνάπαυλαν τῶν ἐν τῷ κόσμῳ κινουμένων ζῴων (s.o. S. 451).

εὐμενῶς πρόσδεξαι τὴν ἑσπερινὴν εὐχαριστίαν ἡμῶν ταύτην.
ὁ διαγαγὼν ἡμᾶς τὸ μῆκος τῆς ἡμέρας
καὶ ἀγαγὼν ἐπὶ τὰς ἀρχὰς τῆς νυκτός[6]
εἰρηνικὴν παράσχου τὴν ἑσπέραν καὶ τὴν νύκτα ἀναμάρτητον.

So könnte in der Tat ein altes jüdisches Abendgebet gelautet haben. Beweisen läßt sich das nicht. Das Abendgebet in der uns erhaltenen jüdischen Liturgie ist zwar natürlich im allgemeinen verwandt. Doch fehlen spezielle Parallelen.

Dann folgt VIII 37,5 das (zweite) χειροθεσία-Gebet des Bischofs.

θέε πατέρων(!) καὶ κύριε τοῦ ἐλέους
ὁ τῇ σοφίᾳ σου (s.o.) κατασκευάσας ἄνθρωπον
τὸ λογικὸν (s.o.) ζῷον τὸ θεοφιλὲς τῶν ἐπὶ γῆς
καὶ δοὺς αὐτῷ τῶν ἐπὶ τῆς χθονὸς ἄρχειν
καὶ καταστήσας γνώμῃ σῇ ἄρχοντας καὶ ἱερεῖς, τοὺς μὲν πρὸς
    ἀσφάλειαν τῆς ζωῆς, τοὺς δὲ πρὸς λατρείαν ἔννομον
αὐτὸς καὶ νῦν ἐπικάμφθητι κύριε παντοκράτορ
καὶ ἐπίφανον τὸ πρόσωπόν σου ἐπὶ τὸν λαόν σου.

485 Eine ganze Reihe von Instanzen bieten sich hier für die Annahme einer jüdischen Quelle. Die Anrede θεὲ πατέρων, die Erschaffung des Menschen vermittelst der σοφία (vgl. VII 34 und VIII 12), der Ausdruck λογικὸν ζῷον. Wie viel verständlicher wird die Formulierung des Dankes für die ἄρχοντες καὶ ἱερεῖς in einem ursprünglich jüdischen Gebet! Hier spricht der jüdische λαός, der seinem Gott für seine Existenz dankt![1]

Genau wie der Abend-Gottesdienst ist der Morgendienst eingerichtet VIII 3. Hier lautet das Bischofsgebet:

ὁ θεὸς τῶν πνευμάτων καὶ πάσης σαρκός
ὁ ἀσύγκριτος καὶ ἀπροσδεής
ὁ δοὺς τὸν ἥλιον εἰς ἐξουσίαν τῆς ἡμέρας
τὴν δὲ σελήνην καὶ τὰ ἄστρα εἰς ἐξουσίαν τῆς νυκτός
αὐτὸς καὶ νῦν ἔπιδε ἐφ᾽ ἡμᾶς εὐμενέσιν ὀφθαλμοῖς

---

[6] φύλαξον ἡμᾶς διὰ τοῦ Χριστοῦ σου durchbricht den Rhythmus.

[1] Von hier aus ergibt sich die Vermutung, daß auch dem Verfasser des ursprünglichen Bischofsweihgebets der alten Kirchenordnung (s.o.S. 479) vielleicht ein derartiges Gebet bereits vorgeschwebt haben könnte. So erklärte sich der seltsame Ausdruck: ὁ προορίσας ἀπ᾽ ἀρχῆς γένος δικαίων ἐξ Ἀβραάμ, ἄρχοντάς τε καὶ ἱερεῖς καταστήσας, τό τε ἁγίασμά σου μὴ καταλιπὼν ἀλειτούργητον.

καὶ πρόσδεξαι τὰς ἐωθινὰς ἡμῶν εὐχαριστίας
καὶ ἐλέησον ἡμᾶς·
οὐ γὰρ διεπετάσαμεν τὰς χεῖρας ἡμῶν πρὸς θεὸν ἀλλότριον,
οὐ γὰρ ἔστι ἐν ἡμῖν θεὸς πρόσφατος ἀλλὰ σὺ ὁ αἰώνιος καὶ ἀτελεύτητος[2].

Ich gehe über das farblose zweite Bischofsgebet kurz hinweg (VIII
39) und richte noch die Aufmerksamkeit auf die Fürbitte für die Toten
VIII 41 : Das Bischofsgebet lautet hier :

ὁ τῇ φύσει ἀθάνατος καὶ ἀτελεύτητος,
παρ' οὗ πᾶν ἀθάνατον καὶ θνητὸν γέγονεν·
ὁ τὸ λογικὸν τοῦτο ζῶον τὸν ἄνθρωπον τὸν κοσμοπολίτην[3]
θνητὸν ἐκ κατασκευῆς ποιήσας καὶ ἀνάστασιν ἐπαγγειλάμενος[3]
ὁ τὸν Ἐνὼχ καὶ τὸν Ἠλίαν θανάτου πεῖραν μὴ ἐάσας λαβεῖν
ὁ θεὸς Ἀβραὰμ καὶ Ἰσαὰκ καὶ Ἰακὼβ [οὐχ ὡς νεκρῶν ἀλλ' ὡς ζώντων
    θεὸς εἶ ὅτι] πάντων αἱ ψυχαὶ παρὰ σοὶ ζῶσιν,
καὶ τῶν δικαίων τὰ πνεύματα ἐν τῇ χειρί σού εἰσιν,
486 / ὦν οὐ μὴ ἄψηται βάσανος
πάντες γὰρ οἱ ἡγιασμένοι ὑπὸ τὰς χεῖράς σού εἰσιν (Dt. 33₃).

Nun folgt die christlich gefärbte individuelle Fürbitte : αὐτὸς καὶ
νῦν ἔπιδε ἐπὶ τὸν δοῦλόν σου τόνδε[1].

Wie gesagt, ein strikter Beweis für die Herkunft dieser Gebete[2a]
aus dem Judentum wird sich mit unseren Mitteln vielleicht nicht führen

---

[2] Der folgende speziell christliche Satz: ὁ τὸ εἶναι ἡμῖν διὰ Χριστοῦ παρασχόμενος καὶ τὸ εὖ εἶναι δι' αὐτοῦ δωρησάμενος findet sich fast wörtlich auch im
Präfationsgebet VIII 12,8. Dazu noch eine bemerkenswerte Parallele bei Philo de decalogo 17 : ὁ γὰρ πρὸς τὸ ζῆν ἀφθονίαν δοὺς καὶ τὰς πρὸς τὸ εὖ ζῆν ἀφορμὰς ἐδωρεῖτο.
Sollte vielleicht diese merkwürdige Parallele sich durch die Annahme erklären, daß
eine jüdische Gebetsformel, die sich auf die Wohltat des Gesetzes bezog, in den
christlichen Parallelen auf den Χριστός umgemünzt ist?
[3] s. o. zu dem Gebet VII 34 = VIII 12.
[1] Innerhalb der jüdischen Liturgie findet sich innerhalb der „Zikkronoth" des
Musaphgebetes des Neujahrfestes auch die Fürbitte für die Toten : „Denn Du bringst
herbei das Gesetz des Gedenkens, daß bedacht wird jeder Geist und jede Seele". (Die
3 Gebete : Malkijjoth, Zikkronoth, Schopharoth stammen ihrer Grundlage nach wahrscheinlich aus dem mischnaischen Zeitalter. Mischna von Beer-Holtzmann, P. Fiebig,
Rosch ha-schana 40-65).
[2a] Man könnte außerdem noch verweisen auf das Gebet für die Anagnosten VIII 22
(ὁ σοφίσας Ἔσδραν τὸν θεράποντά σου ἐπὶ τὸ ἀναγινώσκειν τοὺς νόμους σου τῷ
λαῷ σου). — Beachte auch VIII 29,3 (Weihe über Wasser und Oel) die Anrede κύριε
Σαβαώθ, ὁ θεὸς τῶν δυνάμεων, κτίστα τῶν ὑδάτων, und die aus VIII 12,10 wiederholte Wendung ὕδωρ πρὸς πόσιν καὶ κάθαρσιν. Auch das Tischgebet VIII 40 wäre
auf seine Herkunft zu untersuchen. — Ich bin überhaupt überzeugt, daß ein des
jüdischen Gebetsritus Kundigerer als ich noch manche Einzelheiten nachtragen könnte.

lassen. Aber auf der Grundlage des von uns Bewiesenen gewinnt die Annahme überall eine starke Wahrscheinlichkeit.

VIII

Nachgewiesen ist damit jedenfalls, daß die jüdische Gebetsliturgie in ziemlich breiter Weise die klementinische Liturgie im VIII. Buch der Konstitutionen beeinflußt hat. Der Bearbeiter der Canones Hippolyti, der die im achten Buch der Konstitutionen vorliegende klementinische Liturgie schuf, hat sich, wie wir sahen, vor allem der Gebetssammlung bedient, die im VII. Buch als eine geschlossene Einheit vorliegt. Aber er hat wahrscheinlich daneben auch sonstiges Gut jüdischer Gebetsliturgie umfassend verwertet [3].

Es wird sich diese Erkenntnis vorläufig nicht zu der Behauptung eines umfassenden Einflusses der jüdischen Liturgie auf die christliche erweitern lassen. Es sind, soweit ich sehe, wesentlich die singulären und individuellen Partien der clementinischen Liturgie, in denen der jüdische Einfluß sich zeigt. Diese letztere / ist so, wie sie vorliegt, eine — natürlich auf wirklichen Gemeindegebrauch zurückgehende — Privatarbeit mit willkürlich dichtendem Charakter. Es kann nicht genug davor gewarnt werden, von ihr allein oder in erster Linie den Ausgang zu nehmen, wenn man die Geschichte der christlichen Liturgie überschauen will.

Darf also, wie gesagt, der nachgewiesene Einfluß jüdischer Liturgie auf christliche vor der Hand nicht überschätzt werden, so sind andererseits die entdeckten jüdischen Gebete ein Dokument von geradezu einzig dastehender Wichtigkeit für die Geschichte des nachchristlichen griechischen Diasporajudentums. Die Vorstellung, daß das Judentum bald nach 70, oder wenigstens nach 135 sich von der Außenwelt gänzlich zurückgezogen, sich unter Verzicht auf die griechische Sprache im gottesdienstlichen Gebrauch zu dem Judentum der Mischna und des Talmud verengt habe, wird sich nicht halten lassen. In den vorliegenden Gebeten präsentiert sich ein Judentum im Gewand griechischer Sprache, tief berührt von hellenistischem Geiste, das z.T.

---

[3] Dabei ist es wahrscheinlich geworden, daß der christliche Bearbeiter der Gebetssammlung im Buch VII kaum identisch sein kann mit dem Schöpfer der klementinischen Liturgie in VIII. Fällt letzterer mit dem Redaktor der Konstitutionen zusammen, so muß die Sammlung im VII. Buch diesem schon als überarbeitetes Ganze vorgelegen haben. Aber auch die Identität des Redaktors der klementinischen Liturgie mit dem Endredaktor der Konstitutionen ist mir nicht ganz sicher.

(vgl. die Beobachtungen über den Terminus γνῶσις) eine Fortentwicke-lung über Philo hinaus zeigt und im Besitz einer griechischer Liturgie ist.

Dieses Judentum wird auch auf Propaganda nicht verzichtet haben. Schwartz behält Recht, wenn er „die landläufige Vorstellung, daß die Juden nach der Zerstörung des Tempels oder der Gründung von Aelia auf die Mission verzichtet hätten" [1], bekämpft. In der Samm-lung der Biographien römischer Kaiser von 117-284 finden wir unter Severus c. 17 die Bemerkung : Judaeos fieri sub gravi poena vetuit; idem etiam de Christianis sanxit [2]. „In Smyrna war im 3. Jahrhundert die Synagoge für die Christen keine fremde Welt; die Juden forderten während der decianischen Verfolgung die gefallenen Christen geradezu auf, zum Judentum überzutreten" [3].

Neuerdings hat Werner Heintze [4] in seiner vortrefflichen Schrift über den Klemensroman und seine griechischen Quellen den Beweis erbracht, daß in den großen in ihn aufgenommenen Dispututionsmassen über hellenistische Mythologie, über die Vorsehung und über den astrolo-gischen Fatalismus (Homiliae IV-VI Recog. VIII-X) eine jüdische stark vom Hellenismus berührte / Apologie mit einer interessanten jüdischen Bekehrungsgeschichte vorliege. Er will diese Schrift etwa um 200 nach Christus ansetzen. Ich habe noch in meiner Rezension [1a] gegen diese späte Datierung eingewandt, daß ich mir ein derartig hellenistisches Judentum in so später Zeit nicht denken könne. Diesen Widerspruch muß ich jetzt fallen lassen, die späte Datierung liegt durchaus im Bereiche der Möglichkeit, wenn sie von Heintze auch nicht strikte bewiesen wird. Jedenfalls werden wir auch hier eine Schrift des zweiten nachchristlichen Jahrhunderts haben, und sie wäre nunmehr als wich-tige Quelle für ein späteres hellenisierendes Diasporajudentum un-mittelbar neben unsere Gebete zu stellen.

Auch das Gebet Manasses, das uns die Didaskalia (übers. b. Flemming S. 36f.) und aus ihr die Konstitutionen (II 22, 12-14) erhalten haben, dürfte vielleicht als ein Dokument dieses späteren Judentums zu betrachten sein. Nestle hat bekanntlich nachgewiesen, daß der

[1] Christliche u. jüdische Ostertafeln, Abhandl. d. Gesellsch. d. Wissensch. N.F. VIII 6. 1905. S. 417[1].

[2] Th. Reinach, Textes rel. au Judaisme 1895, p. 346.

[3] Schwartz a.a.O. 117 nach Mart-Pion, c. 13; s. dort auch eine in jüdischen Kreisen umgehende populäre Verläumdung des Χριστός.

[4] W. Heintze, der Klemensroman u.s. griechischen Quellen. Texte u. Unters. Bd. 40. Heft 2. 1914.

[1a] Theol. Lit.-Ztg. 1915. Nr. 13.

488

ältere uns erreichbare Text in den Konstitutionen (resp. in der Didaskalia) vorliegt, und daß die Handschriften, in denen es überliefert ist,
es von dorther übernommen haben[2]. Der Verfasser der Konstitutionen
mag es tatsächlich der jüdischen Liturgie verdanken und es als ein
beliebtes Bußgebet vorgefunden haben.

Mannigfach werden die Beziehungen zwischen diesem hellenistischen
Judentum und dem Christentum gewesen sein. Schwartz[3] hat uns
durch eine Zergliederung des Textes der Didaskalia[4] in dem Kapitel
über das Passah wertvolle Aufschlüsse über den andauernden Zusammenhang des jüdischen und des christlichen Kultus in der Osterfeier
und der Osterberechnung geschenkt. „Beginnet aber, wenn eure Brüder
von dem (auserwählten) Volke das Passah halten" (Flemming 110_{15}ff.);
„Darum sollt ihr wissen liebe Brüder, daß ihr unser Fasten, welches
wir am Passah begehen, halten müßt, weil die Brüder nicht gehorcht
haben". (Flemming 108_{15}). Schwartz hat uns weiter nachgewiesen
(a.a.O. 122), daß sich „eine Liste genuin jüdischer Paschadaten" nach
jüdischer Osterberechnung in christlicher Überlieferung erhalten habe.

489 Ich habe in der Theologischen Rundschau[1] nachzuweisen versucht,
daß die Ketzerliste, die auch Konstit. VI 6 vorliegt und die bei den
christlichen Häreseologen eine so große Rolle spielt, von den christlichen Vätern (seit Justin) dem Judentum entlehnt ist, und daß wir
diesem Umstand die verblüffenden Notizen des Epiphanius über vorchristliche Nasarener (ursprünglich nichts anderes als die Nozrim;
d.h. die Christen selbst, vom jüdischen Standpunkt aus) zu verdanken
haben.

Didaskalia (und Konstitutionen) wären unter diesem Gesichtspunkt
überhaupt von neuem durchzuarbeiten. Vor allem könnte die Frage
aufgeworfen werden, ob nicht die singulären Ausführungen der Didaskalia über die δευτέρωσις τοῦ νόμου (im Gegensatz zum Dekalog)
schließlich z.T. auf ein freigesinntes Diasporajudentum zurückführen
könnten.

Justins Dialog mit Tryphon, der Jude in der Kampfschrift des Celsus
wären in diesen Zusammenhang einzustellen, und so wäre vielleicht
noch ein genaueres Bild von dem nachchristlichen hellenistischen Dia-

---

[2] Septuagintastudien III 1899 (Progr. d. Seminars z. Maulbronn) S. 4f. 6-22; IV
1903, S. 5-9.

[3] a.a.O. 104-121.

[4] K. 21. Vgl. die Übersetzung von Flemming (die älteste Quelle d. orient. Kirchen-
rechts, II. die syrische Didaskalia von H. Achelis und J. Flemming 1904) S. 103-114.

[1] XIV, 1911, S. 373ff., Noch einmal „der vorchristliche Jesus": *Th.R.*, 1911, 378ff.,
siehe unten 285f.

sporajudentum zu erhalten, für das die Gebetssammlung in Buch VII
der Konstitutionen eines der wichtigsten Zeugnisse bildet.

ThR. 1911, 378ff.:

Meine Absicht ist, hier zunächst zweierlei zu erweisen, einmal, daß Epiphanius
in seiner Liste der sieben jüdischen Sekten den Namen der Nazaräer bereits
vorfand und zweitens, daß eben diese Liste jüdischen Ursprungs ist. Ich
versuche zunächst, den Wortlaut der Liste nach den besten und ursprüng-
lichsten Zeugnissen zu rekonstruieren[1]. In erster Linie kommt hier diejenige
des Syrers Ephraem in Betracht, in der sich folgende sieben Namen finden:
Pharisäer, Sadduzäer, Essener, Galiläer, Masbothäer, Samariter, Ebionäer. Diesem
Verzeichnis am nächsten kommt das des Hegesipp in Eusebs Kirchengeschichte
IV 22,7: Essäer, Galiläer, Hemero-Baptisten, Masbothäer, Samariter, Sadduzäer, Pharisäer. Wenn wir die beiden Listen vergleichen, so stellen sie sich als
identisch heraus. Nur hat Hegesipp — wir werden später noch sehen weshalb —
die Ebionäer fortgelassen und dafür die Masbothäer verdoppelt; denn Masbothäer bedeutet nichts anderes als Täufer (das ist Hemero-Baptisten); wir dürfen
sogar mit einiger Sicherheit annehmen, daß in der Urliste der Doppelname gestanden hat: Masbothäer oder Baptisten resp. Hemero-Baptisten. Somit liefert
zugleich der alte Zeuge Hegesipp eine Bestätigung der Vorzüglichkeit der Ueberlieferung bei dem späteren Zeugen Ephraem. Dieselbe Liste muß aber auch
schon Justin bekannt gewesen sein; er zählt Dialogus Kap. 80 folgende sieben
Namen auf: Sadduzäer, Genisten, Meristen, Galiläer, Helenianer, Pharisäer, Baptisten. Nehmen wir an, daß die Helenianer (Simonianer) an dieser Stelle die Samaritaner verdrängt haben, und sehen wir erst einmal von den ganz rätselhaften und
379 singulären Genisten und / Meristen ab, so erweist sich auch diese Liste mit
einer Uebereinstimmung von fünf Gliedern als identisch. Demselben Verzeichnis
begegnen wir endlich in den Apostolischen Konstitutionen VI, 6: Sadduzäer,
Pharisäer, Masbothäer, Hemero-Baptisten, Ebionäer, Essäer. Man sieht, nur die
Samaritaner und Galiläer fehlen; dafür sind wiederum, wie bei Hegesipp, die
Masbothäer verdoppelt, und aus der Liste von sieben Sekten ist eine Liste von
nur sechs geworden. Endlich sei noch bemerkt, daß wir vielleicht auch im
ersten Buch der Clementinischen Recognitionen einer Spur unserer Liste begegnen; es werden hier als jüdische Sekten die Sadduzäer, Samariter, Schriftgelehrten, Pharisäer und die Johannesjünger (Baptisten) erwähnt.

Vergleichen wir nun mit der so rekonstruierten Urliste die Liste der sieben
Sekten bei Epiphanius. Sie lautet: Sadduzäer, Schriftgelehrte, Pharisäer, Hemero-
Baptisten, Nazaräer, Essäer, Herodianer. Da hier die Herodianer (neben den
Pharisäern und Sadduzäern) aus Hippolyts Syntagma, der Hauptquelle des
Epiphanius, stammen, so ist ziemlich klar zu ersehen, daß die Liste des Epipha-
nius aus einer Kombination zwischen Hippolyt und unserer Urliste entstanden
ist. Daß die Samaritaner bei Epiphanius fehlen, erklärt sich daraus, daß er
nach Hippolyt die samaritanischen Sekten besonders aufzählt; außerdem fehlen

---

[1] s. das Material bei Hilgenfeld, Ketzergeschichte S. 84f.

die Galiläer, dafür sind wie in den Recognitionen die Schriftgelehrten ange-
führt. Die größte Differenz aber ist, daß an Stelle der Ebionäer
die Nazaräer getreten sind.

Nun ist der ursprüngliche Sinn dieser Liste m.E. ganz klar. Die Liste kann
nur verstanden werden, wenn wir annehmen, daß sie jüdischen Ursprungs
ist und eine alte Aufzählung jüdischer Ketzereien enthielt. Die Zeugen, die
für diese Liste eintreten, machen diese Annahme außerordentlich wahrscheinlich; in erster Linie ist hier auf Hegesipp, der ja auch sonst jüdische und judenchristliche (palästinensische) Ueberlieferung tradiert, zu verweisen. Daß auch
380 Justin hier direkt aus jüdischer Ueberlieferung geschöpft hat, ist / bei dem
Verfasser des Dialogus durchaus wahrscheinlich. Ephraem und die Konstitutionen, die doch mit Wahrscheinlichkeit hierher zu rechnen sind, gehen vielleicht an dieser Stelle auf die alte judenchristliche Schrift „Das Kerygma Petri"
zurück.

Ist aber die Annahme richtig, daß wir es mit einer jüdischen Ueberlieferung
zu tun haben, so können wir nun auch die Frage entscheiden, ob in der betreffenden Liste ursprünglich die Ebionäer oder die Nazaräer erwähnt waren.
Alle Wahrscheinlichkeit spricht für das Letztere. Denn wir können nicht nachweisen, daß die Christen — denn um die handelt es sich hier — irgendwann von
den Juden mit dem Namen Ebionäer bezeichnet wurden; dagegen wissen wir,
daß die Bezeichnung der christlichen Sekte als Nazaräer allgemein gebräuchlich
war. Epiphanius, d.h. seine Quelle hat uns also an diesem Punkt allein eine
kostbare Ueberlieferung erhalten; und wir können andererseits wohl begreifen,
wie den christlichen Traditoren dieser Liste der Ausdruck Nazaräer fremdartig oder anstößig wurde und sie dafür den ihnen bekannten Ketzernamen
Ebionäer einsetzten.

Sind diese Kombinationen richtig, so löst sich nunmehr das Rätsel der
vorchristlichen Nazaräer in einer verblüffend einfachen Weise. Die jüdischen
Gelehrten haben eine Ketzerliste aufgestellt, in welche die Christen als Nazaräer
figurierten; diese Liste wurde von den christlichen Traditoren weiter gegeben
als die Liste der sieben jüdischen Ketzereien. So konnte sich sehr bald der Irrtum einstellen, dem tatsächlich Epiphanius und wahrscheinlich schon sein Gewährsmann verfallen ist, daß man es hier mit sieben vorchristlichen
Sekten zu tun habe.

STELLENREGISTER

I. ALTES TESTAMENT

II. NEUES TESTAMENT

III. SONSTIGE LITERATUR
(in alphabetischer Ordnung)

Corpus Hermeticum VII: 69, 108, 119, 127, 141, 153, 173

Corpus Hermeticum VIII: 99, 107, 152

Corpus Hermeticum IX: 108, 153
 1: 129²
 3-5a: 153
 3: 125, 135, 149
 4: 129, 144¹
 5: 129, 149
 10: 147

Corpus Hermeticum X (Kleis): 107, 153, 195
 1: 180
 1-4: 153²
 4b-6: 153²
 5: 147
 7: 125
 7-8: 153², 155
 8: 146, 153²
 9: 143¹, 147
 10: 63, 153²
 11: 207⁷
 12: 153²
 13: 129, 153², 173, 175
 14: 153², 207⁷
 16: 129², 173, 176
 16-18: 123², 129
 16-19: 119⁵, 153²
 19: 63, 105, 128, 144¹
 20-21: 153²
 21: 105, 119, 125, 149
 22: 153²
 23: 128¹, 153²
 23b-24a, 153²
 24: 153²

Corpus Hermeticum XI: 99, 107, 152, 195, 199²⁵, 212²¹
 2: 196, 206f
 2f: 195¹⁵
 3: 129², 196
 4: 195¹⁵
 5: 196
 6: 196
 7: 119
 9: 113, 195
 14: 113, 195
 15: 195¹⁵
 17f: 195
 20: 196, 211

Corpus Hermeticum XII: 107, 153, 197
 2: 186
 4: 127
 6: 128
 8: 196¹⁹
 9: 104
 13: 129
 14: 112, 129, 174, 196¹⁹
 17: 207⁷
 18: 129, 173
 19: 129¹
 22: 129²

Corpus Hermeticum XIII (Propheten-weihe): 67, 99, 105, 107, 141, 153
 1: 107
 2: 147, 187
 3: 127
 7-8: 134, 149
 9: 117
 12: 117²
 13: 187
 14: 129, 130², 147
 15: 145, 186, 195¹⁶
 16: 140, 187
 17: 117²
 18: 119
 19: 112¹
 20: 197
 21: 140
 22: 187

Corpus Hermeticum XIV: 45, 107, 152,
 8: 113, 189

Corpus Hermeticum XV (Horoi Askle-piou): 153
 2: 187
 5: 129²
 10: 125
 12ff: 104
 13: 124
 15: 104, 124
 16: 105, 147

Corpus Hermeticum XVII: 159

Copus Hermeticum: *Stobaios Eklogai*
 [Die von B. benutzte Textausgabe mir unbekannt A.F.V.]
 I
  94: 111
  134-136: 154
  136: 105, 129
  162-164: 154

Servius (Vergilscholast) in Aen.
  I, 729: 218[15]
  III, 168: 158
  VI, 714: 65, 136
  XI, 51: 65, 137
Sextus, adv. mathemat., IX, 71: 189

Stobaios s. Corpus Hermeticum

Strabo, XVI, 2[35]: 222[14]

Tertullianus
  de praescript. haer.
    30: 76
    34: 122[2]
    40: 68
  adv. Valent. 1: 66, 68
  Apologet. 47: 110

Theodoret, Haer. fab. I, 14: 81, 87

Exc. ex Theodotou
  1: 64
  2: 64, 75
  12,2: 123
  22: 67
  26: 64
  47: 75

48: 122
50ff: 64f
50: 75
53: 64
56: 63
66: 75
69ff: 60, 66
69-71: 124[1]
78: 67, 69, 144[2], 186f
81: 67

Theologumena Arithmetica, ed. Ast
  p. 7: 160
  p. 8: 160

Acta Thomae
  6: 57
  15: 144[2], 187
  27: 57
  39: 57
  50: 57
  132: 67
  133: 57
  157: 67

Zosimos, Buch Omega: 70, 106, 128, 211

NAMEN- UND SACHREGISTER